HEYNE BÜCHER
SACHBUCH

Jan Knappert

Lexikon der afrikanischen Mythologie

Herausgegeben, übersetzt und bearbeitet
von Michael Görden und Hans Christian Meiser
unter Mitarbeit von Marita Böhm

Mit Illustrationen von Elisabeth Knappert

WILHELM HEYNE VERLAG
MÜNCHEN

HEYNE SACHBUCH
Nr. 19/338

Titel der englischen Originalausgabe:
AFRICAN MYTHOLOGY
Erschienen 1990 beim Verlag The Aquarian Press, London

Printed in Germany 1995
Umschlagillustration: Archiv für Kunst und Geschichte, Berlin
Umschlaggestaltung: Atelier Adolf Bachmann, Reischach
Herstellung: H + G Lidl, München
Satz: Satz & Repro Grieb, München
Druck und Verarbeitung: Ebner Ulm

ISBN 3-453-08150-1

Inhalt

Vorwort
7

Einführung
18

Umfang und Aufbau
26

Anmerkung zu den Quellen
28

Afrikanische Mythologie von A–Z
31–366

Bibliographie
367

Vorwort

›Da ist ein Traum, der uns träumt‹

VON CHRISTA ZETTL

Nichts ist magischer als die Stimme afrikanischer Geschichtenerzähler, über deren Gesichter der Flammenschein tanzt, während sie uralte, über Jahrtausende tradierte Worte formulieren. Über den Bäumen mag die Mondsichel auf dem Rücken liegen, und vielleicht huscht ein Buschbaby von Baum zu Baum. INDABA, beginnen die Geschichtenerzähler der Bantu in Afrika, ›Kommt zusammen und hört zu!‹[1] Jenseits der feurigen Lichtinsel ahnt man die Schatten einer anderen Zuhörerschaft. MOYA, blickt man einander zu. Moya, spirit, (Geist), ist die Essenz Afrikas und seine geheime Kraftquelle.

Als Malinge, ein Knabe der Wakombi, dem ›friedlichen Land im Süden‹, das Marimba, die ›Göttin der Musik und der Tänze‹ regiert, eine Falle erfindet, die zum grausamen Tod eines trächtigen, jungen Steinbocks führt, erinnert Marimba den Übeltäter an die ›sieben heiligen Gesetze‹ der Wakombi. Malinge brach das Gesetz, welches das Töten aus anderen als Überlebensgründen verbietet. Er verletzte auch ein anderes Tabu (›Verboten‹, ›heilig‹), das an den Untergang der ›ersten Rasse‹ der Menschheit erinnert. Sie war ihrer Erfindungsliebe zum Opfer gefallen, die furchtbare Naturkatastrophen auslöste. Malinge wird vom Rat der Alten zum Tode verurteilt. Marimba aber nimmt die Falle, verändert einiges hier, fügt anderes dort hinzu, und aus dem todbringenden Gerät entsteht das erste Xylophon. Noch heute nennt man es die Marimba.[2]

Aus welcher Zeit stammen Geschichten wie diese? Wie viele Feuer beschienen die Mythe von Marimba, und wie vieler Feuer bedurfte es sie zu formen?

---

[1] Wie Indoeuropäisch und Semitisch ist auch der Begriff Bantu kein rassischer oder völkischer, sondern ein künstlicher Sammelbegriff bestimmter Sprachgruppen. Bantu-Sprachen gehören zu den hamitischen Sprachen. Ba-N'tu heißt ›die Menschen‹.

[2] Nach Credo Vusamazulu Mutwa. ›Indaba my children.‹ Kahn und Avrill. London. 1985.

Der älteste Hinweis auf Nutzbarmachung des Feuers durch den Menschen ist 1,2 Millionen Jahre alt.[3] Welche Erinnerung an die zerstörerische Seite des menschlichen Erfindungsgeistes verbirgt sich bereits in dieser uralten Überlieferung? Denn Marimba ist die Tochter der Großen Mutter Ma (der Erde), traditionellerweise der Mond, die weltweit als ›Göttin der Musik und der Tänze‹ überliefert wird.[4] So erinnert der Mythos an die älteste, universelle Kultur der Großen Mutter. Ihre Ursprünge verlieren sich im Dunkel der menschlichen Vorgeschichte.

Indaba!

›Am Anfang war bosenazelo, das Nichts, die große Stille. Dann aber geschah Wunderbares. Aus der Stille kam eine Stimme, die Stimme des Großen Geistes, der aus sich selbst geboren wurde, aus dem Nichts‹...[5]

Daß das WORT, die ›Stimme‹ des Großen Geistes (›Gott‹), das Leben schuf, ist eine uralte, afrikanische Erkenntnis. Auch daß nichts existiert, das ohne Leben, ohne ›spirit‹, (Geist), das un-beseelt wäre, sei es Mensch, Tier, Baum, Blume, Stein oder Stern, (eine Erkenntnis auch der neuen, modernen Physik). Der Mensch wird in Afrika als nötiges Glied in der Kette des Lebens mit ihrer unendlichen (›geistigen‹) Vielfalt verstanden. Durch den ›spirit‹ sind die Menschen mit den Verstorbenen und den noch Ungeborenen verbunden, doch gelten Vergangenheit und Zukunft im traditionellen Afrika nur als Variationen der Gegenwart, dem ›Zentrum der Zeit.‹ Fridjof Capra wies in ›Das Tao der Physik‹ auf die Übereinstimmungen zwischen den Erkenntnissen der modernen Physik und östlichen Weisheitslehren hin.[6] Diese mystischen Erkenntnisse sind Bestandteil der Weltmythologie.

Dank der Quantenphysik wissen wir heute (wieder), daß Zeit, die ›vierte Dimension‹, nicht linear, sondern zyklisch verläuft. Daß Zeit ›schwingt‹, also eine Energieform ist (›Geist‹), die höher schwingt

---

[3] Swartkranz, Süfafrika.

[4] Z. B. noch die griechische Athene, ursprünglich die lybische, nordafrikanische Neith, der ein Hirtengott (Pan oder Dionysos, später Hermes) die Instrumente stiehlt, wie etwa auch von den Tuhano-Indianern überliefert wird. Eine Schamanin besaß ursprünglich die sakralen Instrumente.

[5] Schöpfungsmythos der Nord-Sotho (Südafrika).

[6] Fritjof Capra, ›Das Tao der Physik‹. Bern, München, Wien. 1983.

als die verdichteste Form von Energie, die am niedrigsten schwingende Materie.

Weltweit symbolisiert die zyklische Zeit die Schlange, die sich in den eigenen Schwanz beißt.[7] Auf zahllosen Felszeichnungen der Khoi-San (Buschmänner) im südlichen Afrika verkörpert (symbolisiert) die Schlange die ›Reise‹ der Schamanen, ihren ›Abstieg‹ in die ›Unterwelt‹, das Reich der Toten[8] aus dem auch nach afrikanischer Überzeugung das Leben strömt.

Es ist das Reich der (ägyptischen) Nephtys, der anderen ›dunklen‹ Seite der ›hellen‹ Iris, die die Barden als ›weiße Göttin‹ kennen, Inkosikazi, die ›Weiße‹, die ›Transparente‹, die absolut tabu ist. ›Wer darüber spricht, verliert seinen Verstand und stirbt‹ (Zulu).[9] Aus Nephtys strömt anés, die Materie, überliefern die Ägypter. Jene geheimnisvolle Lebens-Essenz, nach der Generationen europäischer Alchimisten forschten. In Afrika ist sie mit dem ›Lebensbaum‹ verbunden, den auch die ägpytische und hebräische Mythologie und die Kosmologie der Maya kennt. Gehütet wird der Lebensbaum von einer ›allgegenwärtigen, weißen Weiblichkeit‹[10] der ›weißen Göttin‹. Der Ursprung des Lebensbaums soll in der ›Alten Kalahari‹ gelegen sein, in der die ›erste Rasse‹ lebte.

›Es ist möglich, daß alle Prozesse in den materiellen Systemen des Alls die Quellen sind, die den allgemeinen Strom der Zeit speisen, oder seinerseits das materielle System beeinflussen kann‹, schreibt der amerikanische Astrophysiker Charles Muses. Und sein russischer Kollege Kosyrem: ›Das Leben scheint einem zyklischen Schema zu gehorchen, wodurch Materie niemals zerstört wird, sondern in das System zurückkehrt, um später neu aus ihm hervorzugehen.‹

Der ›Glaube‹ an die Wiedergeburt des Menschen aus dem Tod ist uralt, wie nicht nur die Mythen weltweit, sondern auch archäologi-

---

7 Die ägyptische Hieroglyphe für Schlange bedeutet auch Gottheit.

8 Prof. David Lewis Williams, Wit University, Johannesburg, Südafrika. Die älteste datierte Felszeichnung (Südwestafrika) zeigt die Transformation (Umwandlung) eines Schamanen in eine Antilope. Sie ist 26.000 Jahre alt.

9 Axel Ivar Berglund. ›Zulu Thought Patterns and Symbolism.‹ E. Hurst & Co., London. 1989. Auf die ›Weiße Göttin‹, auch die semitische Zentralgottheit Mond, stößt man im gesamten Mittelmeerraum und den Mythen Nordwest-Europas.

10 Mythologie der Bantu (Credo Mutwa).

sche Funde aus der Frühzeit des Menschen belegen.[11]) ›Der Körper mag verfallen wie ein Hügel aus Steinen, aber der Geist (›spirit‹) lebt immer und ewig‹, drücken es die Nord-Sotho, (Bantu) aus.

Jenseits der ›Schwelle‹, die der Schamane überschreitet, sind die Begrenzungen unserer dreidimensionalen Welt (Länge, Breite, Höhe) aufgehoben. Zeit gilt als vierte Dimension. Aber es gibt noch (mindestens) vier weitere. Zur vollständigen Beschreibung der Natur wäre die Berücksichtigung von sechs Dimensionen nötig.[12] Diese schwingen bereits so hoch, daß sie der Mensch nur mit komplizierten Geräten ›wahrnehmen‹ kann. Ihm fehlen dafür die nötigen Sinne. Die beiden weiteren Dimensionen sind ›physikalisch dimensionslos‹, also unkörperlich, ›geistig‹.[13])

Der Schamane (später die Priester, Mystiker) vermag ›andere Welten‹ zu erfahren und schöpft so aus einer ›jenseitigen‹ Quelle. C.G. Jung nannte sie das ›kollektive Unbewußte‹. Mit Hilfe des Rituals, einer genau festgelegten Folge symbolischer Handlungen, überschreiten Schamanen (›Eingeweihte‹) die Grenzen von Raum und Zeit. In dieser ›un- (bzw. über-)bewußten‹, ›jenseitigen‹ Quelle wurzelt der Mythos. Daß derlei ursprünglich nicht nur einer elitären Priesterkaste vorbehalten war, belegen die Khoi-San der Kalahari. Jeder ›Buschmann‹, ob Mann oder Frau, ist Schamane. Konsequenterweise kennen sie weder Herrscher noch Priester. Das persönliche Machtstreben ist diesem ›primitiven‹ Volk von Jägern und Sammlern fremd. Man nennt sie wohl auch nicht zufällig ›die sanften Menschen‹. Die mystische Erfahrung, die dem Mythos zugrundeliegt, ist eine ›direkte Einsicht außerhalb des Intellekts‹, die ›direkte Erfahrung des undifferenzierten, ungeteilten, unbestimmten So-Seins.

Das vollständige Begreifen dieses ›So-Seins‹ ist der Kern mystischer Erfahrung.‹ Dieses Begreifen ist ein ›intuitives, absolutes Wissen.‹ Es entzieht sich dem ›relativen‹ Wissen, der Welt ›intellektueller Unterscheidungen‹, der ›Welt von Gegensätzen, die nur

---

[11] Etwa die Begräbnisse mit rotem Eisenocker (400.000 Jahre, Wunderwerk Höhle, Südafrika) oder die Ausrichtung der Gräber nach den Gestirnen (Ost-West-Richtung) in Europa vor 100.000 Jahren (z. B. Dordogne, Frankreich) bei Neandertaler-Bestattungen.

[12] E. Heym, Quantenphysiker.

[13] Fritjof Capra. ›Das Tao der Physik.‹ Bern, München, Wien. 1983.

in Relation zueinander existieren können‹, also der ›rationalen Erfahrungswelt‹.[14]

Hierin liegt cin grundsätzliches Mißverständnis zwischen der afrikanischen und der europäischen Vernunft begründet. ›Die Emotion ist afrikanisch, die Vernunft hellenisch[15].‹ Man könnte auch sagen, Afrika repräsentiert logos, das intuitive, schöpferische Denken, und Europa, das seit den Griechen einen nur auszugsweise sichtbaren, trennenden Weg beschritt, die ratio. Doch ist das ›europäisch‹, trennend gedacht, während Afrikas wahre Stärke seit jeher in der Harmonisierung von Gegensätzen liegt.

›Da ist ein Traum, der uns träumt‹, berichtet Laurens v.d. Post von den Khoi-San der Kalahari. Sie vermögen noch das ›tssak‹ und ›tssik‹ der ältesten Jäger der Welt zu vernehmen, der Sterne. Sie, die Sterne, lehrten sie alles, die ›Sprache‹ der Erde, der Pflanzen, der Tiere.[16] Hierin liegt der Ursprung für die vielfältige, wegen der vielen Namen (Stammeswanderungen) verwirrende afrikanische Geist(er)-Welt. Dem Menschen ist sie solange nicht schädlich, als er ihre Gesetze kennt und berücksichtigt – die Ursache vieler afrikanischer Tabus (Gesetze), auf die man in den Mythen stößt.

Das ›Wort‹ als Symbol für den schöpferischen, göttlichen Geist, schuf das Leben in seiner unendlichen Vielfalt. Und das (menschliche) Leben schuf das Wort, das Symbol der Sprache. Sie entwickelte sich wohl aus der ›Traumsprache‹ mystischer Erkenntnis, gepaart mit genauer Beobachtung von Natur und Kosmos und deren Wechselwirkung zwischen Mensch und Natur und Kosmos.

Die ersten ›Bilder‹ (Symbole) lieferte der nächtliche Sternenhimmel. Durch viele Jahrtausende beobachteten die Menschen nicht nur Tod (Untergang) und Wiedergeburt (Aufgang) der Sonne, sondern vor allem den Nachthimmel mit seinen sichtbaren Gesetzen, das Lichtmuster von Mond und Sternenhimmel. Die ältesten Symbole sind lunar.[17] Der Mond, die ›Tochter‹ der Großen Mutter Erde (Bantu), durchreist vor dem Hintergrund des Laufes von Planeten

---

[14] L'emotion est négre et la raisone helléne. Leopold Sédar Senghor. Zitat aus: ›Nations négres et culture.‹ Présenae Africaine. Paris. 1979.

[15] Laurens v. d. Post, ›The Heart of the Hunter.‹

[16] Z. B. Dordogne, Frankreich.

[17] Marcel Griaule und Germaine Dieterlen. ›Journal de la Societé des Africaines‹. Paris 1950.

und Sternen den (Welt-)Raum und mißt dadurch für seinen Mutterplaneten und das irdische Leben die Zeit. Wir sind so viele Sonnen-Jahre alt, als sich Mond und Erde gemeinsam einmal vollkommen um die Sonne drehen. Die alten, afrikanischen Kulturen wußten darum, wie etwa die Kosmologie der Dogon (Mali, Westafrika) belegt. Sie könnte dem Handbuch eines modernen Astrophysikers entnommen sein.[18]

Auch daß das Wort Ma, der Name der Erd-Mutter (Bantu) im sumerischen ›Etwas das zu Ende geht und wieder beginnt‹ bedeutet, einen Zyklus also, den Zyklus der Erde (das Sonnen-Jahr) ist wohl kaum ein Zufall.[19] Darauf verweist auch der Name der Ägypter für die geflügelte Göttin mit dem nubischen (negroiden) Gesicht, der Sphinx – *arq ur*; *arq* – ›vollenden‹, ›das Ende von etwas‹, und *ur* ›groß‹ oder ›Haupt‹. Löwe und Adler sind auch babylonische Kalender-Tiere (Symbole). Ihr kosmischer Bezug im Mythos steht immer mit einem Sonnen-Heros in Beziehung.

Wie bei dem griechischen Herakles (›Ruhm der Hera‹ – Erde, von era), Sohn Alkmenes, ›stark im Zorn‹, ein Titel der Mondin)[20]: Mutter Erde und Tochter Mond ließen einander nicht trennen, wie sich der Planet Erde nicht von seinem Trabanten, dem Mond, trennen läßt.

Zumeist wird der Sonnen-Heros (Held) riesenhaft und verkrüppelt dargestellt und kämpft gegen ein Schlangen-Ungeheuer. Bei den Shona Zimbabwes heißt er Makome, die Venda Südafrikas kennen ihn als Ditutwane. Auch die Khoi-San überliefern den verkrüppelten Riesen (Metsing).[21] Seine Beschreibung erinnert an nordafrikanische und keltische Mythen. Was nicht weiter über-

---

18 Ma im Sumerischen auch die Abkürzung von ›Mutter‹. E.M. Parr, Zitat R. Ranke-Graves. ›Die Weiße Göttin‹. Reinbek. 1985. Ma ist die erste (älteste) Wortwurzel (von Ba), das älteste von fünf Urwörtern, die Richard E. Fester in allen Sprachen entdeckte.

19 Robert Ranke-Graves. ›Griechische Mythologie‹. Reinbek. 1982. Alkmene ist vermutlich der mykenische Name der Hera.

20 Brenda Sullivan, Südafrika, Privatmanuskript. Seit zwischen 4.000 und 40.000 Jahren lebten die Khoi-San vom Rest des Kontinents vollkommen isoliert. Einst besiedelten sie das gesamte südliche, Zentral- und vermutlich auch Nordafrika. (Prof. Phillips Tobias, ›Images of Humanity‹. Ashanti Publishing, Rivonia, 1991.)

21 Axel Ivar Berglund. ›Zulu Thought Patterns and Symbolism.‹

rascht, wenn man ihn als Sonnen-Heros versteht. Als Symbol der Sonne stirbt er zur Sommer-Sonnenwende den Opfertod, um zur Winter-Sonnenwende als ›Neujahrskind‹ wiedergeboren zu werden. (In der südlichen Hemisphäre ist es umgekehrt.) Die Zulu feiern das ›Fest der ersten Früchte‹ (21. Dezember) und die Geburt des ›himmlischen Kindes‹, umkhozi, was auch der Titel ihrer Könige noch heute ist.[22] Den Opfertod des Heros zeigen eine Felszeichnung in der Domboshava-Höhle (Zimbabwe) und ein ›Baton‹ der europäischen Eiszeit (Frankreich).

Der ›verkrüppelte Riese‹, der sein Ego, persönlicher Machtausübung wegen, über die Psyche stellt, weshalb wir nur noch ›halb‹ sind, verkrüppelt, steht (als Symbol) am Anfang der europäischen Geschichte.[23] Der Sonnen-Heros wurde zum Sonnen-Gott, später zum väterlichen Gott, der in einem unsichtbar gewordenen (Tag-) Himmel thront. Europa brach in das Zeitalter der Vernunft, der Wissenschaft und der Technik auf. Nur noch das auszugsweise (vom Tageslicht der Sonne erhellte) Sichtbare zählte. Inneres und äußeres Erkennen wurden zunehmend getrennt. Die europäische Kultur dualisierte und entmythologisierte sich, bis die äußere Erfahrungswelt zur abstrakten Realität wurde und die innere Erlebniswelt verkümmerte. Die Natur hatte ihren ›Zauber‹ verloren und konnte unterworfen werden.

Jene afrikanischen Kulturen, die von Fremdeinflüssen lange verschont wurden, beschritten diesen Weg nicht. So besiegt der Held der Venda das Schlangen-Ungeheuer (ein matriarchales Symbol) nicht, während der griechische Herakles triumphiert. ›Held‹ und ›Ungeheuer‹ (Sonne und Erde) sind gleichwertige Partner, die der Große Geist in den ›Himmel‹ aufnimmt.

Dank des Symbols konnten die Menschen Unbegreifliches begreifen. Die Symbole, die aus mystischer Erkenntnis und der Betrachtung der ›Kräfte‹ von Natur und Kosmos und deren wechselseitigem Einwirken auf die Gesamtheit Mensch-Natur-Kosmos entstanden waren, erhielten Namen und ›Geschichten‹. Indem man

[22] Auf dem Baton symbolisiert den Heros ein Steinbock. Seinen Opfertod deutet ein Kreuzsymbol an (Dr. Alexander Marshack). Der Heros in Zimbabwe trägt eine Antilopenmaske. Bei den Kelten war es die Hirschmaske.

[23] Dr. Stephens Larsen. ›The Shamans' Doorway.‹ Station Hill Press, NY 12507.

sie, wie etwa die Nêder in Ägypten, personifizierte (symbolisierte), wurden sie sozusagen verirdischt (begreiflich). Auch im traditionellen Afrika vermitteln derart symbolisierte ›Kräfte‹ zwischen dem für den Menschen unerreichbaren (unverständlichen) Großen Geist, dem Bild- und ›Namenlosen‹, und dem ›Erdenwurm‹ Mensch.

Mit diesen göttlichen (kosmischen) Kräften vermögen jedoch nur die ›Ahnen‹ (die Geist-Welt) in Verbindung zu treten. Mit den ›Ahnen‹ kann wiederum nur der Eingeweihte Kontakt aufnehmen, der (oder die) die ›Sprache‹ der Ahnen spricht (Schamanen, Orakelseher und Heiler, Priester).[24] Hexerei, der Mißbrauch magischer Kraft, gilt in Schwarz-Afrika als größtes Verbrechen. Es wird von den witch-doctors geortet und geheilt, wie ihr Name besagt. Im Zuge des sich auch in Afrika ausbreitendem Materialismus erlebte die Hexerei einen Boom. Durch solch einen Prozeß, der Übergangszeiten kennzeichnet, ging auch Europa im Mittelalter. Das muß Afrika, wozu Europa Jahrhunderte benötigte, in einem einzigen geschichtlichen Augenblick nachvollziehen.

Götter nannten die symbolisierten kosmischen Kräfte und die Natur-Geister erst die indoeuropäischen Völker, die die alten Hochkulturen Mesopotamiens, des Mittelmeeres und Nordafrikas eroberten.[25]

Götter der Eroberer erhalten ihren Namen von den Feinden, die sie besiegen.‹[25] Womit sich ein weiteres Mißverständnis mit schwerwiegenden Folgen zwischen Afrika und Europa abzeichnet. Die ›Vielgötterei‹ Afrikas und wohl auch anderer ›Naturvölker‹ beruht auf diesem Mißverständnis. Daß konsequenterweise Kulturen wie die Kretas, Sumers und Ägyptens mit dem Attribut ›primitiv‹ versehen werden müßten, belegt den Irrtum. Sie wurden als europäisch und ›weiß‹ vereinnahmt. Afrika, in dem alle Geschichte und alle Geschichten geboren worden waren, versank in der Geschichtslosigkeit und wurde ›primitiv‹.

Man bezeichnet Afrika gerne als den ›dunklen‹ Kontinent. Auch

---

[24] Die von Asien ausgehenden Eroberungen patriarchaler, einen Sonnengott verehrenden Viehhirten waren gegen Ende des zweiten Jahrtausends abgeschlossen. Unter ihnen befanden sich die Griechen. Die geozentrisch-lunare Kosmologie der matriarchalen Ackerbaukulturen überlebte ansatzweise in den Mysterienschulen und in den Mythen. Siehe dazu Robert Ranke-Graves, ›Die weiße Göttin‹.

[25] Zitat nach Robert Ranke-Graves: ›Die weiße Göttin.‹

die Ägypter nannten ihr Land Kemit, ›schwarz‹, Kam im Hebräischen, ›dunkel‹, ›schwarz‹. Vor seiner Eroberung hieß Ägpyten Kemt, das ›Schwarze‹, ›Dunkle‹, (das *t* bezeichnet die Weiblichkeit ›Ägyptens‹)[26]. Nach der hebräischen Überlieferung, in die asiatische, kleinasiatische, ägyptische und griechische Mythen eingeflossen waren, die in der Bibel niedergeschrieben wurden, besiedelten die Nachfahren Chams (Ham, Kam), dem ›Ahnen der Neger‹, Ägypten, Kanaan und Punt (das heutige Arabien). So bewahrte der Mythos die Erinnerung an Afrika, ›die Erde‹, als Ursprungsland.

Auch die sprachliche Verbindung zwischen charmite, ›schwarz‹ oder ›dunkel‹ und ›Ebenholz‹ (das gleiche Wort im Ägyptischen) zu Kemit, den Bewohnern von Kem't (Ägpyten) und hamitisch, den afrikanischen Sprachen, ist aufschlußreich. Tubal-Chan, berichtet die Bibel, war ›lange vor der Flut ein Handwerksmann in Gold und Eisen.‹ Die ältesten Minen der Welt befinden sich im südlichen Afrika, die Swazilands sind an die 70–80.000 Jahre alt. Eisen baute man im südlichen Afrika bereits vor über 40.000 Jahren planmäßig ab (mehr als 100.000 Tonnen an einem Ort).[27] Funde in der Kalahari legen den Schluß nahe: ›Die Erfindung der Technik ist auf bislang übersehene, sogenannte Steinzeitmenschen zurückzuführen.‹[28] Südwestafrika besitzt das Zeugnis der ältesten Gleittüren der Welt und ein Straßensystem, das an das der Inka Mittelamerikas erinnert.[29] Und in Südafrika fand man die ältesten Hinweise auf ›moderne Menschen‹, (Homo sapiens, sapiens), unser aller Vorfahren.[30]

›Eva‹, die Ur-Mutter der heute lebenden Menschen, kam aus Afrika, wies die Genforschung nach. Sie lebte vor ca. 200.000 Jahren. Wie bereits vor an die zwei Millionen Jahren unsere frühen Vorfahren (Homo erectus) Afrika verließen und die Welt besiedelten, migrierten auch ›Evas‹ Nach- und unsere Vorfahren vor zwischen 200.000 und 120.000 Jahren nordwärts durch den afrikanischen Kontinent, nach Europa und über Kleinasien und Asien.[31]

---

[26] Cheikh Antop Dia. ›Nations Nègres et culture.‹

[27] Paul Meylam. ›A History of the People of Southern Afrika.‹

[28] Alex Campbell, Zitat aus ›Kalahari‹. Michael Main. Southern Books Pulls. 1968.

[29] Il Khauxa!nas-Schons Vlaske. Klaus Dierks. Namibia. 1987.

[30] Border-Höhle und Klasis River-Höhle, datiert auf 100.000 bzw. 120.000 Jahre.

[31] Prof. Phillips Tobias und Peter Baumont, Südafrika.

Auch die Mythen berichten von ›Afrikanern‹ vor der Flut, wie etwa der irische und der walisische Mythos und die Bibel.

Der Mythos ist nie eindimensional, ist nie nur Kosmologie oder nur ›Geschichte‹ (Stammeswanderungen, Kriege usw.), nur ›Lebenskunde‹ (Verhaltungsmaßregeln, um zu überleben), auch nie nur Heldengeschichte, und schon gar nicht Blut- und Bodenmythologie. Der Mythos ist die bildhafte (symbolische) Erinnerung der Menschheit an die Vergangenheit – und an die Zukunft.

Die Wiege der Menschheit stand in Afrika, und Kultur gibt es, seit es den Menschen gibt. So ist Afrika alles andere als ›geschichtslos‹ und seine Völker waren nicht ›primitiv‹. Denn ›Afrika hütet ein Wissen, uralte Wissensschätze wie schon zur Zeit der Ägypter‹.[32]

Dieses Wissen hüten immer noch Afrikas Eingeweihte im Mythos und Ritual. Aber die Zeit drängt.

Was mit den Eroberungen und Zerstörungen indoeuropäischer und sich mit ihnen verbündenden semitischen Völkern vor an die viertausend Jahren begann, besiegelte die europäische Kolonialpolitik. Ohne ihre Raubzüge wäre das heutige Europa nicht das wohlhabende Europa und Afrika nicht das arme Afrika. Die blutigen Konflikte in diesem ausgeraubten Kontinent, dessen soziale und wirtschaftliche Ordnungen man zerstörte, und dessen Kultur und Religion man beinahe zu Tode missionierte, sind ein schweres Erbe für Afrika und für Europa. Aber – ›Ein neuer Farbton schwingt sich auf den Regenbogen, ein neuer Rhythmus bohrt sich in die Welt.‹[33] Das Gedicht des sprachgewaltigen Paul Niger verweist in die Zukunft.

Bereits 1958, als erst wenige afrikanische Staaten ihre Unabhängigkeit erhalten hatten, stellte Janheinz Jahn fest: ›Die Verlebendigung des Daseins, die sich im schöpferischen Verhalten äußert und eine Neuernennung des Weltwissens ermöglicht, könnte der Beitrag Afrikas zur Weltkultur der Zukunft sein.‹[34]

Unsere ›Reise‹ in die ›Seele‹ Afrikas (ihrem Mythos) hat erst begonnen. Sie ist die Brücke, die die Vergangenheit mit der Gegenwart verbinden vermag – und mit der Zukunft. Mit jenem Afrika, das es einmal gegeben haben wird, nachdem die Zukunft in die

---

32 Umberto Ecco. Das Foucaultsche Pendel. München. 1990.
33 Janheinz Jahn. ›Muntu, die neoafrikanische Kultur.‹
34 Janheinz Jahn. ›Muntu, die neoafrikanische Kultur.‹

Vergangenheit zurückkehrte, um zur Gegenwart zu werden, dem ›Zentrum der Zeit‹. Aus ihm wird die ›Neue Welt‹, die Kultur der Zukunft, geboren werden.[35]

So lautet die alte, afrikanische Prophezeihung. ›Der Traum, der uns träumt‹, ist noch nicht ausgeträumt‹! Und seine Sprache, die symbolhafte Sprache des Mythos, beginnen wir langsam wieder zu verstehen.

---

35 Credo Vusamazulu Mutwa. ›Indaba my children.‹

Einführung

Etwas ängstlich und beklommen verfasse ich die Einleitung zu diesem Lexikon, nicht so sehr, weil ich mich vor den vielen afrikanischen Geistern fürchte, sondern weil ein solches Werk ein kühnes Wagnis in einem heftig umstrittenen Bereich darstellt. Einige Fachleute werden einwerfen, daß es noch viel zu früh sei, einen allgemeinen Überblick über ein Gebiet zu geben, das immer noch voller Lücken ist und einen ziemlich unbekannten Bereich darstellt. Das stimmt zwar, doch es wird noch viele Jahre dauern, bis diese Lücken gefüllt sind, und es geht nicht an, all jene, die sich mit diesem wichtigen Thema beschäftigen, noch lange warten zu lassen. Gerade weil in unserem Verzeichnis über afrikanische Religionen so viele Seiten unbeschrieben sind, kann der Versuch zu einem Lexikon die Grenzen unseres Wissens über Afrika aufzeigen.

Der afrikanische Kontinent erfährt in der westlichen Welt – nicht einmal in Gelehrtenkreisen – immer noch nicht die hinreichende Wertschätzung. In wissenschaftlichen Werken über die ›Weltreligionen‹ werden afrikanische Religionen nur mit wenigen Abschnitten im Kapitel über die ›frühesten‹ Religionen bedacht. ›Frühest‹ bedeutet, daß die afrikanischen wie auch die nordasiatischen und indianischen Religionen mit den prähistorischen Glaubensbereichen und Ritualpraktiken vergleichbar sind – und nicht mit der Kultiviertheit und Systematisierung der Weltreligionen unserer Zeit.

Der Autor des vorliegenden Buches hat jedoch herausgefunden, daß afrikanische Religionen in Wirklichkeit (der Begriff »Religion« wird in dem Kapitel über Begriffe erörtert) höchst vielschichtige Denksysteme sind, in denen die Überzeugungen, Mythen und Kosmologie einer ethnischen Gruppe mit ihren Moralvorstellungen und Verhaltensmaßregeln in einem grenzenlos wandelbaren Organismus lebendiger religiöser Ideen und Handlungen verwoben sind.

In einem Buch wie diesem kann man ein vollständiges System von Mythen nicht in allen Einzelheiten beschreiben. Es können lediglich einige flüchtige Einblicke vermittelt werden, damit der Leser eine Vorstellung von dem unerschöpflichen Reichtum afrikanischer Mythen und Legenden, der Kosmologie und der Erzählungsgabe erhält.

Die Mythologie ist das Studium der Mythen. Das Wort Mythos

kann auf vielfältige Weise definiert werden. Hier findet es nur für die Beschreibung von den Göttern und anderen Geistwesen Anwendung, die in Afrika die ›andere‹ Welt bewohnen, jene Welt der unsichtbaren Geschöpfe und Kräfte, in der nur Propheten und Schamanen zu Hause sind – und das nur unter besonderen Vorsichtsmaßnahmen. Diese Geistwesen können an gefährlichen Plätzen, z. B. bei Wasserstrudeln, gefunden werden, aber auch in Bäumen und sogar in Häusern. Zahlreiche Mythen handeln von ihnen. Viele Leute, die ich befragt habe, weigerten sich, über solcherlei zu sprechen, während einige afrikanische Gelehrte keine Einwände hatten, die Namen der Geister zu nennen.

Die Jahre, die ich in Afrika verbracht habe, waren die schönsten meines Lebens; zu jener Zeit habe ich gelernt, in völlig neuen Bahnen zu denken. In Afrika können viele Menschen weder lesen noch schreiben, aber sie haben einen scharfen und klaren Verstand, und ihr Gehirn ist nicht mit jenen sinnlosen Daten vollgestopft, mit denen wir unsere Speicherzellen füllen. Ich habe meine afrikanischen Lehrer als außergewöhnlich scharfsinnig empfunden, ihre Bemerkungen trafen stets ins Schwarze, und ihr menschliches Wissen war voll von Weisheit und Verständnis für die sie umgebende Welt. Einige afrikanische Völker haben die Verbindung zur Natur noch nicht völlig abgebrochen, so wie wir dies getan haben. Sie nähern sich ihrer Umgebung mit Ehrfurcht und Achtung und nicht als zerstörerische Ausbeuter. Sie verehren Elefanten und Löwen als die Könige des Waldes und der Savanne und betrachten sie keineswegs als dem Menschen untergeordnet. Der Mensch gehört lediglich zu einer der vielen Arten der Schöpfung, der es erlaubt ist, sie zu durchwandern – nicht als göttlicher Herrscher, sondern als ein Geschöpf, das sich mit anderen Geschöpfen die irdische Nahrung teilt. Das Leben in der Wildnis ist ein Kampf zwischen Gleichgestellten mit gleichen Rechten – zu leben und zu fressen – und mit gleichen Chancen – zu sterben und gefressen zu werden. Das Leben in Afrika ist hart, so daß nur solche dort leben können, die eine unerbittliche Entschlossenheit haben, um überleben zu können, und eine grenzenlose Energie, um jeden Tag genießen zu können. Aufgrund dieser Eigenschaften sind die Afrikaner fröhlicher als die düsteren Bewohner des Nordens und eher bereit, zu tanzen, Feste zu feiern und sich ausgelassen zu geben. Hier können wir ein wenig Lebensweisheit erlernen.

Möglicherweise wird ein Teil dieser Energie aus der engen Naturverbundenheit gewonnen oder durch das Zuhören der Ratschläge von Geistern, die viel mehr wissen als wir und äußerst stark und mächtig sind. Eine Erforschung der psychologischen Wirklichkeit dieses Naturmystizismus ist besonders von Nöten. Auch die Herauskristallisierung der dunklen Aspekte des spirituellen Lebens (Zauberkraft, schwarze Magie und Hexerei) scheint in hohem Maße erforderlich. Zusätzlich sind Arbeitsgruppen von Forschern notwendig, die die Bäume, Kräuter und sonstige Vegetation untersuchen, aus denen afrikanische Ärzte jene Arzneien herstellen, die sie zur Heilung vieler Krankheiten verwenden.

Bei dieser Arbeit werden die Ärzte (so wurde uns erzählt) von Geistern unterstützt, die ihnen helfen, die richtigen Heilkräuter zu finden. Wir sind weit davon entfernt, diese spirituellen Heilmethoden zu verstehen, zu denen man nur Zugang findet, wenn man die Kosmologie kennt, in der sie funktionieren. Mit der Kosmologie eines Volkes wird seine Weltsicht, sein Glaube an Götter und Geister beschrieben sowie seine Überzeugungen bezüglich der Träume und der Wirklichkeit, seine Beziehungen mit der sie umgebenden Welt der Natur und sein Platz und seine Aufgabe in dieser Welt. Eine Kosmologie ist eine Beschreibung von der Welt, in der wir leben, aber nicht von einem naturwissenschaftlichen, sondern von einem spirituellen Standpunkt aus.

Aufgrund dieser Kosmologie wird die physische Umwelt zu einer bedeutungsvollen spirituellen Welt, aus der jemand sein Vorhaben im Leben ableiten kann. Dieses Vorhaben kann darin bestehen, die Ahnen zu verehren, in Harmonie mit der Natur zu leben, zu heiraten und eine Familie zu gründen, damit die Kinder die Ahnen einschließlich der eigenen Eltern verehren, so daß die Kette der Generationen in der Welt der Lebenden weitergeführt wird. Jeder Lebensplan ist von einer Kosmologie abhängig. In diesem Beispiel ist es der Glaube an ein spirituelles Leben nach dem Leben. Darauf beruhen wiederum die moralischen Grundsätze, mit denen ein Mann und eine Frau ihr Leben führen und ihm einen Sinn verleihen. Ohne eine solche Kosmologie, die in einer Religion verankert ist, gäbe es keine moralischen Grundsätze, da sonst kein Plan im Leben und kein Glaube existent wäre.

Diese einfachen Tatsachen tragen viel zur Deutung der Unruhe im heutigen Afrika bei. Die Kolonialzeit hatte sich auf die traditionellen Gesellschaften dahingehend ausgewirkt, daß ihre subtilen Glaubens- und Moralstrukturen zerstört wurden. Den Afrikanern wurde von den Europäern gesagt, daß sie naive Götzenanbeter seien und daß der Ahnenkult albern und primitiv sei. Aber was erhielten sie als Gegenleistung für die Abwertung ihrer Religionen. Jeder Mensch braucht etwas Bedeutungsvolles in seinem Leben, etwas, wofür es sich zu leben lohnt, eine Richtschnur für sein Dasein, ein Vorhaben, einen Sinn. Wenn das zerstört wird, wird das Leben an sich bedeutungslos, und nichts bleibt übrig, um die Kräfte der Zerstörung zu beherrschen, nicht einmal die Angst vor der Bestrafung durch die Götter.

Wir können uns für die Afrikaner keine neue Lebensphilosophie ausdenken. Aber wir können die bekannten Fragmente der alten Religionen wieder zusammensetzen. Ein Großteil des guten Glaubens wurde in den vergangenen hundert Jahren von Hexerei und Zauberkraft überwuchert, gerade weil die alten wahren Religionen zerfielen. Das Gute wich dem Bösen. Glücklicherweise sind zahlreiche Quellen für das Studium der afrikanischen Religionen verfügbar. Trotz der Zermürbung durch die moderne ›Zivilisation‹ sind immer noch viele Religionen lebendig, oder sie sind zumindest den Ältesten eines Clans im Gedächtnis geblieben. Einige Gelehrte haben uns während der letzten hundert Jahre anschauliche Beschreibungen von den Riten und Zeremonien hinterlassen, die sie miterlebten, während andere zusammenfassend darüber berichten, was die Stammesältesten ihnen über ihre Götter, ihre Geschichte und ihre Beziehungen zu diesen erzählt hatten. Wieder andere Gelehrte haben religiöse Lieder, Hymnen und Gebete an die Götter in den Originär-Sprachen niedergeschrieben und durch Übersetzungen und Erklärungen ergänzt.

Mythische Erzählungen, Fabeln und Märchen wurden ebenfalls niedergeschrieben und veröffentlicht. Trotzdem ist auf diesem Gebiet noch sehr viel Arbeit zu leisten. Der Autor des vorliegenden Buches hat die vergangenen 35 Jahre damit verbracht, mündlich überlieferte religiöse Geschichten in Afrika zur Herausgabe zu sammeln und zu ordnen. Es wird jedem Leser einleuchten, daß kein Autor alle Kulturen des gesamten afrikanischen Kontinents studieren kann, ohne sie nur flüchtig aufzusuchen. In Afrika werden mehr als tausend völlig unterschiedliche Sprachen gesprochen, und fast jedes Land setzt sich aus zahlreichen ethnischen Gruppen mit eigenen Kulturen und Religionen zusammen, deren Sprachen untereinander nicht verständlich sind. In Somalia werden nur drei Sprachen gesprochen, in Zimbabwe nur neun, aber in Kenia 39, in Uganda und Ghana jeweils 22, in Tansania 46, in Äthiopien und Eritrea zusammen 76 und in Zaïre 326. Es handelt sich hierbei um von einander differierende Sprachen. Dialekte wurden in diese Übersicht nicht miteinbezogen. In Nigeria, Kamerun und im Sudan werden jeweils ungefähr zweihundert Sprachen gesprochen. Gewissenhafte Linguisten beschreiben immer noch unbekannte Sprachen, während Missionare damit beschäftigt sind, die Bibel in alle afrikanischen Sprachen zu übersetzen. Einige Sprachen wie Yoruba, Hausa und Igbo (Ibo) in Nigeria werden von Millionen gesprochen, andere nur von wenigen Dutzend, wie das !Kung (das ›!‹ ist ein Schnalzlaut), eine Sprache, derer sich einige Buschmänner in Namibia bedienen. Die Sprachen der Pygmäen in den dichten Wäldern von Zaïre und Gabon werden ebenfalls nur von sehr kleinen Völkergruppen beherrscht. Doch sobald ein Forscher bei diesen Völkern auftaucht und sich bei ihnen aufhält, ihre Sprache lernt und ihre mündlich überlieferten Geschichten aufzeichnet, eröffnet sich ihm plötzlich eine unbekannte Welt, die von Göttern und Geistern, Feen und Hexen und allen vorstellbaren Geschöpfen, die der menschlichen literarischen Kreativität entspringen, bewohnt wird. Ganz gleich, wo Gelehrte eine Sprache erforscht haben, sie entdecken so viele Volkssagen, alle möglichen Lieder, Sprichwörter und Rätsel, daß sie mit ihrem aufgezeichneten Material, ihren Übersetzungen und erklärenden Anmerkungen, Wörterbüchern und Grammatiken ›dicke Wälzer‹ füllen können.

Epen, die bei geselligen Festen in langen Nächten vorgetragen werden, haben Bände von wissenschaftlichen Arbeiten gefüllt. Afrikanische Sprachen sind alles andere als primitiv, sondern höchst vielschichtig und schwer zu erlernen, voller idiomatischer Wendungen und komplizierter Strukturen – während die afrikanische Unterhaltung mit Sprichwörtern durchsetzt ist, die auf jeden Aspekt ihrer Kultur, Religion, Verhaltensweisen und Geschichte Bezug nehmen.

Selbst bei unserem unvollständigen Wissen würde die komplette Sammlung aller Mythen der afrikanischen Völker Hunderttausende von Seiten füllen. Der Autor des vorliegenden Buches mußte eine Auswahl treffen, um die wichtigsten Aspekte einiger afrikanischer

Religionen darzustellen, einschließlich aller allgemeiner Formen, durch die sich die afrikanischen Religionen von europäischen, asiatischen und amerikanischen unterscheiden. Die Mythologie, das Rückgrat der Religion, bildet den Hauptteil des Inhalts. Andere Aspekte der Religion, wie Zeremonien, Hymnen und Gebete, Schreine oder Geisterhäuser, heilige Plätze und heilige Gegenstände, werden nur dann erwähnt, wenn es für das Verständnis der Mythen unerläßlich ist. Da jeder Mythos zu einem bestimmten Volk oder zu Volksgruppen gehört, wird der Name des Volkes bei jedem Stichwort genannt. Die wichtigen ethnischen Gruppen in Afrika haben ein weiteres Stichwort, unter dem ihre Heimat, ihre Anzahl, ihre Sprache und einige weitere Einzelheiten angeführt werden.

Das Wort ›Stamm‹ wird nur noch in einer gutdefinierten Bedeutung verwendet: bei einer endogamischen Gruppe von Clans, die untereinander heiraten und eine Sprache und eine Religion teilen. Das einzige praktische Kriterium, mit dem eine ethnische Gruppe definiert werden kann, ist ihre gemeinsame Sprache. ›Die Hausa‹ bedeuten also ›die Sprecher des Hausa‹. Beachten Sie das Präfix *Ba* – für ›Volk‹, z. B. *Bakongo, Baganda, Baluba* mit der Bedeutung ›das Kongo-Volk‹, das ›Ganda-Volk‹, das ›Luba-Volk‹.

Mehrere nützliche anthropologische Begriffe dürfen nicht mehr benutzt werden, obwohl sie nicht durch ein entsprechendes Wort mit gleicher Klarheit ersetzt wurden. Zum Beispiel ist das Wort Bantu, das für eine große Völkergruppe mit einer gutdefinierten Sprachfamilie und folglich mit eindeutig verwandten Kulturen steht, bei einigen Leuten ›unmodern‹. Das Wort Hottentotte, das wirklich nichts anderes bedeutet als eine Person, die zu einer bestimmten Volksart gehört, wurde ebenfalls verurteilt. Aber das Wort ›Khoi‹, das es ersetzen soll, bedeutet nicht dasselbe. Die Khoi stellen nur einen Teil der großen Hottentottenfamilie dar. Der Name ›San‹ für Buschmänner ist noch schlimmer. ›San‹ ist eine kleine Volksgruppe in Westnamibia, die eine Khoi-Sprache sprechen und keine Sprache der Buschmänner, welche sich von dieser grundlegend unterscheidet. Der Begriff ›ethnische Gruppe‹ für ›Stamm‹ ist weder passend noch geeignet. Er hat keine präzise Bedeutung und ist nicht weniger verunglimpfend als das frühere Wort. ›Ahnenkult‹ ist ein weiterer Begriff, der von einigen verurteilt wurde, als wäre er etwas, wofür man sich schämen müsse. Professor Noel King von UCLA hat angeregt, daß man ihn durch ›mit seinen Vorfahren in Verbindung stehen‹ ersetzen sollte. Das kann beispielsweise zutreffen, wenn ein *nganga* oder Schamane den Stimmen seines Vaters und Großvaters lauscht, die ihm einen Rat geben. Aber wenn Leute zu den Gräbern der Ahnen gehen, an ihrem Schrein zu ihnen beten, ihnen Nahrung, Bier oder etwas anderes als Opfer darbringen, dann muß das als Kult bezeichnet werden.

Weiterhin existiert in jedweder Sprache ein Wortproblem bezüglich magischer Bräuche, die sich voneinander völlig unterscheiden. Das Wort ›Hexe‹ ist dabei der umstrittenste Begriff in der Anthropologie. Das englische Wort ›witch‹ ist wie die deutsche *Hexe* unausweichlich mit dem christlichen Mittelalter verknüpft. Hexen haben Katzen, sagen wahr, verzaubern Menschen und fliegen auf ihrem Besen zur Jahresversammlung, die unter der Leitung von Satan persönlich, dem Prinz des Bösen, stattfindet. Es gibt dazu nichts Vergleichbares in ganz Afrika, am allerwenigsten die Idee einer zentralen Organisation des Bösen, die der guten christlichen Hierarchie der Kirche gegenübersteht.

In Afrika wird eine Hexe definiert als ›eine Person, deren Körper Zauberei-Substanz enthält und die vermutlich Zauberei ausübt‹ (Evans-Pritchard, *Witchcraft*, 1937, S. 9). Zauberei ist: ›vermutlich eine übersinnliche Ausstrahlung von Zauberei-Substanz (siehe *Mangu*), die vermutlich Schaden an Gesundheit und Eigentum verursacht‹ (ibid.) Es liegt auf der Hand, daß diese Definition auf keinen Hexenglauben in einem europäischen Kontext anwendbar ist. Ich habe versucht, dieses Problem durch die Einführung eines Bantu-Wortes wie *Baloi* (q.v.) zu überwinden – aber alle Wörter der afrikanischen Sprachen für magische Praktiken und ihre Anwender zu erörtern, ist nicht durchführbar. Mit der ständigen Wiederholung des Wortes ›vermutlich‹ beweist Evans-Pritchard, daß er selbst nicht an Zauberei glaubt. Aber das kann niemand, der nicht in einer solchen Kultur geboren wurde. Als ich vor vielen Jahren als junger Forscher zu sagen wagte, daß ich noch nie einen Geist gesehen hätte, wurde mir schroff geantwortet: »Sie sind noch nicht sehr lange hier.« Trotzdem ist es die Pflicht eines jeden Anthropologen, zu versuchen, das Volk zu verstehen, bei dem er lebt, solange es seine begrenzte Zeit erlaubt. Jede Kultur ist eine andere Welt, und darum gibt es mindestens so viele andere Welten wie Religionen. Jede Religion hat ihre eigene Kosmologie, ihren eigenen Kosmos, d. h. ihr eigenes Universum der Wirklichkeit, die den Gläubigen vertraute Welt.

Afrikanische Völker sind religiöser als Europäer und eher bereit, Zeit und Energie aufzubringen, um sich der Anbetung zu widmen. Das ist eine gute Nachricht für das Christentum und den Islam, Religionen, zu denen sich inzwischen mehr als die Hälfte der afrikanischen Bevölkerung bekennt. Der Islam konnte in diesem Buch nicht berücksichtigt werden. (Siehe zu diesem Thema Knappert, *Islamic Legends*, Leiden, Holland, E. J. Brill, 1985). Das Christentum hat sich in den meisten Ländern südlich der Sahara durchgesetzt, die römisch-katholische Kirche besonders in ›französischsprechenden‹ afrikanischen Ländern wie Zaïre. Auch die protestantischen Kirchen sind in Afrika zahlreich vertreten. Beide Kirchen finden jedoch nur in einer Hinsicht Berücksichtigung: Viele afrikanische Gemeinden haben sich von der einen oder anderen christlichen Kirche gespalten und eigene Kirchen gegründet.

In anderen Fällen haben afrikanische religiöse Führer Gemeinden gegründet, die sie als Kirchen bezeichnen, oft nachdem sie Jesus oder einen Engel gesehen hatten, der mit ihnen sprach. Viele afrikanische Bräuche und Überzeugungen wurden in die Gemeindedienste solcher Kirchen oder Sekten aufgenommen. Auf diesem Gebiet stehen wir offensichtlich an der Grenze zwischen afrikanischen und christlichen Religionen. Obwohl viele afrikanische religiöse Führer behaupten, daß ihre Kirchen christlich seien, halten viele christliche Theologen entgegen, daß in diesen sogenannten freien Kirchen ein Zuviel an nichtchristlichem Glaube herrscht und zu viele nichtchristliche Bräuche praktiziert werden, um sie als christlich bezeichnen zu können. Der Autor bezieht in diesem Streit eine neutrale Position. Einige Namen der Führer und ihrer Bewegungen wurden in dieses Lexikon aufgenommen, da sie einen großen Einfluß auf ihre Landsleute ausüben.

Mit diesem Werk wird erstens beabsichtigt, einen Wegweiser durch das Labyrinth der afrikanischen Mythen und Glaubensformen zur Verfügung zu stellen; zweitens, denjenigen, die Afrika studieren wollen, eine Einführung in die zahlreichen und sehr schönen religiösen und literarischen Motive der afrikanischen Mythen zu geben. Drittens hoffe ich aufrichtig, daß Afrikaner so wie auch andere erkennen, wie reich das afrikanische Erbe ist, und daß afrikanische Religionen es verdienen, aus eigenem Recht studiert zu werden, Seite an Seite mit anderen Religionen in Europa und Asien.

Umfang und Aufbau

Die häufigen Verweise auf die Bibel und die griechische Mythologie zeigen die auffälligen und zahlreichen Parallelen zwischen vielen afrikanischen Religionen und denen der alten Völker im Mittelmeerraum auf. Die Römer und Phönizier gründeten Städte in Nordafrika, wo sie ihre Götter verehrten. Zweifellos folgten viele Afrikaner ihrem Beispiel. Die einzige höchst brillante Kultur und Religion, die vor dem Auftauchen des Christentums bestand, ist die des alten Ägyptens; dort werden die Götter oft mit den Köpfen afrikanischer Tiere dargestellt: Krokodil, Flußpferd, Ibis, Löwe und Schakal. Es stimmt zwar, daß auch die griechischen Götter einen animalischen Aspekt haben, aber in der griechischen Kunst werden sie nicht mit ihren animalischen Zügen dargestellt, wohingegen die Götter in Ägypten und in vielen afrikanischen Ländern ein auffallendes animalisches Aussehen haben.

Es kann kein Zweifel bestehen, daß diese in hohem Maße komplexe und verfeinerte Religion die Religionen und Mythologien der afrikanischen Völker tiefgreifend beeinflußt hat. Andererseits ist der Ursprung der ägyptischen Religion selbst in Afrika zu suchen, wo Spuren von verwandten Gottheiten reichlich vorhanden sind.

Der Lexikograph der afrikanischen Mythologie steht vor dem Problem, Entscheidungen über die Stichwörter zu treffen. Die Öffentlichkeit kennt zwar Jupiter und Herkules oder Isis und Osiris, aber wohl kaum afrikanische Götter und Helden. Wieviel Leser werden unter Lianja oder Liongo suchen, zwei große Helden in der afrikanischen Mythologie? Wie viele haben von den großen Yoruba-Göttern mit den eindrucksvollen Namen wie Olodumare und Obatala gehört? Da sich dieses Buch an eine breite Leserschaft richtet, schien es angebracht, die Begriffe nach den Titeln und den Namen von Völkern und Provinzen zu ordnen. Dabei habe ich vorausgesetzt, daß der Leser über gewisse Kenntnisse der afrikanischen Geographie verfügt, so daß er beispielsweise Buganda oder Kasai finden kann.

Selbst bei akademischen Afrikanisten herrscht häufig Verwirrung über die vielen Namen, unter denen jedes Volk bei seinem Nachbarn bekannt ist. Auch auf ihre Götter und Helden wird mit zahlreichen Namen verwiesen, bei denen es sich aber oft um Ehrenbezeichnungen handelt, wie Mukulu Ijulu ›der Große im Himmel«, der alte

Swahili-Name für Gott, zitiert von dem arabischen Reisenden Al-Mas'udi im zehnten Jahrhundert.

Auch die Anwendung von möglichen Entsprechungen führt zu Problemen. Beispielsweise wird im öffentlichen Bewußtsein die deutsche Hexe mit Katze und Besen, Kröte und Echse in Verbindung gebracht, während eine afrikanische Hexe kein Scherz ist. Sie oder er (in Afrika können auch Männer Hexen sein) können Leuten Angst einjagen, auch wenn sie es selbst gar nicht wissen.

Demgemäß werden einige Artikel in diesem Führer mit einer Definition des Wortes beginnen, soweit eine eindeutige Definition in Mythos und Folklore möglich ist. Danach wird das ›Äquivalent‹ der gleichen Idee in Afrika beschrieben, vorbehaltlich der Einschränkungen, die weiter oben erwähnt wurden. ›Geister‹ unterscheiden sich in Afrika und Europa nicht so sehr voneinander, außer vielleicht, daß sie in Afrika boshafter sind und in Europa erbärmlicher. Dies liegt einer griechischen Idee zugrunde, daß die armen Toten nicht länger die Freuden des Lebens und der Gesellschaft auf dieser sonnigen Oberfläche genießen können.

Einige Stichwörter werden anhand der Glaubensüberzeugungen eines bestimmten Volkes irgendwo in Afrika erläutert. Bei anderen Stichwörtern wurden Beispiele von mehreren Gegenden in anderen Teilen Afrikas herangezogen. Der Autor hofft, daß mit dieser abwechslungsreichen Handhabung eine Vorstellung von der unglaublichen Vielfalt und Fülle der afrikanischen Mythologie vermittelt wird. Dennoch scheint es eine geheimnisvolle Einheit zu geben, die sich hinter diesen vielfältigen Ansichten über das Göttliche verbirgt: Die zahlreichen Geschichten von magischen Wesen und wilden Tieren konzentrieren sich alle auf das Problem, welchen Platz der Mensch auf dieser Erde hat, wo er scheinbar kaum erwünscht ist, und auf seine nicht immer glücklichen Beziehungen zu seinen Mitmenschen. Zum Beispiel spiegeln das Entsetzen und die Angst vor der Zauberei die Traurigkeit und das Leiden der Hinterbliebenen wider sowie den Zorn, der in Wirklichkeit verborgene Angst ist.

Am anderen Ende der Skala steht die Lebensfreude, die im Tanz und Gesang zum Ausdruck gebracht wird, und in Opfern, die einer unausgesprochenen Dankbarkeit gegenüber den Göttern der Erde und des Himmels entspringen. Es gibt viele Möglichkeiten, die gleiche Wahrheit in der Kunst oder im Mythos auszudrücken. Das ist die grundlegende Wahrheit des menschlichen Daseins in Liebe und Angst.

Anmerkung zu den Quellen

In dieser Arbeit werden in erster Linie die Ergebnisse aus Feldforschungen in Afrika dargestellt, die in 11 Reisen zwischen 1957 und 1988 gewonnen wurden. Einige Reisen dauerten nur wenige Wochen, andere mehr als ein Jahr; sie führten mich zu allen Ecken Afrikas, von Casablanca nach Kapstadt und weiter nach Kairo.

Da es selbst in einem Menschenleben unmöglich ist, alle Völker Afrikas zu besuchen, wurden zahlreiche veröffentlichte und unveröffentlichte Quellen sowie mehrere Fachleute auf dem Gebiet der Mythologie und der afrikanischen Religion herangezogen.

Eine ausgewählte Bibliographie ist aufgeführt, aber diese spiegelt nicht die enorme Menge des verfügbaren Materials wider. Die mögliche Verwirrung – hervorgerufen durch die Tatsache, daß es in Afrika so viele verschiedene Völker mit eigenen Sprachen und Dialekten gibt – wird durch die Tatsache verschlimmert, daß die meisten von ihnen unter mehr als einen Namen bekannt sind, der von dem Sprecher abhängt.

Dem Problem wurde nicht durch die Tatsache Abhilfe geschaffen, daß einige afrikanische Staaten umbenannt wurden, manchmal mit Namen, die bereits eine andere Bedeutung hatten, und daß einige Autoren sich auf die gleichen Völker mit unterschiedlichen Namen beziehen. Zum Beispiel erhielt Dahomey den Namen Benin, der der Name einer Stadt in Nigeria ist. Die Goldküste wurde Ghana genannt, der Name für eine seit langer Zeit untergegangenen Stadt in Mali. Die Swahili wurden früher als Küstenaraber, Afro-Araber oder Küstenmoslems bezeichnet. Heutzutage werden sie manchmal in das ›Miji Kenda‹ einbezogen, der in Wirklichkeit ein Gesamtbegriff für neun Stämme mit verschiedenen Sprachen in Ostkenia ist.

Abgesehen von ihrer Vielfalt werfen afrikanische Namen Probleme der Aussprache auf. Die Bantu-Sprachen sind am leichtesten auszusprechen, da sie mit Italienisch oder Hawaiisch vergleichbar sind. Ihre Wörter setzen sich wie in der japanischen Sprache aus offenen Silben zusammen, so daß beispielsweise der Name König Solomon zu Sulemani wird, wobei die Betonung auf *ma*, fast immer auf der vorletzten Silbe eines Wortes, liegt.

Der Buchstabe *y* ist immer ein Konsonant wie in yes. *Ny* wird folglich *gn* wie auf Französisch und Italienisch ausgesprochen, z. B. in *Nyang*, dem Wort für Krokodil in den nilotischen Sprachen, die eine völlig andere Struktur haben. Die meisten Sprachen in Südafrika haben Schnalzlaute, die auf vielfältige Weise geschrieben werden. In Zulu (Natal) und Xhosa (Kossa) in der Transkei werden beispielsweise die Buchstaben *c,q,* und *x* für die Darstellung von verschiedenen Schnalzlauten verwendet.

In den Sprachen der Buschmänner (einschließlich San) und den Sprachen der Hottentotten (einschließlich Khoi) werden andere Buchstaben verwendet, um auf Schnalzlaute hinzuweisen. Folglich wird der Name !Kung für ein Volk in Namibia ausgesprochen, indem man mit der Zungenspitze schnalzt, während man bei der Aussprache von Xhosa mit der rechten Seite der Zunge schnalzt und dann das *h* ausspricht, das nicht ausgelassen werden darf.

In den Sprachen Westafrikas sind die Implosivkonsonanten *gb, kp, ngb, ngmb* und andere so problematisch, daß sie den Schüler afrikanischer Sprachen zum Aufgeben verleiten können, wenn er nicht beharrlich bleibt.

Das größte Problem bei den afrikanischen Sprachen ist ihre Melodie. Fast alle afrikanischen Sprachen sind Tonsprachen, das heißt, daß jede Silbe ihren eigenen Ton hat, so als würden sie gesungen werden. Der jeweilige Ton hängt von der Bedeutung des Wortes und von seiner grammatikalischen Struktur ab. Beispielsweise kann die Vergangenheitsform eines Verbs in einem höheren oder niedrigeren Ton ausgesprochen werden als die Gegenwartsform.

Der Leser dieses Buches sollte sich von diesen linguistischen Einzelheiten nicht entmutigen lassen, sondern die Namen einfach so aussprechen, wie er es für richtig hält. Denken Sie daran, daß jeder Buchstabe ausgesprochen werden muß, denn er ist aus einem bestimmten Grund da.

A

Acholi (Religion, Uganda) Die Acholi sind ein nilotisches Volk, deren Sprache mit Alur, Lango, Luo und Shilluk eng verwandt ist. Sie nennen sich selbst Lwoo, ›Edelleute‹. Während der Völkerwanderung nach Süden blieben diese stolzen Viehbesitzer am östlichen (rechten) Nilufer, während die Alur (q. v.) den Nil Richtung Westen überquerten.
Die Acholi haben einen berühmten Begriff, *jok* (q. v.), der selten im Plural gebraucht wird, aber mit dem lateinischen Wort *Di* für die Götter als Sammelbegriff verglichen werden kann, auch wenn er oft mit ›Gott‹ übersetzt wird.
Jok leben oder lebt in einer Höhle zwischen den Bergen Alela und Baka, wo Opfergaben wie Nahrung und Bier dargebracht werden. Jeder Clan hat seinen eigenen *jok*, und aus diesem Grund wurde er den ›Totemgöttern‹ zugeordnet (siehe *Totemismus*), sowie seinen eigenen *abela* oder ›Familienschrein‹, eine kleine Hütte für den ortsansässigen *jok*. Jeder *jok* hat seinen Tiernamen, und wenn ein Kind von einem *jok* abstammte, der den Namen *kwach* ›Leopard‹ trug, konnte es sich selbst in einen Leoparden verwandeln und sogar in den Busch gehen und mit den Leoparden spielen. Nur seine Mutter würde es wissen und niemandem davon erzählen. Einige Mitglieder des Clans Ngech erzählten, daß ihr Ahne ein Zwillingskind war. Der andere Zwilling lief in den Busch davon, wo er sich in einen Waran (ngech) verwandelte, deshalb der Name des Clans. Doch nicht alle Geister sind Tiere. Einige werden mit Bergen, Quellen, Wäldern oder Flüssen verknüpft.
Bestimmte Stammesälteste sind für die Betreuung der Gottheiten verantwortlich, wie der *latedo* ›Priester‹. Es gibt auch einen *latedotiim* ›Buschpriester‹, der die notwendigen Riten für eine erfolgreiche Jagd durchführt, und den *latedo koot* ›Regenpriester‹, der um Regen betet. Der *won-ngom* ›Erdvater‹ ist ein Abkömmling der Urbevölkerung, derer ›die aus der Erde kamen‹; er ist hauptsächlich für die Gottheiten der Erde und des Wassers verantwortlich. Mit dem *latedo-koot* gemeinsam sorgt er sich um das Regenmachen (q. v.).

Adler Siehe *Vögel.*

Affenmaske , Kongo-Gebiet (Zaïre).

Affen (Pangwe, Kamerun). Es war einmal ein Mann, der mit seiner Frau und seiner kleinen Tochter im Wald lebte. Er hatte einen großen Bananengarten angelegt, so daß sie reichlich zu essen hatten.
In diesem Wald lebten auch 13 hungrige Affen, die eines Tages vor dem Haus erschienen und den Besitzer um einige Bananen anbettelten. Der Mann gab sie ihnen bereitwillig, und daraufhin kamen die Affen jeden Tag wieder.
Als sie das schöne Mädchen sahen, entführten sie es sofort und rasten mit ihm in die Bäume hinauf. Der Mann bemerkte es zu spät und konnte sie nicht mehr aufhalten.
Er befragte einen Wahrsager, der ihm antwortete: ›Diese Affen sind alle kinderlose Weibchen und sehnen sich deshalb nach einem Baby. Darum haben sie dein Kind geraubt. Es gibt nur eine Möglichkeit, deine Tochter zurückzubekommen. Du mußt dich zu diesen Affen in ihren Bäumen gesellen und ihr Vertrauen gewinnen. Das wird mindestens ein Jahr dauern. Und das kann dir nur gelingen, wenn du selbst ein Affe wirst. Hier ist ein Zaubertrank, mit dem du dich in einen Affenmenschen verwandeln kannst. Wenn du zu uns zurückkehren möchtest, nimmst du diesen Zaubertrank, mit dem du wieder ein Mensch wirst.‹
Der Mann nahm die Medizin ein, wurde ein Affe, kletterte mit affenartiger Flinkheit einen Baum hoch und gesellte sich zu den 13 weiblichen Affen, von denen eine seiner Tochter, der es gut ging, die Brust reichte.
Er gewann ihr Vertrauen, indem er ihnen Bananen aus seinem eigenen Garten brachte, denn dort wagten sie sich jetzt nicht hin, nachdem sie das Mädchen geraubt hatten.
Der Mann lernte die Sprache der Affen und hörte sie sagen, daß sie ihn alle heiraten wollten. Also heiratete er sie, und zur gegebenen Zeit brachten alle 13 Jungen zur Welt. Jetzt waren sie mit Säugen beschäftigt und trauten ihm zu, seine eigene Tochter zu ernähren.
An einem heißen Nachmittag, als alle schlummerten, lief er mit ihr davon, erreichte sein Zuhause, wo er seine normale Gestalt und sein tägliches Leben wieder annahm. Ein Jahr später gebar ihm seine Frau einen Sohn.
Die Affen kamen wieder und drohten, seinen Sohn zu rauben, wenn er nicht als Affe mit ihnen zurück zu den Bäumen käme. Er gehorchte ihnen, und alle Affen bekamen wieder Jungen. Dies geschah mehrere Male, und so entstand eine neue Rasse, die Schimpansen (q. v.).

Ägypten Siehe *Karina; Löwe; Nil; Pyramiden; Geier*.

Ahnen In vielen Gegenden Afrikas gedenkt man der Ahnen und verehrt sie. Die Geister der Eltern und Großeltern leben nach dem Tode weiter – das wird nicht bezweifelt. Sie bleiben in der Nähe ihrer Gräber und strömen eine unsichtbare, aber stets aktive Kraft zugunsten ihrer Nachkommen aus, vor-

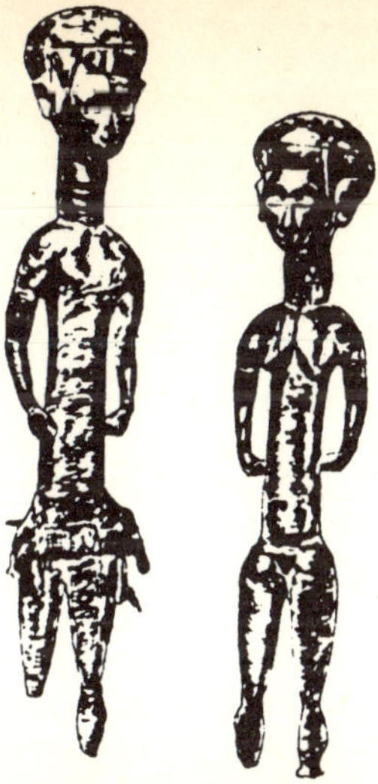

Ahnenpaar (Holz) der Bidyogo (Guinea-Bissau)

ausgesetzt, daß sie nicht vergessen werden. In regelmäßigen Abständen, normalerweise einmal im Jahr, muß ein Tier rituell geschlachtet und den Ahnen oder einem bestimmten Vater oder Großvater in einer Familienzeremonie dargebracht werden, bei der der Geist oder die Geister angerufen werden, um Krankheiten zu beheben und ihre Kinder mit Kindern, Gesundheit, einer guten Ernte und sich vermehrenden Herden zu segnen. In vielen Haushalten haben der Ehemann und die Ehefrau ihre eigenen Ahnenschreine, wo sie ihre eigenen Rituale durchführen, so wie Jacob und Rachel ihren eigenen Gott hatten. Afrikanische Religionen sind viel toleranter als der Islam und sogar das Christentum. Es wird sogar gesagt, daß der Ahnenkult eigentlich kein Kult sei, sondern ›nur‹ ein Handel zwischen den Lebenden und den Geistern, bei dem die letztgenannten mit Opfergaben überredet werden, die Krankheiten zu beheben, die sie verursacht haben. Man sollte sich daran erinnern, daß im alten Rom eine ähnliche Situation herrschte, da die Beziehungen zwischen den Menschen und ihren Göttern einen fast geschäftsmäßigen Charakter hatten.

Die Idee, daß ein Gott im Sinne der Liebe verehrt wird, ist eine Entwicklung, die sehr viel später einsetzte. Selbst im Islam wird die Liebe zu Gott nur von den Mystikern erwähnt. Bei den Zulu kann der Geist (idlozi) eines geliebten Vaters, der ein Jahr zuvor beerdigt wurde, überredet werden, zurückzukehren und sich ständig in dem Kraal seiner Kinder niederzulassen, die sich jetzt in Zeiten der Not und des Kummers an ihn wenden können. Die Zeremonien, die eingeführt wurden, um die Geister von Häuptlingen und besonders Königen zu besänftigen, fanden häufiger statt und wurden sorgfältiger und mit einem üppigen Mahl für die Anbeter durchgeführt.

Die Kipsigis glauben, daß jeder menschliche Geist mehrere Generationen lang existiert. Nach dem Tode reinkarniert der Geist eines Ahnen in den Körper eines neugeborenen Nachkommens, so daß die Geister so lange weiterleben, wie die Familie überlebt. (Siehe auch

Leben nach dem Tode; *Begräbnis; Tod*; *Wiedergeburt; Reinkarnation.)*

Akan (Ghana) ist der Name einer schönen Sprache, die viele Dialekte oder Varianten wie Twi und Fante beinhaltet. Sie wird im ganzen alten Königreich Ashanti (q. v.) gesprochen. Die Völker dieses Reiches haben vergleichbare religiöse Anschauungen.

Onyame oder Nyame ist ihr höchster Gott (Siehe nach einem verwandten Namen für Gott: *Nzambi.*). Ursprünglich hatte das Wort wahrscheinlich lediglich die Bedeutung ›der Himmel‹, folglich das

Geometrische und figürliche Goldgewichte aus Gelbguß zum Wiegen von Goldstaub; Ashanti (Akan-Gruppen, Ghana).

Sprichwort: ›Niemand zeigt einem Kind den Himmel (oder Gott).‹ Onyame hilft allen, die sich nicht selbst helfen können, und mit seiner Weisheit löst er alle menschlichen Probleme. Er ist Borebore ›der Schöpfer‹ und Totrobonsu ›der Regenspender‹, Onyankopon ›der Große und Strahlende‹, Odomankoma ›der Spender von grenzenlosem Wohlstand‹. Man sagt: ›Außer Onyame wird niemand das Ende sehen‹, und: ›Fürchte niemanden außer Onyame.‹ Onyame wurde in Form eines Baumstammes angebetet, wie Diana-Artemis in der griechischen Antike. Opfergaben wurden ihm in Form von Nahrung dargebracht.

Asase Yaa war die Erdgöttin (Siehe unter *Erde*). Ihr wurde jedes Jahr von den Bauern ein Hahn geopfert, um eine gute Ernte sicherzustellen. Im Süden wird der Meeresgott Opo, Sohn des Onyame, von den Küstenbewohnern angebetet. Opo hat besondere Priester und Medien. Die großen Gewässer im Land Akan, der See Bosomtwe und der Fluß Tano, sind heilig und werden von den Menschen geehrt.

Die Asamanfo (Plural von Osaman) sind die Geister der Toten, von denen die meisten in Asamang, die Welt der Toten, leben. Es wird angenommen, daß sie sich weit entfernt in den Bergen befinden, wo die Geister ungefähr das gleiche Leben führen, wie sie es auf Erden getan haben: Könige sind Könige, und die Armen bleiben arm. Die Geister der Ahnen werden von ihren Nachkommen mit Trankopfer und Nahrung angerufen, damit der Wohlstand gewährleistet ist.

Es heißt, daß jeder sein *mogya* ›Blut‹, d.h. seinen physischen Körper, von der *abusua* seiner Mutter oder mütterlichen Ahnen erhält, aber sein *sunsum* beziehungsweise seine Persönlichkeit von seinen väterlichen Ahnen, deren Clan, *ntoro*, von einer Gottheit abstammt.

Albinos Siehe unter *Kinder*

Alexander der Große (Sikandari, Iskender). In den Überlieferungen der islamischen Legenden beschreiben zahlreiche Erzählungen die Reisen und Großtaten des Alexander – der auf arabisch Al-Iskandar, auf Swahili Sikandari genannt wird, wozo noch sein Beiname Dhuli Karineni, der Gehörnte, hinzuzufügen ist. Dieser Ausdruck ist in den mündlich tradierten Geschichten sehr verfälscht worden. Er bezieht sich auf den Koran 18, 83–98 – dort wird auf seine Eroberungen angespielt. Gott hatte dem Griechen die Gewalt über die ganze Erde geschenkt. Also machte sich der junge Regent auf, die Herrschaft über alle Länder, auch über Afrika, an sich zu reißen.

Zahlreiche Geschichten seiner Abenteuer in Afrika werden von den islamischen Geschichtenerzählern berichtet.

Eine dieser Legenden besagt, daß Alexander nach seiner romantischen Begegnung mit der Königin von Andalusien nach Afrika übersetzte, wo am äußersten westlichen Kap der bekannten Welt ein großes Gebäude voller Maschinen stand. Ein Dutzend Engel pumpte dort das Seewasser in den Boden, von wo aus es durch ein Netzwerk von Tunneln seinen Weg zu den Quellen der damals bekannten drei großen Flüsse fand: Nil, Niger und Zambezi, die, so wurde angenommen, einer gemeinsamen Quelle in den ›Mondbergen‹ entsprangen, deren Süßwasser direkt vom Himmel stammte.

Zweifellos ist diese arabische Geschichte von einer aristotelischen oder archimedischen Theorie über die Zirkulation der Wasserversorgung der Erde inspiriert worden.

Vom erwähnten Kap aus marschierte Alexander mit seiner Armee 40 Tage lang südöstlich durch die Sahara. Mitten in der Wüste stießen sie auf einen großen See, wahrscheinlich auf den Tschadsee, der sie vor dem sicheren Verdursten rettete. Dann kamen sie in das Land der schwarzen Menschen an, in Äthiopien oder Abessinien, Habashia auf arabisch. Der König, Azimu mit Namen, folgte der Religion des Abraham, während sein Rivale sprechende Götzenbilder anbetete. Alexander marschierte weiter zum Jabali Lamma, dem Glänzenden Berg, der die Quelle von fünf Flüssen (vielleicht Ruwenzori?) ist. Weiter südlich begegnete er dem König der Zuru (Zulu oder Zezuru?), die ein starkes, kräftiges Volk waren, und der Wakongela, die zu Alexanders Religion bekehrt wurden: es könnte sich um die neuzeitlichen Walemba handeln. An der Westküste erschlug Alexander die schreckliche Seeschlange Tinnin.

Algerien Siehe *ghoula.*

Alur (Religion, Uganda-Zaïre). Die Alur zählen über 200.000 Personen, die auf beiden Seiten der Grenze zwischen Uganda und Zaïre westlich vom Lake Albert und dem Nil leben. Sie sprechen eine nilotische Sprache, die mit *Acholi* eng verwandt ist. Die Alur glauben an Rubanga den Schöpfer, dessen Name ursprünglich aus dem Bantu kommt und der mit dem Ibis in Verbindung gebracht wird, jenem Vogel, der einst dem alten ägyptischen Gott Thoth-Hermes geweiht war.

Jok (q. v.) ist der Sammelbegriff der Alur für die Geister, insbesondere die Natur- und Baumgeister, aber auch die bösen Geister.

In vorkolonialen Zeiten hatte die Nation Alur, die damals nicht durch Grenzen geteilt war, ein heiliges monarchisches System. Der König wurde von einem bestimmten Clan ausgewählt, und seine erste Handlung bestand darin, bei den Schreinen seiner Ahnen auf dem Friedhof seines Vaters zu beten. Dann trugen ihn die Häuptlinge auf ihren Schultern fort, während die Frauen wehklagten. Für einige Tage wurde er abgesondert. In dieser Zeit saß er im Schoß von zwei Witwen seines Vaters, die ihn wie ein neugeborenes Baby mit Milch ernährten. Er durfte nicht das Fleisch des *ruda*, der Antilope, essen, die den Alur heilig ist, und auch keine andere fremde Nahrung wie Zucker.

Um Macht ausüben zu können, muß der König im Besitz von vier Gegenständen sein, die die vier Elemente darstellen: die *kidikoth*, die Regensteine, die in einem Beutel aus Froschhaut aufbewahrt werden; der *tong*, der königliche Speer, der auf dem Schlachtfeld wie Feuer leuchtet; die *vul*, die königliche Trommel, die Stimme des Königs, die seine Befehle verkündet; und der *kom*, der königliche Stuhl, der den Besitz über das Land, *ngom*, symbolisiert.

In jener Zeit war der König der wichtigste Regenmacher, und nur die geweihten Regensteine stellten die Verehrung sicher, die ein König brauchte, um herrschen zu können. Ohne sie würde es keinen Regen geben. Mit dem Speer wurde die Autorität des Königs über die Krieger der Nation legalisiert. Ohne die Trommel würden die Befehle des Königs nicht befolgt werden. Der *komdongo* schließlich, ›der Stuhl der Nahrung‹, der Königsthron, war das wichtigste der *jamker*, ›der Instrumente der königlichen Würde‹, ohne die der König nicht ›wachsen‹, d. h. gedeihen könnte und somit das Volk nicht nicht in der Lage war zu essen und sich zu vermehren. (Siehe auch *Rinder; Monate; Regenmachen.*)

Amarava Die einzige Überlebende der ›ersten Menschen‹, der ›Alten Kalahari‹, wird in der Mythologie der Bantu auch als Mamiravi überliefert. Diese Menschen, die Amarire, waren riesenhaft. Sie besaßen die rote Farbe der afrikanischen Erde und die goldenen Augen der Großen Mutter Ma. Von diesen ›ersten Menschen‹ wissen auch die Khoi-San (Buschmänner) der Kalahari. Zuerst gab es die Tiere, die Riesen, die gewaltige Taten verbrachten, dann kamen sie selbst.

Der Untergang dieser ›ersten Menschen‹ wurde durch gewaltige Naturkatastrophen herbeigeführt, die auf einen Krieg folgten. Diesen Krieg verursachte Za-Ha-Rrellel (Sareleli), ein ›verkrüppelter Riese‹, der gegen die Kaa-U-La-Vögel kämpfte. Diese mythischen Vögel, auf die man auch im sumerischen und griechischen Mythos stößt, waren ›zweiköpfig‹ und konnten ›sogar sprechen‹. (Verbirgt sich hierin der Hinweis auf ein Orakel-Heiligtum?) Za-Ha-Rrellel kämpft mit Hilfe künstlicher Metall-Menschen, den Bjaa-Uni, sklavenartigen Arbeitern. Von künstlichen Menschen aus Gold, die sprechen konnten, berichten auch die griechischen Mythen um Hephaistos, den Schmiedegott. Der (ältere) sumerische Mythos kennt sie als lulu, Arbeitssklaven, die im ›Untergeschoß der Erde‹ in den Minen arbeiten.

Die künstlichen Metall-Menschen führten 100 Tage lang Krieg gegen die Ka-U-La-Vögel, bis es zur Katastrophe kam. Die Erde verbrannte, Erdbeben folgten, Kontinente versanken, andere stiegen empor, dann kam die Flut. Die Ähnlichkeit zur Atlantis-Mythe ist nicht zu übersehen.

Nur Amarava und Odu überleben auf dem Rücken eines Fisches. Von Fischmännern (-menschen) berichten auch der nordafrikanische, westafrikanische und der sumerische Mythos.

Amarava wird auch die ›die Rote‹ genannt. Gemeinsam mit Odu, einem der künstlichen Menschen, flieht sie aus dem zerstörten Land der ersten Menschen nordwärts. Aus ihr und Gorogo, dem Vater der ›Froschmenschen‹, gehen die Pygmäen und Buschmänner hervor, mit Odu, die Ba-N-Tu, ›die Menschen‹ der ›zweiten Rasse‹.

Alle Weisen der Bantu stimmen darin überein, daß ursprünglich alle Menschen gleich gewesen wären. Es gab noch keine dunkelhäutigen Menschen. Auch die Bibel berichtet, daß die Menschen erst durch eine Hitzekatastrophe ›verbrannten‹ und dunkelhäutig wurden (Buch Hiob). Von einer derartigen Katastrophe berichten weltweit alle Mythen. Die Zersplitterung der Menschen in verschiedene Rassen geschah durch einen ›Unfall‹, der durch die sündhaft gewordenen ›ersten Menschen‹ herbeigeführt wurde. Diese ›verbotene Geschichte darf niemals einem Fremden erzählt werden‹ (Credo Mutwa).

Amazonen (Amazons, Westafrika). Das griechische Wort *Amazona* scheint ›Frau ohne Brust‹ (mazos) zu bedeuten. Der Mythos von den kriegerischen Amazonen ist sehr alt. Es heißt, daß sie sich die rechte Brust abgeschnitten hätten, damit sie ihren Bogen wirksamer einsetzen konnten. Die arabischen Schriftsteller behaupten jedoch, daß sie mit einer männlichen und einer weiblichen Brust geboren wären. Andere wiederum schreiben, daß ihre Brust eher dem Euter einer Kuh glich und sich in der Körpermitte befand, ›aber nur Gott weiß es.‹

Es wurde angenommen, daß sie in der westlichen Wüste an einem Flußufer (dem Senegal?) lebten und die Männer auf der anderen Seite des Flusses. Nur einmal im Jahr in der Trockenzeit konnten diese durch das Wasser waten, um ihre Frauen zu besuchen und sie zu schwängern.

Wieder andere Autoren beziehen sich auf größere und ältere Autoritäten, die mitteilen, daß das Klima so rauh gewesen wäre, daß nur die Töchter überleben konnten. Die Frauen wären schwanger geworden, weil sie in einem bestimmten See gebadet hätten. (Dies ist ein wohlbekanntes mythisches Motiv: In dem See lebt ein männliches Wesen, normalerweise ein Dschinn, der sich mit den Frauen vereint.) Nach diesem Bericht kannten die Amazonen keine körperlichen Begierden. Sie erlaubten den Männern niemals, mit ihnen Geschlechtsverkehr zu haben. Islamischen Autoren zufolge waren sie gläubige Moslems, die streng nach Gottes Gesetz lebten. Im Koran steht, daß Gott eine Frau ohne einen Mann schwängern kann, wenn das sein Wunsch ist (3:47). Diese Frauen hatten auch kein Verlangen nach Schmuck, Gold oder Juwelen jeglicher Art. Sie lebten bescheiden von der Feldarbeit und teilten sich die Früchte ihrer harten Arbeit. Folglich sündigten sie nie, denn es ist nur der Wunsch nach Reichtum und nach Fleisch, der zur Sünde verleitet. Kein Autor erwähnt, ob diese Frauen Berber oder Neger waren, und kein Reisender nach Alexander (q. v.) fand sie je wieder.

Ameisen Siehe unter *Solomon, König.*

Ameisenbär Im afrikanischen Volkstum genießt der aardvark oder Ameisenbär einen guten Ruf, nicht nur, weil er sich nicht vor den Armeen der Soldatenameisen fürchtet, sondern auch, weil er die ganze Nacht hindurch auf der Suche nach Nahrung fleißig gräbt, ein Beispiel und Vorbild für faule Bauern.

Die Zauberer der Hausa können ein Amulett herstellen, der bei Dieben und Liebenden sehr gefragt ist. Mit der Wurzel eines bestimmten Baumes zerstoßen sie das Herz, ein Stück Fell von der Stirn und die Nägel eines *dabgi* (Hausa für Ameisenfresser oder Ameisenbär). Das Ganze wird in Fell gewickelt und auf der Brust getragen. Der Träger kann sich jetzt mitten in der Nacht an eine Mauer lehnen, die nachgeben wird und ihm den Eintritt in den Hof des Hauses ermöglicht, das er ausrauben will. Wenn

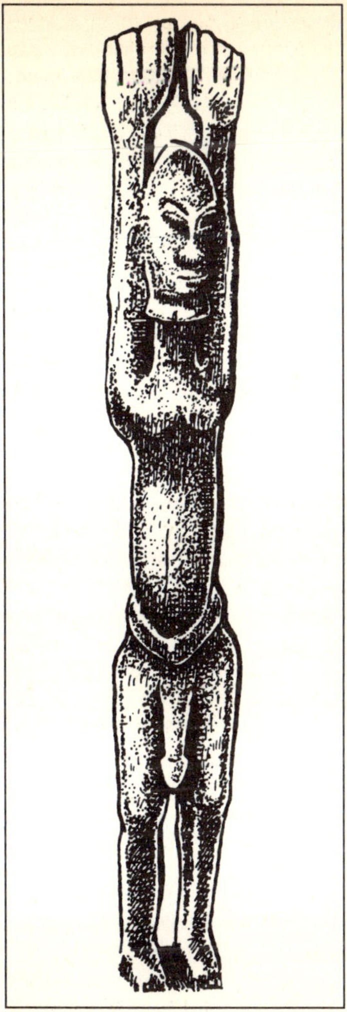

Androgyne Figur, Darstellung des Amma; Dogon (Mali).

er sich auf das Dach setzt, wird er hindurchgehen und so seine Geliebte ohne die Zustimmung ihres Vaters besuchen können.

Amma (Dogon, Mali) ist in der Mythologie der Dogon aus Mali der Schöpfer. Zuerst schuf er die Sonne, indem er einen riesigen Topf aus Ton solange brannte, bis dieser glühendheiß war. Dann umfaßte er diesen mit einer Spirale aus rotem Kupfer, die er achtmal um ihn wickelte. Dann schuf er den Mond auf die gleiche Weise, – nur etwas kleiner – und wickelte eine Spirale aus Messing (‹weißem Kupfer›) um ihn.

Später schuf Amma mit dem Sonnenlicht die glänzenden schwarzen Menschen und mit dem Mondlicht die weißen Menschen.

Dann nahm er noch mehr Ton und schuf die Erde in Gestalt eines weiblichen Körpers, der mit dem Kopf Richtung Norden liegt und mit den Füßen Richtung Süden. Ihre *mons veneris* ist ein Ameisenhügel, ihre Klitoris, die Amma beschnitt, ein Termitenhügel.

Jetzt konnte Amma, der Himmelsgott, mit der Erde Geschlechtsverkehr haben. Sie gebar das erste Tier, den Goldenen Schakal *(Thos aureus)*, der an den ägyptischen Anubis erinnern läßt.

Der Schöpfer befruchtete die Erde ein zweites Mal mit Regen. Daraufhin gebar sie ein Zwillingspaar, das halb menschlich war, aber Schwänze wie grüne Schlangen und gespaltene Zungen hatte. Sein Name war Nummo ›Wasser‹. Die Zwillinge wurden das Gras, die Pflanzen und die Bäume. Sie gesellten sich zu ihrem Vater im Himmel, und als sie herabschauten, sahen sie ihre Mutter nackt. Also begannen sie, sie mit Schilf und Sträuchern einzukleiden. Als der erste Wind, der durch die Bewegungen der Zwillinge verursacht wurde, durch die Blätter und Zweige fegte, hörte man zum ersten Mal Sprache auf Erden.

Amma schuf die Sterne, indem er Teile der Sonne am Himmel verstreute. Dann formte er mit Ton den ersten Mann und die erste Frau und verlieh ihnen Leben. Er beschnitt beide. Die Vorhaut des Mannes wurde zu einer schwarzen und einer weißen Echse. Später wurde die Klitoris der Frau ein Skorpion. Das erste Paar vereinigte sich, und die Frau gebar nacheinander vier Zwillinge, zuerst vier Jungen und dann vier Mädchen. Von diesen acht Kindern stammt das Volk Dogon ab.

Amulette Amulette werden fast überall in Afrika angewendet, von Moslems, Nichtmoslems sowie von vielen Christen. Das Wort Amulett hat die ursprüngliche Bedeutung ›ein Stück Nahrung‹ und kommt aus dem griechischen *amylon* ›Nahrung‹. Diese wurde an eine Stelle gelegt, von der man

Amulett, Horusauge (Ägypten).

glaubte, daß ein bestimmter Geist vorbeikäme, so daß er sich satt essen konnte und dadurch freundlich gesinnt war oder zumindest keinen Schaden anrichtete.

Das lateinische Wort *amuletum* wurde mit dem Verb *amolire* ›abwehren, vermeiden, schützen‹ in Verbindung gebracht, und das war schon immer der eigentliche Zweck eines Amuletts gewesen: seinen Besitzer vor bestimmten Gefahren zu schützen. Heutzutage gibt es Amulette, die Schutz bieten sollen, um nicht bei einer Prüfung durchzufallen oder bei einem Fußballspiel zu verlieren. Viele Amulette schützen den Träger vor dem bösen Auge, der bösen Zunge (d.h. die Verwünschungen, die jemand dem Träger zumurmelt, werden auf ihn zurückfallen), und der bösen Hand.

Die meisten Amulette sollen ihre Besitzer vor Hexerei, Zauberkraft und allen anderen Arten der schwarzen Magie bewahren, von denen man glaubt, daß sie Krankheiten einschließlich Unfruchtbarkeit bei Menschen und ihren Tieren verursachen. Jedem Amulett wohnt also eine bestimmte eigene Kraft inne – der magnetischen Energie vergleichbar – die die bösen Kräfte, die den Träger angreifen, aufhalten und aufheben kann. Demgemäß können die Zauberer der Hausa ein Amulett aus der Haut des Zitteraals, *munjiriyya*, der im Niger lebt, herstellen. Der Träger kann dadurch nicht von Räubern überrascht oder von der Polizei festgenommen werden, sondern wird ihnen aus den Händen schlüpfen, und ihre Waffen werden sich bei ihm als unwirksam erweisen. Viele ihrer Amulette sind in Worte gefaßte Gegenmittel (makarii) gegen Gift (sammo). Besonders Kinder müssen viele Amulette tragen, um gegen Erkrankungen eines jeden Körperteils geschützt zu sein.

Anansi die Spinne (Ghana) An einem Unglückstag wütete ein Feuer in der Savanne. Sämtliche Tiere liefen hektisch herum. Einige waren bereits vom Feuer eingekreist, und der Tod schien ihnen sicher. Eine Antilope suchte verzweifelt nach einem Fluchtweg als sie eine leise Stimme vernahm: ›Laß mich bitte in deinem Ohr sitzen, damit wir zusammen von hier fliehen können!‹ Es war Anansi die Spinne, die, ohne eine Aufforderung abzuwarten, von einem Zweig sprang und sich im Ohr der Antilope niederließ. Diese hatte keine Ahnung, welchen Weg sie nehmen sollte, aber die Spinne kannte ihn. Das Feuer schien überall zu toben, aber die Spinne führte die Antilope zuversichtlich an: ›Jetzt nach links, jetzt direkt nach…, bis die Antilope mit ihren schnellen Beinen Flüsse, Bäche und Sümpfe überquert und sich und die Spinne in Sicherheit gebracht hatte. Als das Feuer weit hinter ihnen lag, lief die Spinne am Bein der Antilope entlang zum Boden und sagte: ›Vielen Dank für deine Freundlichkeit. Wir werden uns eines Tages wiedersehen.‹ Kurz darauf brachte die Antilope ein Junges zur Welt, das sich in seinen ersten Lebenswochen meistens im Gebüsch verbarg, während seine Mutter graste. Später sah man es selbst neben der Mutter grasen. An einem Unglückstag kamen zwei Jäger und erblickten die Antilopenmutter. Während sich das Junge im Gebüsch zusammenkauerte, sprang die Mutter hoch, um die Aufmerksamkeit der Jäger zu erregen. Dann verschwand sie und blieb außerhalb der Reichweite der Jägerpfeile. Nach einer Stunde gaben die Jäger die Verfolgung auf und wollten zu der jungen Antilope zurückgehen. Aber ihre Suche war vergeblich, und schließlich verließen sie mit leeren Händen den Wald. Lange Zeit später kam die Mutter zurück, aber auch sie konnte ihr Junges nicht finden. Nachdem sie lange gesucht hatte, vernahm sie eine vertraute Stimme, die nach ihr rief. Es war die Spinne Anansi, die sie zu einem Dickicht führte, das von einem dichten Spinnennetz umgeben war. Und darunter lag fast unsichtbar und geborgen die kleine Antilope. Anansi war fleißig beschäftigt gewesen, das Gebüsch, in dem sich die junge Antilope versteckt hielt, mit einem Spinnennetz zu umweben, so daß die Jäger sie übersehen hatten.

Anbetung Eine Person, die an Gott glaubt, braucht in unserer modernen Welt, in der die Religion eine Angelegenheit des Einzelnen ist, nichts zu tun.

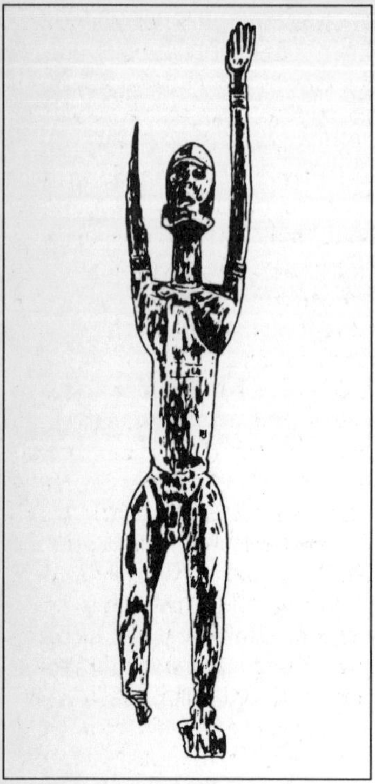

Figur mit erhobenen Armen (betende Altarfigur), Holzfragment; Dogon (Mali).

In alten traditionellen Gesellschaften war es und ist es noch heute anders.

Ein Kind wurde in eine Gemeinschaft geboren und er oder sie betete mit dieser Gemeinschaft den Gott an, den sie verehrte. Nach und nach wurde dem Kind erzählt, wer es war, für den all ihre Zeremonien vollzogen wurden.

Während also ein moderner Mensch vielleicht anfängt, einen Gott anzubeten, nachdem er zu einer Religion konvertiert ist, muß das Mitglied einer traditionellen Gesellschaft an der Anbetung teilnehmen, lange bevor es den Grund dafür versteht.

Was ist Anbetung?

Die Swahili sagen: *Ibada ni kazi*, ›Anbetung ist harte Arbeit.‹

Das ist oder kann wahr sein, aber eine andere Interpretation ist auch möglich: ›Arbeit ist auch Anbetung.‹

Wie die meisten Swahili-Sprichwörter hat dieses zwei Bedeutungen.

Für einen Moslem besteht Anbetung nicht nur darin, zu beten, zu fasten, die ganze Zeit an Gott zu denken, *sadaka* zu zahlen und auf eine Pilgerreise zu gehen. Es beinhaltet auch den Bau von Moscheen, das Graben von Brunnen, damit die Gläubigen ihre Waschungen durchführen können, das Lehren des Koran, auch das einfache Vorlesen daraus und das einfache Zuhören. Den Armen Essen geben, die eigenen Kinder in Angst vor Gott großziehen, streitende Parteien versöhnen – alle diese Tätigkeiten sind ebenso Akte der Anbetung wie das Aufsagen der heiligen Namen Gottes.

Für Christen bedeutet Anbetung, in die Kirche zu gehen, der Predigt zuzuhören, gemeinsam oder allein zu beten, die Bibel zu lesen, Kirchenlieder zu singen, das Abendmahl zu empfangen und sogar die einfache Anwesenheit bei all diesen guten Handlungen. Aber die beste davon ist das Gebet.

In afrikanischen Religionen gibt es Gebete und Lobgesänge sowohl für den Einzelnen als auch für die Gemeinschaft. Es gibt Prozessionen mit Gesang. Es wird getanzt und mit Trommeln und Saiteninstrumenten musiziert (Psalm 81:2), und es gibt das Knieen und Niederfallen (Psalm 95:6).

Darüber hinaus ist die Besessenheit von einem Geist eine Form der Anbetung und auch das Sprechen mit dem Gott, den man anbetet.

Selbst das Beschnitten- oder Geopfertwerden ist eine Form der Anbetung.

Angola Siehe *Donna Beatrice; Fetisch*; *Kalunga*; *Kianda*; *Kindoki; Kishi; Mondkönig*; *Ndoki*; *Nzambi*; *Ovambo*; *Ovimbundu*; *Geister*; *Tebo.*

Ani Siehe *Erde.*

Animismus ist der Gaube, daß in der Natur oder sogar in jeder einzelnen Naturerscheinung eine Seele (anima) oder ein Geist (animus) wohnt.

Kein afrikanischer Informant konnte auf Fragen wie: ›Wenn dieser Stein Leben hat, atmet er auch?‹; ›ist in jedem einzelnen Baum ein Geist oder ist der ganze Wald zusammen ein Geist?‹; ›können Bäume denken?‹ eine Antwort geben. Doch der Mann, der über eine Baumwurzel stolpert, denkt vielleicht, der Baum habe ihm mit Absicht ein Bein gestellt.

Nur lebende Dinge haben ihren eigenen Geist, während Steine und Felsen von Geistern *bewohnt* sein können. Da ein Geist unsichtbar ist, wird das Tier oder der Baum deshalb vielleicht nur als Wohnsitz des Geistes angesehen, so daß es keine genau umgrenzbare Unterscheidung zwischen den Aussagen ›Der Baum *hat* einen Geist.‹ und ›Der Baum *ist* ein Geist.‹ gibt. Manchmal wird angenommen, daß eine ganze Gruppe von Geistern in einem Baum wohnt, z. B. dem baobab in Kenia, jenem Baum, der niemals abstirbt (q. v.).

Animismus ist ein Begriff, der so häufig gebraucht wird, daß es für den Fachmann schwierig geworden ist, ihn zu definieren. Es ist sicherlich irreführend, Animismus als einen umfassenden Begriff für alle Religionen Afrikas außer dem Islam und dem Christentum anzuwenden. Denn nicht alle afrikanischen Religionen sind animistisch.

Antara (Nordafrika) (auch Antar, Antari) ist ein arabischer Held, dessen Heldentaten in Nordafrika – von Ägypten bis Marokko – noch immer besungen werden. Antaras Vater ist Shaddad oder Shadadi, ein Araber, der, während er den Sudan eroberte, eine junge Frau namens Zabiba (‹Rosine‹) ›befreite‹, die, wie sich später herausstellte, die Tochter des Königs war. Sie schenkt ihm Antara, einen Jungen, der mit zwei Jahren bereits so stark ist, daß er ein Zelt herunterreißt. Mit vier tötet er mit eigenen Händen einen großen Hund, mit neun einen Wolf und mit fünfzehn Jahren einen Löwen.

Antara ist wie Liongo (q. v.) das typische Muster des Dichter-Helden. Es sind ungefähr 27 Gedichte und Fragmente erhalten geblieben, in denen oftmals der Name seiner Cousine, Abla, auftaucht, die er leidenschaftlich liebt. Doch bevor er als würdig erachtet wird, sie zu heiraten, muß er viele schwere Aufgaben bewältigen. Diese und die damit verbundenen Heldentaten, die er vollbringt, sind in zehn Bänden beschrieben, die wahrscheinlich während des dreizehnten Jahrhunderts verfaßt wurden.

Antara erobert Marokko und Algerien, dann richtet er sich gegen den Negus (Najusi), den König von Habashia (Abessinien oder Äthiopien), der sein Großvater mütterlicherseits ist, wie sich herausstellt. Als er tiefer nach Afrika vordringen will, muß er durch einen riesigen Baum hindurchgehen – einen baobab (q. v.), von dem man glaubt, daß er der Wohnsitz von Geistern sei. Er findet sich in einem Palast im Himmel wieder, wo er von Granatapfelbäumen umgeben wird, die in voller Blüte stehen. Im tiefen Afrika begegnet er schließlich einem König namens Humám (möglicherweise vom Begriff *umwami* ›König‹ in Rwanda und Burundi stammend). Professor Norris setzt jedoch dieses Bantu-Königreich mit Zimbabwe (q. v.) gleich, da die Beschreibungen in vielen Einzelheiten übereinstimmen. Bei seinen zahlreichen Abenteuern entdeckt Antara eine Hexenküche, das Land der Amazonen, jener Kriegerinnen im fernen Westafrika (siehe *Amazonen*), auf die Alexander der Große (q. v.) bei seinen Eroberungszügen ebenfalls traf. Der historische Antara lebte im sechsten Jahrhundert vor dem Islam. Vielleicht war er sogar Christ, denn nach der Heldensage heiratete er eine christliche Prinzessin und hatte einen Sohn namens Jufran (Geoffrey).

Ashanti (Religion, Ghana) ist der Name eines Volkes, seiner Sprache und seines Königreiches, dessen Zentrum, die Hauptstadt Kumasi, 1665 gegründet wurde. Die Nation selbst war beträchtlich älter und bildet einen Teil der Akan-Ashanti-Twi-Völkergruppe in Südghana. Für das Volk der Ashanti sind die Ahnen, *nsamanfo*, ständig präsent, so daß die Welt der Geister sehr dicht neben der Welt der Menschen liegt. Am Ende der Skala spiritueller Wesen steht Onyame oder Nyame, der höchste Gott, der auf Ashanti mit vielen Namen gepriesen wird wie z. B. Onyankopon, der

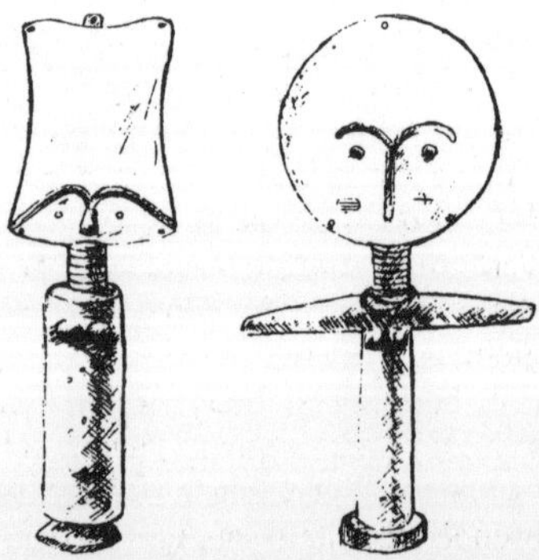

Fruchtbarkeitspuppen; Ashanti (Ghana)

Große, Otumfoo, der Mächtige, Odomankoma, der Ewige, der Kluge, der Erste und Älteste. Jeder Obosom, Gott, hat seinen Priester oder seine Priesterin, aber Onyame – der höchste Gott – hat keinen Priester. Jedem Anbeter steht jedoch ein direkter Zugang zu ihm offen, weil er nicht weit entfernt, sondern unmittelbar über dieser Welt lebt. Vor dem Christentum besaß jedes Dorf einen Schrein, der Onyame gewidmet war, an dem die Bewohner Opfergaben oder Wein darbrachten.

Die Kinder von Onyame sind natürlich auch Götter: es handelt sich in erster Linie um die großen Flüsse im Ashantiland, – den Tano und den Bea –, weiterhin um den Bosomtwesee und den Ozean im Süden. Onyame schickte seine Kinder, die Flußgötter, auf die Erde, damit die Gewässer allen Lebewesen zugute kämen und ihnen Leben geben konnten, damit die Menschen die Götter ehren und ihnen ihre Dankbarkeit erweisen würden.

Außer einer geographischen Fläche wie einem Fluß oder einem See hat jeder Gott einen Tempel oder einen Schrein und häufig eine Statue, an der sich die Anhänger zur Verehrung einfinden. Jeder Priester wird von dem Gott, dem er dient, auserwählt.

Ein berühmtes Beispiel ist das von Di Amono, einem Mann, der in einem Wald einen lichterloh brennenden Stein sah, was eindeutig die Gegenwart einer Gottheit verriet.

Solche Visionen treten immer noch in Ashanti auf, weil die Menschen dort tiefreligiös sind.

Von Zeit zu Zeit kommt der Gott oder die Göttin, um von einem Mann oder einer Frau Besitz zu ergreifen, damit diese Person den göttlichen Willen verbreiten kann. Eine solche Person wird man im Wald finden, wo sie einige Tage in völliger Abgeschiedenheit nur mit der Gottheit verbringt und die Worte der göttlichen Offenbarung erhält. Diese auserwählte Person kehrt dann in die Welt der Menschen zurück und erhält von den älteren Priestern des gleichen oder eines anderen Gottes die Einweihung in die Priesterschaft. Dann wird dieser Mensch als der neue Priester des Gottes, der sich ihm offenbart hat, eingesetzt und empfängt Anbeter. Die Menschen werden zu ihm kommen und um Gesundheit oder um Kinder bitten, und der Priester wird Opfergaben erhalten und den Willen des Gottes durch unmittelbare Offenbarungen oder durch Wahrsagerei mit Kaurischneckenschalen, geschnitzten Stäben und ähnlichem deuten.

Geister leben auch in den *asuman* (Singular *suman*), einer Art Talisman in Form von Perlen, Medizinbeuteln oder Hörnern.

Eine ganz besondere Gottheit ist die Erdgöttin Asase Yaa (siehe unter *Erdgöttin*). Ihr werden Musik und Hymnen dargebracht, da man weiß, daß wir alle von der Erde abhängig sind.

Es wurde angenommen, daß Geister und andere furchterregende spirituelle Wesen, die sogenannten *mmoatia*, in den Wäldern leben. Diese Geister verfügten über medizinische Kenntnisse und andere magische Kräfte.

Im Wald lebte auch der Sasabonsam, ein behaarter und scheußlicher Riese mit großen, blutroten Augen, langen Beinen und Greiffüßen, mit denen er einen unachtsamen Reisenden packen kann, wenn dieser die schlenkernden Beine für Lianen oder oberirdische Wurzeln hält.

Der Jäger muß mit all diesen entsetzlichen Monstern auf gutem Fuß stehen. Wenn das der Fall ist, lehren sie ihn wahrscheinlich Magie und Medizin, damit er Talismane herstellen, sie verkaufen kann und ein berühmter Mann wird. Der Bedarf an diesen Talismanen wird so lange bestehen wie der Glaube an die Geister, die Schaden anrichten und auch Gutes tun können, – so wie es ihnen beliebt. (Siehe auch *Goldener Stuhl*).

Astrologie Die Astrologie, so wie sie in Europa bekannt ist, ist eine griechische Erfindung. Die arabischen Gelehrten des Mittelalters übersetzten griechische Bücher solchen Inhaltes ins Arabische. Auszüge aus diesen frühen Arbeiten sind in Nord- und Westafrika immer noch im Umlauf. Auf der klassischen Grundlage haben die Swahili und Madagassen eine eigene Astrologie entwickelt. Es folgen die Namen der Tierkreiszeichen, wie sie in Ostafrika – in Zaïre, Nigeria, Mozambique und Madagaskar – bekannt sind und angewendet werden.

Nach der madagassischen Astrologie ist Aries, der Widder, das günstigste Zeichen. Wenn die Sonne in ihm steht, wird das Fest der jährlichen Reinigung durch Sühneopfer gefeiert.

Der Stier ist etwas ungünstiger. In diesem Zeichen Geborene sollen stolz und ohne Mitgefühl sein.

Der Zwilling bedeutet ein gutes Zeichen, unter dem man eine Reise unternehmen, ein Geschäft eröffnen oder ein Haus bauen sollte. Es heißt, daß in diesem Zeichen Geborene ein erfülltes Leben führen und ein hohes Alter erreichen.

Der Krebs ist günstig für die Durchführung religiöser Rituale, während der Löwe bei wichtigen Lebensentscheidungen günstig ist.

Die Jungfrau ist das beste aller Zeichen: Die in diesem Zeichen Geborenen werden reich sein, große und gesunde Familien haben und sich guter Gesundheit erfreuen.

Die Waage wird mit der Zeit für Meditation und Vorsicht in Verbindung gebracht.

Der Skorpion meint eine Zeit des Wohlstandes und gewährleistet ›ein Vermögen‹ und gute Ernte sowie bei Frauen Schwangerschaft.

Der Schütze dagegen ist eine Zeit der Not, sehr ungünstig und in der Tat gefährlich. In diesem Zeichen geborene Kinder bringen den Ältesten und sich selbst Unglück. Sorgfältig ausgeführte Sühnezeremonien sind notwendig, um das dro-

Latein	*Swahili*	*Hausa*	*Madagassisch*	*Bedeutung*
Aries	Hamali	Dan Tinkiya	Alahamady	Widder
Taurus	Thauri	Sa	Adaoro	Stier
Gemini	Jauza	Dami	Adizaoza	Zwillinge
Cancer	Saratani	Kaguwa	Asorotany	Krebs
Leo	Asadi	Zaki	Alahasaty	Löwe
Virgo	Sumbula	Zangariya	Asombola	Jungfrau
Libra	Mizani	Ma'auni	Adimizana	Waage
Scorpio	Akarabu	Kunama	Alakarabo	Skorpion
Sagittarius	Kausi	Baka	Alakaosy	Schütze
Capricornus	Jadi	Dan Akuya	Adi jady	Widder
Aquarius	Dalu	Guga	Adalo	Wassermann
Pisces	Hutu	Kifi	Alohotsy	Fisch

hende Unglück abzuwenden, das über einem solchen Kind schwebt. In alten Zeiten wurden Kinder, die im Sternbild des Schützen geboren wurden, nach einem Brauch hingerichtet, der früher rituelle Kindestötung genannt wurde. Später wurde ihnen der rechte Ringfinger um eine Fingerbreite gekürzt.

Im Widder Geborene sollen vorsichtig, stolz und mit sich selbst zufrieden sein. Sie können erwarten, zu hohen Ämtern in der Gesellschaft zu gelangen.

Der Wassermann verführt die Menschen zu Tränen und Leid, obwohl dieses Zeichen nicht ganz so schlecht ist wie das des Schützen.

Der Fisch ist schließlich sehr günstig und förderlich. Er verkörpert eine Zeit wichtiger Zeremonien, wie das erste Haareschneiden bei einem Baby und die Beschneidung bei Jungen.

Auch den Wochentagen liegt eine vorherbestimmende Dynamik zugrunde: Montag ist heftig; Dienstag ist günstig, hell; Mittwoch ist ungünstig; Donnerstag ist vielversprechend; Freitag ist schwarz; Samstag ist kummervoll; Sonntag ist gut.

Äthiopien (Die Königin von Äthiopien). In der Zeit König Salomons, vor dreitausend Jahren, lebte in Äthiopien eine Dynastie von Königinnen, die mit großer Weisheit herrschten.

Eine von diesen, die Malika Habashiya oder die abessinische Königin, wie sie in alten Legenden genannt wird, hatte einen Traum, in welchem sie ein Kind auf ihrem Schoß trug. Als sie erwachte, stellte sie fest, daß sie schwanger war; einige Zeit später gebar sie eine Tochter. Doch das Kind hatte einen Ziegenfuß.

Als die Königin starb, wurde Prinzessin Ziegenfuß zu ihrer Nachfolgerin bestimmt, da sie keine anderen Kinder hatte. Eines Tages hörte sie von König Salomon und seiner großen Weisheit. Sie schrieb ihm einen Brief, in dem sie ihr Erscheinen an seinem Hof ankündigte, da sie hoffte, daß er mit seinem großen Wissen ihren Fuß heilen könnte – doch dies erwähnte sie in ihrem Brief nicht. Da der König bereits im voraus wußte, was geschehen würde, ließ er vor seinem neuen Palast einen großen Teich graben, so daß alle, die ihn besuchen wollten, ihre Füße vor dem Eintreten waschen mußten.

Sobald die Königin von Abessinien eingetroffen war, mußte sie ihr Kleid hochheben, um durch den Teich zu waten. So konnte der König ihre Beine, von denen das eine normal und das andere ziegenähnlich war, sehen.

In dem Teich lag auf Anordnung des Königs ein Stück Eisenholz. Als die Königin mit dem Ziegenfuß das Eisenholz berührte, war sie geheilt. Sie trat aus dem Wasser und sah, daß sie nun zwei menschliche Füße hatte.

Sie war jetzt eine attraktive Frau, und Salomon verliebte sich in sie. Da sie ihr Ziel erreicht hatte, wollte sie wieder nach Hause fahren, aber Salomon überredete sie, zu bleiben. Er stellte ihr einen Heiratsantrag, den sie jedoch ablehnte.

Doch Salomon wußte auch eine Lösung für dieses Problem. Er erteilte seinen Dienern einige Befehle, und eine Stunde später servierte der Koch ein äußerst scharfes Gericht.

In der Nacht war die Königin sehr durstig, doch im ganzen Palast gab es kein Wasser. Der Teich war entwässert worden, und die Diener teilten ihr mit, daß nur dem König Wasser zur Verfügung stünde, so daß sie in Salomons Schlafzimmer gehen und ihn um Wasser bitten mußte.

Einer anderen Version dieser Geschichte zufolge war die Königin einverstanden, Salomon zu heiraten, aber nur unter der Bedingung, daß sie ihm etwas Wichtiges wegnehmen könnte.

Deshalb stahl sie sich wie ein Dieb in sein Schlafzimmer und hoffte, Wasser zu finden, ohne ihn zu wecken. Doch Salomon war – wie jeder verliebte Mann – hellwach. Als sie von seinem Wasserkrug trank, fühlte sie seine Hand die ihre in der Dunkelheit berühren, während er sie fragte: ›Ist Wasser nicht wichtig, meine liebe Königin?‹

Sie mußte auf der Stelle einer Heirat mit ihm zustimmen, aber am nächsten Tag bestand sie darauf, nach Hause zu fahren.

Salomon schenkte ihr einen Ring und sagte: ›Wenn du einen Sohn bekommst, schicke ihn zu mir; wenn er erwachsen ist, werde ich ihm mein halbes Königreich geben.‹

Die Königin von Äthiopien nahm den Ring und fuhr mit dem Schiff am Roten Meer entlang in ihre Heimat zurück.

Zu gegebener Zeit gebar sie einen Sohn, den sie nach seines Vaters Vater ›David‹ nannte. Als er volljährig war, schickte sie ihn mit vielen Geschenken zu König Salomon.

Als David Salomons Hof betrat, sah er einen leeren Stuhl neben dem des Königs stehen und nahm auf ihm Platz.
Salomon fragte ihn: ›Warum bist du gekommen, gutaussehender junger Mann?‹
Er erwiderte: ›Ich bin David aus Äthiopien. Ich bin gekommen, um dich um die Hälfte deines Königreiches zu bitten, und hier ist der Ring, den du meiner Mutter gegeben hast.‹
Salomon umarmte ihn, als er seinen Ring wiedererkannte, und sprach: ›So soll es sein. Ich werde dir Afrika geben, die Hälfte meines Königreichs.‹
Nach der Legende hatte er das Recht auf seiner Seite, denn Gott hatte ihm die ganze Welt als sein Reich gegeben. Niemand wußte zu jener Zeit, wie groß Afrika in Wirklichkeit war. Seit dieser Zeit bezeichnen sich die Könige von Äthiopien als ›Der Löwe von Judah.‹
Äthiopien Siehe auch *Janjero; Kafa; Oromo.*
Atlantis In Afrika erzählt man sich Geschichten von einer Bergkönigin, die so schön sein soll, daß Männer ihr Leben und ihren Reichtum aufs Spiel setzen, um sie in ihrem Palast in der Wildnis zu finden. Die Franzosen nennen sie *l‹Atlantide*, die Araber *Hiya*. Sie

Tänzerin.

vernichtet die Männer, die zu ihr kommen, um sie zu lieben.
Auge Siehe *Böser Blick; Karina.*
Azande Siehe *Zande.*

B

Die Ba-Fumi Einst gab es ›rote‹ und ›schwarze‹ Riesen im südlichen Afrika, berichten die Bantu. Die ›roten‹ versklavten die ›schwarzen‹. Sie waren aus der untergehenden Sonne (dem Westen) gekommen und hielten einst das ganze südliche Afrika besetzt. Die Ba-Fumi nannten sich ›Kinder der Sonne‹. Sie sollen die Ziege nach Afrika gebracht haben.

Den ›königlichen Fuß‹ der Ba-Fumi umgab ein Geheimnis. Sie stellten ihn auf einen Felsen und sagten: ›Ich nehme Besitz‹. Diese Steine galten als heilig und heilend.

Wo immer die Ba-Fumi hinkamen, trugen sie ihre ›heiligen Blasebälge‹ mit sich, die sie ›Verschlinger‹ oder ›Schwein‹ nannten. Sie glaubten, daß die Sonne einen mächtigen Feind habe, der sie verschlingt.

›Als sie ausstarben oder im Swazi- oder Tongaland verschwanden, übernahmen die Ngwane, die Ureinwohner Swazilands, ihren Totemnamen *dhallamani*. Später wurde er der königlichen Familie als Beiname gegeben.‹

Der König der Ba-Fumi starb den Opfertod, wie der syrische Halbgott Tammuz, Osiris, ein Name des kretischen Zeus, Ankaos von Arkadien, Karamanor von Lydien und der irische Held Diarmut (R. Ranke-Graves). Alle diese Helden werden durch einen Keiler getötet. Auf den heiligen Blasebalg der Ba-Fumi stößt man auch im irischen Mythos von den ›schwarzen Seeriesen‹, die Irland mit ihren heiligen Steinen als erste nach der Flut erreichten (Brenda Sullivan). Diese Fomhoire kamen vom ›äußersten Ende Afrikas‹ und errichteten die Steinkreise auf dem Berg Killareus. Immer trugen sie ›ein heiliges Schwein‹ bei sich. Pryderi, ›Herrscher der Afrikaner‹, der ›frühesten Invasoren von Wales‹, wurde von Gwyon das ›heilige Schwein‹ gestohlen, überliefert der irische Mythos.

Das ›heilige Schwein‹, der ›Verschlinger‹, symbolisiert den dreizehnten Monat des alten lunaren Kalenders, der an seinem Höchststand die Sonne (Tiefststand) ›verschlingt‹. So hat der König der Ba-Fumi, der auch als ›verkrüppelter Riese‹ überliefert wird, für jeden Monat eine Frau (Tierkreiszeichen). Im dreizehnten, wie bei den Kelten auch bei den Bantu tabuisierten Mond, starb der König den Opfertod. Wie auch im griechischen Mythos Giganten oder Kyklopen als ›Schmiede‹ beschrieben werden, sind die auch die afrikanischen und die irischen heiligen ›Schweineträger‹ als Schmiede ausgewiesen. Darauf deutet in Afrika noch heute das Koma-Ritual (ein Feuer-Ritual) hin. Koma heißt ›Die große Kuh‹ (Sotho). Sie ist ein Symbol des vollen Mondes wie die vorgriechische Io, ›Mond‹ (die Ioner) oder die ägyptische Isis (eigentlich A'st) als kuhgehörnte Hathor. Auf die Spuren solcher

›verkrüppelter Riesen‹ stößt man in Mythos und Brauchtum in ganz Afrika vom Süden über die großen Seen bis nach Äthiopien. Im Zentrum der Mythen stehen heilige Feuer, die nie erlöschen dürfen, heilige Bäume und heilige Steine (die ›Gebeine der Erde‹), und ein heiliger Versammlungsplatz, an dem Recht gesprochen wird, was an vorgriechische und keltische Mythen erinnert.
Nach Credo Vusamazulu Mutwa überliefert der Mythos von der Invasion des südlichen Afrikas durch die ›roten‹ Ba-Fumi eine Invasion durch ›Phönizier‹, die ›Roten‹. Auch die Khoi-Khoi (Hottentotten) nannten sich Ava Khoib, ›die roten Menschen‹.

Kleine magische Figur; Bakongo-Gebiet (Zaïre).

Bakongo (Schöpfungsmythos, Zaïre). Die Bakongo erzählen sich von der Erschaffung der Menschen folgenden Mythos. Nzambi (q. v.) schuf den ersten Mann, der Ndosimau genannt wurde, und die erste Frau, die Gesetzesbrecherin hieß. Nzambi sagte dem Paar, was es tun solle, und ließ es in die Welt hinaus. Es baute sich eine Hütte, und zur gegebenen Zeit bekam es ein Kind. Nzambi besuchte dieses Paar und sprach zu ihm: ›Wenn das Baby stirbt, begrabt es nicht, sondern bedeckt die Leiche mit Brennholz. Nach drei Tagen wird es wieder zum Leben erwachen.‹ Am nächsten Tag starb das Baby, und die Eltern legten es unter das Brennholz, aber nach einer Zeit begann es übel zu riechen, und sie begruben es doch. Nzambi kam wieder und sagte: ›Ihr werdet weitere Kinder haben, aber sie werden alle sterben, und kein Kind wird nach diesem wieder zum Leben erwachen. Schaut zum Mond empor! Jeden Monat rufe ich ihn in seine alte Pracht zurück.«
Ein anderer Mythos erzählt, daß Nzambi zuerst Mahungu ›Atem‹ erschuf, ein menschliches Wesen, das männlich und weiblich zugleich war und demgemäß *Muntu Walunga* ›Die Vollständige Person‹ war. Es hatte die Gestalt einer Palme mit zwei Köpfen. Holzfiguren zeigen einen Baum mit Brüsten und einem Frauenkopf auf einer Seite und mit einem bärtigen Kopf auf der anderen. Die beiden Köpfe kommen aus einer Blütenscheide hervor, die wie ein Blütenkolben

aus der Scheide eines Palmblattes zum Vorschein tritt. Diese doppelte Person führte ein glückliches Leben, da sie weder Eifersucht noch Haß, weder Sehnsüchte noch Wünsche kannte. Eines Tages sah Mahungu den Baum namens Muti Mpungu, den Baum des Allerhöchsten. Mahungu ging zu ihm und versuchte, ihn zu umarmen, aber der Baum spaltete Mahungu in zwei gleichwertige Persönlichkeiten, die seitdem Lumbu (Mann) und Muzita (Frau) genannt werden. Nach diesem Ereignis wollten sie immer zusammen sein und sich umarmen. Lumbu war mutig, aber wild, ein guter Jäger; Muzita war ängstlich, sanft und fleißig, eine gute Landwirtin. (Siehe *Donna Beatrice; Kimpasi; Kindoki*; *Ndoki; Nkisi; Tebo; Zauberer*.)

Baloi Siehe *Mulo(y)i; Nachthexen; Zauberer.*

Bambara (Schöpfungsmythos, Mali) Das Volk der Bambara bildet einen Zweig des großen ethnischen Stammes der Mande-sprechenden Völker in Mali um Bamako herum. Sie bauen Mais, Hirse und Reis an und züchten Rinder, Ziegen und Geflügel.

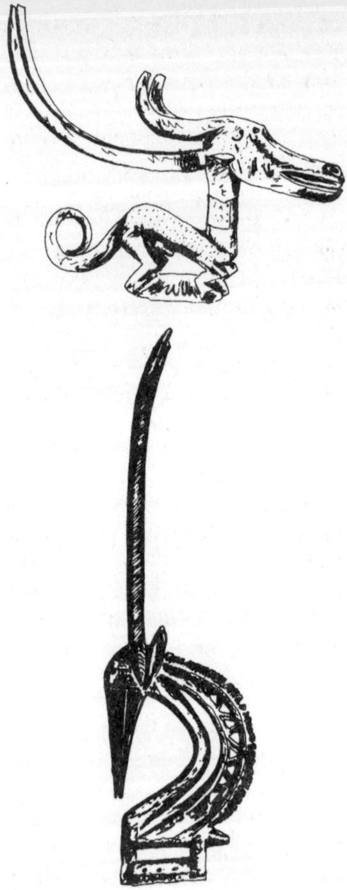

Tjiwara-Tanzaufsätze; Bambara (Mali).

Der Schöpfungsmythos der Bambara gleicht beinahe reiner Philosophie: Am Anfang war die große Leere, *fu*. Irgendwann setzte *glan* ›Bewegung‹, ›Erwachen‹ ein. Jede Bewegung muß in zwei Richtungen verlaufen, gehen und zurückkommen. Also kann die erste Bewegung *zu nyami*, Atem, sein. Sie macht die nächste Stufe in der Entwicklung der Schöpfung möglich, nämlich *yo*, die Stimme, das Wort im biblischen Sinne, d. h. das Wort, das alles erschafft. Dieses Wort ist die Handlung, die die Folge des Denkens, *tasi*, darstellt. Sie bringt *yereyereli* ›Schwingung‹ hervor, welche die Essenz einer Stimme ist. Aber *yo* ist wie das klassische Konzept von *verbum, logos* nicht einfach das Wort als Teil einer Sprache. Es ist der Geist selbst, der stets frei erschaffen kann, was immer er sich wünscht und wann immer er es sich wünscht. Es gibt auch nugu ›das Innere, den Inhalt, die Substanz‹, das seinerseits die Elemente enthält: *yalan* ›Luft‹, *fayan* ›Wind‹, *sani* ›Wasser‹, *yeren* ›Feuer‹, *yelengu* ›Erde‹. Die Elemente beeinflussen sich gegenseitig (›wirken sich aufeinander aus‹) durch *mana* ›Anziehung, Magnetismus, Kraft‹, in einer konzentrischen Spirale.

Irgendwann wurde Pemba oder Fem-ba ›Großes Ding‹ erzeugt, die Hauptsache der Schöpfung, der Geist der Wirbelwind-Spirale. Pemba kam als ein Same der Akazie auf die Erde herab. Er wuchs zu einem Baum, *balanza, Acacia albida*, trocknete aus und verwelkte schließlich. Pemba erschuf *ni*, die menschlichen Seelen, aus weichem Holz, dann ein weibliches Wesen mit einem Schwanz, einer Schnauze und langen Ohren, das aber immer noch ein wenig menschlich aussah. Pemba vereinte sich mit seiner Schöpfung, woraufhin sie alle Tiere, Vögel und Insekten gebar, so daß die Erde von ihnen wimmelte. Sie alle verehrten Pemba und nannten ihn Ngala, Gott.

Faro war der Gott des Wassers, ohne das kein Wesen leben kann. Er kam nach einer langen Dürrezeit auf die Erde, während der fast alle Bäume und Menschen gestorben waren. Seine Stimme hörte sich an wie der erste frische Wind nach der heißen Jahreszeit. Faro sprach zu den versammelten Menschen: ›Ich werde Regen fallen lassen, um die Flüsse, Brunnen, Seen und Ströme und am allermeisten den großen Fluß Niger zu füllen. Denkt daran, daß das Wasser heilig ist und verehrt werden muß. Ich kann euch nicht vor dem Tode retten, aber ich kann euch helfen.‹ Er lehrte ihnen die Sprache. Faro befruchtete die Frauen, so daß sie Zwillinge gebaren. Aber er hatte den Kampf um das Leben auf der Erde noch nicht gewonnen.

Stabfigur (»Marionette«) aus Holz mit Messingblech; Bambara (Mali).

Teliko, der Trockengeist des heißen Wüstenwindes, unterdrückte die Menschen, so daß sie ihn anbeten mußten. Faro wartete geduldig, bis sein Augenblick gekommen war: Teliko vergaß in seinem Stolz, daß er nie einen Fluß überqueren sollte. Als er es dennoch tat, ergriff ihn Faro, der im Wasser lebt, und schmetterte ihn gegen einen Berg. Jetzt war er der Herrscher über die Welt und schickte sich an, Ordnung zu schaffen. Er legte die vier Haupthimmelsrichtungen des Kompasses fest, die Jahreszeiten und die regelmäßige Abfolge von Tag und Nacht sowie den Gegensatz von links und rechts. Dann stellte er sich selbst in das Zentrum und schuf die sieben Himmel: der erste, *Kaba noro*, ›weicher Himmel‹, wird von den Regenwolken gebildet, in denen Faro als Wassergott wohnt. Der zweite Himmel, *Kaba dye*, ›weißer Himmel‹, ist frisch und klar. Hier wohnen die Seelen *(ni)* der Menschen und Tiere und die Kwore oder Genien. Der dritte Himmel, *Kaba fii*, ›schwarzer Himmel‹, ist der Wohnsitz der Geister, und im vierten hebt Faro seine Berichte über die Welt auf. Im fünften, dem Roten Himmel, sitzt Faro zu Gericht über jene, die die Tabus gebrochen haben. Hier bewahrt er Feuer, Blut und Rauch. Im sechsten, dem Schlaf-Himmel, bewahrt Faro die Geheimnisse der Welt. Hier schlafen die Geister der Menschen und die Genien, bis er sie weckt. Im siebten Himmel wohnt Faro und speichert den Regen. Hier befindet sich das Seil, mit dem er jeden Morgen die Sonne hochzieht. (Siehe *Muso Koroni.*)

Bangala (Religion, Zaïre) Die Bangala lebten am rechten Ufer des Kongo (Zaïre), der mit dem Ubangi (Oubangui) bei Liboko im Osten zusammenfließt. Sie lebten hauptsächlich von der Fischerei und dem Handel auf den Flüssen.

Es gibt Hinweise auf einen Glauben, daß der Schimpanse der Ahne der Bangala war; einst kam er mit einem Speer in der Hand in ein Dorf und forderte Huldigung.

Die Sonne und der Mond lieben sich. Einmal im Monat, wenn der Mond sich für einige Nächte versteckt, treffen sie sich, um zusammensein zu können.

Die zwei wichtigsten Götter der Bangala sind Libanza und seine Schwester Nsongo, die wahrscheinlich auch seine Frau ist. Libanza ist als der Reiche bekannt; er lebt in einer dunstigen Gegend unter dem Fluß und besitzt alles, was man sich nur wünschen kann. Ständig bewegt er sich am Fluß entlang und kontrolliert dessen Stand, so daß er die Menschen mit Überschwemmungen bestrafen kann, wenn es ihm beliebt. Die Verstorbenen hoffen, sich zu ihm gesellen zu können, und darum wollen sie mit ihren Besitztümern, ihren Sklaven, Waffen und einem Boot begraben werden, damit sie die lange Reise zu Libanzas Wohnort, in dem der Überfluß herrscht, unternehmen können. Auch die Frauen eines Mannes wurden getötet, damit

sie ihn im anderen Leben begleiten können. Der Name Libanza oder Ibanza (Siehe *Lianja* unter *Mongo*) scheint ›Der Schöpfer‹ zu bedeuten. Er ist der gute Gott, der den Menschen gibt, was sie brauchen.
Jakomba oder Nzakomba ist der Name eines Gottes, der die Gedanken der Menschen beherrscht. Er ist der Gott der moralischen Entscheidungen und wird der ›Gott der Herzen‹ genannt.
Likundu oder Ikundu ist der Gott des Bösen; seine anderen Namen sind Ndoki, Ekundu, der rote Zauberer, oder Nzambi (q. v.). Er verursacht Zauberkraft und Mord. Nzambi oder Njambe sind aber vielleicht auch gesonderte Gottheiten, deren Werk die Zerstörung ist. Viele Menschen besitzen Fetische (q. v.), kleine Bilder oder andere ›Behälter mit Geistern‹. Sie werden für die Heilung von Krankheiten, die Aufhebung von Zaubersprüchen und zum Aufspüren von Dieben verwendet. Große Häuptlinge haben mächtige Fetische zur Kriegsführung. Die Aufgabe der *féticheurs*, von denen einige ganztägig als Medizinmann arbeiten, besteht darin, die Geister zum Handeln zu bewegen. Ihre Zeremonien werden von ständigem Getrommel, lautem Gesang, Geschrei und unermüdlichem Tanz begleitet.
Die Kriegsvorbereitungen stellen die größten von allen Zeremonien dar. Der tanzende Fetischträger soll angeblich in der Lage sein, die Pläne des Feindes aufzudecken und ihre Waffen zu ›frisieren‹, so daß sie unwirksam werden. Er erhielt als Bezahlung mehrere Sklaven. Zu seinen Hauptaufgaben zählte – selbst nach dem Auftauchen der Europäer – die Austreibung von Likundu, dem Teufel, der Menschen krank oder wahnsinnig machte. Nach vielschichtigen Zeremonien entfernte er geschickt mit einem Messer oder einer Pfeilspitze Likundu aus dem kranken Körper.

Bantu-Philosophie Es folgt die Lebensphilosophie, wie sie Fr. Placied Tempels in seinem Buch (veröffentlicht bei de Sikkel, Antwerpen 1946) hervorragend formuliert hat. Fr. Tempels hat viele Jahre bei den Baluba in Kasai gelebt. Seine Berichte werden von vielen Gelehrten als zutreffend für das gesamte schwarze Afrika betrachtet. Andere haben die Richtigkeit seiner Ausführungen in Zweifel gestellt. Tempels führt an, daß das Wesentliche eines jeden Lebewesens seine Stärke ist, seine Fähigkeit zu überleben, zu wachsen und sich zu vermehren. Die Kraft eines Mannes steckt in seinen Gliedern, seinem Gehirn und seinem scharfen Auge, wenn er das Wild sieht und mit dem Pfeil darauf zielt. Die Kraft des Krokodils liegt in seinen Augen, mit denen es durchdringend über die Wasseroberfläche späht. Die Stärke des Löwen ist in seinen gewaltigen Zähnen verborgen, mit denen er die Knochen seines Opfers zermalmen kann. Folglich bedeutet Überleben die

Fähigkeit, jeden Tag Nahrung zu finden. Der Elefant wird wegen seiner ungeheuren Größe bewundert, die Schwalbe wegen ihres schnellen Fluges.
Die Stärke eines Geschöpfes liegt nicht nur darin begründet, welcher Gestalt sie *ist*, sondern auch, was sie *besitzt*, nämlich in erster Linie viele Kinder und andere Verwandte. Ein einsamer Mensch wird wegen seiner Schwäche bemitleidet: wer wird ihm helfen? Eine kräftige Frau wird viele Kinder haben, so daß sie im Alter nicht hungern muß, denn dann werden sie ihr helfen. Ein reicher Mann hat mehr Kraft (wir würden es wahrscheinlich als Macht bezeichnen) als ein armer. Er besitzt Tiere, Land und Getreide, was ihn am Leben erhält. Mit seinem Reichtum versorgt er seine Frauen, die ihm Kinder schenken werden, die wiederum zu seiner Lebenskraft beitragen, einfach weil sie leben.
›Magisch‹ ist in dieser Philosophie nichts anderes als alles, was zu der Kraft eines Menschen beiträgt, z. B. hilft Jagdmagie ihm, mehr Wild zu töten, Medizin wird seine Kraft wiederaufbauen, wenn er krank ist, und schwarze Magie wird die Stärke seiner Feinde mindern. Denn die Lebewesen können sich gegenseitig absichtlich beeinflussen, so wie es der Arzt oder Zauberer vermag, oder widerwillig wie eine ›Hexe‹ oder andere Wesen mit ansteckendem Unglück.

Banu Hilal Die Banu Hilal oder Hilali waren die Söhne des Hilal, arabische Krieger, die im elften Jahrhundert nach Afrika drangen und Richtung Westen (*taghriba*) ritten, bis sie den Maghrib oder Marokko erreichten. Ihre Geschichte war schon zur Genüge turbulent, aber die nordafrikanischen Geschichtenerzähler haben zahlreiche Einzelheiten und unzählige wundersame Ereignisse hinzugefügt, so daß die Heldensagen der Banu Hilal *(Sirat Bani Hilali)* zu gewaltigen Romanen anschwollen, die mit den Märchen aus Tausendundeine Nacht vergleichbar sind; in Kairo wurden sie in neun Bänden herausgegeben. Eine vollständige Übersetzung liegt allerdings nicht vor. Teile dieser Geschichten reichen bis ins dreizehnte Jahrhundert zurück und werden immer noch – von Liebesliedern und Lobgedichten durchsetzt – in Tunesien, Ägypten, Marokko und Algerien in der jeweiligen Landessprache erzählt. Alles beginnt mit Hilals Sohn Al-Mundzir, der zwei Frauen hat, die ihm in der gleichen Nacht (ein eindeutiges Zeichen für die Potenz ihres Gatten) zwei Söhne gebären, Jabir und Jubayr. Jabirs Sohn (oder Enkel) Rizk ›Beistand‹ heiratet Al-Khadra ›Grün‹, die ihm einen Sohn schenkt, Barakat ›Segen‹, der als Abu Said berühmt wird, der große Anführer, der nach Tunesien reitet, weil in Arabien Hungersnot herrscht. Obwohl seine Eltern reinrassige Araber sind, ist Abu Said schwarz (so heißt es in der Geschichte); er schlägt den Zanati-König von Tunis (Ifrikiya) in die Flucht. Dann erobert er die sieben Throne und vierzehn Schlösser des Westens, die dem Stamm der Zinatiya gehören. Das ursprüngliche Ziel der Expedition ist *riyada*, die Suche nach grünen Weiden, typisch für das harte Leben der Beduinenkrieger. Die ganze Geschichte ist von edler Moral der Beduinenscheichs durchdrungen. Barakat kann nur von hinten verwundet werden, aber da er natürlich niemals vor einem Kampf flieht und seine gleichermaßen edlen Gegner ihn niemals von hinten angreifen, überlebt er, bis ihm ein Verräter in den Rücken fällt – wie bei Siegfried. Der Roman über die Banu Hilal ist also voller Abenteuer, bei denen edle Ritter gegen Bösewichte, oft *ifrits*, kämpfen.

Baobab Der Baobab-Baum, *Adansonia digitata* aus der Familie Bombacaceae, wächst in der afrikanischen Savanne. Seine Frucht ist der Flaschenkürbis, auf Swahili *buyu*, der weit und breit als Behälter für alle Flüssigkeiten wie Wasser, Milch und Blut verwendet wird. Sein Inneres ist eßbar. Einige Leute schnitzen Augen und einen Mund in die ausgehöhlte Frucht und stellen eine Kerze hinein, so daß sie in der Nacht wie ein lebensechter Schädel aussieht. In einigen Ländern glaubt man, daß der Baobab-Baum von Geistern bewohnt wird. In Kenia darf der Baobab nicht gefällt werden, ohne daß den Geistern 14 Tage zuvor eine angemessene Nachricht übermittelt wird, damit sie in einen anderen

Zaubergerät (Nashornvogelschnabel, Kalebasse und Kaurischnecken).

Baum übersiedeln können. Auch Affen leben in dem Baobab, folglich sein Name ›Affenbrotbaum‹. Der Baobab ist bekannt für seine Ausdauer. Er lebt weiter, auch wenn er von einem Sturm gefällt wurde, solange einige Wurzeln unbeschädigt bleiben, die vom Boden zum Baum führen. In Zeiten anhaltender Dürre wirft der Baobab seine Blätter ab und wartet. Seine Rinde ist dick und glänzt, so daß sie das Sonnenlicht reflektiert, während sie keinerlei Verdunstung des reichhaltigen Wassers zuläßt, das im porösen Fleisch des Baumes gespeichert ist. Sobald es wieder

regnet, läßt der Baobab Blätter wachsen.
Die Fulani aus Mali erzählen sich, daß eine Mutter zu einem Baobab-Baum ging, als sie spürte, daß ihr Ende nahte; Sie bat ihn, ihrer einsamen Tochter zu helfen. Der Baum konnte sprechen und antwortete: ›Bei der Gnade Gottes! Ich werde deinem Kind helfen.‹ Die Mutter starb, und ihre Tochter ging jeden Abend zu dem Baum. Er ließ eine Frucht herunterfallen, die das Mädchen aß, so daß sie leben konnte, denn ihre Stiefmutter gab ihr nichts zu essen. Die Stiefmutter überredete sogar ihren Mann, den Baum fällen zu lassen. An jenem Abend weinte das Mädchen auf dem Haufen Brennholz, den die Holzfäller zurückgelassen hatten. Als sie ein Holzscheit hochhob, wurde es zu Käse, den sie aß, und so lebte sie weiter. Die Stiefmutter ließ das Holz verbrennen, aber als das Mädchen Tränen in die Asche vergoß, bemerkte es, daß sich die Asche in Zucker verwandelt hatte, so daß sie weiterleben konnte, indem sie die Asche aß. Sie fand eine unbeschädigte Frucht und entschied sich, wegzugehen und woanders zu leben. An einem weit entfernten Flußufer pflanzte sie die Frucht ein. Bald wuchs ein neuer Baobab-Baum heran, der das Mädchen mit seinen Früchten ernährte, bis eines Tages ein Prinz sein Pferd an diesem Ufer tränkte und sich in das Mädchen verliebte.

Basuto Sotho-sprechendes Volk in Lesotho.

Bäume Afrikaner wissen, daß sie auf Bäume angewiesen sind, um Brennholz zu erhalten, ohne das ihre Frauen ihnen nicht ihr Essen kochen können.
In einigen Gegenden können die Ziegen auf Bäume klettern, um die grünen Blätter zu fressen.
Der Leopard versteckt sich in einem Laubbaum, um in der Nacht über den einsamen Wanderer herzufallen, und das gleiche gilt für Vipern in Uganda. In einigen Bäumen lassen sich die Bienen nieder und speichern dort Honig.
Jeder große Baum hat einen Geist. Einige Bäume beherbergen viele Geister (siehe *Baobab*). Ob ein Baum ein Geist *ist* oder von einem Geist bewohnt wird, ist keine einfache Frage. Die Leute sagen: ›Der Baum *hat* einen Geist‹ oder ›Im Baum ist ein Geist.‹
Der Geist hat eine Stimme, die der achtsame Zuhörer hören und sogar verstehen kann, wenn er die Sprache der Geister beherrscht. Diese Stimme muß von dem Trommelhersteller (siehe *Trommeln*) sorgfältig erhalten werden.
Auch der Bootsbauer möchte, daß der Geist des Baumes im Holz bleibt, damit er den Bootsmann vor dem Ertrinken in tückischen Flüssen beschützt, wenn der Baum ein Boot geworden ist. Das Aussehen ändert sich, aber der Geist bleibt (siehe *Boote*).
Zusammen im Wald haben die Bäume einen kollektiven Geist, der mächtig genug ist, um als Gott verehrt zu werden (siehe *Wald*).

Bäume können verschlagen sein. Mit ihren Wurzeln können sie dem ahnungslosen Wanderer ein Bein stellen, der oft glaubt, daß sein Feind die Wurzeln dazu behext hat. Dornige Zweige haben die gleiche Funktion.

In Namibia wächst ein Baum, von dem geglaubt wird, daß er Menschen verzehrt. Er fängt sie mit seinen Zweigen, öffnet seine Rinde und verschlingt sie. Das Opfer hört man dann im Baum, wie es seinen Verwandten und Freunden ein Abschiedslied singt.

Nur der Specht kann sie retten, denn er verfügt über magische Kräfte. Gegen Bezahlung öffnet er den Baum mit seinem spitzen Schnabel.

Ein Mann in Zaïre war mit einem Baum verheiratet. Dieser Baum gebar ihm zwei gesunde Kinder, einen Jungen und ein Mädchen, die zwar Menschen waren, aber die Geister des Waldes kannten und folglich berühmte Kräuterheilkundige wurden, denn es sind die Doktoren, die die Bäume für ihre Medizin brauchen.

Begräbnis Bantu-Häuptlingen wurde eine besondere Behandlung zuteil, aber Nichtadlige ließ man – in vorkolonialen Zeiten – einfach im Busch zurück. Kindern erzählte man: ›Großmutter ist mit Herrn Hyäne auf eine Reise gegangen.‹ (Berichtet von Willoughby 1882, S. 27.)

In einigen Gegenden wurde ein Mann, der vor dem Sterben seine Absicht bekundete, daß er als Geist zurückkehren wolle, in einer sehr tiefen Grube begraben. Hierin könnte der Ursprung des Beerdigung-Brauches liegen. Stirbt ein Mann in weiter Entfernung zu seinem Heim – beispielsweise während einer Jagdexpedition – und wird die Leiche niemals gefunden, schlachten die Verwandten einen Ochsen und vergraben dessen Knochen, die mit den Besitztümern seines Herren in die Haut eingehüllt werden; es wird nämlich befürchtet, daß der Ochse im Dorf Krankheiten verursachen könne.

In den meisten Teilen Afrikas glaubt man, die Seele verweile in der Nähe des Grabes. Die Gräber sind deshalb mit flachen Steinen bedeckt, auf denen Opfer dargebracht werden können. Es könnten demnach die ältesten Altäre sein.

A. Cardinall zufolge nimmt ein Stamm Sand von den Gräbern mit, wenn er zu einem anderen Standort zieht, wohl in der Annahme, daß sie die Seelen der Toten in dem Sand anregen.

In Nordafrika wird Sand von den Gräbern Heiliger in einen kleinen Beutel eingenäht und als Amulett getragen, damit der Besitzer vom Geist des Heiligen beschützt wird.

Der Brauch, eine Öffnung im Grab zu lassen, durch die Wein direkt in den Mund des Toten gegossen werden kann, wird von den Bateke in Zaïre berichtet und wurde auch in der Antike im Mittelmeerraum praktiziert. Damit ist bewiesen, daß viele primitive Völker schon glaubten, daß die Seele nach dem

Tode in unmittelbarer Nähe des Körpers bleibt; die Moslems sind immer noch davon überzeugt.
In Nigeria glaubt man, daß der Schädel der Sitz der Seele ist. In vielen Teilen Afrikas besuchen die Geister der Toten häufig den Ort, an dem sie gestorben sind oder beerdigt wurden, bis alle Begräbniszeremonien ordnungsgemäß durchgeführt worden sind. Wenn in Zimbabwe und Lesotho ein Mann stirbt, ist die Beendigung der Beerdigungsriten gleichzeitig eine Bitte an seine Seele, seinen Platz bei den Geistern der Ahnen einzunehmen. Fleisch und Bier werden dem Verstorbenen, der jetzt ein Gott ist, angeboten.
Die Zulu führten früher eine besondere Zeremonie durch, die *ukubuyisa*, ›zurückbringen‹ genannt wurde, in der Hoffnung, den Geist eines verehrten Häuptlings oder eines hilfsbereiten und zuverlässigen Vaters etwa ein Jahr nach seinem Tod zu bewegen, den Wohnsitz wieder in sein Dorf zu verlegen. Eine Ziege wurde getötet, ihr Magen verbrannt. Eine ähnliche Zeremonie wird von den Mashona und den Vandau, die weiter östlich leben, überliefert.
Die meisten Völker in Zentral- und Südafrika glauben, daß die Seele in der Nähe des Grabes des Leichnams bleibt, und daß die Seelen von starken Persönlichkeiten weiterhin Einfluß auf das Leben ihrer Nachfahren ausüben, so daß aus diesem Grund gute Beziehungen aufrechterhalten werden müssen.
In Botswana wird vor der Beerdigung einem toten Mann ein Ochsenseil und Melkutensilien und einer toten Frau ein Stößel, eine Wanne, ein Löffel und ein Teller beigegeben.
Ein Augenzeuge einer Beerdigung im nordwestlichen Zambia war von der Tatsache beeindruckt, daß alle Verwandten sich so benahmen, als wüßten sie, daß der Verstorbene leben würde und anwesend wäre.
Die Wachagga im nordöstlichen Tanganyika wickeln die Leiche eines Mannes in die Haut eines frisch geschlachteten Stieres und begraben sie unter dem Boden des Zimmers seiner ältesten Frau. Dem Gründer des Clans wird im Bananengarten folgendes Gebet vorgetragen: ›Erhabener Großvater, unser Vater, der du dieses Dorf bewachst, nimm diesen Stier, mögest du ihn mit deinen Vätern essen. Nimm diesen Sohn deines Sohnes Sohn, öffne ihm die Tür zu den Dörfern der Ahnen und beschütze ihn dann für immer. Er wurde aus deinen Händen genommen.‹ Dieser letzte Satz impliziert, daß die Ahnen (q. v.) den Tod des Mannes nicht verhindert hatten, darum werden sie jetzt gebeten, ihn in seinem nächsten Leben zu beschützen.

Benin, Provinz von Nigeria Siehe *Edo; Ehi; Oba, Olokun; Vodu.*

Benin, Republik von Siehe *Dahomey; Vodu.*

Besessenheit Die Besessenheit ist eine Art vorübergehenden Sterbens, denn der Besitzer eines Kör-

Zeremonientrommler, Detail einer Bronze-Darstellung; Benin (Nigeria).

pers, der bereit ist, besessen zu sein, muß seinen Körper leer machen.

Seine Seele muß in Vergessenheit geraten, weshalb er sich später an nichts mehr erinnern kann. In einem Körper können sich zwei Seelen oder Geister nicht gleichzeitig aufhalten, so daß das Empfangen eines Geistes von außen eine Art des Sterbens darstellt.

Darüber hinaus behält der als Gast auftretende Geist gewöhnlich die Herrschaft bei und kann jederzeit zurückkehren, um seine Anwesenheit bemerkbar zu machen und durch den Mund des geliehenen Körpers zu sprechen, so daß die ursprüngliche Person danach für immer ein Diener dieses mächtigeren Geistes bleibt.

Ein Swahili-Wort für das Besessensein ist *kubeba*, ›tragen‹, wie eine Frau, die ein Baby trägt.

Von dem Geist heißt es auch, daß er den Gastgeber ›besteigt‹, als ob er ein männliches Tier wäre, das auf ein weibliches trifft. In Swahili wird der Besessene immer, auch wenn es sich um einen Mann handelt, als Frau bezeichnet, und der Geist als Mann, der sie ›besitzt‹.

Die Besessenen werden *watege* genannt, wörtlich ›gefangene Personen‹, wie Tiere, die in eine Falle gegangen sind.

Auf Haiti besteigt (*monte*) der *loa*, Geist, seinen Gastgeber, aber der Ausdruck meint hier das Reiten eines Pferdes, oder bedeutet, daß der *loa* seinen Gastgeber *einwohnt*, als wäre der Letztgenannte nichts weiter als ein Haus, in dem der Gott leben kann. Dies geschieht nach einer kurzen Zeit des *débatment*, ›Sichwindens‹, in der die engelhafte Seele des Gastgebers versucht, sich dem Eindringen des stärkeren *loa* zu widersetzen.

Diese Einstellung stimmt mit der Ansicht der Swahili überein, daß die gute Seele den bedrohlichen Geist mit Gottes Hilfe bekämpfen muß und es auch vermag.

Wo die Geister selbst *die* Götter sind, ist der Gastgeber die wahrhaft religiöse Seele; er trägt den körper-

losen, aber schweren Gott und sorgt für ihn.
Für die Wissenschaftler, den Psychiater und den Psychoanalytiker, wirft der Brauch der Besessenheit von Geistern ein ärgerliches Problem auf. Obwohl er in allen Ländern Afrikas und in der Karibik fast überall anzutreffen ist, ist er keineswegs auf Völker afrikanischen Typs oder afrikanischer Abstammung beschränkt.
Für die moderne Wissenschaft ist die leichteste Form der Besessenheit der Swahili-Typ.
Hier wird der Besessene *muwele*, ›ein Patient‹, genannt, was darauf hinweist, daß die Swahili-Gelehrten wie westliche Ärzte diesen Zustand als anormal betrachten.
›Patienten‹, von denen Frauen die Mehrheit bilden, zeigen oft Symptome der Hysterie oder anderer Verhaltensauffälligkeiten, hervorgerufen durch das Bedürfnis, Aufmerksamkeit in der Familie zu erhalten. Die ›Geister‹ stürzen sich plötzlich auf sie und bringen sie dazu, sich merkwürdig zu benehmen. Sie hüpfen, tanzen, wirbeln herum und reden Unsinn.
Bei den Zeremonien für die Austreibung des ›Geistes‹, die der Ehemann bezahlen muß, wird die Frau in den Mittelpunkt der Aufmerksamkeit gestellt, wenn der *mganga*, ›Doktor‹, zu dem ›Geist‹ spricht, der durch den Mund des ›Patienten‹ antwortet.
Es geht sogar das Gerücht, daß der ›Patient‹ von dem ›Doktor‹ aufgefordert wird, in eine besondere Hütte zu gehen, die ihm für private Zwecke zur Verfügung steht, um ohne Zeugen ›befragt‹ zu werden, um den ›Geist‹ auszutreiben.
All diese Phänomene können zu einem neurotischen, hauptsächlich weiblichen Verhaltensmuster zusammengefügt werden, wodurch die Besessenheit von bösen, man kann sagen unanständigen Geistern in medizinischen Kategorien erklärbar wird.
Auch in anderen islamischen Ländern weiß man von Frauen, die von *shaitans* (q. v.) besucht werden. Aber sie werden mit Schlägen behandelt, wie es in Europa vor 1800 der Fall war.
Viel problematischer für die Wissenschaft ist die besondere Form der Besessenheit, die ›Medienschaft‹ (siehe *Medium*) genannt wird.
Tanzanische Küste. Wenn eine

Stülpmaske aus leichtem Holz mit Narbentatauierungen; Makonde (tanzianische Küste).

Frau krank ist und im Bett liegt, stöhnt und vor Schmerzen klagt, sucht ihr Mann den lokalen *mwalimu*, ›Lehrer‹ oder ›Gelehrten‹, auf, der oft auch als *mganga*, Doktor, tätig ist.
Dieser zieht seine Sandtafel (siehe *Geomantie*) oder sein Buch über *Falaki* – Astrologie (q. v.) zu Rate. Schließlich stellt er die Diagnose: ›Die Krankheit deiner Frau wurde von zwei Geistern verursacht, einer heißt Kinyamkera und der andere Kilima.
Geh zu dem Exorzisten, der sich auf die Kinyamkera-Geister spezialisiert hat. Er wird eine Medizin zum Einnehmen, Weihrauch zum Verbrennen, Kräuter zum Einreiben und ein Abführmittel verschreiben. Hoffentlich wird sie gut schlafen.
Nach zwei Tagen mußt du den für den Kilima-Geist zuständigen Exorzisten aufsuchen. Auch er wird deiner Frau einige Medizin verschreiben, damit sie gesund wird, wenn Gott es will.‹
Die Behandlung kann zwei Wochen dauern und wird alles andere als billig sein.
Ein *ngoma*, ›Tanz‹, wird organisiert, der für jeden Geist eine Woche dauert. Für den letzten und größten Tanz, der die ganze letzte Nacht der Austreibungszeremonie anhält, wird eine Ziege geschlachtet.
Wenn bei Morgendämmerung der Tanz zu Ende ist, muß die Patientin das ungekochte Blut der Ziege trinken. Sie wird in Tücher aus drei Farben, rot, weiß und schwarz, gehüllt und dann in der Mitte des Kreises der Tänzerinnen tanzen.
Plötzlich bekommt sie einen Schüttelanfall. Am ganzen Körper zitternd schreit und kreischt sie. Das ist das Zeichen, daß der Geist sprechen möchte.
Die Exorzisten fragen den Geist: ›Wie heißt du?‹
Der Geist schreit durch den Mund der Frau seinen Namen, was er will usw. heraus.
Schließlich befiehlt der Exorzist dem Geist: ›Verschwinde! Laß die Frau in Frieden!‹
Der Geist steigt in den Kopf der Frau hinauf, tritt aus ihren Mund und verschwindet.
Einige sagen, daß sie einen Geist gesehen hätten, der wie ein kleiner Teufel aussah.
Dem Geist muß auch Nahrung gegeben werden, bevor er überredet werden kann, die Frau zu verlassen.
Der Ehemann muß die zwei Doktoren oder Exorzisten und den Lehrer, der nur ein Diagnostiker ist, bezahlen ebenso wie die Tänzer, die Trommler und die Flötenspieler. Zudem kommt er für das Essen, die Ziege und die Tücher auf.

Biloko Siehe *Eloko*.

Bisimbi Siehe *Nymphen*.

Blut Man glaubt, daß der Geist eines verletzten Menschen mit seinem Blut fortfließt; es stirbt nicht, sondern bleibt in der Erde und verlangt nach Rache. Bei der Blutsbrüderschaft wird das Blut vermischt, damit beide Seelen

miteinander verschmelzen und sie sich – und später ihre Nachkommen – gegenseitig keinen Schaden zufügen können.
Selbst die Berührung von Blut kann gefährlich sein, da wir davon krank werden können, nicht durch Ansteckung etwa, sondern auf magische Weise, denn Blut hat Seelenkraft.
Die Geister sind hungrig und durstig. Ihre Nahrung ist Fleisch, und ihr Durst kann nur mit Blut gestillt werden, damit sie am Leben bleiben. Im christlichen Ritual ersetzt beim Abendmahl der Wein das Blut. Auch die Geister, die von Menschen Besitz ergriffen haben, müssen Blut trinken. Aus diesem Grund gehört zu den Ritualen der Geisterbesessenheit in Bantu-Afrika gelegentlich das Trinken von Blut eines frischgeschlachteten Tieres. Zu diesem Zweck muß der Besessene das Tier töten, häufig mit der Axt, oder im Falle eines Huhns dem Tier den Kopf abbeißen. Jeder Geist verlangt sein eigenes bestimmtes Tierblut.
In alten Zeiten war es menschliches Blut, wie bei der Singilla-Königin Nzinga in Angola (ca. 1680). Die Besessenen trinken das Blut auf dem Höhepunkt ihrer Ekstase, denn ohne Blut wird der Geist nicht durch den Mund des Mediums sprechen. Bei Zusammenkünften von Geist-Trägern wird in einer Zeremonie Blut getrunken, um sich gegenseitig über die Verbrechen, die sie während ihrer Besessenheit begehen, eidlich zur Verschwiegenheit zu verpflichten. Blut schafft Komplizen. Blut wird auch von den Siegern getrunken; es wird mit den Lebern ihrer besiegten Feinde eingenommen (in letzter Zeit geschah dies 1964/5 in Zaïre). Das Blut von Feinden wurde früher auch von jungen Männern beim Kriegstanz-Ritual getrunken; Bevor sie in den Krieg zogen, waren die Krieger buchstäblich von Blut berauscht. Die Massai in Ostafrika geben den jungen Kriegern mit Milch gemischtes Blut zu trinken, eine hervorragende Proteinquelle.

Boote Boote tragen Namen, und die Bootsmaler der Swahili, die große Künstler sind, malen allen ihren Booten Augen auf. Sind Boote Lebewesen? Wir werden sehen, daß sie es sind. Das Fischen mit dem Boot ist an der Atlantikküste von Ghana, Benin, Sierra Leone, Senegal, Gambia und anderswo gut entwickelt. Die Seeleute der Swahili fuhren bis nach Ägypten, Indien und Madagaskar, Irak und Iran. Die Flußschiffahrt auf dem Niger und dem Kongo (Zaïre) und ihren Nebenflüssen wurde mit besonderen Booten betrieben.
Die nilotischen Völker (Luo, Padhola, Acholi, Alur, Nuer, Dinka und Shilluk) fischen seit undenklichen Zeiten im Nil und seinen Seen. Jedes Volk hat eine eigene Tradition des Bootsbaus entwickelt. In Zaïre muß der Bootsbauer bestimmte Tabus einhalten, bevor er den Wald betreten darf, um einen Baum auszuwählen, der für den Bau eines

Bootes geeignet ist. Er betet zu dem Geist, der in dem Baum lebt (oder der Baum *ist*) und bittet um Erlaubnis, den Baum fällen zu dürfen; danach bittet er den Geist, im Holz zu bleiben, damit er er dessen Lebendigkeit und Energie bewahren kann. Daraufhin höhlt er den Baum mit Feuer und Axt aus, bis er soweit fertiggestellt ist, um ausgesetzt werden zu können. Der Holzgeist wird gebeten, den Besitzer und die Ruderer vor Krokodilen und Stromschnellen, vor dem Ertrinken und vor Angriffen von Flußpferden zu schützen. Folglich *ist* das Boot ein Lebewesen, das, wenn es gut behandelt wird, seine Insassen beschützen wird.

Der Ntomba-Held Mokele (q. v.) machte sich auf, mit seinem Boot die Sonne zurückzuholen, die der Falke gefangen hatte. Die enge Verbundenheit mit der uralten ägyptischen Geschichte des Sonnengottes Horus ist erstaunlich; auch er reist in einem Boot von der Nachtwelt in die Menschenwelt. Horus selbst war der Falke (q. v.) Osiris und Ammon-Ra fuhren ebenfalls mit dem Boot aus der Totenwelt in das neue Leben. Demgemäß wurde das Boot selbst eine Gottheit, zu der die Menschen beteten. Es rettet seine Insassen, wie z. B. die Arche Noah die ganze Menschheit vor dem Tode gerettet hat.

Bori (Hausa, Westafrika) Als Bori wird eine Geheimgesellschaft, eine Hexenversammlung oder sogar eine Gemeinschaft von Geistern bezeichnet, die das Böse verbreiten. Die Bori sind Geister, die von Personen, die besessen sein wollen oder für spontane Trancen anfällig sind, Besitz ergreifen. Man glaubt, daß die meisten Krankheiten und Unglücksfälle von diesen bestimmten Geistern, *al jannu*, verursacht werden, und daß sie ausgetrieben – das heißt beherrscht und besänftigt – werden können, indem regelmäßig stattfindende Tänze veranstaltet werden, die als Ritual von Personen aufgeführt werden, die häufig von einem dieser Geister besessen sind. Die Tänze werden von Trommeln und Streichinstrumenten begleitet, wodurch die Besessenheit ausgelöst wird.

Jeder Geist hat seinen eigenen Rhythmus, so daß die ›Stammgäste‹ wissen, welcher Geist getanzt wird. Auch die Choreographie eines jeden Geistes ist auf seinen Charakter und die Krankheit oder das Unbehagen, die er verursacht, abgestimmt. Die Trance oder der kataleptische Anfall veranlaßt das Medium, mit der Stimme des Geistes und in dessen Sprache zu sprechen.

Die Person, die die von Geistern verursachte Störung offenbart, wird unter die Beobachtung eines Kultmitgliedes gestellt, das den Geist identifizieren und ihn besänftigen kann – in der Hoffnung, daß die Heimsuchungen künftig auf Zeit und Ort des großen Tanzes eingeschränkt bleiben. Auf diese Weise wird der Patient gegen Schaden von dem Geist geschützt, aber er wird ihn niemals loswerden und muß sich dem Bori-Kult anschließen. Viele wollen während des Tanzes besessen sein und würden darum gerne freiwillig dem Kult beitreten. Mehrere Geisterexperten organisieren den Tanz gegen Bezahlung, bezahlen die Musiker und führen die Opfer durch. Die Vorführungen können auf einem öffentlichen Platz oder in einem privaten Haus abgehalten werden. Einige Teilnehmer zeigen Zeichen der Ekstase, wenn sie mit dieser unbekannten Welt des Spiritualismus in Berührung kommen. Tremearne verzeichnet 178 Namen von Geistern, von denen jeder bestimmte, meist böse Gewohnheiten hat; während des Tanzes ›reiten‹ sie ihre ›Pferde‹ oft solange, bis diese vor Erschöpfung zusammenbrechen. (Siehe auch *Hausa.*)

Böse Blick Der Glaube an den bösen Blick scheint in ganz Afrika verbreitet zu sein.

Die Ägypter unternehmen viele Vorsichtsmaßnahmen gegen ihn und sind eifrig bemüht, die ihm nachgesagten Folgen zu vermeiden.

Wenn jemand eine – vielleicht neidische – Bewunderung für einen Gegenstand zum Ausdruck bringt, wird der Besitzer ihn tadeln, indem er antwortet: ›Segne den Propheten!‹ Der Bewunderer muß gehorchen und antworten: ›Möge Gott ihn segnen!‹ Damit wird die Gefahr von dem bewunderten Objekt, bei dem es sich sogar um ein Kind handeln kann, abgewendet.

Wenn jemand ein Kind anstarrt, werden seine Eltern es eilig nach Hause bringen, dort verbergen und Alaun, Salz und Koriandersamen verbrennen, um ihren kleinen Schatz vor schlimmen Folgen zu bewahren.

Die Kikuyu im mittleren Kenia nennen den bösen Blick *kita*, ›Speichel‹, auf Swahili *kijicho*, ›kleines Auge‹.

Man wird damit geboren und ist nicht in der Lage, seinen schädlichen Einfluß vor den Augen abzuhalten. Man glaubt sogar, daß er zur Familie gehört.

Wenn eine solche Person eine schöne Kuh ›betrachtet‹ hat, wird der Besitzer darauf bestehen, daß er seinen bösen Einfluß abwendet, damit die Kuh nicht krank wird und stirbt.

Dies geschieht folgendermaßen: Der ›Besitzer des bösen Blicks‹ verreibt seinen Speichel mit dem Finger im Maul der Kuh. Auf solche Weise wird das Böse aufgehoben. Nur der Besitzer des bösen Blicks kann den Zauber beseitigen. Nicht einmal ein Medizinmann verfügt über diese Macht.

Wenn der böse Blick auf eine schwangere Frau fällt, wird sie eine Fehlgeburt erleiden, oder sie bekommt eine Entzündung an den Brüsten, die der Besitzer des bösen Blicks mit seinem Speichel einreiben muß.

Fällt sein Blick auf ein Speer, wird er zerbrechen, fällt er auf das Ge-

treide seines Nachbarn, wird es von den Ratten gefressen werden.
Wenn ein solcher Mensch ein Dorf betritt, muß er allen Kindern in den Mund spucken, damit sein böser Einfluß beseitigt wird.

Botswana (Ursprung der Menschen). Am Anfang der Zeit gab es in der Mitte von Botswana eine Höhle, die Lowe genannt wurde. Darin lebte der erste Mann, dessen Name Tauetona war. Die Götter hatten zuerst ihn erschaffen, dann seine Brüder und sodann die Tiere, für die sich Tauetona Namen ausdenken sollte. Sie nannten ihr Land Taya-Banna ›Der Beginn der Menschen‹. Die Männer lebten mit den Tieren in Frieden, aber sie hatten keine Frauen, da die Götter sie in einem anderen Tal erschaffen hatten, das Motlaba Basetsana ›die Ebene der Frauen‹ genannt wurde. Eines Tages schickten sie den Menschen einen Boten, um ihnen mitzuteilen: ›Ihr werdet alle wie die Tiere sterben, aber ihr könnt später zurückkehren, wenn es euer Wunsch ist.‹ Der Bote war langsam: es war das Chamäleon Geh-Vorsichtig-Zu-Werke. Die Götter änderten ihre Meinung und schickten einen anderen Boten, die Echse Lauf-In-Die-Sonne, die den Menschen ausrichten sollte: ›Eure Geister werden nicht sterben, aber eure Körper werden für immer sterben.‹ Die Menschen mußten diese letzte Botschaft als endgültig hinnehmen, weil diese sie als erste erreicht hatte. Die Götter versprachen jedoch, daß die Männer in der Lage sein würden, Kinder zu haben. Aber wie? Eines Tages, als Tauetona auf der Jagd war, entdeckte er die Spuren eines unbekannten Tieres, die kleiner waren als seine eigenen, aber diesen sehr glichen. Er fragte den Wolf: ›Hast du jemals diesen Zweifüßer gesehen?‹ Aber der Wolf sah, daß der Zweifüßer zu groß war, um ihn fressen zu können, und ging weg. Dann fragte der Mann die Giraffe, die ob ihrer Größe weit in die Ferne sehen kann. Sie antwortete: ›Ja, dort drüben im Tal gibt es ein Dutzend von ihnen. Ich kann zu ihnen gehen und ihnen sagen, daß ihr sie kennenlernen möchtet!‹ Also ging die kluge Giraffe zu den Frauen und erzählte ihnen: ›Geht dort drüben zu der Höhle hin, wo einige nette Männer darauf erpicht sind, euch kennenzulernen.‹ Die Frauen folgten der Giraffe. Auf dem Weg sangen sie ein Lied: ›Wir sind die künftigen Mütter, und die Männer freuen sich.« Indessen nahm im Himmel die alte Göttermutter die Samen der Mimose, zerstampfte sie und bereitete eine Salbe, die sie den Männern auf die Zunge legte – jedem einen Tropfen. Dadurch erhielten die Männer die Gabe der Sprache, so daß sie den Frauen Heiratsanträge machen und sie ehelichen konnten. (Siehe *Heise; Modimo; Nachthexen.*)

Brunnen des Lebens Der Brunnen des Lebens hat in der Vergangenheit viele Gelehrte stark beschäftigt.
Ein Schluck von seinem Wasser

genügt, um einem Lebewesen Unsterblichkeit zu verleihen, d. h. er oder sie wird bis zum Jüngsten Tag oder zum Jüngsten Gericht (q. v.) leben, dem Tag, wenn Gott alle Lebewesen auf dieser Erde vernichtet.
Der Besitz einer noch so kleinen Flasche mit diesem Wasser würde den Ruhm eines Arztes für sein ganzes Leben sicherstellen, da er dann in der Lage wäre, die Kranken zu heilen: Ein Tropfen, mit dem die Lippen eines Sterbenden benetzt würden, würde ihn wiederbeleben und ihm ein langes Leben sichern.
Doch soweit bekannt ist, hat Gott es nur einem Mann gewährt, vom Brunnen des Lebens zu trinken. Sein Name ist Khadir, ›der Grüne Mann‹.
Wo ist der Brunnen des Lebens?
Einige Gelehrte weisen auf Asien, andere auf Afrika hin. Aber wo in Afrika? Einige Autoren glaubten, daß die Quelle des Nils unter dem Mondberg der Brunnen des Lebens sei.
Andere wiesen auf das Atlasgebirge hin, unter dem Gottes Engel das Wasser des Atlantik in alle Quellen in Afrika weiterleiten.
Wieder andere haben behauptet, daß wir auf die ergiebigste und bestversteckte Quelle mitten in der Sahara stoßen würden, wenn wir jene Quelle finden können, die den Tschadsee versorgt.
Es ist bekannt, daß sich unter der Sahara große verborgene Süßwasserseen befinden, die Überreste des riesigen Sumpfes, der einst Afrika vom Nil bis zum Niger und Senegal bedeckte. Der Mythos von Alexander dem Großen erzählt, daß Gott ihm zwar die Herrschaft über alle Länder der Welt geschenkt hatte, aber nicht über das Leben.
Also machte sich Alexander unter der Erde auf die Suche nach dem Wasser der Unsterblichkeit.
Nachdem er in Afrika gelandet war, wurde ihm gesagt, daß der Eingang zu dem Brunnen des Lebens eine Höhle im Gebirge sei und daß er auf einer Stute reiten solle, denn nur Stuten können den Weg in der Dunkelheit finden.
Nur von Khadir begleitet, betrat Alexander die Höhle, die in das Land der Dunkelheit führte.
Dort verloren sich die zwei Männer aus den Augen, und darum fand Alexander den Brunnen nicht.
Khadir sah El-Dabba, das Tier der Apokalypse, und dann den Todesengel. Schließlich sah er den Teufel, der ihn daran zu hindern versuchte, den Brunnen zu erreichen. Plötzlich stürzte Khadir in der Dunkelheit und fiel kopfüber in einen Teich. Das war der Brunnen des Lebens. Irgendwie fand er einen Weg aus dem Wasser und aus den Höhlen. Es heißt, daß Khadir noch immer lebt. Einige Leute sind ihm begegnet.

Büffel Seitdem die weißen Jäger mit ihren Waffen kommen, sinkt die Zahl der Büffel immer weiter, aber auch vor dieser Zeit hatten es die afrikanischen Jäger nicht leicht, einen Büffel zu erlegen, zumal diese großen Säugetiere wegen ihrer

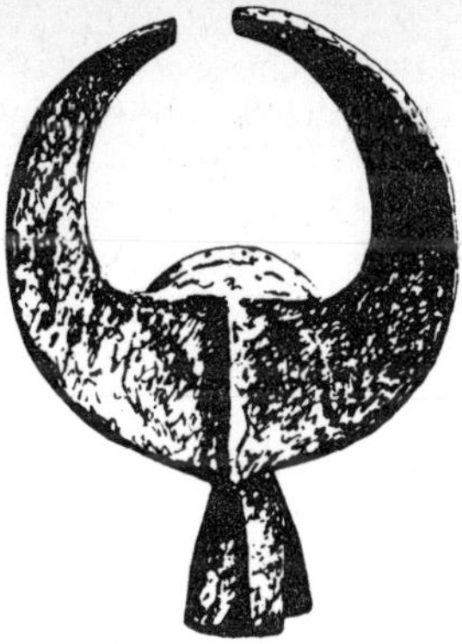

Büffelmaske für einen Opfer- und Begräbniskult; Mama (Nigeria).

Größe und Kraft mit großem Respekt betrachtet wurden. In afrikanischen Redewendungen bezieht sich ›Büffel‹ (*mbogo* oder *nyati* in den Bantu-Sprachen) bis zum heutigen Tag auf einen kräftig gebauten, mutigen und ausdauernden Mann. Der folgende Mythos veranschaulicht die enge Beziehung zwischen Mensch und Büffel.
Am Fluß Sara – entlang der Nähe seiner Mündung in den Tschadsee – verfolgte ein Jäger Wild. Plötzlich sah er eine Gruppe draller Frauen, die im Fluß badeten. Als er sich ihnen langsam näherte, stieß er auf Büffelfelle, die ordentlich in einer Reihe am Ufer lagen. Er suchte sich das schönste und weichste Fell aus und nahm es mit, um es als Bettdecke zu benutzen. Als die nackten Frauen aus dem Fluß traten und in seine Richtung gingen, war seine Überraschung groß. Als erfahrener Jäger gelang es ihm, hinter dem Gebüsch unsichtbar zu bleiben, obwohl die Frauen ihn fast erreicht hatten. Sie hoben die Büffelfelle auf und zogen sie an, woraufhin sie sich in Büffel verwandelten – bis auf ein schönes, dickes Mädchen, das hektisch sein Fell suchte, es aber nicht fand. Die Büffel gingen schließlich weg, und der Jäger kam aus seinem Versteck hervor. Als das Mädchen ihn sah, wollte es weglaufen, aber er holte es schnell ein und redete besänftigend auf es ein. Er überredete sie, ihn zu heiraten, und nahm sie mit nach Hause. Sie bekamen einen Sohn, aber als sie seine Großeltern im Büffel-Busch besuchten, bat der Jäger seine Schwiegereltern, auch ihn in einen Büffel zu verwandeln, weil er nicht mehr in der bösen Welt der Menschen leben wollte.

Büffelmaske; Bwa (Burkina Faso).

Buganda (Götter, Uganda). In der Zeit vor dem Auftauchen des Islams und des Christentums, also bis zum Ende des neunzehnten

Jahrhunderts, beteten die Baganda von Buganda ihre eigenen Götter an. Jeder Gott hatte seinen eigenen oder auch mehrere Tempel, seine eigenen Rituale, Priester und medial veranlagte Helfer.

Mukasa war der Name des höchsten Gottes der Baganda. Er war ein gütiger Gott. Das bedeutet, daß er keine Menschenopfer verlangte, sondern im Gegenteil den Menschen Nahrung, Vieh und Kinder schenkte. Sein Haupttempel stand auf der Insel Bubembe im Viktoriasee. Ihm wurden viele andere Tempel in ganz Buganda gebaut. Jedermann konnte diese Tempel besuchen und das Orakel befragen, aber nur der König durfte das Orakel auf Bubembe befragen. In diesem Tempel gab es einen Stein, der vom Himmel gefallen war. Er zeigte entsprechend der jeweiligen Mondphase nach Osten oder nach Westen. Das Symbol des Gottes war ein langes Ruder oder Paddel, das sich in all seinen Tempeln befand. Mukasa war der Sohn des Manema Mairwa, und seine Mutter hieß Nambubi, die von dem Lungenfisch im See abstammte. Mukasa aß nur die Herzen und Lebern der Opfertiere und trank deren Blut. Er wurde auf der Insel Bukasa (daher sein Name) geboren, zog aber bald darauf nach Bubembe, wo er von einem Mann namens Semagumba entdeckt wurde, der sein erster Priester wurde, nachdem man herausfand, daß er ein Gott war. Bald kamen die Leute aus allen Teilen Bugandas herbei, um den Gott wegen Problemen, Sorgen, der Zukunft und schwierigen Entscheidungen um Rat zu fragen. Der König und der ortsansässige Häuptling schickten neun Ochsen zur jährlichen Einweihungsfeier. Das Blut wurde von dem Gott getrunken; das Fleisch aßen seine Kinder sowie das Volk, und die Häute wurden in Streifen geschnitten, um die Pfähle der Hütten zu befestigen. Der König wurde von seinem Gabunga oder ›Häuptling der Kanus‹ zu dem Gott geführt. Es wurde ein Kanal gegraben, durch den das Blut der Opfertiere in den See floß. Sobald der Blutstrom den See erreicht hatte, riefen die Priester, die dort aufgestellt waren: ›Er hat es getrunken!‹ Der Gott selbst war bereits von der Insel verschwunden, hatte aber ein Medium, Mandwa, zurückgelassen.

Kibuka, der Kriegsgott, war ein Bruder des höchsten Gottes Mukasa, Sohn des Manema. Er lebte auf der Insel Sese. Vor Jahrhunderten führten die Baganda und die Banyoro von Bunyoro (q. v.) unter der Herrschaft von Kabaka Nakibinge einen schrecklichen Krieg. Die Baganda waren in schwerer Bedrängnis, so daß der König Boten zu dem Orakel von Mukasa schickte. Der Gott antwortete dem König, daß er zu seinem Bruder Kibuka Kyobe beten solle. Dieser befolgte die Anweisung, und Kibuka wurde von seinem Bruder Mukasa geschickt, den Baganda in der Schlacht zu helfen. Kibuka nahm die Erscheinung einer Wolke an, die über den

Banyoro schwebte, und regnete Pfeile und Speere herab. Der Feind ergriff die Flucht. In einer anderen Schlacht kämpfte Kibuka am Boden. Plötzlich verschwand er und ließ seinen Schild zurück. Die Feinde versuchten, den wunderschönen Schild aufzuheben, aber er war zu schwer, und sie starben. Später wurde er von den Priestern gefunden, die ihn zu dem neuen Tempel von Kibuka trugen, wo er als dessen Symbol verwahrt wurde, so wie der Schild des römischen Kriegsgottes Mars in dem ihm geweihten Tempel aufbewahrt wurde.

Als König Nakibinge im Kampf fiel, baute sein Sohn Mulondo einen großen Tempel für Kibuka, in dem er seinen eigenen Bruder zum höchsten Priester ernannte. In diesem Tempel gab es 40 medial veranlagte Menschen, von denen einige die Armee in die Schlacht begleiteten. Die Könige von Buganda mußten dem Gott im Krieg viele Sklaven und Kühe als Opfergaben darbringen. Wann immer ein neuer Tempel für Kibuka gebaut wurde, ging ein Priester mit einem Rundstab zu einem nahegelegenen Fels und schlug aus dem Stein Feuer. Dieses Feuer brannte so lange in dem Tempel, bis der König starb, dann wurde es gelöscht. In dem Tempel stand eine Statue des Gottes, die nur die Erbauer einmal sehen durften. Der Gott stand auf einem Podium und war in Leopardenfelle gehüllt. Davor lagen die Speere, die vorhergehende Könige im Kampf erobert hatten. Dort fand sich auch die Fliegenklatsche des Gottes, sein Messer, sein Paddel, sein Schild, eine kupferne Axt, eine Harfe namens Tanala und eine Nabelschnur namens Semutega. Dreißig Trommeln wurden vor dem Tempel geschlagen, wenn der Gott in einen neuen Wohnsitz getragen wurde.

Bunyoro (Götter, Uganda). Vor der Kolonialzeit war Bunyoro etwa doppelt so groß wie der jetzige Distrikt Bunyoro in Uganda, als es noch den Distrikt Butoro und einen Teil des heutigen Bugandas umfaßte. Bunyoro wurde jahrhundertelang von einem Königshaus regiert, das mit den Königen der Alur (q. v.) auf der anderen Seite des Sees und denen der Acholi verwandt war.

Ein Mythos der Banyoro lautet wie folgt: Ihr erster König stieg mit seinem Vieh vom Himmel herab. Eines Tages verschwand er und ließ nur eine Tochter zurück, die von einem gutaussehenden Fremden, Simbu, besucht wurde, der ebenfalls verschwand und die Prinzessin schwanger zurückließ. Nyina Mweru (das war ihr Name) gebar einen Jungen, Ndaula, der Hirte wurde und später den König zufällig mit einem Speer tötete. Er erließ das Gesetz, daß ein König, sobald er sich zum Herrschen zu alt fühlte, die Herrschaft seinem Sohn übertragen und sich aufs Land zurückziehen solle. Später mußte der König Gift nehmen, sobald er sich nicht mehr gesund fühlte, und die

Prinzen kämpften um den Thron, bis schließlich nur noch einer von ihnen übrigblieb. Die anderen wurden getötet oder flohen für immer ins Exil.

Das Volk Banyoro ist in 46 Clans unterteilt, von denen jeder einen eigenen Totemnamen hat, der ein Tier sein kann, z. B. Kiroko, ›Flußpferd‹, oder eine Pflanze, z. B. Bulo, ›Hirse‹, ein Gebrauchsgegenstand, z. B. Kaibo, ›Korb‹, oder ein Körperteil, z. B. Amara, ›Bauch‹. Die Clans waren exogamisch, d. h. es war niemandem, mit Ausnahme des königlichen Clans, erlaubt, ein Mitglied des eigenen Clans zu heiraten. Könige durften nur ihre Cousinen ehelichen, und es ist bekannt, daß mehrere Könige ihre Schwestern heirateten, ein Brauch, der bereits im alten Ägypten und auch in Zaïre wohlbekannt war.

Wenn eine junge frischverheiratete Frau nicht schwanger wurde, konnte das auf den Einfluß eines Geistes zurückzuführen sein, dem man ein Opfer schuldete. Die Wahrsager hatten große Macht inne, da sie nicht nur das Ausbleiben von Schwangerschaften diagnostizieren konnten, sondern auch andere Krankheiten, die normalerweise einem Zauberer zugeschrieben wurden, der einen Knochen mit einem Fluch auf dem Hof des Patienten versteckt hatte.

Die Banyoro hatten früher ein kompliziertes Pantheon von Göttern und Göttinnen, das in Ostafrika außergewöhnlich ist (Siehe auch *Buganda*). Jedem Gott dienen eigens ausgebildete gelernte Priester, die traditionelle Rituale befolgen. Sie hören auch die Orakel des Gottes und überbringen den Anbetern, die kommen, um belehrt zu werden, seine Botschaften. Jeder Gott verfügt über einen oder mehrere Tempel, und in jedem steht ein Medium zur Verfügung, das die Besessenheit von dem Gott ›empfängt‹ und spricht, wenn er es wünscht.

Ruhanga war der Schöpfer und Urheber dieser Welt und der höchste Gott, aber selten rief man ihn an oder betete zu ihm. Jeder Clan in Bunyoro hat seine eigene Schutzgottheit. Die Göttin Mulindwa beschützte den königlichen Clan. Muhingo war der Kriegsgott. Jeder Anführer mußte Muhingo Opfer darbringen, bevor er in die Schlacht abrückte. Wenn er siegreich zurückkehrte, mußten für den Gott Schafe geschlachtet werden, so wie die römischen Kaiser dem Mars Schafe opferten, wenn sie Anlaß zum Triumph hatten. Ndaula war der Gott der Seuchen, normalerweise der Pocken. Sein Haupttempel lag an der Grenze, so daß ihm Opfer dargebracht werden konnten, wenn auf der anderen Seite der Grenze eine Krankheit wütete – in der Hoffnung, sie vom eigenen Land fernhalten zu können. Mugizi war der Gott des Sees (Albertsee). Sein Medium trug Gebinde aus Muscheln. Jeder, der mit dem Boot eine Reise unternehmen wollte, mußte Mugizi für eine sichere Fahrt Opfer bringen. Kigare war der Gott des Viehs, und sein Priester informierte den König über nachlässige Hirten, die er jeden Morgen wecken mußte. Kaikara war die Erntegöttin, und ihr Medium war eine Frau. Man brachte ihr vor der Ernte Hirse als Opfergabe dar. Lubanga war der Gott der Gesundheit. Sein Tempel mußte von Reihen üppiger Bäume umgeben sein. Gebete um Gesundheit mußten mit Bier als Opfergabe begleitet werden, um Segen zu erhalten. Munume war der Wettergott, der in Trockenzeiten angerufen wurde, aber auch, wenn es zuviel regnete. Der König ließ dann einen Ochsen als Opfer schicken, während das Volk Schafe und Geflügel hergab, die geschlachtet und von den Priestern und dem Volk als heiliges Mahl an der Tempeltür verzehrt wurden, nachdem die Priester das Blut im Tempel versprengt hatten.

Wamala war der Gott des Überflusses, der helfen konnte, die Zahl der Kinder, der Kälber und aller Lebewesen zu vergrößern und die Ernteerträge zu erhöhen. Sein Tempel stand in der Nähe des Königspalastes, in dem sein Medium (siehe *Medium*), das in ein besonderes Kostüm gekleidet war, Orakel gab (q. v.). Der König und die Edelleute des Reiches brachten Kühe und Stierkälber als Gaben, wenn sie das Orakel befragen wollten. Die Kühe wurden gemolken, und die Milch in den Tempel gebracht, woraufhin der Gott von dem Medium Besitz ergriff, d. h. es fiel in Trance und übermittelte die Botschaft des Gottes hinsichtlich der Krankheit des Viehs oder dem Ausbleiben der Ernte. Das Opfermahl wurde von den Priestern und dem Volk verzehrt, und das Medium erhielt eine besonders große Portion. Danach entfachte das Volk ein Feuer und verbrachte die Nacht mit Gesang und Tanz, bis sich das Medium, das sich inzwischen in tiefer Trance befand, dem Tanz anschloß, wie eine Kuh brüllte und rief: ›Frieden, Frieden!‹ Das waren die gleichen Worte, die der Priester gebraucht hatte, als er den Gott während der Zeremonie, in der das Fleisch dem Gott dargebracht wurde, angesprochen hatte.

Wie im alten Griechenland wurden in bestimmten Gegenden von Bunyoro Pythonschlangen als heilig angesehen und als ›Kälber‹ bezeichnet. Der König hatte einen besonderen Tempel in Kisengwa, wo die Pythonschlangen (q. v.) täglich mit Milch ernährt wurden. Diese göttlichen Pythons wurden niemals von Menschen getötet.

Erdbeben wurden von den Geistern alter Könige verursacht, die sich in ihren Gräbern regten, die aus diesem Grund streng bewacht und in gutem Zustand gehalten wurden.

Burg des Lichtes Die Burg oder der Palast des Lichtes ist sowohl dem Gelehrten der europäischen Mythologie vertraut (Gralsburg) als auch dem orientalischen Mystizismus (der persische Koh-i-Noor, der Berg des Lichtes, an dem sich die Göttliche Präsenz den ausharrenden Pilgern offenbart). In den überlieferten Reiseschilderungen der Swahili liegt die Burg des Lichtes, *Kusuri ya Nuru*, im Osten. Sie ist nur mit dem Schiff erreichbar, und allein ein frommer, rechtschaffener Kapitän ist in der Lage, das Schiff an ihre Küste zu bringen und sicher dort anzulegen. Er wird frisches Wasser, frische Früchte und ein schattiges Plätzchen zum Ausruhen finden, und all seine Wünsche werden von unsichtbaren Händen erfüllt werden. Mehrere Seeleute, die Schiffbruch erlitten hatten und dem Ertrinken nahe waren, wurden plötzlich von weißen Vögeln aus dem Wasser gezogen und zu der Insel, auf der die Burg des Lichtes steht, getragen, die wie der aufgehende Mond direkt nach Sonnenuntergang aussieht, wenn der Himmel die Farbe von Granatäpfeln angenommen hat.

In Nordafrika begegnete ein junger Prinz namens Habbat ar-Rumani, der auf Befehl seiner Stiefmutter geblendet wurde, sieben Tauben, von denen eine ebenfalls blind war. Der Prinz hatte Mitleid mit der Taube und trug sie die Meeresküste entlang. Die älteste Taube besorgte ein Heilkraut, das das Augenlicht wieder herstellt und heilte damit den Prinzen und die junge Taube, die er in seiner Hand hielt. Dann brachten die weißen Tauben ihn zur Burg des Lichtes, die er zuvor nicht gesehen hatte. Sie steht auf einem hohen Fels und gewährt Aussicht auf das ganze Meer, und alle ihre Bögen und Fenster leuchten hell. Der Prinz lebte in der Burg glücklich mit seinen Schwestern, den sieben Tauben, und alle Wünsche wurden ihm erfüllt. Doch der Zutritt zu einem Zimmer war ihm verboten, weil man von diesem Zimmer aus den Marktplatz, die Welt der Menschen, sehen konnte.

Burkina Faso (Obervolta) Siehe *Dausi; Gassire; Schwerter.*

Burundi (Der Ursprung des Königreiches von Burundi) Das Volk von Burundi glaubt an Gott, Imana, der über alles herrscht; selbst der Tod gehorcht ihm. Eines Tages schuf Imana den ersten Mann, der Kihanga hieß, und schickte ihn auf die Erde, damit er dort leben sollte. Kihanga stieg wie eine Spinne an ihrem Faden vom Himmel herab. Kihanga war sowohl schwarz als auch weiß und seine Haut wie bei einem Zebra gestreift. Er landete mit einer solchen Wucht auf der Erde, so daß er immer wieder hochhüpfte und man bei einem Erdbeben noch heute sagt: ›Kihanga hüpft wieder.‹ Kihanga wird ›der, der die Familien dazu bringt, wie Getreide zu wachsen‹ genannt.

Seine Kinder tragen die Namen von Nationen: Kanyarundi (für Burundi), Kinya-Rwanda und Katwa, der Vorfahre der Wald-Pygmäen. Kihangas Tochter Inaruchaba verlief sich eines Tages im Wald und lebte viele Tage lang von wilden Erdbeeren, bis sie die Kühe von Kibira (›Wald‹) entdeckte, die in den kühlen Sümpfen badeten.

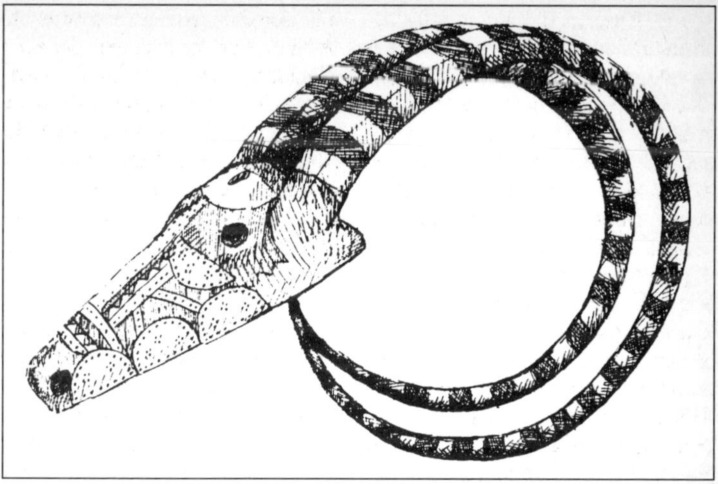

Antilopenmaske, (Burkina Faso).

Inaruchaba sah, daß die Milch einer Kuh, die gerade gekalbt hatte, frei aus ihrem Euter floß, und kostete sie. Sie schmeckte ihr so gut, daß sie von diesem Tag an nichts anderes mehr trinken wollte. Schließlich fand Kihanga sie mit den Kühen am Seestrand im Gras. Plötzlich hörten sie eine tiefe Stimme sprechen. Es war Rutenderi, der Stier der Herde. Nach anderen Erzählern war es die Stimme von Imana, der durch den Stier sprach: ›Nehmt diese Tiere und kümmert euch um sie. Die Kinder eurer Kinder werden dann immer Milch trinken und eine große Nation werden. Ich, euer Vater Imana, segne euch alle.‹

Kanyarundi, Sohn des Kihanga, wurde auch Chambara-Ntama, ›In Schaffell gekleidet‹, genannt. Sein Großvater Imana erschien den Menschen früher häufig in der Gestalt eines Lamms oder jungen Bocks. Kanyarundi hatte einen Onkel, Mashira der Wahrsager, der ein sehr gelehrter Mann war und in Burundi den Anbau von Sorghum einführte. Mashira erzählte Kanyarundi: ›Imana hat mir in einem Traum offenbart: »Geh zum Waffenschmied, sag ihm, daß er dir ein großes Schwert schmieden soll, Inkoto. Nimm dieses Schwert und gehe in die Berge. Dort lebt in einer Höhle eine Schlange, die die Quelle des Flusses Ruvuvu bewacht. Wenn du diese Schlange töten kannst, wirst du König von Burundi werden. Du wirst den Ort erkennen, denn dort steht ein großer Findling.« ‹ Kanyarundi tat alles, was Mashira ihm geheißen hatte. Er fand Ibuye, den Stein, der so groß wie ein Mann war, in der Nähe des Berggipfels. Direkt darunter befand sich die Höhle, in der die Schlange lebte. Kanyarundi betrat die Höhle und erschlug mit seinem neuen Schwert die Schlange. Als er die Höhle auskundschaftete, stellte er fest, daß sie sehr groß und tief war und viele Räume hatte, in denen alle Schätze aufbewahrt waren, von denen ein Mann nur träumen konnte. Also entschloß er sich, in der Höhle zu bleiben und dort zu leben.

Einmal im Jahr mußten die Leute der Schlange eine Jungfrau opfern, und in jenem Jahr hatte das Los entschieden, daß die Tochter eines Häuptlings an der Reihe war. Sie wurde von ihren Führern zum Eingang der Höhle gebracht und dort zurückgelassen, um von der Schlange verschlungen zu werden. Groß war ihre Überraschung, als sie statt der bösen Schlange einen gutaussehenden Prinzen in der Höhle vorfand. Kanyarundi verliebte sich in das Mädchen, und gemeinsam gingen sie zu seinem Vater, dem Häuptling. Dieser gab ihm die Erlaubnis, seine Tochter zu heiraten, da Kanyarundi einen hohen Brautpreis in Form eines Teils des Höhlenschatzes bezahlen konnte. Da er in der Höhle gelebt hatte, war sein Haar lang geworden, und so nannten ihn die Leute Intare Rushadzi, ›Lange Locken‹, und er ist den Historikern als Intare I, der erste König von Burundi, bekannt. Er ließ seinem Vater Kihanga sofort die Nachricht zukommen, der ihm ein wichtiges Geschenk machte: zwei königliche Trommeln – eine männliche, Kagenda, und eine weibliche, Mukakagenda – die aus demselben Baum geschnitzt waren.

Burundi (König Intare II). Intare I und seine Königin Inaruchaba hatten einen Sohn Mwezi ›Mond‹, der einen Sohn Mutaga I hatte. Er war der erste König, der wie König David ein Musikinstrument spielte. Er wollte, daß seine Königin Inabizoza zu seinen Streichinstrumenten tanzte, aber sie weigerte sich, so daß er selbst tanzte. Sie zeugten einen Sohn, Mwambudza I, der wiederum einen Sohn, Intare, hatte. Prinz Intare hielt sich bei seinem Verwandten Ruhaga, dem König von Buhaa im Osten von Burundi, auf, der zwei Töchter hatte, aber keinen Sohn. Eines Tages sah Ruhaga im Traum, wie ein großer Stier von einem Stierkalb besiegt wurde. In der nächsten Nacht träumte er von Intare, der mit zwei Booten auf dem See fuhr. Der König rief seinen Hofwahrsager, Indwano, zu sich, der die zwei Träume wie folgt deutete: ›Prinz Intare wird der Nachfolger Eurer Majestät sein und König von zwei Reichen werden.‹ Ruhaga war wütend, so daß Intare zurück nach Burundi fliehen mußte, wo sein Vater Mwambudza gerade gestorben war. In jener Zeit war es bei den Königen von Burundi Brauch, ihre Hochzeit und ihre Thronerhebung am selben Tag zu feiern. Intare bat um die Hand von Ruhagas älterer Tochter, Juru ›Himmel‹, die er nie gesehen hatte, da in jener Zeit Prinzessinnen abgesondert wurden. König Ruhaga, der wegen seines Traumes noch immer ärgerlich war, schickte ihm seine jüngere Tochter, Kikore ›Bohne‹, deren Mutter eine Konkubine war. Die Hochzeitszeremonien wurden abgehalten, aber Intare hörte den Botschafter von Buhaa flüstern: ›Bohnen sind für Diener gerade gut genug.‹ Intare schwieg dazu, aber in jener Nacht verlangte er von seiner Braut zu erfahren, wer sie war. Kikore gab zu, daß sie nicht Juru sei, aber daß man ihr befohlen habe, diese Tatsache geheimzuhalten. Intare sandte Boten zu Ruhaga, die ›nach dem Himmel fragten‹, aber man hörte den König nur murmeln: ›Wir wissen doch noch nicht einmal, ob er eine Bohne befruchten kann.‹ Als Intare von dieser schrecklichen Beleidigung erfuhr, verkleidete er sich als Hirte und drang in Ruhagas Hof ein, an dem er sich auskannte. Mit Bestechungsgeldern verschaffte er sich Zutritt zu Jurus Gemächern und überredete sie, mit ihm zu fliehen. So rächte er sich für die Beleidigung. (Siehe auch *Nil; Ryangombe.*)

Buschmänner Die holländischen Siedler in Südafrika nannten diese kleinen Menschen *Bosjesmannen*, weil sie sich in den Büschen versteckten und man sie nicht finden konnte. Die Bantu-Völker führen dies auf die magischen Künste zurück, über die die Buschmänner angeblich verfügen. Aus dem Wort *Bosjesman* wurde Buschmann. Einige Leute fanden diesen Begriff verunglimpfend und gaben dem Wort San den Vorzug, richtig Saan, der Plural von Saa, der Name eines Volkes in Namibia, dessen Angehörige allerdings keine Buschmänner sind. Die Buschmänner nennen sich selbst Ju, ›Menschen‹, und wir sollten ihrem Beispiel folgen.
Die Ju sind in mehrere Gruppen oder Clans unterteilt, die selten mehr als hundert Personen umfassen und in der Wüste Kalahari in Botswana und in den benachtbarten Gegenden von Namibia, Südafrika und Angola ein Nomadenleben führen. Jede Gruppe hat ihren eigenen Dialekt, so wie Kung und Auni, und einige haben sogar eine eigene Sprache, wie das Cham (Beachten Sie, daß die Aussprache von all diesen Namen vereinfacht wurde, denn sie beginnen alle mit einem Schnalzlaut, der nur von den einheimischen Sprechern oder Fachleuten für Phonetik ausgesprochen werden kann). Die meistbekannte Kunstform dieses Volkes sind die berühmten Steinmalereien, die überall im südlichen Afrika zu finden sind, da sich die Ju im Mittelalter vom Kap der Guten Hoffnung bis nach Kenia ausbreiteten. Die Ju unterscheiden sich körperlich und sprachlich entschieden von den Hottentotten oder Khoi (q. v.). Außer Jagdhunden halten sie keine Haustiere. Außerdem sind sie erfahren im Aufspüren von wassertragenden Wurzeln, die in der Wüste eingegraben sind.

Die Ju haben ›Wörter in ihren Körpern‹, das bedeutet, daß sie Träume mit Vorahnungen haben, so daß sie oft als Wahrsager (q. v.) befragt werden. Früher verehrten die Ju die Mondgöttin und sangen ihr wunderschöne Hymnen. Sie haben einen Mythos, aus dem hervorgeht, daß die Tiere von den Menschen abstammen, es aber vorzogen, wild im Busch zu leben, anstatt menschlich zu sein.

Ein alter Buschmann, Mr. Qabbo (Traum) hat folgende Geschichte erzählt: ›Wir, die Ju, wie wir uns selbst nennen, waren die ersten Menschen, die auf der Erde gelebt haben. Früher waren alle Menschen, die gelebt haben, jung, aber es herrschte immer Dunkelheit. Irgendwann sahen sie eine rote Glut in der Ferne aufleuchten und wieder verschwinden. Sie machten sich auf die Suche nach diesem Licht (sie hatten vorher noch nie Licht gesehen). Da fanden sie einen alten Mann, der schlief und sich von Zeit zu Zeit streckte, und wenn er seine Arme hochhob, leuchtete aus seinen Armhöhlen diese rote Glut. Die jungen Leute entschieden, ihn in den Himmel hochzuwerfen, damit alle etwas von diesem neuen Licht hätten. Sie packten ihn an den Armen und hievten ihn auf ihre Schultern, dann wirbelten sie ihn herum und warfen ihn hoch. Mit ausgestreckten Armen schwebte er in den Himmel, und seine Armhöhlen leuchteten hell von weißem Licht. Das ganze Land war wunderbar sichtbar, so daß die Jäger jagen konnten. Nach sechs Stunden begann der Sonnenmann zu sinken, bis er schließlich in rote Flammen gehüllt auf der Erde landete. Am nächsten Tag erschien er wieder, und jetzt leuchtete sein ganzer Körper so hell wie die Sonne.

In den frühesten Zeiten verschwand die Mondgöttin nach 25 Tagen und erschien neugeboren drei Tage später. Sie entschied, daß auch Menschen sterben und wiedergeboren werden sollten. Nun bat sie das schnellste Tier, den Hasen, zu den Menschen zu gehen und sie darüber zu informieren. Aber die Mutter des Hasen war gerade gestorben, und der Hase konnte nicht glauben, daß sie jemals wieder leben würde. Dies bekannte er dummerweise vor der Mondgöttin. Sie machte ihre Entscheidung daraufhin rückgängig und verkündete, daß von jetzt an die Menschen einfach sterben und niemals wieder neu geboren werden sollten.

Chamäleon Das Chamäleon ist in fast allen Ländern Afrikas zu Hause, und überall hat es mit seiner seltsamen Fähigkeit, seine Farbe zu wechseln, die Geschichtenerzähler fasziniert.
Im Zululand wird das Chamäleon *Unwabu* ›Herr Langsam‹ genannt. Auf Afrikaans heißt es *Trapsoetjies* ›Geh-Vorsichtig-Zu-Werke‹, womit die Tätigkeit des Chamäleons beschrieben wird: es ergreift die Zweige mit seinen Fingern und bewegt sich sehr vorsichtig weiter, ohne Laute von sich zu geben. Deshalb steht das Chamäleon in dem Ruf, ein weises Tier zu sein. Zweifellos schickte Gott deswegen das Chamäleon auf die Erde, nachdem er den Menschen erschaffen hatte.

Chamäleon, Detail eines Kopfschmucks aus Holz; Yoruba (Nigeria).

Er trug ihm folgende Botschaft auf: ›Die Menschen werden nicht für immer sterben, sondern wie der Mond ins Leben zurückkehren.‹ Das Chamäleon lernte die Botschaft auswendig, verabschiedete sich von Gott und machte sich auf den weiten Weg zur Erde.
Nach langer Zeit entschied Gott, daß er vielleicht einen zweiten Boten mit derselben wichtigen Botschaft senden sollte, um sicherzustellen, daß die Menschen sie auch erhielten. Also schickte er den Hasen mit gleicher Botschaft auf den Weg. Dieser hoppelte weg, bevor er die Botschaft auswendig gelernt hatte, und als er eine Stadt erreichte, brachte er einen anderen Text hervor und sagte: ›Gott sagt, daß ihr alle für immer sterben werdet.‹
Als das Chamäleon schließlich ankam und die richtige Botschaft ausrichtete, war es zu spät: Gottes Wort kann nicht verändert werden, sobald es einmal verkündet ist, auch wenn es falsch wiedergegeben wurde.
Die Moral dieser Fabel ist, daß Eile zum Unglück führen kann und daß wir geduldig sein sollen. Das langsame Chamäleon war der gute Bote, der schnelle Hase der schlechte. (Andere Versionen dieser Geschichte finden sich unter *Botswana* und *Wute*.)
Als es noch keine Schrift gab, mußten sich die Häuptlinge auf vertrauenswürdige Boten verlassen können, die demgemäß eine wichtige

Rolle im Leben eines Stammes spielten. Die Anpassung an die durch die Zeit hervorgerufene Veränderung bedeutet Weisheit. In afrikanischen Sprichwörtern ist dies wohlbekannt. So heißt es in Swahili: *Kigeugeu geuka, ulimwengu huzunguka* ›Verändere dich, Chamäleon, die Welt dreht sich im Kreis.‹

Viele Menschen in Zaïre sehen das Chamäleon als einen Gott an, der eine unterschiedliche Erscheinung annehmen kann und große Macht und großes Wissen an den Tag legt. Einige Clans glauben, daß sie von dem weisen Chamäleon abstammen.

Chikanga (Malawi). ›Kleines Perlhuhn‹, auch Kiganga ›Kleiner Doktor‹ genannt, war ein berühmter Wahrsager, der im Distrikt Rumpi in dem Dorf Ihete im nördlichen Malawi lebte. Er wurde so berühmt, daß Menschen aus fünf Ländern (Tansania, Malawi, Zambia, Zimbabwe und Zaïre) angereist kamen, um ihn um Rat zu fragen.

Ursprünglich wurde er Chunda genannt und gehörte zum Stamm der Henga. Um 1956 litt er an einer schweren Krankheit und besuchte einen Medizinmann namens Muzegeva Simwaka, der ihn erfolgreich behandelte. Das wurde wie so oft als ein Zeichen betrachtet, daß Chunda selbst Wahrsager und Heiler werden sollte, der sich auf die Art von Krankheit spezialisierte, von der er sich gerade erholte. Er hatte eine ziemlich gute Ausbildung genossen, da er sieben Jahre die Grundschule besucht hatte. Zudem war er Mitglied der Church of Central Africa Presbyterian, einer Kirche mit ehrwürdiger Vergangenheit, die David Livingstone mehr als ein Jahrhundert zuvor ins Leben gerufen hatte.

Einige Leute nahmen an, daß Chunda nach Südafrika ging, um dort zu arbeiten, nachdem er sich mit seinem Bruder entzweit hatte, erkrankte er und starb. Nach seiner Beerdigung stand er von den Toten auf und nahm einen neuen Namen an, der, wie man sagt, ›Mut‹, Chikanga, bedeutet. Es hieß, daß Gott ihn mit der Aufgabe beauftragt hatte, alle Zauberkraft und Hexerei in Afrika auszurotten, so daß es, falls er erfolgreich wäre, dort keine Krankheiten mehr geben würde. Viele Menschen standen jeden Tag bis nach Einbruch der Dunkelheit Schlange, um Chikanga zu sehen, daß die Bauern in der Umgebung begannen, sich darauf zu spezialisieren, für diese Patienten Nahrung anzubauen, von denen einige 700 Meilen gereist waren, um von Chikanga geheilt zu werden.

Seine Patienten berichteten, daß Chikanga nicht nur wußte, was ihnen fehlte, sondern auch, welcher Zauberer die Krankheit verursacht hatte. Und mit seiner Magie konnte er den Zauberer zwingen, zu kommen, um von ihm *kumogwa* ›gewaschen‹ zu werden. Jene, die sich weigerten, erlitten solche Schmerzen, daß sie doch schnell herbeieilten.

D

Dahomey (Religion, Benin). Dahomey, das Land, das in Benin umbenannt wurde, obwohl sich seine Bewohner deutlich von den Benin in Nigeria unterscheiden, verdankt seinen Namen dem des Palastes von König Bossa Ahadee, der vor über 200 Jahren in Whydah (Ouidah) herrschte und mehr als tausend Frauen hatte.
Während des großen Festes, das jedes Jahr in der Stadt gefeiert wurde, wurden den Göttern Menschenopfer dargebracht.
Der Sonnengott heißt Lisa (oder Whi im Fon-Dialekt). Sein Bote ist Agamma, das Chamäleon. Lisa ist mit menschlichen Frauen verheiratet, die mit korkenzieherförmigen Stäben tanzen. Und er ist mit Gleti, der Mondgöttin, vermählt, mit der er viele Kinder hat, die *Gletivi* ›Mondkinder‹ heißen und zu Sternen wurden. Wenn Lisa nachts bei Gleti ist, sieht man manchmal seinen schwarzen Schatten über ihr Gesicht gleiten.
Einige Ewe begrüßten früher das Erscheinen des Mondes mit Willkommensrufen, Gesängen und heiteren Prozessionen.
Nesu war der Gott der königlichen Familie und Schutzgottheit des Königreiches. Sein Tempel Nesuwe, ›Haus des Nesu‹, stand in der Nähe des königlichen Palastes. Die ›Gattinnen‹ des Gottes trugen ihm zu Ehren Wasser.
Wu war der Meeresgott, auch als Hoo oder Hwu bekannt. Sein höchster Priester, der Wu-no, ging stets zum Strand, wenn die Brandung ungünstig oder die See zu stürmisch war, so daß die Boote nicht anlegen konnten.
Er betete: ›O Wu Wu, du Schrecklicher! O Wu, du Großartiger! Sei nicht so wütend! Wenn du Kaurimuscheln möchtest, hier sind sie! Wenn du Palmöl möchtest, hier ist es!‹ Mit diesen Worten wurden die genannten Gaben ins Wasser geworfen.
Von Zeit zu Zeit schickte der König dem Meeresgott einen ›Botschafter‹ als Opfer, der mit allen Insignien mitten im Meer über Bord geworfen wurde.
Avrikiti war der Gott der Fischer, die ihm für einen guten Fang Opfer darbrachten. Seine Statue, die ihn sitzend zeigt, stand am Strand, an dem ihn die Standespersonen alljährlich mit einem Mahl ehrten und ihn anflehten, ›dem Wu die Schlüssel zum Fischlager zu stehlen‹, damit sie einen guten Fang hätten.

Dämonen Swahili: *jini* (q. v.), *nundu* (q. v.), *shaitani* (q. v.); Hausa: *bori* (q. v.); Arabisch: *Dschinn* (q. v.), *shaytan* (q. v.); Kongo: *tebo* (q. v.), *nkisi* (q. v.); Kimbundu: *kishi* (q. v.); Mongo: *eloko* (q. v.); Nubisch: *dogir* (q. v.); Zulu: *tikoloshe* (q. v.).
Dämonen sind heidnische Geister, während Teufel im christlichen Kontext die Funktion haben, die Menschen in Versuchung zu füh-

Maske des Dämons Kponingo; Senufo (Elfenbeinküste).

ren, damit sie sich von der christlichen Kirche lösen. Dämonen sind also Geister, die einen höheren Status und mehr Macht als die meisten anderen Geister innehaben.
Ursprünglich bedeutet das griechische *daimon* ›Gott‹ im Sinne desjenigen, der teilt, der jedem sein Los zukommen läßt wie Kikuyu *Ngai*, Swahili *Mgawanyi*. Mit dem Aufkommen des Christentums wurden die griechischen Götter als böse Dämonen verdammt, so daß sie seither als bösartig, aber auch als sehr mächtig gelten.
Seit jener Zeit ist das Wort ›Dämon‹ mit Schicksal verknüpft. Jeder Mensch hat seinen eigenen Dämon, der er selbst ist, aber deren Feind er gleichzeitig darstellt. Die Swahili sagen: *Kila mtu na roho yake*: ›Jeder Mensch muß sich mit seinem Geist einigen‹, mit seinen Wünschen, seinem Neid, seinem Groll (Swahili: *Fundo la moyoni* ›Ein Knoten in seinem Herzen‹).
Bereits die Ägypter kannten zahlreiche Dämonen und Dämoninnen sowie kopflose Menschen, eifersüchtige Geister, Inkubi und böse Geister, die Epilepsie und andere Krankheiten hervorriefen, aber auch gute Geister, die in Notlagen helfen.
Die Bammana aus Mali erzählen, daß ein Jäger einem Dämonen begegnete, der sich seiner annahm und ihn in seine Stadt mitführte, die von drei Mauern mit gutbewachten Toren umgeben war. Dort weideten Dämonenhirten Antilopen – ihre Rinder.
Wie die Menschen leben Dämonen in hierarchischen Gesellschaften, die von Königen regiert werden.
Wenn eine Frau kinderlos bleibt, heißt es, sie habe einen Dämon ›kennengelernt‹.
Der Ninimini (Malinke: *Ninginanga*; Khasonke: *Samano*) ist ein Dämon mit Hörnern und großen, feurigen Augen, der in den Bergen lebt. Wenn der König dieses Landes auf gutem Fuße mit Ninimini steht, wird er für ihn Gold und Silber ausspeien. Wenn nicht, dann wird der Dämon sich wie eine Schlange um den König herum winden und ihn erwürgen. (Siehe auch: *Teufel; Vertraute; Ifrit; Inkubus; Ungeheuer; Geister.)*

Dämoninnen Siehe *Ghoula; Dschinn; Karina.*

Dausi (Djerma, Niger, Burkina Faso). Das Dausi ist ein episches Lied mit mindestens sieben Gesängen, das zuerst von Gassire, Sohn des Nganamba, König von Jerra

aus der Dynastie der Fasa, gesungen wurde.
Es heißt, daß ein alter Weiser zu Gassire sagte: ›Prinz, du wirst niemals König sein. Jerra, deine Stadt, wird eines Tages in Trümmern liegen. Geh in die Savanne und lausche der Waldschnepfe. Sie wird dir die ersten Zeilen des Dausi singen.‹
Gassire ging fort und beobachtete die Singvögel im Busch, bis er ihre Sprache verstand.
Dann sagte ihm der alte Wahrsager: ›Prinz, jetzt kaufe dir eine Laute!‹ Gassire ging zu dem Lautenhersteller und bestellte eine Laute. Als diese fertig war, schlug er die Saiten an, aber es kam kein Ton heraus. ›Sie singt nicht!‹ schrie Gassire.
›Nein, mein Herr‹, antwortete der Lautenbauer, während Gassire vor Zorn bebte. ›Ich kann zwar eine Laute aus Holz schnitzen, aber ihren Geist kann ich nicht erschaffen. Du mußt ihr Geist geben, so wie der Wind die Bäume zum Rauschen bringt. Sie hat kein Herz. Du mußt ihr dein Blut zu trinken geben. Nur Lebewesen haben eine Stimme, Wesen, die atmen und bluten können. Nimm diese Laute mit in die Schlacht, häng sie dir über die Schulter. Dort wird sie das Singen lernen.‹
Am nächsten Tag ritt Gassire in die Schlacht. Vor Einbruch der Dunkelheit wurde sein ältester Sohn von einem Speer durchbohrt. Gassire trug ihn auf seinen Schultern nach Hause, und sein Blut floß in die Laute. Fünf weitere Söhne starben im Kampf und wurden auf dieselbe Weise nach Hause geschafft. Ihr Blut, das über die Laute floß, machte diese zu einem Familienmitglied.
Kurze Zeit später wurde Gassire verbannt, und anstatt König zu sein, wurde er ein Hirte, der in der sternenhellen Nacht seine Tiere hütete.
Dort, wo sich Schweigen über die fernen Hügeln ausbreitete, hörte Gassire eine Stimme singen. Kam sie aus seinem Herzen? Er zitterte. Es war seine Laute, die sang. Sie hatte eine Stimme und sang das Epos von Dausi in einer Sprache, die schöner war, als jede, die er zuvor gehört hatte. Das Dausi entstand aus Kummer – wie jede echte Schönheit und Poesie. (Siehe auch *Drachen.*)

Diagnose Wenn sich ein Unglück gleich welcher Art ereignet, wird das Familienoberhaupt oder sogar der Häuptling des Dorfes einen Wahrsager (q. v.) aufsuchen.
Dieser (Swahili *mwaguzi*) ist ein Fachmann auf einigen Gebieten, doch in ärmeren Gegenden muß er die Funktion des Diagnostikers mit der eines Heilers oder Kräuterheilkundigen verbinden.
In Südafrika wird dieser Fachmann unter anderem der *isanusi*, d. h. der Fachkundige, der Hexen riechen kann, genannt, denn es sind die Hexen, die die Menschen, besonders Kinder und Frauen, krank machen.
Ein anderer Fachmann für die un-

sichtbare Welt in Südafrika beschäftigt sich mit dem Werfen von Knochen, eine Besonderheit, die ursprünglich von den Khoi (Hottentotten) stammt, wie uns erzählt wurde.
Der südafrikanische Wahrsager wirft sie vor seinem Klienten auf den Boden und beobachtet, wie sie fallen – mit der hohlen Seite nach oben, auf die Seiten usw. Daraus kann er auf den Missetäter, der die Krankheit verursacht hat, schließen, d. h. auf die Hexe, den Zauberer oder den Ahnengeist.
In Zimbabwe wirft der *nganga* (Wahrsager, Kräuterheilkundige, Medizinmann) der Shona 32 *hakata*, Holzstäbchen, die mit Verzierungen versehen sind, welche wie bedeutungsvolle Buchstaben aussehen. Der *nganga* blickt jedoch nur auf die Schnitzereien, wenn er die einzelnen Stäbe identifizieren will, denn er beobachtet in erster Linie, wie sie fallen: Vorderseite nach oben oder hohle Seite nach oben. Aus den 1024 möglichen Kombinationen kann der *nganga* schließen, wer die Krankheit verursacht hat – Mensch oder Geist.
Ein *nganga* kann auch mit Hilfe der Besessenheit wahrsagen. Das heißt, daß jeder von diesen spezialisierten *ngangas* einen Geist hat, den er anrufen kann, damit er von ihm Besitz ergreift. Der Geist wird seinen Gastgeber ›reiten‹ oder ›besteigen‹ und schließlich in seinen Kopf eintreten, wo er den *nganga* über den Missetäter und die Heilmöglichkeiten informiert.

Diamanten Diamanten werden in vielen Teilen Afrikas gefunden, wie schon die alten Griechen wußten.
Der Ursprung unseres Wortes ›Diamant‹ und dem Swahili-Wort *alamasi* ›Diamant‹ liegt in dem griechischen Wort *adamas* ›unbesiegbar‹, von dem auch das Wort ›Adamant‹stammt.
Es wird erzählt, daß in der Zentral-Sahara eine Stadt namens *Burju Alamasi* ›Diamantenturm‹ lag (die Deutung des Namens geht aus den arabischen Manuskripten nicht sicher hervor), die auf einem Hügel, welcher der ›Strahlende Berg‹ hieß, lag und nur aus Diamanten erbaut worden war.
Sie wurde auch die Stadt des Todes genannt, weil jeder, der versuchte, ihre Mauern zu erklimmen, im Innern einen Teich mit klarem Wasser fand und in den Tod stürzte, denn in Wirklichkeit war dies ein glänzender Boden aus Kristall. Niemals kam jemand aus dem Schloß wieder heraus, das einen von Gottes Wegen symbolisierte, die Menschen zu prüfen, inwieweit sie ihre Gier beherrschen konnten. Man glaubte auch, daß im Schloß eine Königin von großer Schönheit lebte, während andere meinten, sie sei vor langer Zeit gestorben und läge in einem Kristallsarg.
In der mittleren Sahara befindet sich das sogenannte Bahr ar-Raml, ›das Meer aus Sand‹, aber nach anderen Autoren sind es Hügel aus Diamanten.
Alexanders Armee hatte Schwie-

rigkeiten, diesen Ort zu überqueren. Der König sprach: ›Wenn ihr die Diamanten mitnehmt, werdet ihr es bedauern, wenn nicht, werdet ihr es auch bedauern.‹ Jene, die einige Diamanten mitnahmen, bedauerten es, nicht mehr mitgenommen zu haben. Jene, die viele mitnahmen, bedauerten es ebenfalls, weil sie sich nicht mehr bewegen konnten und verdursteten. Jene, die sich keine eingesteckt hatten, bedauerten es, nicht wenigstens ein paar mitgenommen zu haben.

Von den Reisenden, die von der Geschichte über Alexanders Männer und den Diamanten gehört und sich auf die Suche nach diesem unermeßlichen Reichtum gemacht hatten, war keiner erfolgreich gewesen.

Im südwestlichen Namibia befindet sich auch ein großes Diamantenfeld in der Nähe der Küste. Seeleute, die dort Schiffbruch erlitten, waren außer sich vor Freude, auf diesen Reichtum zu stoßen, der ein Leben lang halten würde, bis sie herausfanden, daß man mit tausend Diamanten keinen Tropfen Wasser bekommt: sie starben.

Die Geschichte über den unbezahlbaren Diamanten, den ein Bauer auf seinem Feld gefunden hatte, stammt aus Südafrika. Er verkaufte ihn für den Bruchteil seines Wertes, aber zumindest konnte er eine Geschichte erzählen. Jeder nachfolgende Besitzer des Diamanten wurde umgebracht, bevor der Stein schließlich in Kapstadt auftauchte.

Djerma Siehe *Dausi; Gassire.*

Dogir (Nubia, Sudan) Die Nubier im nördlichen Sudan kennen zahlreiche Geschichten über die Dogir, einer Geisterrasse, die im Nil in einer gut organisierten Gesellschaft lebt und sogar Steuern an ihren König zahlt.

Von Zeit zu Zeit taucht ein Dogir-Mann aus dem Gewässer auf, fängt eine menschliche Frau, nimmt sie in seine gewohnte Umgebung mit und heiratet sie. Darum können Frauen zwar am Fluß waschen, aber sie sollten nicht darin baden.

In der Nähe der Stadt Umbarakab lebte Ende der fünfziger Jahre eine Frau, die einen Dogir-Geliebten hatte, der sie nachts in Gestalt eines kleinen Mannes besuchte. Ihr Ehemann mußte sich mit diesem Wassergeist abfinden, nach dessen Besuchen seine Frau stets so erschöpft war, daß sie mit ihm keine Kinder haben konnte.

Einige Dogirs waren früher Menschen, die durch Hexerei in Wassergeister verwandelt wurden.

Eine Hebamme berichtet, daß sie einmal gerufen wurde, um bei einer schweren Geburt zu helfen. Sie war verängstigt, als ihr Führer sie in den Fluß führte. Es verlief jedoch alles gut, und nachdem sie das Dogir-Baby sicher zur Welt gebracht hatte, wurde sie zurück ans Land geschickt und mit einem Korb voll Lupinensamen bezahlt, einer sudanesischen Delikatesse. Es stellte sich heraus, daß einige Samen Goldkörner waren.

Weiter südlich, so wurde uns erzählt, sind die Dogirs weniger

freundlich; sie sind gewohnheitsmäßige Menschenfresser und sehen aus wie schreckliche Ungeheuer.
Einige Dogirs erscheinen nachts als Hyänen oder als Werwölfe mit leuchtenden Augen. 1929 suchte die Polizei im Dorf Dabod nach Personen mit einer Geschwulst am Kreuz, die – so wurde vermutet – ein Zeichen war, daß sie sich nachts in ein menschenfressendes Raubtier verwandeln konnten. Die Geschwulst sollte der Stummel eines Raubtierschwanzes sein.
Solche Personen verwandeln sich in einen *salue* oder Werwolf, wenn sie sich in Asche wälzen. Einige Dogirs leben in den Dörfern der Menschen als anscheinend normale Zeitgenossen, doch des Nachts verüben sie ihre schrecklichen Taten.

Dogon Siehe *Amma*.

Donna Beatrice (Angola) war eine Prophetin aus dem Volk Bakongo, und ihr Kikongo-Name lautete Kimpa Vita. Beatrice war ihr Taufname.
Sie wurde in oder in der Nähe von San Salvador geboren, der Hauptstadt des Königreiches der Kongo, d. h. der Bakongo und des Mani-Kongo, ihres Königs, mit dem sie vielleicht verwandt war. Sie war von adliger Abstammung.
Als ca. Zwanzigjährige hatte sie Träume und Visionen, in denen sie starb und als eine andere Person wiedergeboren wurde, eine Erfahrung, die bei den Bakongo wohlbekannt ist (siehe *Kimpasi*). Sie wurde als Heiliger Antonius wiedergeboren, d. h. dieser Heiliger, der in San Salvador hochverehrt wird, ergriff von ihrem Körper Besitz und sprach durch ihren Mund. Auch diese Erfahrung ist bei afrikanischen Prophetinnen üblich.
Donna Beatrice hatte jetzt ein neues Leben und verschrieb sich dem Predigen, wenn auch nicht der christlichen Lehre. Sie verschenkte ihre Besitztümer und predigte das kommende göttliche Strafgericht.
Ihren Anhängern verbot sie während der Fastenzeit zu fasten und das Ave-Maria zu beten. Sie befahl, Kreuze und Kruzifixe zu vernichten, vielleicht weil das Kreuz eine neue Art von Fetisch bei den afrikanischen Christen (siehe *Nkisi*) geworden war.
Sie lehrte, daß Christus als Afrikaner in San Salvador geboren und daß jeder seiner Jünger schwarz gewesen sei. Ihre Hoffnung lag in der Wiederherstellung des alten Königreiches Kongo, welches ihrem Volk helfen würde, das Paradies auf Erden wiederzuerlangen.
Sie versuchte, ihre eigene Kirche mit einer eigenen Priesterhierarchie ins Leben zu rufen. Ihre neue afrikanisch-christliche Bewegung verbreitete sich schnell als Folge der Verzweiflung des Volkes über den Untergang des Königreiches Kongo und der Schwäche der Kirche.
Es war indes hauptsächlich ihr eifriger Nationalismus, der zum Konflikt mit der Kirche führte. Ihre Bewegung, die manchmal Anto-

nianism oder Antonian Sect genannt wurde, verbreitete sich bis in die entlegensten Ecken des Reiches. Von weit her kamen die Menschen, um Beatrice zu sehen, zu hören und sie als Heilige zu verehren.
Ihre engen Gefährten wurden ›Engel‹ oder ›Jünger‹ genannt; sie schickte sie in alle Distrikte, damit ihre Botschaft verbreitet würde.
Sie brachte einen Jungen zur Welt, der, wie sie behauptete, vom Heiligen Geist empfangen worden war. Unter dem Druck der Kapuziner mußte König Pedro IV Beatrice festnehmen. Die Kapuziner ließen sie 1706 verurteilen und samt ihres Kindes auf dem Scheiterhaufen verbrennen.

Drachen (Westafrika) spielen in den mündlichen Überlieferungen bei mehreren westafrikanischen Völkern im Tschad, Burkina, Faso, Niger und Mali eine große Rolle.
Die kunstvollste und offenbar älteste Version ist die Erzählung im zweiten Gesang des großen Epos von Dausi (q. v.):
Als König Dinga im Sterben lag, ließ er seinen ältesten Sohn rufen, um ihm das Geheimnis der Königswürde anzuvertrauen. Aber der Prinz war zu faul, zu unverschämt und zu stolz, sich zu bewegen. Also ließ der König seinen nächsten Sohn rufen, und auch den übernächsten, doch nur sein jüngster Sohn sorgte sich um den sterbenden Vater, und so erhielt er das Königreich, da er erschienen war, bevor der König starb.
Dessen letzten Worte lauteten: ›Finde die neun Krüge mit Wasser, auf daß der, der sich damit wäscht, ein reicher König wird und ihm Gehorsam widerfahre. Dann finde die königliche Trommel Tabele und schlage sie in der nördlichen Wüste.‹
Der junge Prinz, Lagarre, machte sich auf den Weg und traf den Geier, mit dem er in den Himmel flog, um die königliche Trommel Tabele loszuhaken. Als Lagarre in der Wüste die Trommel schlug, sah er plötzlich, wie aus dem Sand ein Stadt mit Kuppeln und Dattelpalmen zum Vorschein kam.
Aber der Drache Bida, der die Stadt mit seinem langen Körper umschloß, versperrte ihm den Weg. Um Zugang zu der Stadt zu erhalten, mußte Lagarre versprechen, ihm jedes Jahr ein Mädchen zu opfern. Er versprach es und ritt in die alte Stadt Wagadoo, die Gott einem gerechten Prinzen als ihren König noch einmal offenbart hatte.
Jedes Jahr hielt König Lagarre sein Versprechen und befahl, Lose zu ziehen, damit entschieden werden konnte, welche Familie dem Drachen Bida ein Mädchen opfern mußte. Als Gegenleistung flog der Drache einmal im Jahr über die Stadt und spie pures Gold auf sie, so daß ihre Straßen damit gepflastert waren.
Nachdem Lagarre gestorben war, herrschten drei Generationen von Königen friedlich über Wagadoo.
Eines Tages, als es für das Mädchen an der Zeit war, sich dem

Drachen zu opfern, erschien es als Braut gekleidet am Strand, um von Bida verschlungen zu werden. Der Drache tauchte aus seinem See in der Nähe des Nigers auf, als plötzlich der Geliebte des Mädchens, Mamadi Sefe Dekote, ›Mamadi mit dem Leisen Schwert‹, hervortrat und sein Schwert durch den Hals des Drachen stieß. Dessen Kopf flog zur Goldküste, wo seitdem Gold in Fülle vorhanden ist. (Siehe auch unter *Ghana*).

Dschinn

Dschinne Aus dem arabischen *Jinn* oder *Jann*, Plural *Junun*; Swahili *jinni*, Plural *majinni, jununi* oder *ajinani*; Fulani *ginne*; Hausa *aljan*, Plural *aljannu*; Nupe *aljenu*; Mande *aljine*.

Das Wort *Dschinn* beziehungsweise seine Ableitungen ist in Afrika nördlich des Äquators fast überall anzutreffen.

Auch die Vorstellung von dem, was ein Dschinn ist, ähnelt sich in vielen Regionen.

Die Dschinne sind Geister, die aus Luft (wie die *shaitans* aus Feuer und die Engel aus Licht) erschaffen wurden, so daß sie sich in ihr mit blitzschneller Geschwindigkeit zu bewegen vermögen.

Dem menschlichen Betrachter können sie zu jeder Zeit in jeder beliebigen Gestalt erscheinen.

Dschinne können gut oder böse sein; die bösen werden aber eher mit den *shaitans* (q. v.) gleichgesetzt. Selbst die guten Dschinne sind jedoch von Zeit zu Zeit frech und spitzbübisch. Die Gründe dafür und für ihre scheußliche Gestalt liegen in ihrer Sündhaftigkeit. Sie vermischten sich einst mit anderen Rassen, was in Gottes Augen eine Sünde ist.

Folglich wurden sie mit ihren Hörnern, Schnauzen, Hufen, Pelzen oder Schuppen, die wahrscheinlich die Überreste von heidnischen Göttern in der Gestalt von Totemtieren sind, durch die monotheistische Lehre in die Welt der *Dschinne* verwiesen.

Die Dschinne üben durch ihre magischen Künste große Macht über uns aus. Sie können uns einschläfern, hochheben und durch die Luft in ein fernes Land befördern, in dem sie uns ein Wunder nach dem anderen zeigen. Schließlich legen sie uns innerhalb von Sekunden wieder in unsere Betten. Das Erlebnis dieser Reise bezeichnen wir dann als Traum.

Dschinne sind beiderlei Geschlechts, können in Menschengestalt erscheinen und einen Menschen dazu bringen, sich in ihn zu verlieben und ihn zu heiraten.
Die zahlreichen angeblichen Kinder aus diesen Ehen verfügen alle über gewisse magische Kräfte, wie beispielsweise die Fähigkeit durch Wände zu gehen, zu fliegen und nur langsam zu altern.
Der Ursprung der Dschinne (Nordafrika). Am Anfang schuf Gott das Licht. Aus diesem gebar Er zunächst die Seelen der Propheten, der Heiligen und der Engel und danach die der gewöhnlichen Menschen, so daß wir alle in uns einen kleinen Funken des Lichtes tragen; einige engelsgleiche Wesen besitzen einen großen Funken.
Die Satane *(shaitans)* wurden aus dem Feuer von Gottes Zorn erschaffen, die Dschinne jedoch aus dem heißen Samoom oder Simoon, dem versengenden Wüstenwind der Sahara.
Der allererste Dschinn, den Gott erschuf, wurde Asoom Jan Tanushi oder Taranushi genannt. Der Allmächtige lehrte ihn die Gesetze, die er und seine Nachkommen befolgen sollten, so wie Er Adam die Gesetze für die menschliche Rasse übermittelte.
Doch Jahrhunderte später befolgten die Dschinne wie auch die Menschen Gottes Gesetze nicht mehr, da beide Rassen durch ihren Stolz irregeführt worden waren.
Also sandte Gott den Menschen die Sintflut, den Dschinnen aber, die allesamt gotteslästernde Sünder waren, schickte er eine Armee von Engeln zu ihrer Vernichtung.
Einer der Dschinne, der Iblis hieß, wurde gefangengenommen und in den Himmel gebracht, wo die Engel ihn erzogen. Er war ein guter Schüler, so daß er schließlich selbst die jüngeren Engel unterrichten durfte, die mit großem Eifer in Scharen zu seinen Vorträgen kamen.
In der Zwischenzeit hatten sich die verstreuten Dschinne auf einer Insel im ›Süden‹, d. h. im Indischen Ozean, wieder versammelt und sich dort niedergelassen.
Iblis, eher an Macht als am Unterrichten interessiert, stieß zu ihnen und wurde als ihr König anerkannt. Von da an nannte man ihn Azazil oder Azazael.
Die Gelehrten sind sich nicht einig, auf welcher Insel oder welchen Inseln dies stattgefunden haben soll. Von ihrem Stützpunkt im Indischen Ozean aus fliegen die Dschinne in alle Richtungen, um die Menschen zu täuschen, indem sie deren bereits verwirrten Geist mit Illusionen *(ghuroor, ghururi)* vollpacken.

E

Edo (Benin – Bendel, Nigeria). Das Volk Edo des ehemaligen Königreiches Benin kennt viele Götter.

Während Olokun (q. v.) und sein Vater Osanobua als gute Götter gelten, die Wohlstand, Gesundheit, Glück und ein langes Leben garantieren, bringt Ogiuwu den Tod.

Er wird heute nicht mehr angebetet, aber immer noch gefürchtet. Früher wurden ihm an seinem Schrein im Zentrum von Benin City Menschenopfer dargebracht, denn es hieß, Ogiuwu gehöre das Blut aller Lebewesen; mit ihm bestreicht er die Wände in seinem Palast in der anderen Welt, den er niemals verläßt. Wann immer er ein Menschenleben braucht, schickt er seinen Diener Ofoe.

Ofoe wird in den berühmten Bronzeplatten von Benin als grotesker Kopf auf zwei Beinen dargestellt, mit denen er die Seelen derer, die zum Sterben verdammt sind, verfolgen kann – wohin sie auch laufen. Mit seinen beiden langen Armen kann er sie aus weiter Ferne ergreifen. ›Ofoe kennt keine Gnade und läßt sich auf keine Opfergabe ein‹, heißt es.

Esu ist ein weiterer Gott mit strengem Charakter; er verwirrt die Menschen mit Streichen. Er steht vor dem Tor des Wohnsitzes der Götter und hält die Schlüssel in seiner Hand. Osanobua gestattet ihm nicht den Eintritt, weil er einen zweifelhaften, undurchsichtigen Charakter besitzt, der von vielen gefürchtet wird.

Ogun (q. v.) ist der Schirmherr der Bauern, Handwerker, Jäger und Krieger. Er stellt die Kraft und Stärke dar, die allen Metallen innewohnt, eine Kraft, die zerstören kann, aber auch aufzubauen vermag.

Folglich ist Ogun auf den Schwertern und Metallstäben dargestellt, die für rituelle Zwecke verwendet werden, wobei sich seine Kraft manifestiert. In Oguns Schreinen in der Nähe der Tore der Tempel für alle anderen Götter ist eine Unmenge an Metall zu finden.

Sehr früh in der Menschheitsgeschichte schickte Osanobua Ogun aus, das Land mit seiner Machete zu erschließen, damit die Menschen anfangen konnten, Getreide anzubauen.

Er wird auch mit seinem Schwert in den Krieg gesandt, um die Feinde des Volkes zu töten. Demgemäß wird Ogun als wilder Krieger mit rotglühenden Augen und in Rüstung gekleidet dargestellt.

Osun (q. v.) ist der Gott der *ebo*, der Kräuterheilkundigen, die Blätter und Wurzeln im Wald sammeln, aus denen sie Arzneien herstellen, die aber auch für das Wahrsagen und für das Behexen anderer verwendet werden.

Ehe Die Ehe ist in Afrika die wichtigste Einrichtung. Die meisten Länder erlauben es den Männern, mehr als eine Frau zu haben,

das christliche Äthiopien bildet eine Ausnahme.
Viele Könige und Sultane haben mehrere Frauen, nicht aus sexuellen Gründen, sondern weil es nützlich ist, so viele Verwandte wie möglich zu haben.
Viele afrikanische Völker betrachten die Ehe als eine von Gott gegebene Institution.
Die islamischen Völker erzählen, daß Adam Gott fragte, wie er es anstellen solle, Eva zu heiraten, da zu jener Zeit noch nie jemand geheiratet hatte.
Gott sandte seine zwei Erzengel, Jibril, um die Hochzeitszeremonie mit den passenden Gebeten zu vollziehen, und Mikail, der als *wali*, der Mann, der dem Bräutigam die Braut ›schenkt‹, wirkte.
In den meisten afrikanischen Stämmen – in der Tat in allen patrilinearen Stämmen, die die große Mehrheit der Stammesstrukturen in Afrika ausmachen – wird die Braut ein Teil des Clans ihres Ehemanns (genau wie es unter römischem Gesetz der Fall war). Ihr gehört nichts, nur das, was sie tragen kann.
In den modernen afrikanischen Staaten wurden die in westlichen Ländern üblichen Gesetze angenommen, während im Sudan das islamische Gesetz wiedereingeführt wurde und in Ostafrika die Polygamie immer noch legal ist: ein Mann kann viele Frauen haben, während eine Frau nur einen Ehemann haben darf. Die Grundlage für diesen Unterschied besteht in der Notwendigkeit, Söhne zu zeugen, damit der Vater einer patrilinearen Familie nicht ohne Nachkommen stirbt, die für seinen Geist regelmäßig Opfer darbringen. Der Clan lebt solange, wie seine männlichen Nachfahren leben, und sie, die Geister, können nur solange leben, wie ihre Söhne und Enkel regelmäßig Opfer darbringen. Der Körper wird dabei per Hand ernährt.
In der folgenden Geschichte aus Lesotho wird der Ursprung der Ehe erklärt.
Vor langer Zeit lebten vier junge Männer, die immer zusammen auf die Jagd gingen. Sie dachten, daß sonst niemand auf der Erde lebte, aber eines Tages schuf Gott die Frau und lehrte sie zu sprechen, Brot zu backen, Töpfe aus Lehm zu formen, Getreide anzubauen und es zu kochen.
An einem schönen Tag begegneten die vier Brüder also dieser jungen Frau und fragten sich, ob sie ein Mensch oder ein Tier sei.
Einer von ihnen sagte, daß er sie gern habe, und hielt seine Brüder davon zurück, sie wie ein Tier zu behandeln. Die drei anderen sagten, daß sie nur daran interessiert seien, Tiere zu jagen, und wenn er dieses Tier für sich allein haben wolle, dann stände es ihm frei, aber sie würden dann auch gehen und für sich jagen, und so trennten sie sich.
Sie wurden niemals wiedergesehen, denn nach jahrelangem Jagen wurden sie von den Löwen ergriffen und starben in der Wildnis, als

sie zu alt waren, um auf sich aufzupassen und sich zu verteidigen.
Ihr Bruder jedoch, der diese Frau liebte, blieb bei ihr. Sie lebte in einer Höhle in der Nähe einer Quelle in den Bergen. Sie hatte Feuer, und so kochte sie ihm sein Fleisch und gab ihm auch Brei und gekochtes Gemüse, das sie selbst angebaut hatte.
Der Mann war sehr glücklich und fühlte sich besser versorgt als je zuvor. Sie hatten viele Kinder und schließlich sogar Enkel, die sich um die alten Leute kümmerten.

Ehi (Benin – Bendel, Nigeria) Die Edo (q. v.) glauben an die Vorherbestimmung (q. v.).
Jeder Mensch hat ein *omwa* ›Leben, Geist‹, und einen *Ehi* oder Schicksalsgeist. Jeder, oder wie wir sagen würden, jede Seele wird, bevor sie zur Erde hinabsteigt, um als Mensch geboren zu werden, zu dem Gott Osanobua, dem Schöpfer, gerufen, der sie fragt, was für ein Leben sie zu führen wünscht.
Die Seele muß auf der Stelle eine Erklärung über ein Leben abgeben, über das sie noch nichts weiß. Wenn sie nicht in der Lage ist, zu sagen, was sie möchte, wird sie ein Leben in Armut erwarten.
Wenn sie jedoch redegewandt ist und Osanobua davon überzeugen kann, ihr viel Land, viele Rinder oder viele Kinder zu geben, dann wird diese Seele ein reicher und angesehener Mensch auf Erden werden.
Diese Unterhaltung mit dem Schöpfer vor dem Leben wird *hi* genannt, ›sich selbst vorherbestimmen‹, ›sein Leben festlegen‹. Dadurch erschafft die Seele für sich ein Ehi.
Ein Ehi ist also eine Art Geist, der bei Osanobua bleibt, während die Seele zur Erde geht, um ihr irdisches Leben zu beginnen. Der Ehi wird Osanobua von Zeit zu Zeit an das Leben erinnern, das der Seele zugeteilt wurde.
Wenn dieser Mensch auf Erden in Armut und Verwahrlosung lebt, wird er seinem Ehi Opfergaben darbringen müssen, um sein persönliches Schicksal zu verbessern.

Elefant In Afrika erzählt man sich zahlreiche Mythen über das dort lebende größte Tier, den Ele-

Elefanten-Maske; Baule (Elfenbeinküste).

fanten, der durch seine bloße Größe in der Natur unangreifbar ist – abgesehen von den Menschen, die über Waffen und Magie verfügen, um ihn zu töten.

In den afrikanischen Fabeln ist der Elefant stets der weise Häuptling, der unvoreingenommen Streitigkeiten zwischen den Tieren des Waldes schlichtet.

Ein Jäger im Tschad fand in der Nähe des Tschadsees eine Elefantenhaut und versteckte sie. Bald darauf sah er ein schönes großes Mädchen weinen, weil es seine gute ›Kleidung‹ verloren hatte. Der Jäger versprach ihm neue Kleider und heiratete es. Sie bekamen viele große Kinder, denn das Kind eines Elefanten kann kein Zwerg sein.

An einem Unglückstag, als der Getreidespeicher leer war, fand die Frau ihre Elefantenhaut am Boden, die der Jäger dort versteckt hatte. Sie streifte sie sich über und ging in den Busch zurück, um dort wieder als Elefant zu leben. Ihre Söhne wurden die Ahnen des Clans, dessen Totem der Elefant ist. Sie brauchen sich vor Elefanten nicht zu fürchten.

Ein Mythos der Kamba in Kenia handelt von der Abstammung der Elefanten.

Ein sehr armer Mann hörte von Ivonya-Ngia, ›Der, der die Armen versorgt‹. Er entschied, sich auf die Suche nach Ivonya-Ngia zu machen, doch es wurde eine lange Reise.

Als er schließlich ankam, sah er unzählige Rinder und Schafe. Inmitten von grünen Weiden stand das Haus von Ivonya-Ngia, der den armen Mann freundlich empfing, sich seine Not anhörte und seinen Männern befahl, ihm hundert Schafe und hundert Kühe zu geben.

›Nein‹, sagte der arme Mann. ›Ich will keine milde Gabe. Ich will das Geheimnis wissen, wie man reich *wird.*‹

Ivonya-Ngia dachte eine Weile nach, dann nahm er eine Flasche mit einer Salbe, gab sie dem armen Mann und erklärte ihm: ›Reibe diese Salbe auf die spitzen Zähne deiner Frau in ihrem Unterkiefer. Warte ab, bis sie gewachsen sind, und verkaufe sie dann.‹

Der arme Mann versprach seiner Frau, daß sie bald sehr reich sein würden, und führte die seltsamen Anweisungen aus. Nach einigen Wochen begannen die Eckzähne größer zu werden, und als sie zu Stoßzähnen gewachsen waren, die so lang waren wie sein Arm, überredete der Mann seine Frau, ihr die Zähne ziehen zu dürfen. Er brachte sie zum Markt und verkaufte sie für eine Ziegenherde.

Nach einigen Wochen waren die Eckzähne der Frau wieder nachgewachsen, doch jetzt waren sie noch länger als das erste Paar; die Frau aber gestattete ihrem Mann nicht, sie zu berühren.

Nicht nur ihre Zähne, sondern ihr ganzer Körper wurde nun größer und schwerer und ihre Haut dick und grau. Schließlich platzte sie aus der Tür und ging in den Wald, in dem sie von nun an lebte. Sie gebar dort ihren Sohn, der auch ein Elefant war.

Von Zeit zu Zeit besuchte ihr Mann sie im Wald, aber sie ließ sich nicht überreden, zurückzukehren, obwohl sie noch mehr gesunde Kinder bekam, die allesamt Elefanten waren.

Dies ist der Ursprung der Elefanten, und damit ist erklärt, weshalb Elefanten so intelligent wie Menschen sind.

In Südafrika erzählt man sich die Geschichte eines Mädchens, das so groß und dick wurde, daß es kein Mann zur Frau haben wollte, weil man es der Hexerei beschuldigte. Es wurde aus seinem Dorf verstoßen und wanderte ohne fremde Hilfe in die Wildnis.

Dort begegnete es einem Elefanten, der eine freundliche Unterhaltung in gutem Zulu mit ihr begann. Das Mädchen willigte ein, bei ihm zu bleiben, und er half ihm, wilde Gurken und andere Früchte des Waldes zu finden. Sie gebar vier menschliche Söhne, die sehr groß und stark waren und die Ahnen der höchsten Häuptlinge des Indhlovu-Clans wurden.

In afrikanischen Fabeln wird der Elefant gewöhnlich als zu freundlich und edel beschrieben, so daß er sogar Mitleid mit einer niederträchtigen Person hat und dabei schwer getäuscht wird.

Die Wachaga in Tanszania erzählen, daß der Elefant früher ein menschliches Wesen war, das um alle seine Glieder außer seinem rechten Arm betrogen wurde, der ihm jetzt als Rüssel dient. Er mußte für seinen Edelmut büßen!

Für die Ashanti in Ghana ist ein Elefant ein menschlicher Häuptling aus der Vergangenheit. Wenn sie einen toten Elefanten im Wald finden, gewähren sie ihm ein Begräbnis, wie es einem Häuptling zusteht.

Elfenbeinküste Siehe *Frieden.*

Elixir Siehe *Alexander; Khadir; Salomo; König; Wasser des Lebens; Brunnen.*

Eloko (pl. Biloko; Mongo-Nkundo, Zaïre). Die Biloko sind Zwerge, was darauf hinzudeuten scheint, daß sie die Geister der Ahnen oder mindestens der Toten sind, die immer noch eine alte Rechnung mit den Lebenden zu begleichen haben. Das würde ihre Bösartigkeit erklären.

Sie leben in den dichtesten und dunkelsten Teilen des Regenwaldes im mittleren Zaïre. Dort wachen sie voller Eifersucht über ihre Schätze, das heißt über das Wild und die seltenen Waldfrüchte.

Nur unerschrockene Jäger können den tiefsten Wald betreten und überleben, denn um erfolgreich sein zu können, müssen Jäger über eine starke Magie verfügen, ohne die sie das Wild nicht einmal sehen würden.

Viele Geschichten handeln von Ehefrauen, die darauf bestehen, ihre Männer in den Wald zu begleiten, nur um ohnmächtig zu werden, sobald sie ihren ersten *eloko* sehen. Die Biloko leben in ausgehöhlten

Bäumen, und ihre einzige Kleidung sind Blätter. Sie haben keine Haare, nur Gras wächst an ihren Körpern. Sie besitzen stechende Augen, eine Schnauze als Mund, die sie so weit öffnen können, daß ein menschlicher Körper, ob lebend oder tot, hineinpaßt, und lange, scharfe Krallen.

Sie haben kleine Glocken, die in Zentralafrika die Funktion besitzen, einen Zauber auf Passanten zu werfen, diejenigen ausgenommen, die über eine sehr starke Gegenmagie in Form eines Amuletts (q. v.) oder eines Fetisches (q. v.) verfügen.

Eines Tages nahm ein Jäger seine Frau, die darauf beharrte, in den Wald mit, in dem er eine Hütte hatte, die von einem Zaun umgeben war.

Als er seine Fallen untersuchen wollte, sagte er zu seiner Frau: ›Wenn du eine Glocke hörst, bewege dich nicht. Wenn du es dennoch tust, wirst du sterben!‹

Kaum war er weggegangen, als sie den bezaubernden Klang einer kleinen Glocke hörte, der immer näher kam, denn die Biloko haben eine gute Nase für weibliches Fleisch. Schließlich bat eine freundliche Stimme um Einlaß. Der Stimme nach schien es sich um ein Kind zu handeln.

Die Frau öffnete die Tür, und vor ihr stand ein *eloko*, der wie der Wald roch und klein und unschuldig aussah. Sie bot ihm Bananenbrei und Bratfisch an, aber er lehnte ab und sagte: ›Wir essen nur Menschenfleisch. Ich habe schon so lange nichts mehr gegessen. Gib mir ein Stück von deinem Arm.‹

Schließlich willigte die Frau ein, die dem Zauber des *eloko* völlig erlegen war. Am selben Abend fand der Ehemann ihre Knochen.

Engel Im islamischen Afrika schuf Gott Engel aus reinem Licht, damit sie den Menschen helfen können, tugendhaft zu bleiben. In anderen Teilen Afrikas sind sie als gute Geister oder freundliche Genien und Schutzgeister verständnisvolle Wesen, die in jeder Gestalt oder Form erscheinen können, um den Sterblichen in Zeiten der Not und der Verzweiflung beizustehen. Sehr häufig scheint der Geist eines mitfühlenden Verwandten, der gestorben ist, aber immer noch helfen möchte, ein guter Genius zu sein.

In Zaïre lebte ein Mädchen, dessen Mutter gestorben war. Die Stiefmutter wollte ihr nichts zu essen geben, und so saß das arme Mädchen oft am Grab seiner Mutter und weinte. Eines Morgens war dort ein Baum gewachsen, der köstliche süße Früchte in Hülle und Fülle trug. Mit diesen Früchten blieb das Mädchen am Leben und war gesund, bis die böse Stiefmutter ihren Mann überredete, den Baum zu fällen. Das nunmehr wieder hungernde Mädchen weinte erneut am Grab, bis sie einen Kürbis sah, der aus der Erde wuchs und süß und erfrischend schmeckte. Jeden Morgen wuchs ein neuer heran, bis die Stiefmutter ihn ausgrub. Dann erschien ein Fluß, dessen Wasser frisch und nahrhaft war, bis die Stiefmutter ihn mit Erde füllte. Das Mädchen ging zu seinem gewohnten Platz zurück und weinte, bis ein Jäger auftauchte, der den Baumstock auf dem Grab sah und das Mädchen fragte, ob er sich aus dem Holz Pfeile schnitzen könne. Das Mädchen erlaubte es ihm, und der Jäger verliebte sich in sie, weil der gute Geist der Mutter dafür sorgte, daß er ihrem Zauber erlag. Mit den Pfeilen tötete er eine Büffelherde, die als Brautpreis ausreichte, und das Mädchen heiratete den Jäger.

Erde Viele afrikanische Völker betrachten die Erde als eine weibliche Gottheit, eine Muttergöttin, die über alle Menschen herrscht und welche die Mutter von allen Geschöpfen ist.

Die Erde lebt und gebiert immer neue Generationen von Lebewesen. Sie läßt das Gras wachsen, wenn der Himmel ihr Regen gibt, doch wenn es nicht regnet, zieht sie sich in ihre Tiefen zurück und wartet bessere Zeiten ab.

In vielen Gegenden von Afrika herrscht eine Trockenzeit, in der nichts wächst und der Tod obsiegt. Aber sobald der Regen einsetzt, entsteht auf wundersame Weise Leben. Das Gras fängt zu sprießen an, Blumen öffnen sich, die Frösche quaken und kriechen aus der Erde, die sie versteckt hat, hervor.

Die Erde hält Leben verborgen, sie schützt es gegen die Dürre und läßt es wieder aufblühen, sobald bessere Zeiten eingetreten sind. Ohne ihre Gaben gäbe es kein Leben.

Viele afrikanische Völker glauben, daß die Ahnen in der Erde leben – in Häusern, die denen sehr ähnlich sind, die sie bislang auf der Erdoberfläche innehatten. Die Ahnen besitzen auch Rinder und Ziegen.

Tatsächlich handelt ein Mythos der Zulu davon, wie sich Menschen auf die Suche nach dem Milchsee unter die Erde begeben, da sie glauben, daß die Milch von den Wurzeln des Grases aufgesogen wird und die Kühe und Ziegen ihre Milch demnach direkt aus der Erde erhalten.

Woher sollte die Milch sonst kommen? Unser Fleisch ist Erde; selbst der Name Adam bedeutet ›Erde‹. Alle Geschöpfe sind Erde. Auch das Feuer, das sie manchmal ausspeit, wenn sie in Zorn gerät, lebt in der Erde. Feuer bricht aus Holz aus, also muß es auch von der Erde kommen. Selbst der Wind, so glaubt man, stammt aus Höhlen in der Erde. Folglich treten alle vier Elemente aus der Erde hervor.

Trotz alledem wird die Erde selten angebetet. Die Trankopfer, die bei zahlreichen Zeremonien auf sie herniederströmen, sind eher an die Ahnen gerichtet als an die Erde als Ganzes.

Sie verfügt jedoch über einen sehr mächtigen Geist, der unser Leben und unseren Tod beherrscht. Wenn sie beunruhigt ist, bewegt sie manchmal Wälder und Berge.

Im Gegensatz zu den Menschen verstehen die Tiere ihre Mutter und gehorchen ihr, auch wenn diese manchmal ein ungehorsames Geschöpf bestrafen muß.

Akan (Ghana). Die Erdgöttin der Akan heißt Asase Yaa und im Fante-Dialekt Asase Efua. Im allgemeinen ist sie auch als Aberewa, ›Alte Mutter‹, bekannt. Im ghanaischen Pantheon steht sie an zweiter Stelle direkt hinter Gott.

An den besonderen Tagen, die ihr gewidmet sind, werden ihr Trankopfer dargebracht; zu dieser Zeit darf das Land nicht gepflügt werden. Tempel wurden für sie nicht errichtet, sie hat keine Priester, die ihr dienen, und sie gibt auch keine Orakel.

In ihrem Namen wird Geflügel geopfert, und das Blut wird auf die Erde gesprengt, insbesondere von den Bauern, wenn sie sie um Erlaubnis bitten müssen, das Land zu pflügen, Getreide zu säen und zu ernten.

Asase Yaa ist auch die Wahrheitsgöttin. Wenn jemand auf Zweifel stößt, schwört er, die Wahrheit zu sagen, indem er etwas Erde aufhebt und seine Lippen damit berührt.

Asase Yaa ist auch die Friedensgöttin. Bei Mord, Krieg und wann immer menschliches Blut vergossen wird, sind beträchtliche Opfer notwendig, um die Erde zu besänftigen.

Die Erde ist auch die Totengöttin. Wann immer ein Grab ausgeschachtet wird, müssen die Verwandten des Verstorbenen der Erde Trankopfer darbringen, um sie um Beisetzungserlaubnis zu bitten.

Asase Yaa bedeutet wörtlich ›Erde Donnerstag‹, weil der Donnerstag ihr geweihter Tag ist; Feldarbeit ist dann verboten. Vor dem Pflanzen müssen die Bauern auf die Erde klopfen, als wäre sie eine Tür.

Igbo (Nigeria). Für die Igbo ist die Erde eine Göttin namens Ala, Ana, Ale oder Ani.

An vielen Plätzen im Igboland finden sich ihr geweihte Schreine. Häufig werden ihr Opfergaben dargebracht, weil die Menschen wissen, daß sie ohne die Erde, die ihnen zu überleben hilft, umkommen würden.

Die Erdgöttin ist die Königin der Unterwelt, wo sie über zahlreiche Gottheiten sowie über die Ahnen herrscht, die in ihrem Leib begraben sind, so daß der Totenkult eng mit ihrem Kult verknüpft ist.

Sie ist auch Richterin über menschliche Tugend, Wahrheitsliebe in Streitigkeiten zwischen Menschen und sie bestraft Missetäter. Mord, Giftmord, Entführung, Diebstahl und Ehebruch sind Verbrechen gegen Ani. In ihrem Namen werden Gesetze erlassen und Eide geschworen. Die Priester der Ani sind in ihrer Gesellschaft die Wächter der öffentlichen Moral, die bis zu einem gewissen Grad von ihr zusammengehalten wird.

Sie ist die meistgeliebte Gottheit und den Menschen am nächsten. Der wichtigste Feiertag im Igboland, das Erntefest oder das Yam-Fest, wird ihr zu Ehren gefeiert. Während dieser Zeremonie werden ihr Opfergaben wie Yamswurzeln, Eier und andere Bodenpro-

dukte dargebracht. In dieser Zeit erhört sie auch Gebete um gute Ernte und viele Kinder.
Erd-Zeremonien finden auch zur Zeit der Saat und während des ›Festes der ersten Früchte‹ statt.
Ani oder Ala wird besonders in ihrem Tempel angebetet, der Mbari heißt und in dem eine berühmte Plastik von ihr steht. Sie ist sitzend mit einem Kind in den Armen dargestellt, die Mondsichel befindet sich auf ihr oder neben ihr, und sie wird von ihren Zwillingen umgeben. Ihr gegenüber herrscht der Gott der Stürme.

Eshu (Yoruba, Nigeria) Eshu ist eine der ältesten Gottheiten im Pantheon der Yoruba. Er wurde als der Satan oder Dunkle Dämon der Yoruba-Religion beschrieben, aber dies scheint eine christliche Neuinterpretation zu sein.
Eshu ist ein Diener des Olodumare, des Höchsten Gottes (q. v.), der Eshu in die Welt der Menschen schickte, um sie zu prüfen und ihren wahren Charakter zu erkennen. Eshu wandert in den Wohnungen der Menschen umher und ›inspiziert‹ die ganze Zeit über ihr Leben. Es heißt, er könne Verwandte dazu bringen, sich zu streiten, oder eine Ehefrau gegen ihren Mann ansetzen, um auf diese Weise die Menschen für eine vorhergehende Sünde zu bestrafen. Er kann sogar einen Schuldner zwingen, seine Schuld zu begleichen. Er vermag arrogante Menschen zu veranlassen, die Götter zu beleidigen, so daß sie Reinigungszeremonien vollziehen und den Göttern ein Opfer darbringen müssen, um ihre Missetat wiedergutzumachen.
Eshu wird auch von unfruchtbaren Frauen angerufen, die er manchmal mit einem Baby versorgt.
Wer Gutes tut, wird von Eshu reich belohnt. In fast jedem traditionellen Haushalt befindet sich ein Symbol von ihm, wodurch gezeigt wird, daß er dort verehrt wird; die Menschen haben Angst, er könne sonst, falls er nicht besänftigt wird, ein Vorhaben stören. Gleichzeitig wird angenommen, daß Eshu Böses von dem jeweiligen Haus abwehrt. Glühende Verehrer von Eshu tragen schwarze oder dunkelbraune Perlen um ihren Hals.
Auch Hunde sind Eshu geweiht, weil sie die Nahrung fressen, die neben den Schreinen für Eshu auf Teller gelegt wird. Wenn dem Gott die Opfergaben nicht genügen, kann eine Schlägerei, ein Feuer oder eine Epidemie ausbrechen. Darum wird Eshu regelmäßig Palmöl dargebracht, weil der Gott sonst ›austrocknen‹ könnte und gewisse Katastrophen die Folge wären.
Die Auffassung über diese Gottheit drückt eine Weisheit der Yoruba aus, die glauben, daß das Gute und das Böse aus dem gleichen Geist zu verschiedenen Zeiten und aus verschiedenen Gründen entspringen, so daß ein Gleichgewicht in unseren Ansichten über Menschen und in unseren Überzeugungen von den Göttern herrschen muß.

Esu Siehe *Edo*.

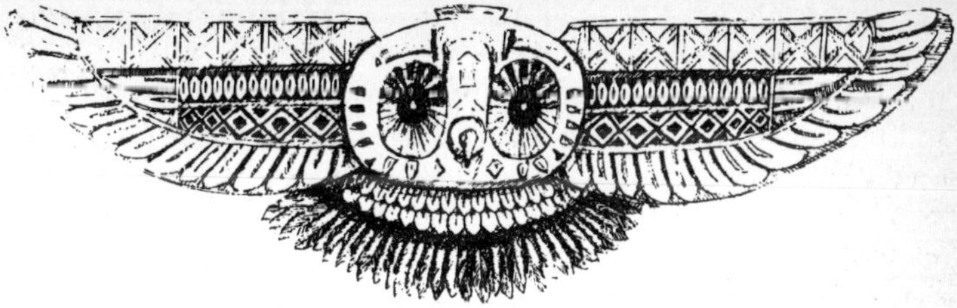

Eulenmaske (Burkina Faso).

Eulen In vielen afrikanischen Ländern wird der traurige Ruf der Eule mit Unglück assoziiert.
Schon in der Bibel wurde die Zwergohreule oder Schleiereule mit Tod und Verwüstung (Jesaja 34:11) gleichgesetzt. Ihr Name, Lilith, bedeutet die Göttin der Nacht. Auch die Karthager und alten Ägypter assoziierten die Eule mit einer Göttin, Neith, die der Athene gleichgesetzt wurde.
In Botswana glaubt man, daß die Eule mit den Nachthexen (q. v.) verbunden ist und diese warnt, wenn sich Menschen nähern.
In Ostafrika ist das Schreien einer Eule in der Nacht besonders für ein Baby verhängnisvoll. Wenn das Kind später an einer Krankheit oder einer Schwäche leidet, sagt man auf Swahili: *ameliliwa*, ›Er oder sie wurde mit Geschrei überschüttet.‹ Mit vorbeugender Magie wird das Kind geschützt.
Wenn im nördlichen Malawi eine Eule gehört wird, wird der Häuptling sie fragen, ob in der Gegend Zauberkraft wirkt oder ob die Feinde bald angreifen werden. Die Eule wird darauf eine Antwort geben. (Siehe auch unter *Omen*).
In Ghana glauben einige, daß sich Hexen Eulen als Vertraute halten oder sich in schreiende Eulen verwandeln können und ausfliegen, um ihren Opfern die Glieder abzureißen, nicht körperlich, sondern ihre Essenz, z. B. die Essenz des männlichen Gliedes, welches dann bestimmt schwach und nutzlos wird.
Das Sprichwort sagt: ›Die Tochter der Eule wird keine schöne Stimme haben.‹
Die Yoruba in Nigeria erzählen, daß es eine Art von Menschen gibt, die sie *aje*, ›Hexen, Zauberer‹, nennen. Diese können in der Nacht ihren Körper verlassen und als Raubvögel, d. h. als Eulen, *owiwi*, fortfliegen.
Tagsüber sitzen sie harmlos im Schatten und dösen, aber nachts fliegen sie durch ein Loch im Dach in die Häuser ihrer Opfer und saugen diesen vom Pech verfolgten und dem Untergang geweihten Personen das Blut aus.
Am nächsten Morgen wachen diese auf und fühlen sich schwach und niedergeschlagen. Sie sind nicht in der Lage, aufzustehen oder zu sprechen.

Auf Ratschlag eines Wahrsagers hin müssen die Verwandten dem *aje* alsbald prächtige Kleider als Opfergabe schenken, um ihren Angehörigen freizukaufen.

Ewe (Religion, Togo) Das Volk Ewhe oder Ewe (das *e* wird wie in *pet* ausgesprochen), verfügt über engverwandte Dialekte (einschließlich Anglo) und lebt im südlichen Togo östlich des Flusses Volta in einem großen Gebiet um die Hauptstadt Lome.

Die meisten Ewe sind mittlerweile Christen, aber dank Dr. Jakob Spieth verfügen wir über gute Kenntnisse ihrer ursprünglichen Religion.

Die Ewe drücken ihre Glaubensauffassung mit der Wendung *wo mawu* ›Gottes Gesetze ausführen‹ aus, denn ihrer Meinung nach müssen wir Gott dienen.

In alten Zeiten beteten sie mehr als nur einen Gott an: Sie unterschieden zwischen Himmels- und Erdgötter und verehrten niedriger gestellte Schutzgottheiten, die als Kollektiv Ngunuwo ›die Schicksale‹ bezeichnet wurden.

Aus Platzgründen können wir hier nur auf zwei der Himmelsgötter verweisen:

Sodza ist der Hochgott, der im Himmel wohnt und den die Priester um Regen anflehen. Mindestens einmal im Jahr werden ihm Yamswurzeln dargebracht. Jede Woche führt man für Sodza Gebetszeremonien durch. Seine Priester sind weißgekleidet und opfern alljährlich ein weißes Schaf.

Sogblen ist der Botengott, der die Gebete der Menschen in den Himmel trägt und mit den Versprechungen der Götter zurückkehrt, für eine reiche Ernte, gute Gesundheit und Nachkommen der Anbeter zu sorgen, weshalb er auch als Wachstumsgott bekannt ist. Auch ihm wird jedes Jahr ein weißes Schaf geopfert.

Die Erdgötter werden mit Tod, der anderen Welt und den Schicksalsprüfungen von Krankheit, Krieg und Hungersnot in Verbindung gebracht. Als Kollektiv wurden sie einmal im Jahr verehrt. Dabei opferte man ihnen ein Schaf, wobei ein Gemeinschaftsessen für den ganzen Stamm die Zeremonie abschloß.

Soului ist der Gott der Ernte, des Reichtums, des magischen Klangs der Musik sowie der Medizin, der edelsten Form der magischen Künste.

Exorzismus In Zimbabwe wird einem Behexten der böse Geist ausgetrieben, indem man ihn zu einem Tier legt, so wie Jesus es tat. Wahlweise kann der Patient zu einer Straßenkreuzung geführt werden, die sich weit vom Dorf entfernt befindet. Dort befiehlt der Exorzist dem Geist, den Körper des Patienten zu verlassen und an der Kreuzung zu warten, bis ein nichtsahnender Reisender vorbeikommt, von dem der Geist dann Besitz ergreift. Aus diesem Grund werden Fremde oft mißtrauisch behandelt. Im südlichen Mozambique treibt man Geister in einer höchst komplizierten Zeremonie aus. Eine ganze Nacht lang machen Trommler und andere Musiker soviel Lärm, daß die bösen Geister Angst bekommen müssen. Wenn der Morgen dämmert, beschwört der Oberexorzist die Geister, zu verschwinden. Eine Ziege wird geschlachtet, und der Patient muß ihr Blut trinken. Dann wird er dazu gebracht, das Zu-sich-Genommene wieder zu erbrechen, wobei der Geist aus seinem Magen entfernt wird. Schließlich wird der Patient gründlich gewaschen und ist jetzt ›aus dem Meer emporgestiegen‹, was neue Geburt und Reinigung bedeutet.

Falke Für die alten Ägypter war der Falke das Symbol des jungen Sonnengottes Horus, den die Griechen mit dem jungen Apollo-Kouros, dem Gott der Untergehenden Sonne, gleichsetzten. Horus wurde nach dem Tod seines Vaters Osiris geboren.

Horusfalke (Ägypten).

Die Ntomba am Tumba-See in Zaïre erzählen den Mythos über Mokele (q. v.), der aus einem Ei geschlüpft war und sich mit einem Boot aufmachte, den Sonnen-Falken zu fangen, damit die Welt hell sein würde – so wie sich Horus mit einem Boot auf die Suche nach seinem Vater machte.
Der Falke war in der Welt des Totengottes gefangengehalten, und als er in die Welt der Tiere und Menschen freigelassen wurde, stieg er in den Himmel empor, und mit ihm ging die Sonne auf.
Der Sonnenvogel des Helden Lianja, dessen Mythos von den Mongo und Nkundo in Zentral-Zaïre erzählt wird, heißt Nkombe, was mit ›Sperber‹ übersetzt wird.
Die Menschen berichten Lianja, daß die Erde für sie zu dunkel sei, um arbeiten zu können. Lianja lädt daraufhin alle Lebewesen der Erde zu einer Versammlung ein. Die Fische sagen, sie seien daran nicht interessiert. Das gleiche gilt für die Tiere des dunklen Waldes und auch für die Fledermäuse und Eulen in ihren Höhlen. Nur die Vögel und Insekten lieben das Licht. Ihr Anführer ist Nkombe, der hervortritt und sich anbietet, *Jefa*, die Sonne, zu suchen.
Er fliegt davon und findet Yemekonji (Gott) im Himmel.
Dieser bietet ihm drei Pakete an, von denen zwei mit leuchtenden Farben bemalt sind. Die Fliege, die Nkombe begleitet, sagt schnell: ›Nimm das schlichte graue Paket. Ich bin Lontsingo, die Fliege, die hören kann, was sich Leute im geheimen überlegen!‹
Nkombe hebt das graue Paket auf und fliegt damit zu der Stelle, an der Erde und Himmel zusammentreffen. Er wickelt das Paket aus, und alle Menschen jubeln, als sie die Sonne sehen, die durch die Wolken bricht.

Die Sonne geht auf, als Nkombe in den Himmel emporfliegt und singt: ›Ich bin Nkombe, der die leblosen Dörfer verändert hat!‹

Fata Morgana (Sahara). Eine Diskussion über die Ursache der Fata Morgana bleibt den Naturforschern überlassen. Der Autor dieses Buches kann bezeugen, daß er in der Wüste im Sudan tatsächlich eine gesehen hat.

Nach Aussagen von Wissenschaftlern ist die Oase, die man bei einer Fata Morgana sieht, wirklich da, nur ist sie weiter entfernt, als es den Anschein hat.

Was ich jedoch sah, war wirklich nicht da: eine Stadt an einem Seeufer mit Palmen und Wolkenkratzern. Nachdem ich diese Stadt fünf oder zehn Minuten betrachtet hatte, verschwand sie, und nur Sand blieb zurück.

Folglich ist es nicht erstaunlich, daß Reisende in der Wüste auf Grund dieses seltsamen Phänomens zu dem Schluß gekommen sind: Wir sehen das, was Gott uns sehen lassen will, und wir sind blind, wenn es Sein Wunsch ist.

Zahlreiche Geschichten handeln von sündigen Wanderern, die von Palmen umsäumte Ufer und glitzernde Seen sehen, in denen anziehende Frauen badeten. Eilig liefen sie in diese Richtung, bis sie vor Erschöpfung zusammenbrachen. Nur ihre Knochen im Sand können das Ende aller menschlichen Wünsche bezeugen.

Es gibt Erzählungen über Armeen, die in der Wüste verschwanden, und nicht ein Mann kehrte jemals zurück, um berichten zu können, was geschehen war.

Andere Geschichten erzählen von Reisenden, die Heere von Kamelreitern gegenüberstanden. Aber wenn sie bereit waren, ihnen zu begegnen, waren diese plötzlich verschwunden.

In Legenden wandern Heilige gelassen durch die Wüste und sind in vollem Vertrauen zu Gott keineswegs von dem Gedanken beunruhigt, eine riesige Entfernung bis zur nächsten Wasserquelle zurücklegen zu müssen.

Gott faltete die Hügel und Täler zusammen wie Papierrollen und führte Seine Freunde (die Heiligen) zu sauberen Flüssen, die Er für sie in der Wüste einfach erschaffen hatte. Gott kann die Wüste jederzeit zum Blühen bringen und tut es auch, wenn es Ihm gefällt.

Es werden Geschichten über Wüstenstädte wie Irama erzählt, die nur nachts existieren, wenn der Mond voll ist. Der Wanderer sammelt einige glitzernde Steine ein, verstaut sie in seiner Tasche und reist weiter. Zu Hause angelangt, erkennt er, daß diese Steine in Wirklichkeit Diamanten sind. Eilig kehrt er mit einer Karawane zurück, aber die Diamantenstadt ist verschwunden.

Fetisch (West- und Westzentralafrika) Ein Fetisch ist ein Gegenstand, in dem ein Geist lebt. Dieser kann ein Ahne des Besitzers oder des Herstellers sein (der nicht derselbe sein muß). Es kann sich aber

Figur mit magischer Ladung (»Fetisch«); Teke (Zaïre).

auch um einen fremden Geist handeln, den der Fetisch-Meister im Wald mit Hilfe von Magie wie Vogelleim ›gefangen‹ hat, oder um den Geist eines weiblichen oder männlichen Leichnams, der ausgegraben und wiederbelebt wurde, um als stummer Sklave des Meisters zu dienen (siehe *Zombie*).

Bei dem Gegenstand, der den Geist beherbergt, kann es sich um allles mögliche handeln – von einer kunstvoll gearbeiteten Skulptur oder einem echten Götzenbild bis zu einer Kalebasse oder einem Beutel, der gewöhnlich aus der Haut oder dem Fell eines magisch mächtigen Tieres gefertigt ist, beispielsweise einer Katze, einem Frosch oder einer großen Echse. Er kann auch eine Schachtel aus Holz, einen Bambus oder einen Schädel darstellen.

Wie die meisten Götter und Geister in Privatbesitz dienen die meisten Fetische zum Selbstschutz. Sie schützen ihre Besitzer vor Krankheit, Diebstahl, dem bösen Blick (q. v.) und Angriffen von wilden Tieren oder Feinden, einschließlich Ehebrechern und Verbrechern. Fetische verdanken ihren schlechten Ruf dem bösen Charakter einiger ihrer Besitzer, die angefangen hatten, ihre Diener-Geister zum Schaden ihrer Nachbarn einzusetzen (siehe auch *Tikoloshe*) und diese in der Nacht anzugreifen.

Ein Mann, der im Besitz eines Fetisches ist, kann ein Haus betreten, ohne gesehen zu werden, und mit einer Frau schlafen, die glaubt, er sei ihr Ehemann.

Er kann auch in seiner schwebenden Erscheinung als Ungeheuer einem hübschen Mädchen solche Angst einjagen, daß es in alles einwilligt und sich nicht wagen wird, darüber zu sprechen.

Sein Fetisch tötet für ihn den Häuptling und schüchtert die Ältesten so ein, daß sie ihn zum neuen Häuptling ernennen.

Ein Fetisch kann für seinen Besitzer alles erledigen, aber für diese Dienste ist ein Preis zu zahlen. Um lebendig, wachsam und aktiv zu bleiben, muß der Geist in seinem Behälter ernährt werden. Er trinkt nur Menschenblut und nimmt nur Menschenfleisch zu sich.

Je mehr Böses ein Fetisch für seinen Besitzer verrichten soll, um so mehr Menschenfleisch wird er verschlingen. Also muß der Besitzer für seinen Fetisch, seinen Götzen, seinen Dämon, arbeiten. Und dann kehren sich die Rollen allmählich um, und der Besitzer wird zum Sklaven.

Je mehr Böses der Besitzer seinem Fetisch zu tun erlaubt, um so größer wird dessen Macht werden, so daß er schließlich seine eigenen Verwandten dem Fetisch überlassen muß, damit dieser sie verschlingt (nicht körperlich, sondern dadurch, daß sie krank werden und sterben).

Diese Entwicklung erklärt, warum das Wort Fetisch auch Götze bedeutet, etwas, das man anbetet oder etwas, in dessen Bann man gerät. Am Ende wird der Fetisch seinen Meister vernichten.

Ein Fetisch wird von einem gelernten Zauberer oder einem Medizinmann (siehe *Nganga*) hergestellt, der bei der Vorbereitung des Behälters ein Loch für den Geist ausspart, damit dieser eintreten kann, sobald er bereit ist.

Der Geist wird mit Zaubersprüchen und Blut, das von einem Opfer in den Behälter gegossen wird, angelockt. Um den Geist gefangenzuhalten, wird das Loch schnell verstopft. Damit der Geist wütend wird, werden Nadeln in den Fetisch gestochen, denn seine Aufgabe wird es sein, die Feinde seines Besitzers zu töten. Der Geist wird mit einer besonderen Zauberformel angewiesen, was er tun soll und für wen: sein Besitzer wird ihm namentlich vorgestellt. (Siehe auch *Fingo; Kishi; Nkisi.*)

Fingo (Ostafrika). In Ostafrika kommt ein *fingo* einem Fetisch fast gleich.

Er kann ein Topf oder eine Kalebasse, ein Horn oder ein anderer Behälter sein, der nach bestimmten geheimgehaltenen Regeln mit Gemüsestücken und tierischen Substanzen gefüllt wird und der ein Gebäude, eine Stadt, das Feld eines Bauern oder eine schwangere Frau schützen soll.

Dr. James Kirkman fand ein *fingo* in der mittelalterlichen Stadt Gedi unter der Türstufe eines Zimmers im Palast. Er schreibt dazu (*Man and Monument*, 1964, S. 107): ›...ein *fingo* oder Zauber, der aus einem Topf bestand, in dem ein Stück beschriebenes Papier lag, wurde mit angemessenen Zauberformeln im Boden begraben. Dadurch, so glaubte man, wurde ein Dschinn dazu bewegt, sich in dem Topf niederzulassen. Wenn jemand mit bösen Absichten das Zimmer betrat, würde er den Verstand verlieren. Der Topf war nahe der Tür vergraben, so daß dem Bösewicht keine Gelegenheit blieb, viel Unheil anzurichten, bevor der Dschinn ihn zu fassen bekam. Einmal in der Woche wurde Weihrauch über dem Topf verbrannt, um den Dschinn daran zu erinnern, daß er zu einem bestimmten Zweck da sei. In Gedi wurden zwei weitere Töpfe an ähnlichen Stellen gefunden. Einer befand sich im nordöstlichen Tor, wahrscheinlich um politisch Unerwünschte abzuwehren.‹ (Wegen *tego*, ›Falle‹, eines

Zaubers, der die eigene Ehefrau vor einem Zauberer schützen soll, der Ehebruch beabsichtigt, siehe unter *Uchawi*. Siehe auch *Nkisi* und *Fetisch*.)

Fledermäuse Die Swahili glauben, daß der Geist, *roho*, um das Haus eines Toten wie eine Fledermaus, *popo*, herumschwebt. Bis zum Jüngsten Gericht bleibt er in der Nähe des Leichnams. In Uganda leben die Fledermäuse in bestimmten Bäumen, in Zimbabwe in tiefen Höhlen. Man sagt, daß die Fledermäuse, wenn sie ihr Versteck bei Einbruch der Nacht verlassen, die Geister der Toten sind, die sich auf den Weg machen, um die Häuser der schlafenden Lebenden zu besuchen.

In Ghana lebt eine Riesenfledermaus, Sasabonsam, die auf Deutsch ›Fliegender Hund‹ und auf Englisch ›Flying Fox‹ (Untergruppe *Megachiroptera*) genannt wird. Diese fruchtfressende Fledermaus ist harmlos, außer daß sie den Feldfrüchten Schaden anrichtet. Man sagt aber, daß sie böse sei und zwischen den Bäumen im Wald lauere, um plötzlich unaufmerksame Wanderer anzugreifen. Sie hat lange Hinterbeine, die sie ausbreiten kann, so daß sie noch länger wirken. Mit ihren Klauen soll sie angeblich Menschen unter den Achselhöhlen ergreifen und dorthin bringen, wohin böse Geister ihre Opfer tragen. Ihre Füße zeigen wie beim Teufel nach hinten. Man glaubt, daß sie von weit her kommt, weil sie einen Bart und rote Haare hat und ihre Flügel mit Haken versehen sind. Sie soll mit den Mmoatia, den Zwergenzauberern, und den *abayifo*, den Zauberexperten, im Bunde stehen.

Fledermaus (Textilbemalung); Neuzeit (Ägypten).

In Ägypten gingen Zigeunerinnen herum und führten bestimmte Operationen – wie das Tätowieren – an Mädchen durch. Sie verwandten das Blut von Fledermäusen, das sie auf die Haut um die Geschlechtsteile eines neugeborenen Mädchens auftrugen. Man glaubte, daß an diesen Stellen keine Haare wachsen würden, so daß das Mädchen für seinen Ehemann attraktiver sein würde. Ein solches Mädchen wurde *muwatwata* ›von einer Fledermaus besucht‹ genannt.

In Südafrika scheinen Fledermäuse häufig Friedhöfe aufzusuchen. Einige Leute erzählten früher Geschichten von Fledermäusen, die wie kleine Wesen mit einem fast menschlichen Gesicht aussahen. Einige waren böse Geister, die Krankheiten brachten, während andere mutigen jungen Männern bei der Suche nach einem verborgenen Schatz halfen, aber nur, wenn sie ihnen Blut zu trinken gaben.

Flüsse In den meisten Teilen Afrikas versiegen die Flüsse während der Trockenzeit, und diese Beobachtung hat die Menschen im südlichen Mozambique dazu veranlaßt, an Chipfalamfula zu glauben, den großen Fisch, der ›den Fluß einschließen‹, d. h. das Fließen des Wassers aufhalten kann.
Chichinguane war ein kleines Mädchen, das auf dem trockenen Flußbett zurückgelassen wurde, ehe das Wasser angefangen hatte zu steigen. Als ihr das Wasser bis an die Brust ging, wußte es, daß es sterben würde.
Aber plötzlich sah es ein großes Maul und hörte eine Stimme: ›Komm herein, meine Tochter, und lebe in meinem Bauch, wo du nichts entbehren wirst.‹
Chichinguane ging in das Maul eines großen Fisches hinein und ließ sich in dessen Bauch nieder. Dort begegnete es vielen Menschen, die Rinder und Früchte hatten und im Überfluß lebten.
Als das Mädchen erwachsen und im heiratsfähigen Alter war, schenkte der Fisch ihm einen Zauberstab und wies diesen an, Chichinguane zum Palast des Königs zu führen, denn sie würde den Prinzen heiraten.
Das Mädchen verließ den Fisch durch dessen Maul und stand auf trockenem Boden, wo es sogleich von Ogern angegriffen wurde. Es rief: ›Chipfalamfula, schließe das Wasser ein.‹ Der Fluß trocknete aus, und das Mädchen überquerte ihn. Kaum war es sicher am anderen Ufer angelangt, rief es: ›Chipfalamfula, öffnete das Wasser‹. Und die Oger, die genau in der Mitte des Flusses standen, ertranken alle, als das Wasser wieder hervorsprudelte.
Chichinguane setzte ihre Reise fort. Der Zauberstab zeigte ihr den Weg und leuchtete wie eine Fackel in der Nacht. Er führte sie zu einer Höhle, in der sie edle Kleider und kostbare Steine fand. Jetzt war sie reich.
Als sie am Palast des Prinzen ankam, verliebte sich dieser in sie und heiratete sie.
Die Baluba in Kasai erzählen die Geschichte über Tangalimlibo, die nur bei Mondschein ausging und die geboren wurde, nachdem ihre Mutter den Flußvogel um einen Gefallen gebeten hatte.
Als ihr Stiefvater ihr befahl, ihm bei Tage frisches Wasser zu holen, wußte er, daß er ihr befahl, ihr Tabu zu brechen. Der Fluß hielt sie gefangen, bis ihre eigene Kuh geschlachtet und dem Flußgott geopfert wurde.

Flußpferd Im alten Ägypten wurde das Flußpferd als eine Göttin namens Taweret verehrt, im Griechischen Thoueris, welche die besondere Beschützerin von schwangeren und gebärenden Frauen war. Sie war sehr beliebt bei den Frauen Ägyptens, welche Fayence-Bilder von ihr als Amulette (q. v.) trugen, um gegen Dämone geschützt zu sein.
Im Fluß Ubangi lebt ein großes

Tier, in der Ngbandi-Sprache ›Sangu‹ (siehe auch *Ngbandi*). Sangu greift die Fischer an, wenn sie ihm kein Opfer bringen, bevor sie am Morgen mit ihren Booten hinausfahren. Es beschützt schwangere Frauen.

Auch im südlichen Mozambique finden sich Spuren, daß das Flußpferd als Göttin angebetet wurde. Die Ronga erzählen die Geschichte einer jungen Frau, deren Rivalin ihren kleinen Sohn töten wollte. Das Kind wurde der Flußpferd-Göttin übergeben, die bereits von einer glücklichen Schar Babys umgeben war, die ihre Schützlinge darstellten. Jede Nacht ging die junge Mutter zum Flußufer und sang: ›Manana Mpfuvu! Mutter Flußpferd, stark und groß!‹ Mutter Flußpferd tauchte daraufhin mit dem Baby aus dem Wasser auf und gab es seiner Mutter zum Stillen. Es wuchs schnell heran. Unter dem Wasser herrscht sie über ein Reich von üppigen, blumenbewachsenen Wiesen.

Im Gavoland (Hauptstadt Gao, jetzt in Mali, aber früher ein Königreich) lebte einst ein großes Flußpferd, ein Ungeheuer, das jede Gestalt annehmen konnte. Es verschlang den gesamten Reis auf den Feldern, so daß die Menschen Hunger litten und verängstigt waren.

Fara Maka war ein großer Held, der entschied, Mali, das Riesenflußpferd, zu vernichten. Er nahm seine Wurfspieße und schleuderte sie hintereinander nach dem Ungeheuer, aber dieses verschlang alle Klingen, die schmolzen, kaum daß sie seinen heißen Körper berührten.

Dann kam der Jäger Karadigi mit seinen 120 Hunden, die alle schwarz und so groß wie Pferde waren. Mit Gebrüll stürzten sie sich auf das Ungeheuer, aber das Flußpferd verschlang sie alle.

Fara Maka ging nach Hause und schlief mit seiner Frau Nana Miriam. Am nächsten Morgen machte sie sich auf und warf einen Zauber auf das Flußpferd, so daß es gelähmt war.

Frauen (Gangwi, Kran, Liberia). Am Anfang der Zeit, wurde uns erzählt, gab es nur eine Frau, deren Name Gonzuole war. Sie führte ein unabhängiges Leben und bebaute ihr Land ohne fremde Hilfe.

Sie wurde nicht einmal von einem Mann besucht, und trotzdem brachte sie eine Reihe von Kindern zur Welt, die alle Mädchen und sehr schön waren. Sie wuchsen glücklich auf und bauten sich ein gutgeschütztes Dorf mitten im Wald.

Einige Männer, die am Waldrand lebten, drangen in den Wald ein und erhaschten einen flüchtigen Blick von den anziehenden Mädchen, aber keinem gelang es, das gutbewachte Dorf zu betreten.

Also befragten die Männer einen Wahrsager, Debome. Der riet ihnen, die köstlichsten Pilze zu sammeln, die sie finden konnten, und in der Nähe des Frauendorfes hinzulegen.

Die Männer hielten das für eine hervorragende List. Sie sammelten massenhaft schmackhafte Pilze und legten sie auf den Weg, der in das Dorf der Frauen führte.

Bald kamen die Mädchen heraus, und als sie die Pilze sahen, die sie nicht kannten, probierten sie davon und fanden Gefallen daran.

Während sie die Pilze aufhoben, kamen plötzlich die Männer aus ihrem Versteck heraus und umzingelten die schönen Mädchen.

Der älteste der Männer, Häuptling Utompe, nahm Gonzuole gefangen.

Sie sprach jedoch: ›Jeder von euch kann eine von meinen Töchtern haben, wenn ihr versprecht, ihnen niemals etwas Böses anzutun. Was mich betrifft, bin ich für einen Ehemann ungeeignet. Laßt mich also gehen und allein im Wald leben.‹

Die Männer waren einverstanden, und jeder heiratete eines der Mädchen. Doch die Mädchen waren mit ihren Männern nicht glücklich, denn sie konnten nicht vergessen, daß sie ihre Mutter gefangengenommen hatten.

Eine Frau warf einen Zauber auf Häuptling Utompe, worauf er starb, denn Frauen sind zauberkundig. Eine andere Frau wollte ihren Mann bestrafen. Also beraubte sie einen anderen Mann und versteckte die Beute unter dem Bett ihres Mannes. Die Wirkung übertraf ihre kühnsten Träume: zwei Parteien bildeten sich, von denen die eine glaubte, daß ihr Mann schuldig sei, und die andere von seiner Unschuld überzeugt war. Bald begannen die zwei Splittergruppen mit Speeren Krieg zu führen, in dem viele starben.

Freundlichkeit (Gongola, Nigeria). Ein gewisser Häuptling hatte drei Frauen. Eines Tages erschienen drei Besucher und baten, die Nacht bei ihm verbringen zu dürfen.

Unglücklicherweise herrschte die Trockenzeit, und als der Häuptling seine erste Frau fragte, antwortete sie: ›Unmöglich! Wir haben nichts zu essen. Sag ihnen, sie sollen anderswohin gehen.‹

Die zweite Frau, die gefragt wurde, antwortete: ›Ich habe nicht einmal für meine Kinder etwas zu essen. Sag diesen Reisenden, sie sollen in der nächsten Regenzeit wiederkommen.‹

Jedoch konnte der Häuptling aus Höflichkeitsgründen seinen Gästen nicht sagen: ›Verschwindet!‹

Also zog er seine dritte Frau zu Rate, die sagte: ›Gäste dürfen nicht ausgeschlossen werden. Bring sie her, ja, alle drei.‹

Sie machte sich daran, das letzte Korn in ihrem Getreidespeicher zu mahlen. Erstaunlicherweise schien sich das Korn zu vermehren, und als sie mit dem Mahlen fertig war, hatte sie genug Mehl für ihre Gäste und für alle Kinder, und als sie ihre Pfanne mit dem Brei gefüllt hatte, war ihr Mehlkorb immer noch voll. Es stand ihr nur ein kleines Huhn zur Verfügung, aber als sie es gekocht hatte, war es für die Familie und die Gäste groß genug.

Die Gäste waren sehr dankbar, und nach dem Mahl fragte der Häuptling sie nach ihren Namen.
›Mein Name ist Hirse‹, sagte der erste Gast; der zweite: ›Mein Name ist Wohlstand.‹ Der dritte Gast sagte sanft: ›Mein Name ist Freundlichkeit.‹
Die erste Frau wünschte den Gästen eine gute Nacht, schlug aber vor, daß Hirse bleiben könne. Die zweite Frau lud Wohlstand in ihre Gästehütte ein, und die dritte Frau fragte schüchtern, ob Freundlichkeit in ihrem Lager schlafen wolle. Sie würde ihm Frühstück geben – es wäre nett, wenn sie alle zusammenbleiben könnten.
Sofort willigte Freundlichkeit ein, bei der dritten Frau zu bleiben. Dann sagten die zwei anderen Gäste, daß auch sie dort verweilen wollten. ›Wir müssen dicht bei unserem alten Freund Freundlichkeit leben. Ohne ihn können wir nirgendwo glücklich sein‹, erklärten sie.
Also blieben alle drei Gäste seitdem für immer bei der dritten Frau. Von dieser Zeit an hatte sie immer genug Korn in ihrem Korb, gleichgültig, wieviel sie verschenkte.
Frieden (Gai, Elfenbeinküste). *Der Weise Geist Fe.* Vor vielen Jahren hörte man im Distrikt Tobbepleu, der jetzigen Elfenbeinküste, zum ersten Mal von dem Maskengeist namens Fe. Er wurde ›maskierter Teufel‹ genannt, aber nur aus dem Grund, weil die Moslems glaubten, daß Satan angebetet werden würde.
Fe war der Gott des Clans Gai, der in der Gestalt einer Maske erschien. Als die Clans Chuilo und Nyaio eine alte Fehde austrugen, wurde Fe gerufen, um zu richten und die streitenden Parteien zu versöhnen.
Fe erschien als eine sehr große Maske und wurde von zwei Männern aus Mano, Satumba und Suape, begleitet. Doch die Nyaio weigerten sich, den Richterspruch von Fe anzuerkennen und setzten den Krieg fort. Bald darauf wurden sie besiegt.
So wurde Fe der Gott des Volkes Chuilo, und die Nyaio wurden die Untertanen der Chuilo.
Wann immer sich den Chuilo ein Feind näherte, begann die Maske Fe zu tanzen und sah in die Richtung, aus der der Feind kam, lange bevor menschliche Augen jemanden auf dem Weg erkennen konnten. Ehe die Feinde angreifen konnten, verloren sie durch Fes furchtbares Gesicht ihr Augenlicht, so daß sie das Dorf nicht mehr sehen konnten. Oder sie verloren plötzlich den Verstand und zogen in alle Richtungen davon und vergaßen ihre Absicht.
Wann immer es zu einer Schlacht kam, warfen zuerst die Feinde ihre Wurfspieße, doch alle verfehlten ihr Ziel. Dann warf das Volk Fes seine Wurfspieße, und alle Feinde ergriffen panikartig die Flucht.
Der Gott Fe erlaubte es seinem Volk niemals, Krieg zu führen, das heißt, sich zu einem Überfall aufzumachen.

Die große Maske pflegte zu sagen: ›Frieden ist besser für euch als Krieg, so wie Regen besser ist als Dürre.‹

Friedhöfe Aufgrund des islamischen Glaubens, daß Gott eines Morgens die Toten zur Auferstehung rufen wird, ist es in Nordafrika notwendig, daß die Friedhöfe bis zu diesem Tag ungestört bleiben. Folglich sind Friedhöfe in islamischen Ländern friedliche Orte, an denen zwischen den Gräbern alte Zypressen wachsen.

Früher begruben die Tsonga im südlichen Mozambique ihre Toten im tiefsten Wald. Jeder Clan hatte seinen eigenen Friedhof, *mitimu*, in den an besonderen Tagen der Wächter der Gräber, *mutameli*, eindringt, vorsichtig auf dem Waldweg entlanggeht und ein Ritual wie das Schlachten einer Ziege durchführt. Dies ist erforderlich, wenn beispielsweise ein Mann ein Feuer angezündet hat, das über ein Grab fegt. Das Opfer wird in erster Linie durchgeführt, um den Zorn des alten Königs, der dort liegt, zu besänftigen, und weniger, um das Feuer zu löschen. Niemand darf Brennholz in diesem geweihten Wäldchen schneiden, und nur dem Priester ist es erlaubt, dort zu wandern. Kein Mann (und gewiß auch keine Frau) darf zu den Gräbern sehen. Sie müssen ihre Augen abwenden, denn die Geister sind gefährlich.

Bei dem Volk Merina auf Madagaskar hatte jeder König seinen eigenen Friedhof, auf dem er begraben wurde: er herrschte allein, also wurde er auch allein beerdigt. Auf dem Grab oder in seiner Nähe baute man ein *trano masina*, ein Heiliges Haus für den Geist, damit er darin wohnen konnte. Ursprünglich war dieses Heilige Haus nur eine Hütte, aber im Laufe der Zeit wurde es zu einem luxuriösen Mausoleum für die Könige des neunzehnten Jahrhunderts.

In Zimbabwe und Zambia wurde uns erzählt, daß die Friedhöfe nachts von Zauberern besucht werden, die dort manchmal in Gestalt von Hyänen erscheinen. Sie graben die Leichen aus und schneiden ihnen die Teile heraus, die sie zum Behexen ihrer Opfer brauchen. Ob die Zauberer wirklich Menschenfleisch essen, ist immer noch ein umstrittenes Thema.

Die Zulu begruben früher einen geliebten Vater oder Großvater im Boden der Hütte und vollzogen eine Zeremonie, *ukubuyisa* ›zurückbringen‹, in der Hoffnung, den Geist überreden zu können, in der Nähe seiner Hinterbliebenen zu verweilen.

Fuchs siehe *Amma; Omen.*

Frosch (Fabel, Mozambique). Das Thema der Auferstehung von den Toten ist in Afrika wohlbekannt und sehr alt. In den ältesten Mythen finden wir den Frosch, der als Gott verehrt wird, und diese Fabel, die zweifellos das Relikt eines sehr alten Mythos ist, nennt uns auch den Grund. Frösche verfügen über magische Kräfte!

An einem schönen Tag zu Beginn

der Trockenzeit forderte eine Impala-Gazelle den Frosch Chura zu einem Wettlauf auf. Natürlich verlor der Frosch – es war ein unfairer Wettkampf.
Die Gazelle verlangte von dem Frosch als Preis einen Krug Bier, aber dieser sagte: ›Gedulde dich, gib mir eine Chance, in der nächsten Runde zu gewinnen! Kannst du von den Toten auferstehen? Verbrenn mein Haus über meinem Kopf, und sieh, was geschieht!‹
Natürlich konnte die Gazelle das nicht glauben, und als der Frosch und seine Frau am nächsten Tag zu Hause waren, erschien die Gazelle und steckte das Froschhaus in Brand. Es verbrannte völlig. Viele Tiere im Dorf trauerten um die Frösche, denn sie waren gute Nachbarn gewesen.
Sechs Monate später setzten die Regenfälle ein, und bald war die Stelle, an der das Haus der Frösche gestanden hatte, überschwemmt. Als die Gazelle an diesem Abend zum Trinken kam, sah sie den Frosch mit seiner Frau im Wasser, umgeben von zahlreichen jungen Fröschen; und alle quakten glücklich.
Die Gazelle, die über den Krach verärgert war, fragte: ›Was macht ihr da?‹
›Wir singen, wir und unsere Kinder. Wir sind glücklich, daß der Regen gekommen ist, darum sind wir auf diese Erde zurückgekommen.‹
›Wo seid ihr gewesen?‹ wollte die Gazelle wissen.
›Natürlich im Land der Toten, da du uns doch im Feuer getötet hast.‹
›Wie ist es denn dort?‹
›O, sehr angenehm! Merkst du nicht, daß wir alle gesund aussehen? Sieh dir unsere Kinder an, sie wurden alle im Land unter der Erde geboren. Der Gott der Toten hat uns gesegnet!‹
Die Gazelle, die keine Jungen hatte, wurde neidisch. Sie ging nach Hause zu ihrer Frau und zündete die Wände ihres Hauses an.
Sie verbrannte, denn sie wußte nicht, daß Frösche sich in der Trockenzeit tief in die Erde eingraben und dort schlafen, bis die Regenfälle einsetzen.

Fula (Fulani), auch Fulbe genannt, der Plural von Peul oder Pullo. Westafrikanisches Volk, das zwischen Senegal und Kamerun ein Nomadenleben führt. (Siehe *Seedrachen; Hydra.*)

G

Ga oder Gan (Religion, Accra, Ghana). Das Volk Gan lebt in Accra und den umliegenden Distrikten und zählt etwa eine halbe Million Angehörige. Seine Sprache, die ebenfalls Gan genannt wird, ist mit Ashanti entfernt verwandt.
Die Gan sind ein sehr religiöses Volk und beten eine Vielzahl von Gottheiten an.
Der oberste Gott heißt Ataa Naa Nyongmo, ein Name, der sehr schwer zu übersetzen ist. Wahrscheinlich bedeutet er: ›Vater, der sich um uns kümmert.‹ Das Wort Nyongmo meint ›Regen‹, ein in Afrika nicht ungewöhnlicher Name für einen Gott, vielleicht auch ›Himmel‹. Die Gan glauben, daß der Himmel zuerst da war. Von ihm aus wurde die Erde erschaffen. Das Wasser lief in Gestalt von Flüssen hinunter und bildete den Ozean.
Ataa Naa Nyongmo herrscht über die Sonne und den Regen. In ihren Gebeten um Nahrung, Kinder, reiche Ernten, Erfolg bei der Arbeit und Frieden wenden sich die Gan deshalb mittels der Fürbitte bei den Göttern und den Ahnengeistern an ihn. Ataa Naa Nyongmo kann jene bestrafen, welche die notwendigen Riten vernachlässigen oder sich nicht an seine Gebote halten, indem er Erdbeben, Epidemien oder andere Krankheiten hervorruft.
Wie alle Götter ist er unsterblich. Diese können sich dadurch manifestieren, daß sie von weiblichen, medial veranlagten Personen Besitz ergreifen oder den männlichen Priestern ihren Willen offenbaren.
In der Hierarchie von Accra ist Nai der zweite Gott. Er wird als der Meeresgott (Bosobro) angebetet. In den Hymnen, die von seinen Anbetern gesungen werden, wird er auch als der ›Besitzer des Landes (Shitse), der König der Könige, der Herrscher der Stadt, der Vater von vielen Kindern sowie auch als der Vater der Geschöpfe im Ozean, ›des Großen Wals‹, bezeichnet.
Die Göttin Ashiakle ist Nais älteste Tochter. Sie wurde im Ozean geboren und fuhr von dort in einem Kanu zur Küste, um von dem Volk einen Gong zu erhalten. Sie ist die Göttin des Reichtums (*shika* ›Geld‹). Ihre Farbe ist rot oder weiß wie die Seemuscheln.
Sakumo ist der Kriegsgott und Verteidiger des Volkes Gan.
Buadza oder Olila ist der Windgott, der den Himmel mit Gewitterwolken bedeckt.

Gabon Siehe *Mvet.*

Gambia Siehe *Sunjata.*

Gana Siehe *Dausi; Ghana.*

Gandi Siehe *Buganda.*

Gassire (Djerma, Niger, Burkina Faso). Gassire (auch Ghasiri, Rasser geschrieben) lebte als Sohn des Königs Nganamba von Jerra (oder Jara bzw. Gara; der Name ist vielleicht mit Djerma identisch) im frühen Mittelalter.
Er ist einer der großen Gestalten in den westafrikanischen Heldenliedern. Der erste Gesang des großen

Epos von Dausi (q. v.) handelt von seinen Taten.

Nganamba war der letzte König der Fasa-Dynastie, die aus dem Norden (Marokko?) stammte und sich am Niger niederließ. Dort bauten sie Jerra, die erste der vier Städte in Wagadoo, und umgaben sie mit hohen Mauern, um die zahlreichen Feinde abwehren zu können.

Die Burdama waren ein besonders feindseliger Stamm mit unzähligen Kriegern, die jeden Tag angriffen. Mit seinem Schwert Dama Ngile tötete Gassire alltäglich Hunderte von ihnen, doch schon am nächsten Morgen stand seine Armee neuen Soldaten gegenüber.

Eines Tages sagte ihm ein berühmter Wahrsager: ›Prinz, du wirst niemals König sein, aber du wirst berühmt werden. Geh in die Savanne und lerne dort den Gesang der Waldschnepfe. Eines Tages wirst du die Laute spielen und das Epos von Dausi singen. Aber die Laute wird ohne Opfer nicht singen.‹

Entrüstet ging Gassire in die Schlacht zurück, bis sechs von seinen sieben Söhnen im Kampf gegen die Horden der Burdama fielen. Die Stadtältesten sagten: ›Prinz, wir sind des Krieges überdrüssig. Verschwinde von hier, zusammen mit deiner Familie und deinen Gefolgsleuten. Nehmt eure Tiere und wandert in ein anderes Land.‹

Entrüstet verließ Gassire mit seinen Männern, Frauen, Pferden, Rindern und Kamelen die Stadt und ging in die Wüste.

Der alte Weise sagte voraus: ›Männer, die kriegsmüde sind, werden bald ihr Land und ihre Städte verlieren. Es gibt kein sicheres Leben ohne das Schwert. Das stolze Jerra wird in Trümmern liegen, und die Eulen werden dort in der Nacht heulen.‹

Wieder hatte er recht. Bei ihrem nächsten Angriff fielen die Burdama in die Stadt ein und plünderten sie derart, daß sie zu einer Totenstadt wurde.

Unterdessen hielt Gassire in seinem Wüstenlager Wache; sein einziger überlebender Sohn und alle anderen schliefen. Gassire betrachtete den sternklaren Himmel. Und dann begann die Laute zu singen.

Geburt In Afrika sterben so viele Kinder in ihren ersten Lebenswochen, daß ihnen erst dann Aufmerksamkeit geschenkt wird, wenn sie nicht mehr vom frühen Tod bedroht sind. Ihre Mütter sind häufig ans Haus gefesselt, bis sich das Kind zum ersten Mal der großen Welt zeigt. Es gibt zahlreiche Tabus und Einschränkungen für schwangere Frauen, damit ihre Babys nicht von ungünstigen Einflüssen in Mitleidenschaft gezogen werden.

In vielen afrikanischen Religionen glaubt man, daß ein Kind ein Ahne ist, der in einem neuen Körper wiedergeboren wird, ein toter Großvater oder eine verehrte Tante, deren Geist immer noch sehr lebendig ist. Bestimmte Merkmale am Körper des Kindes können Zeichen seiner wiedergeborenen neuen Identität sein. Später wird der Junge oder das Mädchen dann auch die Weisheit der alten Person erlangen. Jetzt erhält das Kind dessen oder deren Namen.

Ansonsten kann das Kind seinen Namen aufgrund eines Ereignisses bekommen, das während oder kurz vor seiner Geburt stattgefunden hat und als Omen angesehen wird.

In Tansania lernte ich einen Mann kennen, dessen Vorname Mvua ›Regen‹ war, weil während seiner Geburt die Regenfälle eingesetzt hatten, was natürlich als sehr günstiges Omen betrachtet wurde. Mchwa (›Termite‹) wurde geboren, als die Termiten zu schwärmen begannen – ebenfalls ein gutes Omen, da Termiten gesammelt und verzehrt werden.

Das Volk Ewe in Togo erzählt, daß ein Kind vor seiner Geburt Ngolimeno, ›Die Mutter des Geistervolkes‹, besuchen muß, die in der unsichtbaren Welt herrscht, wo die ungeborenen Seelen solange leben, bis ihre Zeit gekommen ist. Wenn sie ihr gehorchen und sie verehren, wird sie ihnen ein glückliches Leben auf Erden gewähren, wenn nicht, dann werden sie bis zu ihrem Ende unglücklich sein. (Siehe auch *Schicksal; Prädestination; Leben vor dem Leben*; *Wiedergeburt; Reinkarnation.*)

Geier In Swahili wird der Geier *tumbuzi*, ›der, der ausnimmt‹, genannt.

Der schwarze Mönchsgeier ist gefürchtet, weil sein Anblick den Reisenden in der Wildnis Unglück brachte.

Einige ostafrikanische Völker glauben, daß die Geier die Seelen der Leichen, die sie gefressen haben, mit sich tragen, und darum werden sie ›Seelenvögel‹ genannt.

Die Yoruba glauben, daß Geier ein reifes Alter erreichen und darum über große Weisheit verfügen müssen. Wenn ein Geier das Fleisch frißt, das den Göttern auf den Altären geopfert wurde, wird angenommen, daß er es mit der Erlaubnis der Götter frißt. Aus diesem Grund betrachten sie den Geier als eine Art Mittler zwischen den Göttern und den Anbetern.

Tatsächlich kann ohne die Geier das Opfer nicht erfolgreich vollzogen werden. Der Ifa-Priester hat also ein besonderes Gebet für den Geier, Igun Salagereje: ›Komm und friß unser Opfer! Damit es von den Göttern angenommen wird! Ohne den Geier kann niemand ein Opfer vollziehen oder Sühne leisten, noch können wir wahrsagen. Geier, komm und friß!‹

In Altägypten war der Geier eine Göttin, Nekhebet, die von den

Geier, Göttin Nekhebet (Ägypten).

Griechen mit Illithyia, der Beschützerin der Geburt und der Schutzgöttin Ober-Ägyptens, des ältesten Königreiches im Süden, gleichgesetzt wurde.
Als Muttergöttin säugte Nekhebet die Königskinder. Sie wird oft dargestellt, wie sie über dem Kopf des Pharao schwebt und ihm Weisheiten vermittelt. In einer Klaue hält sie den Fliegenwedel, der noch heute in Afrika das Symbol des Königtums ist, und in der anderen das Siegel mit dem Namen des Königs.
In späteren Zeiten wurde sie mit Mut, der Gattin des Ammon-Ra, des Himmelsgottes, assoziiert, den die Griechen mit Zeus gleichsetzten, so daß Mut ebenso Hera-Juno war. Mut bedeutet Geier.
Für die Ägypter und viele andere Völker Afrikas ist der Geier ein Vogel, der aus dem Tod Leben hervorbringt, indem er Leichen frißt, so daß er über große Weisheit verfügen muß. Er hat auch eine starke Sehkraft und scharfe Augen, denn er kann weit entfernte Nahrung aufspüren.
Geister sind Lebewesen mit oder ohne Körper.
Die körperlosen Geister können einen Körper oder sogar mehrere Körper einzeln oder in einer Gruppe ›betreten‹.
Einige Geister vermögen Leichen wiederzubeleben, indem sie in sie ›eintreten‹ und mit der Energie, die die Essenz eines Geistes ist, sie dazu veranlassen, sich zu bewegen und zu sprechen. Auf diese Weise können sie ihre Botschaft den Lebenden senden.
Leute, die mitten in der Nacht einen Friedhof besuchten, haben berichtet, Leichen und Skelette herumlaufen und sogar tanzen gesehen zu haben, die von ihren eigenen oder anderen Geistern bewegt wurden.
Das ›Leben‹ eines Geistes, das im Prinzip unsterblich ist, ist aufgrund der ›Tatsache‹ offenkundig, daß es sich bewegt und darum ›Lebenskraft‹ hat, eine für Afrika bezeichnende Auffassung unserer Erfahrung.
Ein Geist hat zudem einen Willen. Er sucht mit Absicht irgendein Ziel auf, ob er nun geht oder fliegt, und er kann Gegenstände bewegen.
Telekinese ist für den afrikanischen Geisterkundigen das Entfernen eines Gegenstandes vom Gebieter eines Geistes, ohne ihn zu berühren. Er befiehlt seinem unterwürfigen Geist einfach, den Gegenstand für ihn zu entfernen, was für andere Zuschauer nicht sichtbar ist.
Selbst für islamisierte Afrikaner haben Bäume, Tiere, Pflanzen etc. Geister, die Gott gehorchen und zu uns sprechen können, wenn es sein Wunsch ist.
Gott befahl den Palmbäumen, sich selbst zu entwurzeln und den Propheten Mohammed anzubeten.
Ein Mann, der fliegen kann, wird von dem Geist getragen, den er beherrscht.
Ein Zauberer kann mehrere Geister beherrschen, die für ihn stehlen und morden. Oder er kann ihnen

befehlen, in einer Statue (siehe *Fetisch*) zu bleiben oder tote oder halbtote Körper zu ›betreten‹ und für ihn zu arbeiten (siehe *Zombies*). Einige Geister sind Einzelwesen mit eigenem Namen, den sie durch den Mund der Medien aussprechen, die von ihnen besessen sind (siehe *Besessenheit*).

Das andere Extrem sind Kollektiv-Geister, die zusammen eine wolkenähnliche Existenz führen, die nicht in einzelne Identitäten geteilt ist. (Siehe auch *Ahnen; Mizimu; Nkisi*.)

Uns wurde gesagt, daß außer den Geistern der Ahnen (q. v.) noch viele andere Arten und Variationen existieren.

Geistergeschichten werden von allen afrikanischen Stämmen erzählt, und in jeder afrikanischen Sprache gibt es zahlreiche Worte für Geister.

Viele Geister gehören zum Land, der Savanne und den Sümpfen, so wie der Nyamwezi-Geist König Katavi, die nubischen Dogir (q. v.) und der Seegeist Mugasha des Volkes Ziba an der Küste des Viktoriasees. (Wegen der Geister der Erde und des Waldes siehe unter diesen Stichworten.)

Die Sonne, der Mond wie auch einige Planeten, z. B. die Venus (siehe *Tanit*), werden als Geister oder Götter angesehen.

Nach Auffassung vieler afrikanischer Völker sind oder haben Naturphänomene wie Donner und Blitz Geister.

Viele Bäume sollen von Geistern bewohnt sein oder Geister *sein*. Im ersten Fall verstecken sich mehrere Geister in den Zweigen eines Baumes, im zweiten ist der ganze Baum der Wohnsitz eines Geistes, der in seinem Holz lebt und einen ausschließlich baumartigen Charakter hat (siehe unter *Bäume*).

Wichtige Ereignisse, insbesondere große Unglücksfälle im Leben der Völker wie Krieg, Krankheit und Hungersnot, können als Geister oder Götter angesehen werden.

Demgemäß haben die Ewe einen Kriegsgott, Koliko, und der Gott oder Geist Wiu bei den Nuer verursacht nicht nur Krieg, sondern auch Regenstürme, Donner und Blitz.

Gleich anschließend werden körperliche Krankheiten – insbesondere seelische Erkrankungen – von Geistern, oft von einer Vielzahl von Geistern, verursacht, *junun* in arabisch, *wazimu* in Swahili.

Viele Tiere werden mit Geistern assoziiert (siehe unter den einzelnen Arten).

Geister können hören, sehen und sprechen. Sie können Menschen im Traum erscheinen, entweder in Menschengestalt oder als Tiere, Engel oder Teufel verkleidet oder als Nebel, Rauchwolke oder Irrlicht.

Geister sind klug, und normalerweise überlisten sie Menschen.

Geister (Kongo). Die Bakongo glauben, daß jede Person einen Körper, *nitu*, und einen Geist, *moyo*, hat. Wenn das Leben zu Ende geht, verläßt der Geist den Körper und lebt im Wasser oder in sei-

ner Nähe, vorzugsweise in Flüssen im Wald.
Eine Person verfügt ebenfalls über eine Seele, *mfumu-kutu*, was wörtlich der Ohrkönig bedeutet, weil man sie hören kann, wie sie einem ins Ohr flüstert.
Wenn jemand ohnmächtig wird, heißt es, seine Seele sei fortgegangen.
Die Seele einer schlafenden Person wandert herum. Was diese sieht, bezeichnen wir als Traum. In der Zwischenzeit kann der Körper während des Schlafes eheliche Beziehungen haben. Die Seele ist die Ursache des Schattens einer Person.
Ein Zauberer (siehe *Zauberei*) ist ein Mann, der die Fähigkeit hat, seine Seele in ein *kiolu* zu verwandeln, ein winziges Tier, das in den Körper einer Person eindringen und diese von innen her töten kann. Der Körper des Zauberers ist die ganze Zeit über zu Hause und schläft friedlich, so daß ihn niemand verdächtigt. Der Zauberer, *ndoki*, saugt das Blut aus dem Herzen einer Person, während er in diesem Körper ist, bis die Seele davonfliegt.
Es heißt, daß der *ndoki* wie einer saugt, der ein Ei ausschlürft, so daß nur noch die leere Schale übrigbleibt – ein apathischer Körper, der bald wirklich sterben wird.
Die Geister der Ahnen werden *bakulu* (Singular *mukulu*) genannt. Nur die Geister jener, die ein tugendhaftes Leben geführt haben, sind *bakulu*. Sie sind nicht schwarz, sondern weiß und leben am Grund eines Gewässers in ihren eigenen Städten.
Ein *nkita* (Plural *bankita*) ist der Geist einer Person, die eines gewaltsamen Todes gestorben ist, in der Schlacht, durch Selbstmord oder Mord.
Na Ngutu ist der König der in der Schlacht gefallenen Helden.
Ma Kiela ist die Königin der weibliche Geister, die an Messerwunden gestorben sind.
Dinganga herrscht über die anderen *bankita*.
Diese Geister sind weiß, unermeßlich stark und sehr gefährlich. Sie leben in Flüssen und im Dschungel. Sie erscheinen oft in der Gestalt von *ngembo*, Fledermäusen, oder Schwalben. Wenn jemand einen Schwarm Schwalben sieht, verhält er sich ruhig, spuckt auf den Boden und flüstert: die Geister!
Die *bankita* spielen eine wichtige Rolle in den Wiederbelebungsriten der Sekte Kimpasi und werden von *nganga-nlaba* (Doktor) in Kalebassen gefangen. Ein *kisimbi* (Plural *bisimbi*) ist ein Geist, der Menschen angreift und sie krank macht. (Siehe auch *Tebo*.)

Geisterhütte Siehe *Chiga; Tempel*.

Genesis Siehe *Schöpfung*.

Geomantie Die Geomantie ist das Wahrsagen (q. v.) mit Sand, folglich der Swahili-Name *ramli*, ›trockener Sand‹. Sie ist in Afrika weitverbreitet und wurde, wie man uns erzählte, im siebten Jahrhundert von den Arabern eingeführt.

Aber zweifellos ist sie sehr viel älter.
In Ägypten wird die Geomantie praktiziert, indem geheime Zeichen in den Sand gemalt werden, die auf den astrologischen Symbolen beruhen.
In Kpelle (Liberia) wird diese Kunst *telkpe* ›den Sand schlagen‹ genannt. Der Swahili-Ausdruck *kupiga ramli* bedeutet dasselbe. Der Wahrsager oder *telkpenu* (Loma *ngadobenu*) ist bei den Kpelle immer ein Moslem. In Bamana heißt er *kenyelala* ›Sandarbeiter‹. Solche Männer findet man überall in Liberia, Guinea und Mali.
Sobald einem Wahrsager ein Problem dargelegt wurde, zieht er sich in seine Hütte zurück und denkt über eine Lösung nach. Dann zeichnet er Linien in den Sand und arabische Buchstaben, die seine Gedanken über die Lösung des Problems, das ihm vorgetragen wurde, ausdrücken. Diese Arbeit kann ihn 24 Stunden lang in Anspruch nehmen.
Er wird Ratschläge über den günstigsten Tag für ein öffentliches Opfer erteilen. Er wird wissen, ob ein Mord von einem Leoparden-Menschen oder von einem echten (Busch-) Leoparden verübt wurde. Er weiß, warum der Jäger kein Glück im Wald hat. Er weiß, wo sich Diebe und Einbrecher verstecken und wer ein Zauberer ist.
Das Wahrsagen mit Sand wird im Nupe-Land in Nigeria *hati* genannt (auf Swahili bedeutet *hati* ›Handschrift‹ vom arabischen *khatt*). Beim *Hati* werden jedoch keine Linien, sondern Punkte in den Sand gemalt. Nach einer Reihe von komplizierten Ergänzungen und Streichungen kann der Wahrsager seinem Klienten schließlich mitteilen, ob er reich werden, eine gute Frau beziehungsweise einen guten Mann finden und viele Kinder haben wird.
Die Dogon im südlichen Mali wahrsagen, indem sie nachts die Spuren eines Schakals im Sand an einem geweihten Platz, an dem zuvor der Wahrsager bestimmte Zeichen in den Sand gemalt hatte, untersuchen.

Weibliche Bedu-Maske; Grusi (Ghana).

Ghana (Westafrika). Die alte Stadt Ghana lag im Norden der heutigen Republik Ghana. Ghana war die arabische Schreibweise des afrikanischen Namens Gana, des-

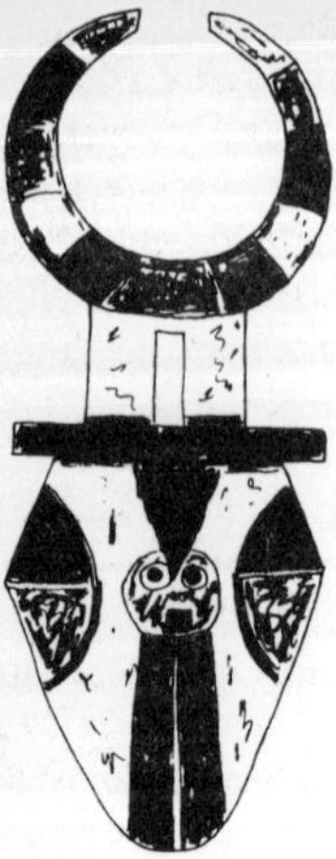

Männliche Bedu-Maske; Grusi (Ghana).

sen Bedeutung unbekannt ist. Vergeblich haben Archäologen die weiten Flächen Westafrikas nach ihrem genauen Standort abgesucht. Viele Geschichten erzählen von ihrem Reichtum, der Macht ihrer Könige und der Schönheit ihrer Gebäude. Andere Geschichten handeln von der Ursache ihres Falls. Es folgt eine davon.

Die Stadt New Wagadoo, die heute Wa-Gana heißt, war die Hauptstadt von 80 Häuptlingen. Aber als der König starb und nur eine Tochter hinterließ, machten sich diese 80 Häuptlinge unabhängig. Die Prinzessin, Annalia Tu-Bari, war eine Frau von unübertrefflicher Schönheit und versprach jenem Mann die Ehe, der die 80 rebellischen Häuptlinge unterwerfen würde. Viele Prinzen, die von ihrer Schönheit gehört hatten, versuchten ihr Glück, aber keiner war erfolgreich. Schließlich erschien der König aus Gana namens Samba, ›stark‹. Er besiegte nacheinander die 80 rebellischen Häuptlinge und schickte einen jeden von ihnen zur Königin Annalia, damit er sich ihr unterwarf.

Als sich der letzte Häuptling ergeben hatte, stimmte Annalia einer Ehe mit Samba zu, der König von Gana und Wa-Gana wurde.

Einige Jahre später brach im Land eine verheerende Dürre aus, und eine Hungersnot stand drohend bevor. Die Dürre wurde von einem Drachen namens Isa Bere verursacht, der in den Bergen von Futa Jallon lebte und den Fluß Niger leer trank. König Samba mußte sich aufmachen und den Drachen bekämpfen. Sein berühmter Barde Tarafe, der als erster Annalias Ruhm besungen hatte, begleitete ihn.

Acht Jahre lang kämpfte König Samba gegen den Drachen und zerbrach dabei 800 Speere an dessen Schuppenhaut. Schließlich traf er mit seinem langen Schwert das Herz des Drachens, worauf das Ungeheuer starb und der Niger, der heilige Fluß Jollibe, wieder floß. Tarafe sang ein Loblied auf das Schwert.

König Samba liebte das Gebirge und die bewaldeten Hänge und entschied sich, dort zu bleiben. Das alte Gana verfiel während seiner Abwesenheit. (Siehe auch *Akan; Ashanti; Erde; Ga oder Gan; Göttin Akonadi; Goldener Stuhl; Hua.*

Ghoulas / Ghul sg., Ghilan pl. (Algerien). Obwohl das Wort *ghoula* das Femininum von *ghoul* (q. v.) ist, ist im algerischen Mythos über Bousetta die Ghoula ein ganz anderes Geschöpf.
Bousetta war ein Prinz, der am selben Tag geboren wurde, an dem das schönste Pferd seines Vaters ein weißes Stutenfohlen zur Welt brachte. Beide wuchsen schnell heran. Mit zwei Jahren hatte Bousetta die Größe eines Mannes erreicht. Sein Name bedeutet ›Besitzer von Sechs‹, weil er an jeder Hand sechs Finger hatte, was normalerweise als ein unheilvolles Omen gedeutet wird.
In den Bergen lebte eine Ghoula mit ihren Töchtern in einem Schloß. Wir erfahren nicht, wie diese Ghoulas aussahen, aber wenn sie wollten, konnten sie sich als gewöhnliche Frauen verkleiden. Sie aßen am liebsten Menschenfleisch, insbesondere das von Prinzen, folglich die französische Übersetzung von Ghoula: ogresse.
Bousettas Brüder waren auf ihn eifersüchtig und führten ihn deshalb eines Tages während einer Jagd absichtlich in die Gegend des Ghoula-Schlosses. Bevor sie umkehren und ihn dort im Stich lassen konnten, wie sie es geplant hatten, begegneten sie der Mutter-Ghoula und ihren Töchtern, die alle als schöne Frauen verkleidet waren. Sie luden die Prinzen lächelnd und mit schönen Worten ein, so daß diese nicht ablehnen konnten und das Schloß betraten.
Bousetta war ohne Furcht, aber seine Brüder zitterten, denn sie wußten, daß man sie verschlingen würde. Mitten in der Nacht schliefen alle außer Bousetta auf dem Teppich. Dieser war zu seinem Pferd gegangen, um es zu versorgen, und es hielt ihn wach, indem es seine Stirn leckte.
Seine schlafenden Brüder wurden von den Ghoulas, die fliegen können und ungeheuer stark sind, behutsam einzeln weggetragen. Lange Zeit reisten die Prinzen in der Luft, bis die Ghoulas sich auf der Terrasse eines noch größeren Schlosses, das noch höher in den Bergen lag, niederließen.
Seitdem wurden sie nicht mehr gesehen. Aber wahrscheinlich sind sie nicht tot, sondern mit den Ghoulas verheiratet. Bousetta bekamen sie nicht zu fassen, weil er wachgeblieben war.

Ghouls Arabisch *ghul* oder *ghool*, Swahili *ghuli*, Plural *mghu*li.
Die Ghouls waren eine Rasse von Riesen, die in der Nacht Gräber ausraubten und die Leichen verzehrten. Gott bestrafte sie für diese Sünde und ließ sie häßlich und so schwarz aussehen wie das Aas, das sie verzehrten. In Kenia wurde mir versichert, daß in den Bergen eine Rasse von Kreaturen lebt, die zwar Personen *(watu)*, aber keine Kinder Adams, d. h. keine menschlichen Geschöpfe, seien.
Die Niloten im nördlichen Uganda nennen sie *bima*.
Aus dem Wort *ghoul*, das manchmal als *ghrool* oder *ghorool* falsch

ausgesprochen wird, wurde das Wort Gorilla (q. v.) abgeleitet.

Die *Ghouls* sind böse Geister in Tiergestalt, fast menschlich und intelligent, aber jederzeit gierig auf Menschenfleisch. Sie sind dunkel, haarig und haben scharfe Fangzähne in ihren großen Mündern. Sie sollen die riesigen prähistorischen Dolmen, die in vielen Teilen Nordafrikas zu finden sind, errichtet haben.

Als der Prophet Mohammed seine ersten Jünger nach Äthiopien schickte, gab er ihnen Ali als Begleitung mit; in den Bergen mußte dieser gegen die Ghouls kämpfen, die sich ihnen in den Weg stellten, bis Ali ihren König mit seinem zweischneidigen Schwert tötete und sie vertrieb.

Es wurde uns erzählt, daß sie immer noch in den tiefsten Wäldern leben. Ihre Frauen verlieben sich manchmal in menschliche Jäger, die sich im Wald verlaufen haben, und tragen sie in ihre Berghöhlen, um sie dort zu lieben. Männliche Ghouls wiederum ergreifen menschliche Mädchen, die nachts auf die Veranda zu gehen wagen, und tragen sie zu ihren Höhlen tief in den Bergen, wo sie sie mit Gold, Diamanten und anderem Schmuck verführen. Aus diesen Vereinigungen geht eine neue Rasse von Wilden hervor, die beim Jagen und Töten heftig und rasch sind und dazu neigen, menschliche Mädchen zu vergewaltigen.

In der Sahara hat der Ghoul nur ein Auge wie ein Zyklop und eine lange Schnauze mit scharfen Zähnen, einen langen Hals und einen Körper wie ein Strauß mit Straußenbeinen und Armen wie Flügel und Stümpfen als Hände. Er lockt Reisende an, indem er ihnen aus der Ferne zuruft, wie ein schönes Mädchen aussieht, aber nichts anderes im Sinn hat, als Menschenfleisch essen zu können.

Gishu (Bagesu) (Religion, Uganda). Weri (oder Mweri) Kumbamba oder Kibumba war der Schöpfer, dem vor einer Beschneidung und bei Gebeten um die Genesung eines Patienten Opfergaben dargebracht wurden. Er wurde mit Steinen in Verbindung gebracht, aber es ist nicht klar, ob er der Gott *aller* Steine war.

Gibini war der Seuchengott. Für ihn wurden Bäume vor dem Haus gepflanzt und Gemüse als Opfergaben daneben gelegt, wenn die ersten Seuchenfälle festgestellt wurden.

Enundu war der Gott der Pocken, dem eine Ziege geopfert wurde, wann immer die ersten Fälle dieser Krankheit in der Gegend auftraten. Wegen des Regengottes siehe weiter unten.

Bei den Bagesu war es üblich, das Fleisch eines Verstorbenen zu essen. Der Leichnam wurde zu einer geheimen Selle im Busch getragen, wo bei Einbruch der Dunkelheit die Männer des Clans das Geräusch von heulenden Schakalen nachahmten, indem sie Hörner bliesen. Die Frauen kamen hinzu und bereiteten das Fleisch, das sie kochen und essen wollten, zu. Die Knochen wurden anschließend verbrannt, mit Ausnahme des Schädels, der in einen Schrein (*mboge*) in das Haus, das dem Geist als Wohnsitz dienen würde, gestellt wurde.

Regenmachen. Ein Regenmacher hat einen gefährlichen Beruf, denn er kann bestraft werden, wenn sein Vorhaben nicht gelingt. In Dürrezeiten müssen ihm zwei Hühner gebracht werden, von denen er das eine aufschlitzt und die Eingeweide in Hinblick auf das Wetter in nächster Zukunft ›liest‹. Das zweite Huhn wird als ›Überprüfung‹ verwendet, um die ›Deutung‹ des ersten zu bestätigen.

Wenn trotz seiner Bemühungen kein Regen fällt, kann der Regenmacher entscheiden, auf den Berg zu steigen, um das Heiligtum des Regengottes in der Nähe des Gipfels aufzusuchen.

Von den Ältesten begleitet, führt der Regenmacher einen schwarzen Stier mit sich und trägt große Krüge besten Bieres herbei. Er hält am Opferplatz an, wo der Stier von den Männern geschlachtet und gegessen wird, während das Blut dem Gott geopfert wird. Eines der Stierbeine wird zu einem Priester gebracht, der früher weiter oben an einem geweihten Teich lebte, in dem der Gott in Gestalt einer großen Schlange wohnte. Mehrere Ströme flossen von diesem Teich den Berg hinunter. Hier wurde dem Schlangengott, einer großen Python, das Bier geopfert. Dem Teich darf kein Wasser ohne Zustimmung des Gottes entnommen werden, denn es verfügt über magische Eigenschaften.

Goldene Stuhl, Der (Ashanti, Ghana). In Afrika entwickeln einige bedeutende Persönlichkeiten eine enge Beziehung zu ihren Holzstühlen, als stecke ein Teil ihrer Persönlichkeit in ihnen.

Ein Mann nimmt seinen Stuhl zu einer Versammlung mit und erspart sich und seinem Gastgeber die Verlegenheit, den Stuhl eines anderen einem ungeladenen, aber wichtigen Gast anzubieten. Niemand darf auf dem Stuhl eines Mannes sitzen, nur sein ältester Sohn nach seinem Tod.

Für einen König stellt sein Stuhl seine Autorität über die Erde dar, auf der er steht.

Vor mehr als zweihundert Jahren wurde Osai Tutu zum König über alle Ashanti-Völker bestimmt. Das geschah wie folgt:

Eines Tages erschien vor Osai Tutu ein berühmter Medizinmann namens Anochi, der sagte: ›Großer Häuptling Osai, es freut Nyame (Gott), dir das Königreich von Ashanti und allen Akan-sprechenden Völkern zu schenken. Wenn du den Großen Rat mit allen Clanoberhäuptern des Reiches einberufst, werde ich die Zeremonie vollziehen, mit der du als nationaler Monarch bestätigt wirst. Es ist Gottes Wille.‹

Sobald der Große Rat tagte, flehte Anochi Gott um ein Zeichen an, mit dem er seinen Gefallen an Osai

Tutu als König ausdrücken würde. Als sich alle Blicke nach oben richteten, kam vom Himmel ein Stuhl aus purem Gold herab. Er berührte den Boden und stellte sich direkt vor Osai Tutu hin.
Anochi sprach: ›Dieser Stuhl enthält durch Gottes Willen die Seele der Nation Ashanti. Niemals darf ein anderer auf diesem Stuhl sitzen, und niemand darf ihn aus Ashanti entfernen, sonst wird allen Menschen großes Unglück widerfahren.‹
Von diesem Tag an besiegten die Könige von Ashanti all ihre Feinde, bis die Briten vor einem Jahrhundert kamen und die Hauptstadt Kumasi belagerten. Nach heftiger Verteidigung übergab sich der Ashanti-König aus Furcht, daß der Goldene Stuhl durch Geschützfeuer beschädigt werden könne, da ja die Seele der Nation in ihm wohnt.

Gorilla Entgegen der allgemeinen Ansicht sind Gorillas sehr friedliche und eher schüchterne Pflanzenfresser. Sie leben in engverbundenen Familiengruppen und behandeln ihre Jungen offensichtlich mit starker Liebe und Zuneigung. Da ein Großteil ihrer Heimat, der dichte Regenwald von Uganda, Rwanda und Burundi, zerstört wird, müssen sie ins offene Land ziehen und werden als Trophäen gejagt.
In Äthiopien handelte ein Mythos von der Existenz einer Menschenrasse, die jedoch mit Adam nicht verwandt war, sondern im dunkelsten Wald lebte. Die Araber griffen diesen Mythos auf, nannten die Rasse *ghoul* (q. v.) und beschrieben sie natürlich als *Dschinn* (q. v.). Aus *ghoul* entstand das Wort ›Gorilla‹.
In den Mythen wird der Gorilla als ein sehr starkes Tier (richtig) dargestellt mit Genitalien, die größer sind als die eines Mannes (falsch); wenn sich ihm die Möglichkeit bietet, ergreift er eine menschliche Frau (falsch), trägt sie in den Wald und vergewaltigt sie.
Eine verfeinerte Version dieses Mythos erzählt, wie der männliche Gorilla als Edelmann verkleidet, mit guten Manieren und sanfter Stimme an eine schöne weiße Frau herantritt. Die Frau ist bezaubert und willigt ein, mit ihm zu gehen, nur um herauszufinden, daß ihr neuer Ehemann in einem Baum lebt. Die Araber erzählen auch unanständige Geschichten von vernachlässigten Ehefrauen, die geheime Verabredungen mit zärtlichen männlichen Gorillas treffen. Andere Geschichten handeln von Jägern, die im Wald attraktiven Frauen begegnen und schließlich herausfinden, daß sie Gorillas geheirat haben.
Der Nachwuchs aus solchen Verbindungen, so wurde uns erzählt, ist eine Rasse von halbtierischen Vergewaltigern, die menschliche Dörfer überfallen, um dralle Mädchen aufzutreiben. Solche Geschichten werden von moslemischen Vätern erzählt, die ihre Töchter einschüchtern wollen, damit diese zu Hause bleiben.

Gott Die Vorstellung von dem Einen Gott, die in Afrika zuerst vom ägyptischen König Echnaton im vierzehnten Jahrhundert v.Chr. verbreitet wurde, hatte keinen bleibenden Einfluß außerhalb dieses Landes.

Das Christentum war die erste bedeutende monotheistische Religion in Afrika, die sich in ganz Nordafrika und Nubien sowie vom vierten Jahrhundert an in Äthiopien verbreitete, wo es weiterhin besteht. Vom siebten Jahrhundert an gelangte der Islam nach West- und Ostafrika. Diese Religionen haben die afrikanische Mythologie grundlegend beeinflußt.

In Tansania und Kenia hat sich die Vorstellung von Gott im Himmel durchgesetzt.

Die Janjero (q. v.) glauben an ein Höchstes Wesen, Hao.

Das Swahili-Wort für Gott, *Mungu* oder *Mulungu* wird überall verwendet, während die Kikuyus und die Massai ihn *Ngai* nennen.

Die Nuer im Sudan beten zu Gott als *Kwoth*, und auch die Nupe in Nigeria glauben, daß Gott, *Soko*, im Himmel ist.

Tilo, Himmel, ist bei den Thonga im südlichen Mozambique auch ein unbestimmter Begriff für ein Prinzip, das ihr Leben bestimmt.

Die Ibo in Nigeria kennen sowohl *Chiuke* im Himmel als den Schöpfer als auch die Erdgöttin *Ale* (siehe *Erde*).

Wegen der kongolesischen Vorstellung von Gott siehe *Nzambi*.

Die Völker in Zambia bezeichnen Gott häufig als *Lesa*, ein Wort, das ursprünglich vielleicht ›Regen‹ bedeutete und aufzeigt, was sie am meisten vom Himmel brauchten. Entsprechendes gilt für Angola.

In Ostafrika vollzogen die Kipsigis früher jährlich eine kunstvolle Zeremonie, die Kapkorosit hieß, um Gott zu ehren; die Anbeter blickten während des Gebets nach Osten, da der Regen immer aus dieser Richtung kommt.

Götter Der wesentliche Unterschied zwischen Göttern und anderen Geistern, auch wenn sie noch so groß und mächtig sind, liegt darin, daß die Götter angebetet werden. Geister werden günstig gestimmt, besänftigt, sogar auf magische Weise gezwungen, im Namen des Zauberkundigen zu handeln, aber sie werden nicht angebetet.

Es stimmt zwar, daß viele Ahnengeister verehrt werden und es darum auch verdienen, als Götter bezeichnet zu werden, wie es im alten Rom der Fall war, wo sie *di*, ›Gottheiten‹ genannt wurden, doch werden andererseits viele afrikanische Götter den ›Geistern‹ zugeordnet, wie der Große Geist, den die amerikanischen Indianer anbeteten, aber nicht als Gott betrachteten. Der Grund dafür liegt darin, daß die christlichen Missionare und in Afrika auch die islamischen Gelehrten sich weigerten anzuerkennen, daß die Götter der Heiden das Attribut ›göttlich‹ verdienen.

Mit der schlichten Definition:

›Dein Gott ist das, was du anbetest‹, kann man zwar arbeiten, aber sie löst nicht all unsere Probleme. Viele afrikanischen Völker wissen von der Existenz des Schöpfers, des Höchsten Gottes im Himmel, aber sie beten ihn nicht an, weil er zu weit entfernt ist. Sie wenden sich an ihn nur durch Mittler wie zum Beispiel die Geister der Ahnen. Islamisierte Völker beten gleichermaßen zu den guten Geistern der Heiligen und zu den Engeln, von denen sie glauben, daß sie in ihrem Namen bei Gott Fürbitte einlegen.
Dennoch besteht kein Zweifel, daß in diesen Religionen der Höchste Gott ein Gott ist und kein bloßer Geist. Hier rückt ein weiterer Unterschied in den Brennpunkt: Götter sind viel bedeutender als Geister, erhabener und mächtiger, allumfassender, multifunktionaler und vielseitiger. Viele Namen für Gott sind über die Stammesgrenzen hinaus bekannt wie Mungu (Mulungu), Nzambi (Nyambe), Ngai, Kalunga (Karunga) und Imana. (Siehe auch *Gott*).

Mji-Maske mit aufwärtsgebogener Sichel des Yamsmessers für die Knabeninitiation; Igbo (Nigeria).

Götter und Geister (Igbo, Afikpo), Nigeria). In dieser Gesellschaft scheint es keinen Glauben an einen höchsten Gott und keine Hierarchie von Gottheiten zu geben, das heißt, sie alle wirken unabhängig voneinander.
Es wird zwischen zwei Hauptgruppen von spirituellen Kräften unterschieden: die Ahnen oder *Ndiche Nwe-Ale*, die ›Ältesten unter der Erde‹, und die *Erosi*, Geister.
Man glaubt, daß die Ahnen in ihren Nachkommen reinkarniert sind oder es sich wünschen, soviel Macht über sie zu haben, daß diese Söhne und Töchter ihnen regelmäßig vorgeschriebene rituelle Opfer darbringen. Das Vernachlässigen dieser Pflichten kann mit Krankheiten bestraft werden. Wenn ein Nachkomme in Schwierigkeiten ist, kann ihm ein Ahne im Traum erscheinen und eine Lösung des Problems vorschlagen.
Es gibt auch böse Ahnengeister, *Ndema* genannt, die nicht reinkarniert werden wollen, sondern ihre Nachkommen heimsuchen und durch Magie krank werden lassen. Es ist sehr unwahrscheinlich, daß sich ein Geist so verhält, solange er

noch in einem lebenden Körper wohnt. Ein guter Mann kann sich zu einem bösen Geist wandeln, der wiederum nach einer Weile von seinen schlechten Taten Abstand nehmen und gut werden kann, woraufhin er als Kind reinkarnieren wird.
Wenn jemand von einem Ndema heimgesucht wird, muß er ein Opfer im ›Bösen Busch‹ machen, jenem Teil des Waldes, in dem die toten Babys und jene, die an schrecklichen Krankheiten gestorben sind, zurückgelassen werden. Der heimsuchende Ahne wird mit dem Verbrennen seiner Knochen bestraft und zum Schweigen gebracht.
Die Erosi oder unpersönlichen Geister können Fruchtbarkeit, Wohlstand und Gesundheit spenden. Sie haben Schreine, an die zu ihrer Freude Töpfe mit Nahrung als Opfergaben hingestellt werden. Man kann einen solchen Geist auch besitzen. In diesem Fall wird ein Priester bestimmt, der dem Geist dient, als Vermittler tätig ist und die Zeremonien vollzieht.
Ibini Okrabi ist der Geist des Aro Chuku-Orakels, das so mächtig ist, daß einige sagen, es sei Chineke, der Gott im Himmel.
Ebenfalls sehr mächtig ist Ale, die Erdgottheit, die sorgfältig über das Verhalten der Menschen wacht und die Missetäter bestraft. So ist z. B. Geschlechtsverkehr auf dem Boden nicht erlaubt. Es gibt zahlreiche Tabus, deren Verletzung mit Züchtigung bestraft wird.

Göttin Akonadi, Die (Accra, Ghana). In der Nähe von Accra erschienen eines Tages drei Brüder vor dem Schrein der Göttin Akonadi und baten sie um ein Orakel.
Es hatte in der Familie kürzlich mehrere Todesfälle gegeben: eine Tante, eine Ehefrau, drei Kinder. Wußte die Göttin die Antwort auf die Frage ›weshalb‹? Sie wußte sie. Die Priesterin deutete: ›‹Die Göttin hat gesagt: ›Geht in das Haus eurer Großmutter (die Göttin wußte ihren Namen) und durchsucht es. Ich weiß, daß ihr sie hochachtet, aber sie steht mit Dieben und Einbrechern im Bunde, also habe ich als Göttin der Gerechtigkeit entschieden, sie mit fünf Todesfällen in ihrer Familie zu bestrafen!‹‹
Diese dunkle Botschaft beruhigte die Brüder keineswegs, aber sie gehorchten und gingen in das Haus ihrer verehrten Großmutter. Dort war niemand anzutreffen, und so durchsuchten sie das Haus und fragten sich, was sie wohl finden würden. Unter dem Bett der alten Frau entdeckten sie eine Kiste aus Metall, die sie mit einem Brecheisen öffneten. Es kamen unglaubliche Schätze zu Tage: Goldene Armreifen und Spangen, mit Juwelen übersäte Ketten und Ohrringe und Silbermünzen.
Sie hoben die Kiste hoch und trugen sie zu dem Schrein der Göttin in der festen Überzeugung, daß diese wußte, wer die rechtmäßigen Besitzer waren. Sie wußte es. Durch ihre Priesterin teilte sie den Männern mit: ›Ich danke euch für

eure Ehrlichkeit. Dies war gestohlenes Eigentum. Da es jetzt nicht mehr bei euch ist, wird es in eurer Familie keine Todesfälle mehr geben. Laßt die Kiste bei mir. Die rechtmäßigen Besitzer werden bald hierherkommen.‹ So geschah es auch.

Bald darauf erschienen zwei Ehrenmänner und beklagten sich, daß eine Metallkiste, die eine große Menge von Goldschmuck für Frauen, Silbermünzen und wertvolle Steine enthielt, von dem Grundstück ihrer Mutter gestohlen worden war.

Wußte die Göttin, wer die Kiste geraubt hatte und wo sie nun war? Sie wußte es. Durch ihre Priesterin gab sie die Antwort: ›Ich weiß es. Die Kiste steht hier. Ihr könnt sie mitnehmen oder als milde Gabe für die armen Frauen und Kinder in dieser Stadt hier lassen.‹

Die Männer entschieden, daß es besser sei, mit diesen Schätzen, die so viel Leid verursacht hatten, nichts mehr zu tun zu haben, und ließen die Kiste als Bezahlung für das Orakel da.

So fungiert Akonadi als Gerechtigkeitsgöttin und Beschützerin der Frauen und Kinder.

Göttin Dzivaguru, Die (Korekore, Zimbabwe). Nach einer Überlieferung aus dem Land der Korekore, einem Shona-sprechenden Volk im nördlichen Zimbabwe, wurde Dzivaguru einst als große Erdgöttin, die älteste Gottheit der Korekore, angebetet.

Sie lebte in einem Tal in der Nähe des heutigen Dande, wo früher ein See lag, und an seinem Ufer stand ihr Palast. Sie besaß viele Rinder und Ziegen, Weiden und Wälder. Sie war in Ziegenfell gekleidet, und ihrer gebieterischen Stimme gehorchten alle Menschen. Sie besaß ein langes Horn, das mit Zaubermitteln gefüllt war und ihr alles gab, was sie sich wünschte.

Mutter-mit-Kind-Darstellung; Bamileke (Kamerun).

Eines Tages wurde Nosenga, der Sohn des Himmelsgottes Chikara, neidisch auf Dzivagurus Reichtum und entschied, sie zu vertreiben. Er ging in ihr Tal, aber Dzivaguru hatte sich mit Nebel umgeben, so daß Nosenga nur den See und die Berge sehen konnte. Er band sich ein magisches rotes Band um den Hals, woraufhin er Dzivagurus Palast zu erblicken vermochte. Er betrat ihn, aber Dzivaguru hatte sich bereits in die Berge zurückgezogen und alles Licht der Erde mitgenommen.

Nosenga, der nun von Dunkelheit umgeben war, schnitt von einer bestimmten Pflanze Fasern ab und baute eine Vogelfalle, die er neben den See legte. Bald schnappte sie zu, und der erste Sonnenvogel (q. v.) war gefangen. Nosenga stellte die Falle wieder auf, und bald schnappte sie erneut zu: der zweite Sonnenvogel war gefangen. Die Hähne krähten, und die Dämmerung brach an.

Als die Sonne aufging, konnte Nosenga Dzivaguru auf dem Hügel stehen sehen. Sie sagte: ›Du hast mich von meinem See vertrieben, Nosenga, also werde ich ihn mitnehmen. Du hast die Sonne hervorgebracht, die bald so heiß sein

Oloju-Fofo-Maske; Yoruba (Nigeria).

wird, daß der Wald austrocknen wird. Wenn einer deiner Söhne Inzest begeht, werde ich den Regen zurückhalten. Wenn sie zu mir beten wollen, müssen sie erst ein Schaf schlachten. Du wirst bestraft werden. Eine Zeitlang wird man dich anbeten, aber eines Tages werden Männer kommen, deren Knie nicht sichtbar sind und die einen anderen Gott mitbringen, so daß du in Vergessenheit geraten wirst.‹

Sie verschwand für immer.

Göttinnen (Yoruba, Nigeria). ›Die Erde wird im Yorubaland verehrt, weil man glaubt, daß sie von einem Geist bewohnt wird‹, schreibt Omosade Awolalu.

Ein solch großer Geist, der uns allen die Nahrung gibt, die wir brauchen, und auch die Tiere mit Gras versorgt, muß mit Sicherheit als Göttin betrachtet werden, eine der mächtigsten Gottheiten, die über Leben und Tod herrscht.

Menschen wurden von Obatala (q. v.) aus Erde geformt, bevor Olodumare (siehe *Erde; Yoruba*) ihnen Atem verlieh. Wir nehmen Nahrung zu uns, die auf die eine oder andere Weise aus der Erde kommt. Schließlich werden wir für immer in ihr begraben.

Wenn zwei Personen einen Vertrag abschließen, werden sie die Erde als Zeugin anrufen, da sie überall ist, und überzeugt sein, daß sie die Partei bestrafen wird, die das Abkommen bricht.

Ile, die Erdgöttin, erhält besondere Opfergaben zur Zeit der Saat und der Ernte. Wie die alten Griechen haben die Yoruba den guten Brauch, den Geistern der Toten, die unter der Erde liegen, Wein oder andere Getränke als Trankopfer auf die Erde zu gießen. Das Blut von allen Opfertieren fließt ebenfalls in die Erde.

Yemoja ist die Wassergöttin. Sie ist die Mutter aller Flüsse im Yorubaland, besonders des Flusses Ogun, dem wichtigsten Strom des Landes. Sie wird hauptsächlich in Abeokuta angebetet, wo ein Krug mit Wasser aus dem Ogun als Heilmittel für unfruchtbare Frauen steht. Anbeterinnen bringen ihr Ziegen, Yamswurzeln, Mais, Hennen, Enten und Fisch als Opfergaben. Ihre Symbole sind die Kaurimuscheln, die für Reichtum stehen.

Oya, die erste Gattin und Lieblingsfrau des Shango, ist die Göttin des Flusses Niger. Als Göttin der Winde und der Böen entwurzelt sie Bäume und bläst die Dächer von den Häusern, wenn sie ihren Ehemann auf seinen Reisen mit seinen Gewittern begleitet. Ihr Symboltier ist das Buschrind oder der Büffel, mit dessen Hörnern versehen sie dargestellt wird.

Im Niger und an seinem Delta wird sie als die Mami des Wassers bezeichnet, und man glaubt, daß sie große Vorräte an Kaurimuscheln besitzt.

Götzen, Statuen und Grabbilder (Swahili; *Sanamu*; Yoruba: *Ere*). Obwohl die alten Ägypter einige der schönsten Steinkunstwerke der Welt schufen, haben nur wenige davon überlebt.

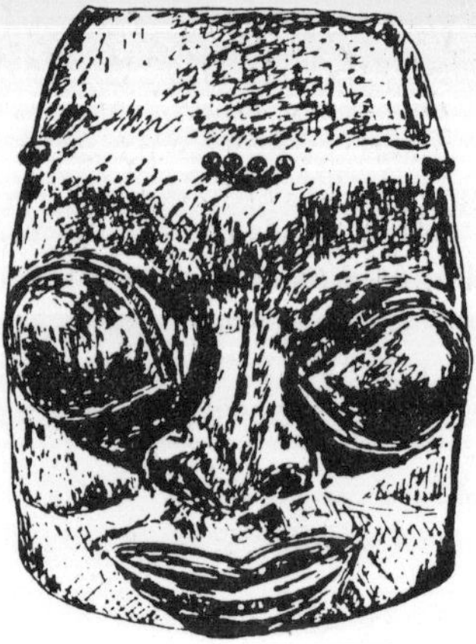

Kopf aus den Bronzewerkstätten am unteren Niger, in Benin gefunden (16./17. Jhr.).

Berühmt sind die Benin-Bronzen, die nach einer hochentwickelten Gieß- und Schmelzmethode gegossen wurden. Viele von ihnen stellen Götter-Statuen dar. Holzstatuen von beachtlicher Größe werden noch immer in fast allen Ländern des tropischen Gürtels Afrikas von Sierra Leone bis Madagaskar hergestellt.

In den Museen Europas und Nordamerikas wurden früher viele Statuen als ›Götzen‹ oder ›Ahnenbilder‹ bezeichnet, bis Anthropologen herausfanden, daß sich hinter jedem geschnitzten Bild eine Fülle von Mythologie verbirgt, die in vielen Fällen nicht mehr bekannt ist. Ein Großteil der afrikanischen Mythologie wurde von den Missionaren verurteilt, so daß die Bedeutung der Statuen in Vergessenheit geriet. Häufig ist sie geheim und nur den in die Rituale der Gesellschaft Eingeweihten bekannt.

In der überlieferten islamischen Literatur in Swahili und anderen Sprachen handeln zahlreiche Geschichten von Götzen, die von törichten Königen angebetet wurden.

Der bekannteste Götze ist Rasilighuli ›Dämonenkopf‹. Im königlichen Palast stand eine Statue, die sprechen konnte, da der Teufel in ihr wohnte, der den König und seine Leute in Versuchung zu führen vermochte, Böses zu begehen.

Guinea Siehe *Schöpfungsmythen.*

H

Hades Die meisten afrikanischen Völker sind wie die alten Griechen der Meinung, daß sich das Land der Toten unter der Erde befindet.
Man kann es zwar leicht betreten, aber es ist schwierig, dort wieder hinauszufinden, geschweige denn, der geliebten Person dort zu helfen. Wenn man einmal unter der Erde ist, ist es fast unmöglich, den Weg wieder nach draußen zu finden, sofern man nicht über besondere magische Kräfte verfügt. Nur ein sehr weiser Mann, der bestimmte Vorkehrungen getroffen hat, kann nach einem Besuch im Totenland in der Unterwelt auf die Oberfläche zurückkehren.
Das Swahili-Wort für Hades ist *Kuzimu* ›Kalter Platz‹ (siehe *Mizimu*). Die Seelen oder Geister *(mizimu)* der Toten zittern in ihrer dunklen, dunstigen Waldheimat, in der es von großen giftigen Pilzen und Fledermäusen nur so wimmelt.
Die Alur in Uganda erzählen, daß ihr König Mola im Hades seinen Vater gefunden hatte, der ihn bat, ihm von der oberen Welt, in der es warm sei, Feuer zu bringen. Mola gehorchte; dafür schenkte ihm sein Vater viele Kühe und zeigte ihm den Weg zurück. Mola fand sich in einer tiefen Höhle wieder, die nicht weit von seinem Dorf entfernt lag.
Die Ronga in Mozambique und die Xhosa in der Transkei glauben, daß man in einen Fluß tauchen muß, um in die andere Welt zu gelangen. Die Yoruba sagen, daß es im Wald eine tiefe Grube geben muß, die zur Totenstadt führt.
Die Kimbundu in Angola erzählen die Geschichte über den König Kitamba, der um seine Königin Muhongo trauerte. Er ließ einen *kimbanda*, einen berühmten Magier und Kräuterheilkundigen nach ihr suchen. Der *kimbanda* sammelte Kräuter im Wald, legte sich in seinen Kamin, wies seine Frau an, ihn jeden Tag mit Wasser zu begießen, und befahl seinen Männern, Erde auf seinen Körper zu schaufeln. Nachdem er völlig verschwunden war, fand er unter der Erde einen Weg, der zu der Hütte der Königin Muhongo führte. Sie sagte: ›Wir Toten sind die Gefangenen des Kalunga-Ngombe, des Königs der Toten. Wir können niemals zur Erde zurückkehren.‹ Die Ehefrau bewässerte mittlerweile weiterhin den Erdhügel, bis sie die Nase ihres Mannes erkannte, die wie eine Zucchini zum Vorschein kam. Er begann zu atmen, also erntete sie ihn und grub ihn wie eine große Süßkartoffel aus.

Hakata Geschnitzte Holzplatten, die in Zimbabwe zum Wahrsagen verwendet werden. Siehe *Diagnose; Orakel.*

Ham (Nordafrika). Ham war der Sohn des Propheten Noah. In den späteren jüdischen und islamischen Überlieferungen wurde er der Ahne aller Völker Afrikas.
Während der Reise in der Arche

befahl Noah seinen Söhnen, sich des Geschlechtsverkehrs mit ihren Frauen zu enthalten. Sem (Shem) und Japheth gehorchten, aber Ham war voller leidenschaftlicher Liebe zu seiner Frau, so daß er sie mitten in der Nacht während des heftigen Regens umarmte.
Für diesen Ungehorsam ließ Gott ihn und seine Söhne schwarz werden. So behaupten es die arabischen Gelehrten. Als die Arche schließlich sicher anlegte, schickte Noah Japhet in den Norden und Ham (auf Swahili *Hamu*, ›Kummer‹) in den Süden, um König von Ägypten zu werden. Ham und seine Frau hatten neun Söhne, welche die Ahnen der 900 Stämme in Afrika wurden.

Hatifu Stimme in der Wüste. Siehe *Sahara*.

Holzmaske eines Geheimbundes, dem der Häuptling vorsteht; Bamileke (Kameruner Grasland).

Häuptlinge In Afrika ist der Häuptling eines traditionellen Stammes oder Clans bei weitem mehr als ein politischer Führer oder ein verwaltender Bürgermeister. Wie die altsächsischen Könige führten afrikanische Häuptlinge früher den Krieg an und stifteten Frieden zwischen in Fehde liegenden Parteien. Politische Einheiten waren in Afrika vor der Kolonialzeit von sehr unterschiedlicher Größe: die kleinste Einheit stellte das Dorf dar, völlig souverän in seiner Abgeschiedenheit von anderen Dörfern, in denen auch ganz andere Sprachen gesprochen wurden. Der Häuptling eines solchen Dorfes war für dessen Verteidigung gegen Plünderer und benachbarte Stämme verantwortlich. Die vielen großen politischen Einheiten in der afrikanischen Geschichte waren tatsächliche Königreiche, wie Ashanti, Benin, Buganda, Burundi, Ife, Kwazulu, Kongo und Lesotho. Islamisierte Herrscher, beispielsweise in Kilwa, Pate, Sokoto und Darfur, bezeichneten sich selbst als Sultane.
Die Safwa aus der Gegend um den Tanganyika-See erzählen, daß in der Vergangenheit eine schreckliche Hungersnot das Volk veranlaßt hatte, ihren König zu verabschieden. Ein Prophet tauchte auf und führte die Leute zu einem heiligen Teich, der in heftige Bewegung ausbrach und Wasser über einen jungen Mann goß, den der Wassergott als zukünftigen König auserwählt hatte. Der junge Mann fand

daraufhin den königlichen Stein in seiner Hütte.

Die Könige der Alur mußten im Besitz der königlichen Steine (siehe *Alur*; siehe auch *Regenmachen*) sein, um Regen zu machen. Viele andere Häuptlinge waren für den Regen verantwortlich, den sie mit magischen Hilfsmitteln (z. B. dem Schwanz eines Büffels bei den Nyakyusa-Häuptlingen nördlich des Malawi-Sees) zu beeinflussen trachteten, oder mit Gebeten und Opfergaben, die an die Ahnen oder den Regengott gerichtet waren.

Auch für andere Zwecke mußte der Häuptling die geeigneten Rituale für die Versöhnung der Ahnen durchführen, besonders der Clanhäuptling eines patrilinearen Clans. Selbst das Feuer mußte vom Häuptling in einem Ritual zu festgelegten Zeiten im Leben des Stammes ›gebohrt‹ werden. Wenn ein Häuptling oder König stirbt, darf seine köngliche Trommel nicht mehr benutzt werden (siehe *Trommeln*). Der neue König muß nicht nur von seinem Volk, sondern auch von den Tieren anerkannt werden. Die Opferkuh kniete vor dem König der Ukuru in Uganda. Elefanten, Leoparden und Affen wurden gesehen, als sie um den Tod des Nkundo-Königs Itonde (q. v.) trauerten.

Hausa (Krankheiten verursachende Geister, Westafrika). Das Volk Hausa leidet an vielen Krankheiten und anderen medizinischen Problemen, die als solche in den medizinischen Fachbüchern nicht klassifiziert sind.

Für jedes dieser Probleme kennen die Hausa den Namen eines bestimmten bösen Geistes, dem die Schuld für das Auslösen dieses Schadens gegeben wird. Jeder Geist kann von einem Mann Besitz ergreifen, der sich darauf spezialisiert, für ihn zu tanzen, um herauszufinden, wer das Problem verursacht hat und wie dem abzuhelfen ist.

Es folgt eine Liste der wichtigsten bösen Geister.

1. Dakaki oder Mai-ja-Chikki, ein Schlangengeist, der den bösen Blick verursacht, der wiederum zu Magengeschwüren führen kann.
2. Kuri, Yerro oder Yandu, ein schwarzer Hyänengeist, der für Lähmung verantwortlich ist.
3. Ba-Maguje ist der Geist der Trunkenheit, eine Geißel für Moslems. Er bewirkt immer größeren Durst und macht seine Opfer unvernünftig.
4. Mai-Gangaddi oder Sarikin Barchi, der Geist der Schlafkrankheit. Er wird von einer Frau getanzt, die wie ein echter Patient zu Boden sackt.
5. Bidda ruft Steifheit hervor, wahrscheinlich die Folge von Blutvergiftung.
6. Taiki löst das Anschwellen des Bauches aus, wahrscheinlich Lebensmittelvergiftung.
7. Rako ist der Geist des Alters: Er bringt Schwäche und Benommenheit hervor.

8. Kworrom wohnt unter den Baumwurzeln im Weg des Reisenden, so daß dieser am Fuß ergriffen wird und wiederholt stolpert.
9. Sarikin Bakka herrscht über die Tiere im Busch und hat Wahnsinn zur Folge.
10. Jigo oder Jihu erzeugt Fieber, stechende Hitze und Schüttelfrost.
11. Mahalbiya ist ein weiblicher Geist, der Entzündungen und Tropengeschwüre verschuldet.
12. Jato oder Nakada oder Janziri ist ein schmutziger Geist, der in den Gossen und Abwässern lebt. Er bringt Geschlechtskrankheiten mit sich und folglich Wahnsinn.
13. Ba-Toye ist der Geist des Feuers, der brennenden Häuser, Felder und Bäume.
14. Makeri (Schmied) und Masaki (Weber) stellen die Berufskrankheiten der Handwerker dar, die Arme und Rücken gebrauchen, bis diese schmerzen und steif werden.

Jeder Geist hat sein eigenes Tier, das ihm geopfert werden muß. Normalerweise wird ihm ein Huhn, das eine bestimmte Farbe, Züchtung und ein bestimmtes Geschlecht vorweisen muß, von demjenigen, der von der Krankheit des Geistes befallen ist, dargebracht.

Heise (Buschmänner, Botswana). Heise ist der große Held des Volkes, das früher ›Die Buschmänner‹ hieß, jetzt aber fälschlicherweise oft San genannt wird und sich selbst aber als Ju bezeichnet.

Heise war halb Mensch und halb Gott. Er wanderte in der Wildnis umher und war mit den Tieren so vertraut, daß er sie alle mit Namen kannte. Seine Frau war ein *gemsbok*, eine anmutige graue Antilope mit langen gekrümmten Hörnern, die friedlich im *veld* mit ihren zwei Jungen äste, die halb Mensch und halb Antilope waren.

In jener Zeit gab es noch keine Berge, sondern nur Ebenen. Heise wanderte umher, bis er auf einen Teich stieß, über dem ein Baum seinen Schatten breitete. Er setzte sich und brach einen Zweig ab, um Feuer zu machen, doch der Baum es erlaubte ihm nicht.

Eine Stimme aus dem Innern klagte: ›Hol mich bitte heraus! Dieser starke Baum läßt mich nicht frei! Ich bin sein Gefangener. Hilf mir!‹ Heise befahl dem Baum, sich zu öffnen. Dieser mußte ihm gehorchen, denn Heise war ein Gott. Im Innern steckte ein schönes Mädchen, das heraustrat und einwilligte, Heises Frau zu werden.

Sie hatten einen Sohn, ein schönes Kind, das jedoch äußerst zart war und die sengende Sonne nicht vertrug. Also schnitt sich Heise einige Haare ab und schwenkte sie in alle Richtungen, während er sagte: ›Überall soll es Bäume und Hügel und Felsen geben, die Schutz bieten!‹ Sofort war die ganze Landschaft mit dichtem Wald bedeckt, während große Felsen sichtbar wurden und sich am Horizont Hügel erhoben. In den Felsen gab es Höhlen mit erfrischenden Quellen, in denen die Familie leben konnte.

Hexen Hexen scheinen in Afrika bösartiger zu sein als in anderen Kontinenten.

Im heutigen England wird das Wort in der ungenauen Bedeutung einer Frau mit spirituellen Fähigkeiten verwandt, während in Afrika Hexen immer böse, aber nicht immer weiblich sind.

Ein europäischer Missionar sagte einmal zu einem sehr unartigen Jungen in seiner Klasse: ›Du mußt einen Magen haben!‹ Die Folge war lähmendes Schweigen.

Das Wort ›Magen‹ bezeichnete in dieser Sprache (Ngombe) nicht nur ein bösartiges Wesen (wie der junge Priester dachte), sondern es ist das Organ der Zauberkraft.

Wenn herausgefunden wird, daß jemand eine Hexe ist, muß sie sich der Giftprüfung unterziehen, die normalerweise tödlich endet. Das hält man dann für den Beweis, daß es sich um eine Hexe handelt, was nur mit dem Tod bestraft werden kann.

Danach kann durch eine Autopsie der ›Magen‹ enthüllt werden. In Zande ist das Wort dafür *mangu* (q. v.), das mit ›Blinddarm‹ oder ›Gallenblase‹ übersetzt wurde, obwohl die korrekte Übersetzung ›zusätzliches Hexenorgan‹ lautet.

Demgemäß liegt die Zauberkraft in der Familie, und diese Überzeugung findet sich in Zaïre, in der Zentralafrikanischen Republik und überall in Simbabwe und Südafrika.

Man wird also als Hexe geboren und kann sich sein »Hexenorgan« nicht wegoperieren lassen, so daß es in Afrika Familien von Hexen gibt.

Von diesen Personen glaubt man, daß sie eine natürliche Neigung haben, durch ihre bloße Gegenwart Böses zu bewirken, ohne zwangsläufig etwas tun zu müssen. ›Böse‹ bedeutet, daß sie ihre Mitmenschen krank machen und ihren Tod verursachen, indem sie ›den bösen Blick‹ (q.v,) auf jemanden werfen, wie es in islamischen Kulturen bezeichnet wird.

Im Alltagsleben können Hexen normal, freundlich, ja sogar bezaubernde Menschen sein, und gerade ihr gesellschaftlicher Erfolg macht sie um so verdächtiger.

Hexen ›essen‹ Menschen, nicht körperlich, sondern sie verschlingen die geistige Kraft, die Lebenskraft ihrer Opfer, so daß diese sterben.

In Simbabwe wird die Hexe, *muroyi*, von einem toten Ahnen, einer Tante oder einem anderen Verwandten, der als ein Schatten, in einem Traum oder als eine Kobra erscheint, in der Nacht zu diesem Beruf aufgefordert. Dieser Ruf muß befolgt werden.

Man glaubt, daß Hexen zu ihren Tänzen auf Hyänen reiten.

Hexenmeister Hexenmeister werden in Swahili *walozi*, in Simbabwe *varoyi*, in Sambia, Botswana und Lesotho *baloi* und in Kasai und

Shaba *baloji* genannt. Das Wort für Hexenmeister lautet in Ganda *mulogo* und in Hausa *maiyu*.
Alle diese Personen haben etwas gemeinsam: sie essen Menschen.
In Kasai versammeln sich die Geister von Hexenmeistern in einem Baum, während ihre Körper sich in ihren Betten schlafend stellen. Oder ein Hexenmeister kann einen Gegenstand, beispielsweise einen Besen, oder einen Teil seines Körpers wie z. B. das Gesäß zurücklassen, der für ihn nachts antwortet, wenn ihn jemand besuchen will.
Niemand darf erfahren, daß er in der Nacht außer Haus ist, denn das ist ein sicheres Zeichen von Hexerei.
Bei ihren Versammlungen nehmen die Teilnehmer ein Gemeinschaftsessen zu sich, das geistiger und nicht körperlicher Natur ist. Sie essen die Seelensubstanz, das Energieprinzip ihrer Opfer.
Obwohl ihre Opfer nicht einmal anwesend sind, werden sie bereits nach kurzer Zeit Krankheitssymptome zeigen, dahinsiechen und ohne Aussicht auf Genesung sterben.
Jedes Mitglied der Versammlung muß seinerseits zu einem Opfer beitragen, das bei der nächsten Zusammenkunft ›verzehrt‹ wird.
Gewöhnlich muß der Hexenmeister ein Mitglied seiner eigenen Familie anbieten, wenn auch nur aus dem Grund, weil es einfach ist, an Nägel, Haare oder andere Körperteile des beabsichtigten Opfers zu kommen.
Eine tödliche Wirkung kann sogar dann eintreten, wenn ein Hexenmeister ein behextes Stück Fleisch in die Suppe legt. Alle, die von der Suppe essen, werden mit Sicherheit sterben, und Hexenmeister werden dann ihr Leben verzehren. (Man beachte, daß in Swahili das Wort für ›Leben‹ und ›Seele‹ das gleiche ist, *roho*, während in Luba *moyo* sowohl ›Leben‹ als auch ›gute Gesundheit‹ bedeutet.)
Hexenmeister gehen ihrer zerstörerischen Arbeit nach, weil sie es müssen: es ist ihnen angeboren.
Wenn sie gefaßt werden, gestehen sie ihre Verbrechen vielleicht aus Resignation, da Hexerei ihre angeborene Natur ist.
In Sambia gaben zwei Hexenmeister zu, daß sie das Fleisch von Babys gegessen hätten, aber das kommt normalerweise nicht vor.
Die Seelenenergie genügt ihnen als Nahrung.
Viele Völker glauben, daß Hexenkraft erblich bedingt ist. Das liegt in der Familie. Sie ist kein Handwerk, d. h. eine Fähigkeit, sondern ein ererbtes Unheil wie aggressiver Wahnsinn.
Die Zaïrer glauben, daß ein Hexenmeister mit einer Hexensubstanz in seinem Körper geboren wird. (Siehe *Mangu*.)

Hlakanyana (Zulu, Natal). Die bekannteste Figur in der Mythologie der Zulu ist Hlakanyana beziehungsweise mit Präfix ›Uhlakanyana‹, auch bekannt als ›Ucakijana‹ oder mit einem anderen Präfix als ›Icakijana‹.

Auch bei den Xhosa ist er wohlbekannt, während die Tsonga im Transvaal ihn Mpfundlwa, den Hasen, nennen.
Der Zuluname scheint Wiesel oder Marder zu bedeuten, ein kluges und flinkes Raubtier. Doch häufiger wird er als ein Zwerg beschrieben, eine schelmische Figur, die stets ihre Feinde überlistet und der es immer gelingt, bei Freunden eine Mahlzeit gratis zu erhalten.
In der Mythologie der meisten Länder sind Zwerge (q. v.) ursprünglich die Geister der Ahnen, was erklärt, warum sie so weise sind und im Erdinneren leben, wie die Gnome in der Schweiz, die in den Bergen Gold verstecken.
Wie Lianja (q. v.) und Mokele (q. v.) in Zaïre sprach Hlakanyana zu seiner Mutter, als er noch in ihrem Leib war, und sagte ihr, daß sie ihn sofort gebären solle, da er für das Leben bereit sei.
Sobald sie ihn zur Welt gebracht hatte und er auf den Boden fiel, erhob er sich, nahm den Speer seines Vaters – den niemand berühren durfte – und trennte selbst die Nabelschnur durch. Ohne sich nach dem Weg zu erkundigen, ging er zu dem Viehkral. Dort war gerade ein Tier für die Ältesten, die weisen Männer des Dorfes, geschlachtet worden. Ohne zu fragen nahm sich Hlakanyana ein Stück Fleisch und verschlang es. Dann bot er sich an, die Fleischportionen allen Männern ins Haus zu bringen, aber auf dem Weg verzehrte er alles selbst, so daß die ganze Kuh seine erste Mahlzeit war, mit der er die Ältesten betrogen hatte.
Danach verließ Hlakanyana das Dorf auf der Suche nach Abenteuern. Zufällig begegnete er einem Hasen, dem er erst Freundschaft anbot und ihn dann verschlang.
Als er einen Kannibalen traf, schlug er diesem vor, gemeinsam ein Haus zu bauen. Dabei nahm er den Kannibalen gefangen, indem er von innen dessen Haare in das Dach hinein flocht. Der Kannibale wurde vom Blitz getroffen und starb, während Hlakanyana sein Vieh verschlang.

Hölle (Nordafrika) Die ursprünglichen afrikanischen Religionen kannten keinen Ort, an dem die Seelen der Verstorbenen für ihre Sünden bestraft wurden. Aber die islamisierten Völker besitzen viele Geschichten über die Entsetzlichkeiten in der Hölle – mehr als über die Segnungen im Himmel.
Nach dem Schrifttum der Swahili liegt die Hölle unter der Erde und hat die Form eines sehr großen Gebäudes mit sieben Stockwerken.
Im untersten Teil wohnen die schlimmsten Sünder, jene, die zu ihren Lebzeiten beharrlich die Existenz Gottes geleugnet haben. Für alle Zeiten zittern sie im ewigen Eis, das sie unaufhörlich zerquetscht.
Im ersten Stock, d. h. im obersten Stock der Hölle, befinden sich die Sünder, deren Schlechtigkeit nicht so ausgeprägt ist, die Weintrinker, die sonst gute Moslems wären. Nach einiger Zeit in der Hölle wird

ihnen vergeben, und dann gehen sie weiter ins Fegefeuer, Matahara oder Jahannamu, wo sie nur Durst leiden und Ausfluß trinken.

Ladhaa, der zweite Stock (nach unten) ist der Ort der Geizhälse, die an den Haaren in einen Fluß aus Blut gezerrt werden; es handelt sich um jenes Blut, das sie ihren Opfern ausgequetscht hatten und das sie jetzt trinken müssen, wenn sie nicht verdursten wollen.

Hutama, der dritte Stock, ist für die Heuchler und Lügner bestimmt.

Sairi, der vierte Stock, für die Veruntreuer und Betrüger.

Sakari, der fünfte Stock, ist voll von Feuer und Rauch. Die ehebrüchigen Frauen, in deren Bäuchen immer Feuer brennen wird, sind hier untergebracht, wie auch die *sahiri*, die Zauberer, die Zaubersprüche auf ihre Opfer werfen oder Leichen ausgraben und Menschenfleisch essen.

Jahimu, der sechste Stock, ist für die Götzenanbeter, die dem Einen Gott zum Trotz *sanamu*, falsche Götter, anbeten.

Hawiya, der siebte und unterste Stock, ist für die Atheisten bestimmt, die in einer niemals enden wollenden Polarnacht leben.

Hottentotten Siehe *Khoi*.

Hua (Religion, Südöstliches Ghana). Die Hua unterscheiden zwischen zwei Gottarten, den *dzi-mawu* oder Himmelsgöttern aus *dzi* ›Himmel‹ und den Erdgöttern. Die unteren Gottheiten werden *ngunuwo* ›Schicksale‹ genannt. Die Hua drücken ihre religiöse Überzeugung mit dem Wort *wo-mawu* ›den Göttern gehorchen‹, ›anbeten‹ aus.

Sodza ist der oberste Gott, der im Himmel lebt und den die Priester um Regen anflehen. Yamswurzeln werden ihm mindestens einmal im Jahr dargebracht. Jede Woche werden für ihn Gebetszeremonien vollzogen. Und ihm zu Ehren findet auch ein monatliches Ritual statt. Die Priester sind in weiße Roben gekleidet und tragen weißen Lehm auf ihre Gesichter auf, bevor das alljährliche Opfer eines Schafs vollzogen wird.

Sogblen ist der Gott, der zwischen dem höchsten Gott Sodza und den Priestern vermittelt. Er befördert die Gebete der Anbeter in den Himmel und kehrt mit Versprechungen zurück, für gute Ernteerträge zu sorgen, so daß er von einigen als der Gott des Wachstums und der Fruchtbarkeit angesehen wird, der zwischen Himmel und Erde lebt.

Die Erdgötter, *Anyi-mawu-wo* aus *anyi* ›Erde‹ und *mawu* ›Gott‹, werden mit Heimsuchungen wie Krieg, Krankheit und Hungersnot in Verbindung gebracht.

Wenn sich ein Unglück ereignete, kam der ganze Stamm zusammen, um eine Ziege in der Stadt zu opfern, die unter dem Schutz des Erdgottes stand. Die Ziege wurde ordnungsgemäß geweiht und in einer mit Wasser gefüllten Grube geschlachtet. Der mit dem Blut vermischte Schlamm aus der Grube wurde den Anbetern gegeben, die sich dadurch mit dem Segen der Priester großzügig einrieben. Den

Abschluß bildete ein zeremonielles Mahl. Man hoffte, mit diesem Opfer die Götter bewegen zu können, das Unglück abzuwenden.

Soului ist der Gott des Getreides, des Reichtums und des magischen Klangs von Wind und Musik. Er ist auch der Gott der Heilkunst, der höchsten Form der Magie.

Wenn man Bohnen in einem Topf schüttelt und in der richtigen Weise zu Soului betet, hat dieser den Topf vielleicht am nächsten Morgen mit Kaurimuscheln gefüllt. Aber der glückliche Mann darf solchen Reichtum mit niemandem teilen. Selbst wenn er seinem besten Freund davon erzählt, nimmt Soului ihm vielleicht die Muscheln wieder ab. Geheimhaltung ist der Schlüssel zum Erfolg, der Wächter des Glücks. Der vom Gott Begünstigte trägt weiße Kleidung, bestreicht sich das Gesicht mit weißem Lehm und streut Asche auf seine Muscheln.

Hunde Der Hund war das erste Haustier des Menschen und sein Jagdgefährte.

In afrikanischen Häusern werden Hunde domestiziert gehalten, aber sie bewachen auch Grundstücke und Plantagen. Sogar tote Hunde werden als Schutz vor bösen Geistern verwendet, indem man ihren Kadaver am Türpfosten aufhängt.

In Liberia tötete einmal ein Medizinmann der Kpelle einen schwarzen Hund am Grab eines Kindes, das durch Hexerei gestorben war. Der böse Geist, der das Kind umgebracht hatte, wurde von dem Geist des toten Hundes verjagt, so daß das Kind wieder zum Leben erwachte.

Afrikanische Jagdgeschichten sind voller Magie, da kein Wild ohne diese getötet werden kann. Also verfügen auch die Jagdhunde über Magie. Einige können sich verwandeln, daß sie so groß wie Stiere sind. Andere können so schnell laufen, wie Schwalben fliegen können, während andere wie Otter zu schwimmen vermögen.

Von Flughunden glaubt man, sie seien die Geister von Toten; Wissenschaftler nennen sie Fledermäuse (q. v.).

Gute Hunde hören auch dann ihren Besitzer, wenn er sie aus der Hölle ruft.

Die Schwester eines Jägers war töricht genug, einen Mann zu heiraten, der sich als ein Oger (q. v.), das heißt ein menschenfressendes Ungeheuer, herausstellte.

Dieser Jäger hatte drei großartige Hunde, die Finder, Angreifer und Killer hießen. Mit ihnen machte er sich auf den Weg, das Dorf des Ogers aufzusuchen.

Dort angekommen, begrüßten sich der Oger und er freundlich, da sie ja verschwägert waren. Als der Jäger sagte, daß er seine Schwester sehen wolle, bestand der Oger darauf, die Hunde anzuketten. Der Jäger schlug einen Kompromiß vor: Eine Kette aus Raffiabast sei genauso gut wie eine aus Eisen, meinte er.

Die Hunde wurden in einer kleinen Hütte festgebunden, und der Jäger ging zu seiner Schwester, die in einer anderen kleinen Hütte saß, in der sie für das Festessen des Ogers gemästet wurde. Auch der Jäger wurde dort eingesperrt. Da rief er seine Hunde, die sich nach drei Rufen befreiten. Sie griffen den Oger an und rissen ihn in Stücke.

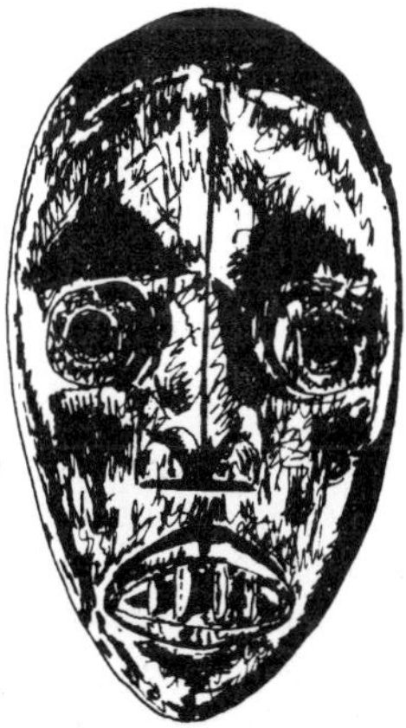

Holzmaske; Kran (Liberia).

Hunger (Kran, Liberia). An dem Tag, als Gott die Menschen erschuf, schuf er auch zweierlei Nahrung: Reis und Cassava.

Dann sprach Gott zu seiner Schöpfung: ›Ihr müßt jetzt in die Dörfer der Menschen gehen und ihre Nahrung werden, damit mein Volk glücklich leben kann.‹

Reis stimmte zu, aber Cassava fragte sich: ›Mein Bruder Reis und ich wissen, daß wir sehr wichtig sind, da wir das Leben der Menschen erhalten. Was sollen wir tun, wenn wir nicht mit dem gebührenden Respekt behandelt werden?‹

Gott antwortete: ›Fürchte dich nicht. Ich werde euch meinen Sohn Hunger als Begleiter auf all euren Reisen durch die Länder der Menschen mitgeben. Wann immer ihr euch einem Dorf nähert, wird er vorauseilen und eure Ankunft verkünden.‹

Hunger erschien. Seine Haut war so trocken wie das Fell einer Trommel, und seine Knochen kamen durch sie zum Vorschein.

Gott sprach: ›Du wirst diesen zwei Narren vorausgehen und ihr Erscheinen ankündigen. Wird ihnen in einer Stadt nicht die gebührende Behandlung zuteil werden, wirst du der Bevölkerung eine Lehre erteilen, damit sie ihre Nahrung ehren. Wenn die Menschen keinerlei Verehrung ihrer Nahrung gegenüber zeigen, indem sie sorgfältig und beharrlich Reis und Cassava anbauen, wirst du dafür sorgen, daß sie so dünn werden wie du.

Vergiß nicht, Cassava, daß die Menschen dich richtig zubereiten müssen, bevor sie dich essen, weil du sonst Gift für sie bist.

Und du, Reis, mußt gekocht werden oder in Suppen- oder Soßenform gegessen werden, aber niemals roh.‹

Die drei machten sich also auf den Weg in das Land der Menschen. Wann immer sie sich einer Stadt näherten, blies Hunger in ihre Richtung. Dann trocknete ein schrecklicher Wind die Blätter und Stengel aus, und die Menschen wurden vor Hunger schwach. Einige fielen um und konnten nicht mehr aufstehen.

Sobald die Menschen Reis und Cassava den Weg entlanggehen sehen konnten, eilten sie ihnen entgegen, fielen ihnen zu Füßen, boten ihnen alle ihre Besitztümer an, baten sie, mitzukommen und in ihren Häusern zu bleiben und riefen Zeremonien ins Leben, um Gott zu danken, daß er den Hunger von ihren Türen fernhielt. Bald bauten sie ihre Felder wieder mit großem Eifer an.

Hunger ist Gottes Sohn, der erschaffen wurde, um uns Dankbarkeit zu lehren.

Hydra (Fulani, Nigeria). Eine Hydra ist ein Wasserungeheuer mit sieben Köpfen. Die Peul oder Fulani in Mali nennen sie den Wassergott und bringen ihr kleine Opfer dar, da sie wissen, daß sie den Lauf des Flusses aufhalten wird, wenn sie verärgert ist, und als Folge Menschen und Tiere sterben werden.

Eine schwangere Frau, die von einer der Nebenfrauen ihres Mannes geärgert worden war, indem diese ihren Wasserkrug mit Schlamm gefüllt hatte, bat den Flußgott in einem Lied, zu kommen und ihr zu helfen, und versprach ihm dafür ihr Kind.

Der Wassergott stieg aus dem Fluß, säuberte ihren Krug und setzte ihn ihr auf den Kopf. An diesem Abend gebar sie zu Hause eine Tochter, Jinde Sirinde ›Die, auf die der Wassergeist Anspruch erheben wird‹.

Als das Kind groß genug war, um einen vollen Krug auf seinem Kopf zu tragen, schickte es seine Mutter morgens und abends zum Wasserholen an den Fluß.

Eines Tages, als Jinde im Wasser stand und ihren Krug säuberte, packte der Wassergott sie an den Knöcheln und zog sie hinunter in den tiefsten Teil des Flusses. Dort mußte sie mit ihm leben, denn ihre Mutter hatte ›sie verschenkt‹. Sie bat ihren neuen Ehemann, ihr die Gunst zu gewähren, ihrer Mutter einen letzten Besuch abstatten und die Sonne ein letztes Mal sehen zu dürfen. Der Wassergott erlaubte ihr, für einen Tag wegzugehen, aber er warnte sie: ›Wenn du nicht zurückkommst, werde ich kommen und dich holen.‹

Jinde Sirinde machte sich schnell auf und schwamm zum Ufer, bevor der Wassergott seine Meinung ändern würde. Sie ging zu ihrer Mutter, aber diese öffnete ihrer Tochter nicht die Tür: eine verheiratete Frau gehört zu ihrem Ehemann. Auch ihr Vater machte ihr nicht auf: er fürchtete sich vor dem Ungeheuer.

Schließlich ging sie zu ihrem Geliebten. Er war ein wahrer Geliebter, denn er kam mit dem alten Schwert seines Vaters heraus und war bereit, sein Leben für seine edle Liebe aufs Spiel zu setzen.

In der Ferne konnte man das Ungeheuer bereits hören, das sich wie ein Sturm, der über die Felder wütet, aus dem Fluß erhob. Er hatte eine schuppige Haut und sieben

Köpfe, aber der Geliebte schlug ihm alle sieben ab.

Hyäne Das Wort Hyäne wird für mindestens vier völlig unterschiedliche Arten von Fleischfressern gebraucht. Drei von ihnen sind Aasfresser, aber der vierte, die gefleckte Hyäne, ist ein Jäger, und ihr großer und kräftiger Körperbau ist für diese Aufgabe hervorragend geeignet. Diese Hyänen jagen in Rudeln und haben keine Angst, einsame Wanderer in der Nacht anzugreifen.

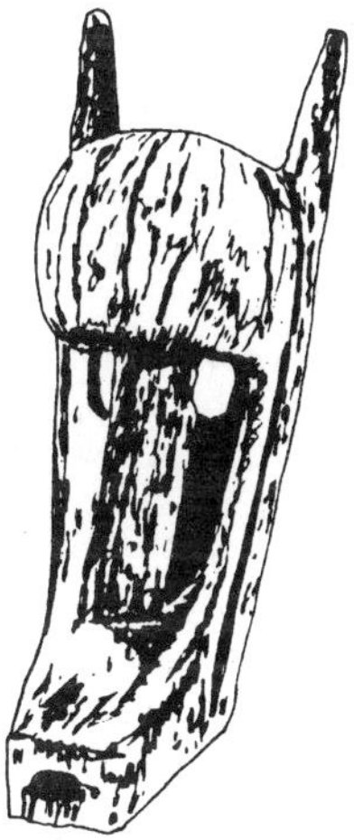

Hyänenmaske des Ntomo-Bundes; Bambara (Mali).

Im Sudan, so wurde uns erzählt, können böse Zauberer Hyänen auf ihre Feinde ansetzen, die wissen, daß ihr Schicksal besiegelt ist, wenn sie mitten in der Nacht ein Geheul hören, welches das Blut in den Adern erstarren läßt.

In Ostafrika herrscht der Glaube, daß man durch die glühenden Augen der Hyäne die leuchtenden Geister der Menschen, die sie gefressen hat, in ihrem Innern sehen kann. Folglich glauben einige, daß die Geister der Ahnen eine Hyäne benutzen können, um nachts auf ihr zu reiten und ihre Verwandten als Geister zu besuchen.

In Zimbabwe reiten die Hexen nachts auf Hyänen. Zeugen haben bei Gerichtsverhandlungen eidesstattliche Versicherungen für ihre Aussage abgegeben, daß sie den des Mordes an seinen Feinden durch Hexenkraft Angeklagten gesehen hätten, der nachts auf einer Hyäne geritten sei – was als tatsächlicher Beweis für die ruchlosen Praktiken des Angeklagten anerkannt wird.

In Zambia kann der Zauberer (siehe *Sitondo*) in den Körper einer Hyäne eintreten, seine Opfer verschlingen und danach seine menschliche Gestalt wieder annehmen und ganz unschuldig dreinschauen. (Siehe auch *Beerdigung; Tod; Tabu.*)

Hyänenmenschen (Mali) sind böse Geister, die nach Belieben die Gestalt eines Menschen oder einer Hyäne annehmen können, je nach dem, was sie in einem bestimmten Augenblick vorhaben: Menschen verwirren oder sie bzw. ihre Tiere verschlingen. Die Absicht eines Hyänenmenschen liegt darin, viel Fleisch zu sich zu nehmen.

Zwei junge Männer besuchten einen alten Mann, der einst ein Menschenfresser gewesen sein sollte.

Sie sagten zu ihm: ›Wir haben nie genug Fleisch zu essen. Kannst du uns helfen?‹ Er gab ihnen einen Zaubertrank, mit dem sie sich nach Einbruch der Dunkelheit in Hyänen verwandeln konnten.
Sie ließen sich im Busch nieder und schliefen dort tagsüber. In der Nacht besuchten sie den Friedhof, der außerhalb der Stadt lag, und gruben die Leichen aus.
Aber schon bald waren sie dieses edlen Fleisches überdrüssig. Also fielen sie eines Nachts über einen Schafhirten her, der außerhalb der Herde, die er hüten sollte, schlief. Sie verschlangen den alten Mann roh, dann suchten sie sich das fetteste Schaf aus, nahmen es mit in den Busch und brieten es über dem Feuer. Inzwischen hatten sie ihre menschliche Gestalt wieder angenommen, um den Braten genießen zu können. Sie hatten ein Tranchiermesser, das sie *ala jugu*, ›Gottes Feind‹ nannten.
In der nächsten Nacht gingen sie in Hyänengestalt in ihr Dorf zurück und raubten zwei Kinder aus einem Zimmer. Nachdem sie diese gegessen hatten, waren sie immer noch hungrig. Also sprangen sie über einen Zaun, fanden ein Schaf und nahmen es mit in ihre Höhle. Während sie es verzehrten, sangen sie ein Lied: ›Heute gibt es keinen Gott, wir können machen, was wir wollen.‹
In der nächsten Nacht ging ein Hyänenmann in sein eigenes Haus und ergriff seine Mutter. Sein Freund sprang über die Einzäunung des Grundstücks des Häuptlings, ergriff dessen Frau und aß sie, nachdem er sie vergewaltigt hatte, während sein Freund seine eigene Mutter verschlang.
Doch nicht alle Hyänenmenschen sind derart bösartig; es gibt einige wenige Ausnahmen.
Ein sehr armer Mann lebte mit einer großen Familie in dem Dorf Sofara. In der Nacht verwandelte er sich in eine Hyäne und ging auf die Jagd, um seine Kinder mit Fleisch zu versorgen. Als er für dieses aktive Nachtleben zu alt wurde, verwandelte er seinen ältesten Sohn in eine Hyäne und sagte ihm, daß er jagen solle.
In derselben Nacht starb er und ließ seinen Sohn ohne den notwendigen Zauberspruch zurück, mit dem er seine menschliche Gestalt zurückerhalten konnte. Also wanderte der junge, unschuldige Hyänenmann nachts im Dorf umher und heulte so traurig, daß die Dorfbewohner Mitleid mit ihm bekamen und ihn täglich zu füttern begannen. Einige Mädchen aus Macina wollten abends zum Volksfest nach Bandiagara gehen, aber, so erzählten sie, eine große Hyäne wartete auf sie im Busch. Sie gingen zu einem jungen Mann namens Jolima ›Liebeskünstler‹, der als mutig galt.
Er willigte ein, sie an diesem Abend zu begleiten, und sobald sie in der Nähe der Höhle der Hyäne angelangt waren, ging Jolima den Mädchen in respektvollem Abstand voraus.

Plötzlich tauchte die große Hyäne auf, mit Augen, die in der Nacht rot leuchteten. Jolima sagte unentwegt zu sich hin: ›Ich bin Jolima, ich bin Jolima.‹ Das Ungeheuer griff an, aber Jolima hielt stand – er konnte nicht umgeworfen werden. Das Ungeheuer schlug mit den Klauen nach ihm, aber sie fielen ab. Dann versuchte es, ihm in den Nacken zu beißen, aber seine Zähne fielen heraus. Jolimas Mut war die beste Magie. Er ergriff das Ungeheuer am Hals, fesselte es mit einem Seil und zog es in die Stadt hinein, wo er es als ›mein Schaf‹ vorzeigte.

Diese Geschichte ist ungewöhnlich, da sie gut endet. Oft ist die Magie des Jägers zu schwach, um den Kampf gegen den Hyänenmann zu gewinnen, so daß er verschlungen oder, falls er entkommen kann, impotent wird.

Wenn sich eine schöne Frau findet, die bereit ist, sich dem Hyänenmann anzubieten und sich nackt vor ihn hinzulegen, wird dieser davon hypnotisiert sein, so daß er aus dem Hinterhalt überfallen und getötet werden kann. Andernfalls ist er immer zu vorsichtig, um überrascht werden zu können, denn seine Talismane warnen ihn.

Der Schwanz der Hyäne wird von Männern verwendet, die einen Zauber auf ein Mädchen werfen wollen, das sie sitzengelassen hat. Es heißt, daß ein Hyänenmann einen unwiderstehlichen Einfluß auf bestimmte stolze Frauen ausübt, die sich ihm dann unterwerfen müssen und schließlich zugrunde gerichtet und in Stücke gerissen werden.

In Südafrika hat der Hyänenmann zwei Münder: der eine ist zum Reden da und paßt zu dem gutaussehenden Gesicht, das sich in guter Gesellschaft zeigen lassen kann. Der andere mit dem großen, kräftigen Kiefer und den riesigen Schneidezähnen kann Menschenknochen zermalmen. Er darf sein Hyänengesicht nicht in der Gegenwart seines Opfers zeigen, über das er herzufallen gedenkt. Wenn diese Hyänenmänner nicht hungrig sind, sehen sie recht gut und anziehend aus. Sie unterscheiden sich völlig von den Hyänenmännern in Westafrika, deren Aussehen und Geruch immer ein wenig eigentümlich sind und die sich jederzeit vollständig in Hyänen verwandeln können, um zu jagen.

In Zimbabwe sind die Hyänen verkleidete Hexen. Einige glauben, daß sie nur auf Hyänen *reiten*, während andere behaupten, daß sie Frauen seien, die sich in Hyänen verwandeln können.

I

Ibo (Igbo). Volk und Sprache in Ostnigeria. Siehe auch *Erde; Götter; Geister.*

Orakelbrett (Oqua Ifa); Yoruba (Nigeria).

Ifa (Yoruba). Der Yoruba-Name Ifa hat zwei Bedeutungen: er bezieht sich auf den Gott und auf sein Orakel. Beide stellen zentrale Aspekte der Religion im Yorubaland dar.

In der ersten Bedeutung ist Ifa der Name des Yorubagottes der Weisheit, des Wissens und der Wahrsagerei. Sein anderer Name lautet Orunmila (q. v.). Das Wort Ifa bedeutet wohl ›allumfassend‹ und das Wort Orunmila ›Gott weiß, wer gerettet wird‹. Beide Etymologien sind umstritten.

Aus verschiedenen Mythen geht hervor, daß Ifa mit anderen Gottheiten in jener Zeit vom Himel zur Erde kam, als diese erschaffen wurde. Die Götter schufen Ordnung auf der Welt und benötigten für ihre Arbeit Ifas Weisheit.

Ifa ließ sich in Ile Ife nieder, dem heutigen Westnigeria. Auch die örtliche Bestimmung des ursprünglichen Ife als Ifas Wohnsitz ist umstritten.

Während er auf der Erde lebte, heiratete Ifa und hatte acht Kinder, die alle oberste Häuptlinge wurden und über die Provinzen im Yorubaland herrschten.

In dieser Zeit waren Himmel und Erde noch nicht durch das Hindernis der großen Entfernung getrennt, so daß Ifa häufig heimreisen konnte; im Himmel wurde er dann von Olodumare, dem Höchsten Gott (q. v.) um Rat gefragt.

Eines Tages entschied Ifa, die Erde zu verlassen und wieder im Himmel zu leben, da er von einem seiner Söhne beleidigt worden war.

Durch seine Abwesenheit stürzte die Erde in völlige Verwirrung. Hungersnot und Krankheiten forderten viele Opfer. Lange Zeit wurden keine Kinder mehr geboren, und viele Frauen blieben unfruchtbar.

In ihrer Verzweiflung schickten die Ältesten die acht Kinder in den Himmel, um ihren Vater Ifa zu bitten, zur Erde zurückzukehren.

Sie reisten nach oben, und nach einer langen Wanderschaft fanden sie ihren Vater, der im Himmel unter einer großen Palme saß.

Er weigerte sich, zur Erde zu gehen. Jedoch gab er einem jeden 16

Kokosnüsse mit, *ikin*, mit denen sie wahrsagen konnten.
Durch diese Hilfsmittel der Wahrsagung spricht Ifa zum Volk auf Erden. Er verkündet ihm den Willen der Götter und übermittelt die Gebete des Volkes an die Götter.

Ifrit (Efreet, Afriit; Swahili: Afiriti oder Ifiriti). Böser Geist arabischen Ursprungs, möglicherweise assoziiert mit *nifrit* ›verrucht‹ und *ifr* ›den Fall/Sturz verursachen‹; Ifrit bedeutet auch ›antagonistisch‹.
Im Koran taucht Ifrit nur einmal auf (27:39-40): Als Salomon den Wunsch äußert, den Thron der Königin von Saba zu besitzen, bietet sich ein Ifrit, der wie ein Dschinn beschrieben wird, an, sich auf den Weg zu machen und den Thron für den König herbeizuschaffen.
Der Ifrit hat keine Schwierigkeiten, den Königsthron von Südarabien durch die Luft zu König Salomon zu tragen.
Diese Geschichte, die kein Moslem anzweifelt, beweist, daß Ifrits sehr groß und stark sind.
Das Swahili-Wort wurde vielleicht aus dem arabischen Plural *afarit* abgeleitet.
Das Volk der Swahili glaubt, daß ein *afiriti* in Flüssen und kleinen Buchten lebt, in denen die Jungen schwimmen gehen.
Dann packt er plötzlich einen von ihnen an den Beinen und zieht ihn nach unten. Demzufolge wird er mit Beinkrampf gleichgesetzt.
Ein Ifrit kann dazu gebracht werden, für einen mächtigen Mann zu arbeiten, vorausgesetzt, dieser ist im sicheren Besitz von König Salomons Siegel, einem wertvollen Stein aus dem Himmel, in den Gottes Geheimname eingraviert ist. Dieser Name unterwirft alle Dämonen außer Iblis (den Teufel).
Mächtige Ifrits können Armeen von niedrigen Ifrits befehligen; gemeinsam vermögen sie große Schäden anzurichten.
Sie sind in Clans eingeteilt und werden von Königen regiert, die aus Rache für die geringfügigste Beleidigung in den Krieg ziehen.
Die Männer und Frauen heiraten untereinander und haben Kinder, aber sie können auch Menschen heiraten, nachdem sie menschliche Gestalt angenommen haben.
Von einigen männlichen Ifrits weiß man, daß sie schöne Mädchen entführt haben, die so töricht waren, die Nacht auf dem Dach zu verbringen, um sich abzukühlen.
Aber nicht alle Ifrits sind böse. Einige sind in der Lage, Mitleid für menschliche Kinder zu empfinden.
Ifrits erscheinen, indem sie sich wie eine große schwarze Rauchwolke vom Boden erheben.
Sie haben große, fledermausähnliche Flügel und leben in Ruinen oder in der Erde, und sie sind nur durch Zauberkraft verwundbar.

Igbo Siehe *Götter; Geister.*

Ilomba (Barotseland, Zambia). Zambia und Zaïre scheinen voller Geister aller Art zu sein, von denen jedoch nur wenige gut sind.
Ein *ilomba* (in Lozi auch *ilombameme*, in Kaonde *mulombe* oder

mulolo) ist eine Art Vertrauter (q. v.) in der Gestalt einer Wasserschlange.
Sie wird vom *muloyi* (q. v.) für sich oder denjenigen, der ihm eine vereinbarte Summe zahlt, erschaffen, d. h. geformt und mit Leben erfüllt.
Sie hat den Körper einer normalen Schlange, aber einen menschlichen Kopf, der Ähnlichkeit mit dem seines Besitzers aufweist. Selbst der Kopfschmuck ist mit dem des Besitzers identisch.
Der *ilomba*-Geist ist mit dem, dem er gehört, in jeder Beziehung so eng verbunden, daß im Falle seiner Vernichtung auch dieser sterben wird.
Gewöhnlichen Leuten erscheint er wie eine normale Schlange, aber dem Opfer, für das er bestimmt ist, zeigt er sich in der Erscheinung seines Besitzers, so daß das Opfer zwar gewarnt, aber wie gelähmt vor Angst ist.
Der *ilomba* wird sein Opfer dann schnell beißen und sein Blut trinken.
Für die ›Schöpfung‹ des *ilomba* nimmt der *muloyi* Blut aus dem Rücken, der Brust und der Stirn seines Kunden und mischt es mit seinen kleingeschnittenen Fingernägeln und mit Wurzeln aus dem Wald und legt diese Bestandteile in eine Schlangenhaut.
Ein solches Verfahren wird wochenlang fortgesetzt, bis die Schlange etwa ein Meter oder noch größer ist.
Dann beginnt sie zu leben und wird zuerst mit Eiern und Milch ernährt. Doch nach fünf Jahren wird sie Blut verlangen und anfangen, Menschen zu töten, zuerst ein Fötus aus dem Leib einer jungen Mutter, dann ein Baby und schließlich einen Erwachsenen, da ihr Besitzer ihr keine Opfer ›schenkt‹.
Nach jeder Tötung wird sie sich an dem Geist ihres Opfers weiden und dadurch wachsen. Einige sagen, daß ihr nach jeder guten Mahlzeit ein weiterer Kopf wächst.
Die Opfer können vom Besitzer zum ›Wiederbeleben‹ ausgegraben werden, um ihm als gehorsame Sklaven zu dienen (siehe *Zombies*).
Die Schlange lebt im Fluß, von dem aus sie durch einen Tunnel in das Haus ihres Opfers gelangt.
Sobald jemand ein *ilomba* besitzt, kann er ihn niemals loswerden, denn wenn er ihm nicht regelmäßig Menschenblut ›schenkt‹, wird er verhungern und mit ihm sterben.
Zwangsläufig wird die Schlange eines Tages getötet werden, und somit stirbt auch ihr Besitzer.

Imana Siehe *Burundi*.

Inkubus In der Transkei taucht ein Inkubus am häufigsten in der Gestalt eines Tikoloshe (q. v.) auf, der als ein schwarzer Zwerg mit großem Penis beschrieben wird und sich unsichtbar machen kann.
Wenn eine Frau ihn ablehnt, wird er sie würgen.
Bringt sie mißgestaltete Kinder zur Welt, wird man sie beschuldigen, sich einem Tikoloshe hingegeben zu haben, während ihr Mann

schlief oder unterwegs war; dann wird man sie aus dem Dorf vertreiben.

Der Impundulu ist ein großer Vogel, manchmal als Aasgeier beschrieben, aber mit einem Penis, der wie eine Ochsenzunge geformt ist.

Andere sagen, daß er ein junger Strauß mit flaumigen Federn sei oder einem Stelzgeier gleiche.

Wenn eine Frau, die nachts einen Impundulu ›hat‹, sich auch noch einen menschlichen Liebhaber nimmt, wird der Impundulu ihn angreifen, sein Blut saugen und damit bewirken, daß er Blut hustet und stirbt.

Aasgeier werden im allgemeinen als die Überbringer von Krieg und Krankheit angesehen.

Eine Frau, die sich einem Impundulu hingibt, wird der Hexerei beschuldigt, wenn man sie dabei ertappt – doch mit ihren magischen Händen kann sie ihren Gatten zum Einschlafen bringen, indem sie einfach über sein Gesicht streicht.

Ein Mann, den man vor den ›Gewohnheiten‹ seiner Frau gewarnt hatte, schaffte es eines Nachts, wachzubleiben, und sah zu seinem Entsetzen einen Impundulu, der mit seiner Frau schlief. Er wartete ab, bis dieser den Höhepunkt erreichte, und dann stieß er ihm sein assegai in die Kehle, worauf er starb. Seine Federn verkaufte er den Zauberern für viel Geld, die damit magische Gegenstände herstellen.

Frauen, die sich einem Impundulu hingeben, werden Vampire gebären.

Frauen können auch einen Inkubus in der Gestalt einer Schlange, *inyoka*, haben.

Es gibt zwei Typen von sexuellen Schlangen.

Die Ugatya kann von der Mutter zur Tochter weitergereicht werden. Sie lebt in der Vagina der Frau und macht sie jederzeit glücklich, so daß sie stets lächelt und tanzt.

Immer wenn ihr Ehemann sie begehrt, muß sie in der Nacht die Hütte verlassen und schnell die Schlange herausnehmen, denn sonst beißt sie den Mann in den Penis, und er bekommt Syphilis.

Ein Ingumbane ist eine grausamere Sex-Schlange, die stets bereit ist, ihre menschlichen Rivalen zu töten.

Insekten In Afrika existieren Tausende von verschiedenen Insektenarten, von denen nur wenige in irgendeiner afrikanischen Sprache mit einem bestimmten Wort beschrieben sind.

Die meisten Sprachen unterscheiden zwischen Bienen, Honigfliegen, Moskitos, Hornissen und Tsetsefliegen.

Verschiedene Wespenarten werden häufig differenziert, aber Fliegen und Moskitos sind normalerweise nicht näher spezifiziert.

Es existiert normalerweise nur ein Wort für all die zahlreichen Schmetterlingsarten, während für Ameisen und Termiten nähere Begriffe vorhanden sind.

So gibt es beispielsweise je ein

Wort für rote Ameisen, für große schwarze Ameisen, für die kleinen Hausameisen, für Soldatenameisen, für weiße Ameisen und für Wanderameisen.
Termiten und Heuschrecken werden normalerweise von allen Völkern gegessen, aber Maden nur von einigen. Vor der Kolonialzeit war man sich des Kausalzusammenhangs zwischen Insekten und Krankheiten nicht bewußt. Es hieß, daß Krankheiten durch Zauberei verursacht werden.
Die Alur am Albertsee erzählen, daß die Insekten ursprünglich im Himmel in großen verschlossenen Krügen aufbewahrt wurden.
Einige hungrige Besucher glaubten, daß in diesen Krügen Eingepökeltes sei, nahmen die Deckel ab und waren über den Inhalt entsetzt. Ein Krug enthielt Fliegen, ein anderer Moskitos, der dritte Wespen usw.
Obwohl die Menschen so schnell sie konnten zur Erde zurückliefen, summten die Insekten unentwegt um ihre Köpfe und reisten mit ihnen zur Erde, wo sie sich vermehrten.
Die Nkundo im mittleren Kongobecken erzählen, daß die ersten Insekten gesehen wurden, als der erste Mann, Itonde Ilele-a-Ngonda (q. v.) gestorben war.
Als seine Frau zu Hause seinen Sohn und seine Tochter, Lianja und Nsongo, gebar, traten zuerst die Fliegen aus ihr, dann die Rinder, die Ziegen und alle anderen Tiere, so daß sie, Mbombe, am selben Tag Mutter von allen Tieren und Menschen wurde.
Die Fliege genießt im afrikanischen Volkstum ihrer Natur entsprechend den Ruf, schmutzig zu sein, da sie gern auf Dung sitzt, aber sie ist auch für das Spionieren bekannt, da sie in jeden Raum eines Hauses eindringen und lauschen kann.
Die Termiten werden wegen ihrer (etwa zwei Meter) hohen kaminähnlichen Bauten aus unzerstörbarem Material, die von Soldaten-Insekten gut verteidigt werden, bewundert.
Einige Völker glauben, daß sich nach dem Tode eine menschliche Seele in einen Schmetterling verwandeln kann.

Islam Siehe *Schöpfung; Jüngstes Gericht; Swahili; Tijani.*

Itonde (Nkundo, Zaïre). Itonde war der Name eines Jungen, der noch nicht einmal geboren worden war, aber bereits aus dem Schoß seiner Mutter geschlüpft war, um Fleisch zu essen. Nur Götter können so etwas!
Nachdem er sein Verlangen gestillt hatte, ging er in den Wald. Kein Kind würde sich wagen, den Wald, in dem alle Geister leben, zu betreten, aber Itonde kannte keine Angst. Er war bereits ein erwachsener Mann mit einem Namen und den Wünschen eines Erwachsenen. Im Wald begegnete ihm ein kleiner Vogel. Es war Itoli, der Kolibri. Er saß auf einem Zweig und summte ein kleines spöttisches Lied: ›Du, der ißt/deines Vaters Fleisch/wird

ein Singvogel schwarz und weiß/ deinen Appetit stillen?‹
›Ich bin Itonde, Sohn des Lonkundo (q. v.), König des Waldes und aller Lebewesen. Ich wurde an diesem Abend geboren. Was schenkst du mir zum Geburtstag?‹
›Ich bin Itoli, der Kolibri. Ich schenke dir die Welt.‹ Unter seinem Schwanz holte Itoli eine kleine bronzene Glocke hervor, solche, die sich Tänzer an Bändern um ihre Arme und Knöchel binden. ›Diese Glocke hat einen Namen, sie wird Bokili, die Welt, genannt. Sie wird dir alles geben, was du dir wünschst, denn sie enthält alles. Schau! Es ist alles hier drin!‹
Itonde betrachtete prüfend die kleine bronzene Kugel, und zu seinem Erstaunen konnte er den ganzen Wald mit allen Tieren und Vögeln und allen Flüssen mit den Fischen darin sehen. Er vermochte sogar alle Federn der Vögel und alle Schuppen der Fische ganz deutlich zu erkennen.
Das alles zu sehen, machte ihn sehr glücklich. Er wußte nun, daß er jederzeit alles, was er sich wünschte, bekommen konnte, sogar die großen dunklen Elefanten, die sich im Wald versteckten.
Itonde nahm die Glocke, begann zu tanzen und sang, während er die Glocke hin- und herschwenkte: ›O Bokili, kleine Glocke, kleiner als eine kleine Maus/O Bokili, kannst du mir den Weg zu meines Vaters Haus zeigen?‹
Sofort sah er einen Weg, der sich durch das dichte Unterholz im Wald auftat und ihn sicher zu dem Dorf seines Vaters führte.
Gleich neben dem Haus seines Vaters Lonkundo stand eine Hütte, in der die Trommeln des Häuptlings aufbewahrt wurden.
Jeder König in Afrika hat seine königliche Trommel, die nur er, der Kronprinz oder ein eigens ernannter Trommler berühren darf.
Itonde, der wußte, daß er ein Kronprinz war, ging zu der Hütte, nahm die größte Trommel heraus, brachte sie zum Dorfplatz und schlug sie dort.
Die Dorfbewohner versteckten sich zitternd in ihren Häusern, denn es hieß: ›Wenn ein Fremder die Trommel schlägt, wird es Ärger geben.‹
Die große Trommel kann in einem Umkreis von vielen Kilometern gehört werden. Alle Dorfhäuptlinge des Distrikts vernahmen sie und machten sich zurecht, um zur Versammlung, die sie offenbar ankündigte, zu gehen. Wenn der König ruft, macht man sich auf den Weg zu ihm.
Schließlich erschien auch König Lonkundo, nachdem er seine eigene Trommel gehört hatte. Auf dem Dorfplatz sah er einen Fremden, einen gutaussehenden jungen Mann, der neben seiner Trommel saß und sie spielte.
›Wer bist du, Fremder, daß du es wagst, meine königliche Trommel zu berühren? Du mußt sterben, weil du das Tabu verletzt hast. Nur königliche Hände dürfen diese königliche Trommel, die Stimme

meines Königreichs, berühren. Ich herrsche hier!‹
Itonde stellte sich vor den Häuptling, hob seine Hände hoch und sagte: ›Sieh her, Häuptling Lonkundo, dies sind deine Hände, deine Arme, deine Schultern, dies ist dein Körper.
Ich bin dein Fleisch und Blut. Ich bin dein Sohn Itonde. Ich gehe wie du. Ich stehe wie du. Ich spreche wie du. Ich lache wie du. Frage meine Mutter Ilánkaka. Du bist in sie hineingegangen, du bist aus ihr herausgekommen. Alles, was ich bin, habe ich von dir und von ihr!‹
Nicht nur Häuptling Lonkundo schaute erstaunt drein, sondern auch alle Ältesten und alle Häuptlinge aus den fernen Dörfern. Da stand Lonkundo, der König, und da stand dieser junge Mann, der wiedergeborene Lonkundo, der die gleichen Züge, das gleiche Auftreten, die gleichen Augen und den gleichen lächelnden Mund hatte!
Häuptling Lonkundo sprach: ›Ihr Ältesten, jetzt, da ihr alle gesehen habt, daß dieser junge Mann mein Sohn ist, werde ich seine Hände mit königlichen Geschenken füllen.
Itonde, du bist aus dem Wald gekommen, und von nun an wird dein Beiname sein: Ilelangonda, Ilela aus dem Wald, dessen Zauber alle besiegt.‹
Bald war es für Itonde Ilelangonda an der Zeit, sich eine Frau zu suchen.
Eines Tages machte er sich auf, und nachdem er auf vielen Wegen gewandert war, erblickte er ein Mädchen, das schöner war als alles, was er je zuvor gesehen hatte.
Es war Mbombe, das Elefantenmädchen, Tochter des Kungoele, König des Donners. Sie war so stark, daß sie jeden Mann zu Boden werfen konnte.
Sie sagte zu Itonde: ›Wenn du mich heiraten willst, mußt du mich besiegen.‹
Also kämpften sie miteinander, und Itonde aus dem Wald, dessen Zauber alle besiegt, gewann das Elefantenmädchen. Ihr Vater schenkte ihr 40 Männer und 40 Frauen als Diener sowie ein Katzenfell. Sie machten sich auf den Weg zu Häuptling Lonkundos Dorf, aber schon bald verliefen sie sich im Wald.
Mbombe nahm das Katzenfell, legte es auf den Boden und sprach zu ihm: ›Meines Vaters Katzenfell, öffne dich, damit wir alle sicher zum Vater meines Mannes reisen können!‹
Das Katzenfell wuchs, bis es so groß war wie ein Tanzboden, und alle Männer und Frauen traten darauf. Schnell faltete sich das Katzenfell um sie wie ein Zelt, dann erhob es sich. Es war eine Riesenkatze geworden, der schwarze Panther des Waldes. Mit schnellen Sprüngen bewegte sie sich über den Wald, bis sie Häuptling Lonkundos Dorf erreichte.
Vater Lonkundo betrachtete gerade den Himmel, als er hörte, wie der Donner näherkam.

Eine riesengroße schwarze Leopardin ließ sich auf dem Dorfplatz nieder. Sie brachte 40 Männer und 40 Frauen, Mbombe und Itonde hervor. Lonkundo umarmte seinen Sohn und seine neue Schwiegertochter und ordnete 80 Geschenke für ihre Eltern an, die die 80 Männer und Frauen zu ihnen nach Hause tragen sollten. Das war ein königlicher Brautpreis für Mbombe.

Kurz darauf starb Häuptling Lonkundu, und Ilánkaka, Itondes Mutter, ging zurück zu ihres Vaters Haus im Land der aufgehenden Sonne.

Das Land wurde von einer Hungersnot heimgesucht und das Wild schien aus dem Wald verschwunden zu sein.

Mbombe war sehr hungrig. Also sagte sie zu ihrem Mann: ›Ilelangonda, wenn du für mich kein Fleisch finden kannst, wird das Kind in meinem Bauch sterben. Es ist dein Kind, gib ihm Nahrung.‹

Also mußte Ilelangonda auf eine lange Jagd gehen.

Er drang tiefer als je zuvor in den Wald ein. Schließlich fand er einige Zwergantilopen, die er erlegte und seiner Frau und seinem ungeborenen Sohn brachte.

Bald hatte sie das ganze Fleisch aufgegessen und war wieder hungrig. Das Elefantenmädchen hatte einen großen Appetit!

Also ging Itonde erneut in den Wald, wo er viele Tage umherstreifte. Schließlich fand er einige Buschschweine und brachte sie seiner Frau nach Hause. Das Fleisch reichte aber nicht lange.

Als Mbombe, das Elefantenmädchen, schließlich wieder hungrig war, sagte Häuptling Itonde: ›Ich werde noch einmal für dich auf die Jagd gehen, aber dieses Mal habe ich das Gefühl, daß ich vielleicht nicht zurückkommen werde.

Wenn du die Affen in den Bäumen jammern hörst, wenn du die Leoparden, einen männlichen und einen weiblichen, in der Nähe des Hauses siehst, wenn du die Elefanten in der Nähe trompeten hörst, wenn du siehst, daß sich das Tor der Einfriedung nicht mehr schließen läßt, so daß die Schlangen in unseren Garten kommen können, dann weißt du, daß ich im Sterben liege. Wenn mein Horn blutet, bin ich tot.‹

Er machte sich auf den Weg und verschwand im Wald und wurde nie mehr gesehen. Er ging immer weiter, bis er sich im Herzen des Waldes befand, und er wußte, daß dies der Platz war, wo die Geister der Toten leben.

Schließlich fand er eine bongo, eine große Antilope, und erlegte sie. Als sie starb, schrie sie auf, und bald war Ilelangonda von den unsichtbaren Geistern umgeben, deren Wild er jagte.

Er stürzte in eine Schlucht und starb, da er mit dem Kopf auf einem Fels aufschlug. Die Geister hatten ihn zu einem ihresgleichen gemacht, indem sie seinen Geist trübten, so daß er gestolpert war.

Die Diener sagten zu Mbombe: ›Frau des Häuptlings! Wir können hinter dem Haus die Elefanten trompeten hören! Wir können die Affen in den Bäumen jammern hören! Zwei Leoparden wurden in der Nähe des Tores gesehen, ein königliches Paar! Wir können das Tor nicht schließen, und im Garten sind Schlangen!‹

Mbombe sah zu der Wand, wo das Jagdhorn ihres Mannes hing: große, frische Blutstropfen fielen von ihm herab.

J

Jagd Die Jagd ist bei weitem der älteste und der einzige Beruf, den alle Völker Afrikas ausüben. Bis zum Aufkommen des Ackerbaus stellte die Jagd den Menschen die größte Nahrungsquelle zur Verfügung. Ein erfolgreicher Jäger wurde in seiner Gemeinde in hohen Ehren gehalten, und noch heute werden in einigen Dörfern Jäger von den Frauen willkommen geheißen, die mit ihnen schlafen, wenn sie Wild mitbringen.

Von vielen Jägern wird angenommen, daß sie über Magie verfügen, mit deren Hilfe sie einen Zauber auf das Wild werfen können. Auf jeden Fall haben sie den Ruf, mutig zu sein, weil sie die Gefahren des Waldes auf sich nehmen, manchmal sogar in der Nacht. Felsmalereien von prähistorischen Völkern (Buschmänner, San) zeigen, wie Magie zur Täuschung des Wildes angewendet wurde.

Vor der Jagd werden Tänze aufgeführt, die nach dem gewählten Tier genannt werden, das, wie man hofft, den Unterschied zwischen der eigenen Art und den Jägern, die Gangart und Verhalten des Wildes genau nachahmen, nicht erkennen wird.

Damit die Jagd erfolgreich verläuft, werden zahlreiche Riten und Tabus befolgt, z. B. sexuelle Abstinenz, Baden, Frisieren, Einreiben des Körpers mit magischem Öl, Körperbemalung, Vermeiden bestimmter Speisen etc. Bei Mißachtung dieser Regeln wird das Wild scheu und unsichtbar sein.

In den Wäldern im Norden Kameruns gehören die Tiere den Bedimo, den Ahnengeistern. Der Jäger muß zu seinen Ahnen beten, damit sie das Wild aus ihren ›Ställen‹ herauslassen. Einige Jäger müssen zum Wildgott einer bestimmten Art beten und um Erlaubnis bitten, diese Tiere jagen zu dürfen.

In anderen Gegenden müssen sie dem Herrscher des Waldes, dem Gott der Wildnis, versprechen, ihm ein Stück von dem Wild abzugeben, da dieser sonst all seine Tiere versteckt.

Im mittleren Zaïre kann der Jäger angsterregenden Ungeheuern gegenübertreten, die die Hälfte seiner Beute für sich beanspruchen oder den Jäger selbst verschlingen. Wenn der Waldgott wohlgesinnt ist, wird er das Wild in die Netze des Jägers ›schicken‹, aber nur, wenn der Jäger ihm gehorcht.

Der Jagdgott (Gongola, nördliches Nigeria). Es lebte einmal ein sehr erfahrener Jäger, dessen Name Indaji war. Seine Pfeile verfehlten ihr Ziel nie, sein Speer tötete immer. Jedes Tier, das er erspähte, war verloren. Wenn er pfiff, kamen die Tiere zu ihm, denn er verfügte über magische Kräfte. An einem Tag tötete er 10 Tiere, dann 20, und schließlich tötete er jeden Tag 100 Tiere.

Er wurde so reich und so berühmt, daß jeder Häuptling im Distrikt in

seiner Schuld stand. Er war jedoch zu gierig und tötete nur zum Vergnügen. Er besaß bereits so viele Pferde, Felder, Rinder und Ziegen, wie er überwachen konnte, und er hatte mehrere Frauen und viele Kinder. Was wollte er noch?
Schließlich wurde der Waldgott über den Stolz des Jägers zornig. Eines Tages erschien er Indaji im Wald und sprach zu ihm: ›Indaji, du bist ein berühmter Jäger. Von jetzt an darfst du nicht mehr als ein Tier am Tag jagen. Das wird ausreichen, um deine Familie zu ernähren. Du besitzt bereits mehr zahme Tiere als jeder andere Mann. Wenn du weiter wie bisher die Tiere tötest, werde ich bald keine mehr haben. Du beherrschst zwar die Kunst, Tiere zu töten, aber nicht, sie am Leben zu erhalten. Wenn du mir nicht gehorchst, wirst du nicht mehr lange leben.‹
Kurze Zeit später erlegte Indaji drei Antilopen, die zusammen friedlich im Wald ästen.
Plötzlich hörte er eine Stimme: ›Diese Sünde wird dir dein Leben kosten.‹ Im gleichen Augenblick verwandelten sich die drei toten Antilopen in drei wilde Löwen, die Indaji angriffen. Aber Indaji, der eben über magische Kräfte verfügte, verwandelte sich in einen Singvogel und flog davon. Daraufhin verwandelten sich die Löwen in Falken und nahmen die Verfolgung auf. Der Vogel wiederum verwandelte sich daraufhin in einen Baum. Aber die Falken wandelten sich zu Feuer und verbrannten ihn. Feuer ist immer zu schnell für einen Baum. Wir alle müssen den Wald achten.

Janjero (Religion, Äthiopien). Das kleine Königreich Janjero war bis 1894 unabhängig; dann wurde es von Menelik II erobert, der es seinem Reich einverleibte.
Es liegt im Herzland Äthiopiens im Gebirge zwischen den Flüssen Omo und Gibe Jimma.
Das Christentum erreichte dieses Königreich erst in jüngster Vergangenheit. Äthiopischen Historikern zufolge waren vom Beginn des Königreiches an Menschenopfer keine Ausnahme.
Das Reich war völlig isoliert, und Reisende mußten die Flüsse auf aufgeblasenen Kuhhäuten überqueren, um es erreichen zu können.
Bei der Beschneidung wurden den nichtadligen Männern die Brustwarzen und ein Hoden entfernt, so daß sie von der königlichen Nachfolge ausgeschlossen waren.
Der König, *tato*, war der höchste Zauberkundige des Landes, so daß er stets mit der Ausübung seiner Künste beschäftigt war.
Er wurde mit der Sonne gleichgesetzt; folglich durfte er nur in der Nacht hinausgehen, ›denn nur eine Sonne darf am selben Tag scheinen.‹
Wenn der König sich ein neues Haus bauen ließ, mußte ein Sklave für jede Tür geopfert werden.
Starb der König, wurde sein Körper in die Haut einer frisch geschlachteten Kuh eingewickelt und im königlichen Begräbnishain auf

dem Körper eines eben getöteten Sklaven begraben. Anschließend wurde dort jeden Tag eine Kuh geschlachtet.

Die Janjero verehrten in frühen Zeiten eine Statue, die bei einem Sturm vom Himmel gefallen war, und brachten ihr Menschen- und Tieropfer dar. Niemand vermochte den Tempel zu betreten, weil dort Löwen jeden Unbefugten verschlangen, mit Ausnahme des Königs, dem sie die Hände ableckten. Alljährlich führte der König die Aufsicht über ein Kuhopfer, das den Krokodilen im Fluß Gibe dargebracht wurde. War er erkrankt, wurden die Krokodile mit Menschenfleisch gefüttert, bis er wieder durch ihre Gunst genesen war. Das Volk der Janjero glaubte auch an ein Höchstes Wesen, Hao, dessen sichtbare Manifestation die Krokodile im Gibe bildeten und dem junge Männer geopfert wurden. Man tötete sie mit Speeren und hängte sie an den Eingangstoren des Königreiches auf. Auch Fremde und Leprakranke wurden geopfert.

Jenseits Siehe *Geister; Hades; Hölle; Kuzimu.*

Jok (Nilotisch: Kenia, Uganda, Sudan). Jok ist eine der wahrhaftigsten afrikanischen Auffassungen über das Göttliche.

Dieses Wort findet man mit Schreibvarianten in allen nilotischen Sprachen wieder, beispielsweise Jwok, Juok, Joagh, Joghi oder Joogi.

Es ist nicht immer mit dem gleichen Wort zu übersetzen, weil die Wörterbuchautoren selbst unterschiedliche philosophische Auffassungen hatten, was die Macht des Geistes beweist, den man Jok nennt.

Jok ist Gott, die Geister, die Götter, der heilige Geist, die Wesen aus der anderen Welt. Er kann unklar oder präzise, gut oder schreckenerregend, wohlgesinnt oder gefährlich, eine Einheit oder eine Vielheit sein. Wenn sich ein Missionar für das Wort Jok entschied, um in seiner Bibelübersetzung Gott zu bezeichnen, dann verteidigte er die Ansicht, daß die Niloten den Einen Gott kannten.

Nahm er ein anderes Wort für Gott, dann verwendete er vielleicht Jok in der Bedeutung ›die Geister‹, ›Götter‹, oder ›Teufel‹ und brachte damit andere Missionare einer anderen Konfession, die Jok in der Bedeutung ›Gott‹ verwendet hatten, in Verlegenheit.

Darin liegt meiner Meinung nach die Ursache für die Verwirrung über Jok.

Dieses Wort vereinigt alle sich widersprechenden Vorstellungen von den geistigen / spirituellen Wesen, die im Bewußtsein der Europäer sorgfältig getrennt gehalten werden müssen.

Jok ist der vereinigte Geist von Gott und den Göttern, den persönlichen und unpersönlichen, den lokalen und allgegenwärtigen. (Siehe auch *Acholi.*)

Jollibe Afrikanischer Name für den Fluß Niger. Siehe *Ghana*.

Ju Siehe *Buschmänner*.

Juju Meistens wird der Ursprung des Wortes *juju* aus dem französch kreolischen *joujou*, ›Spielzeug‹ erklärt, das sich wahrscheinlich auf worry-beads oder Schmuck, den man zum Schutz als Amulett (q. v.) trägt, bezieht.

Es nimmt vielleicht auch Bezug auf den im juju gefangenen Geist, der manchmal eine kleine Puppe, d. h. einen Fetisch (q. v.), darstellt. Ein moslemischer Gelehrter sagte, daß juju aus dem Koran (21:96) käme, wo geschrieben steht, daß das Jüngste Gericht naht, wenn Yajuju und Majuju kommen.

Diese zwei unterschiedlichen Erklärungen über den Ursprung des Wortes nähern sich der Bedeutung ›böser Geist‹ an.

Das *Oxford English Dictionary* nennt als erste Bedeutung ›ein verehrtes Objekt‹ und führt auch die übernatürliche Kraft an, die in ihm wohnt.

Juju kann auch ›Wahrsagen, um einen günstigen Tag für ein Unternehmen oder eine Reise zu bestimmen‹ bedeuten. Es wird als Gegenstand oder Fetisch (q. v.) verwendet, mitgeführt oder am Körper getragen, damit der Träger gegen jedes mögliche Unheil geschützt ist.

In Westafrika, wo das Wort zum ersten Mal gehört wurde, verwendete man es auch für ein mit ›Zauber-Medizin‹ gefülltes Horn, das den Besitzer vor dem Ertrinken und dem Verlaufen im Busch schützt.

Vielleicht kommt juju aus dem Hausa Bori-Geist *jigo* oder *jigu*, dem Vater der Jäger, der Schüttelfrost verursacht.

Amanda Smith (1894) und Mary Kingsley wandten als erste Autorinnen, die Westafrika zum Ort ihrer Handlung machten, das Wort juju an.

Ein juju konnte der Kopf eines großen Elefanten sein, der dem Besitzer eines Hauses Glück bringen sollte.

Die juju-Priester benötigten den Kopf eines Mannes, um ihren juju wirken zu lassen; ihr Tempel, juju-Haus genannt, roch stark nach Menschenblut, das darin vergossen wurde.

Jüngster Tag (Nordafrika). Die erste Trompete: An diesem verhängnisvollen Tag des Untergangs und der Zerstörung, geht die Sonne wie eine Kerze aus. Es werden keine Spuren von menschlichen Anstrengungen zurückbleiben, weder Paläste noch Städte.

Ein stürmischer Wind wird den Sterbenden Staub in die Augen blasen.

Die zweite Trompete: Der Wind bläst den Sand von allen Gräbern weg, und Gott stellt die Skelette wieder zu vollständigen Körpern her, wiedererkennbar für die Seelen, die oben schweben und in alle Richtungen schauen. Denn es werden keine Grabsteine, keine Mausoleen, keine Felsinschriften zurückbleiben.

Alle Toten werden gleich sein, aber einige werden sich durch ein Licht

auf ihrer Stirn, das von der unablässigen Unterwerfung vor Gott herrührt, deutlich hervorheben.
Vierzig Jahre lang werden sie auf der dunklen Ebene im kalten Wind dastehen und warten, und der strömende Regen wird allmählich den Schmutz von ihren Körpern und Seelen wegwaschen. Es werden Abermillionen Menschen sein, die wie Gläubige auf den Iman warten, der die Gebete vorspricht.
Bei dem Klang der dritten Trompete wird der Heilige Prophet auf seinem weißen Pferd mit dem Frauenkopf und geführt von dem Engel Jibril schließlich erscheinen. Von seinem Gesicht strahlt Licht, und eine goldene Krone sitzt auf seinem Kopf.
Plötzlich wird für alle die Waage, Mizan genannt, sichtbar sein, und dahinter Gottes gewaltiger Thron; das ist die Apokalypse, die Offenbarung des Letzten Tages. Es wird keine verborgenen Dinge mehr geben.
Alle Seelen werden wegen ihrer vergangenen geheimen Sünden beunruhigt sein. Sie werden alle offenbart werden und in der linken Waagschale zu sehen sein. Auch alle guten Worte und Taten werden sichtbar sein, selbst die kleinste Münze, die man jemals einem Bettlerjungen gegeben hat, wird in der rechten Waagschale liegen.
Es wird keine Dunkelheit mehr herrschen. Im blendenden Licht der göttlichen Gegenwart werden all jene, die ihre Nachbarn angelogen, ihre Kunden betrogen, die Schwachen unterdrückt und die Bedürftigen vergessen haben, am Schmutz auf ihren Gesichtern deutlich zu erkennen sein.
Jene, die für ihre Lieben in geheimer Bescheidenheit gearbeitet und ihr Hab und Gut geteilt haben, werden an ihren leuchtenden Gesichtern, an der Schönheit ihrer Güte, sichtbar.
Was geschieht, wenn die Waage im Gleichgewicht ist? Was geschieht, wenn deine bösen Taten genauso schwer wiegen wie deine guten?
Bete zu Gott. Er wird sich erinnern und ein Blatt Papier senden, das herunterflattert, und auf dem geschrieben steht: ›Diese Seele ist eine von Meinen Dienern. Einst hat ihr Mund mit aufrichtiger Überzeugung verkündet: »Es gibt keinen Gott außer Gott!«
Sobald sich diese Notiz in Gottes eigener Handschrift in der rechten Waagschale niederläßt, wird das Gleichgewicht der Waage hergestellt, und diese Seele wird für das Paradies gerettet sein.

Jüngstes Gericht (Swahili) Der Heilige Prophet erklärte seinen Anhängern, was am Ende der Zeit geschehen würde und auf welche Weise das vorauszusehen sei.
Zu dieser Zeit, sagte er, werden die Menschen nicht mehr den Heiligen Koran lesen und sich nicht mehr an das Gesetz halten. Jeder wird nur noch daran interessiert sein, seine Gier und Lust zu befriedigen.
In Jedda wird eine Epidemie, in Medina eine Hungersnot und in Mekka die Pest ausbrechen. Über-

all in Nordafrika wird es Erdbeben geben, in Ägypten und in ganz Europa Gewitter, die so schrecklich sein werden, daß ganze Gegenden verwüstet werden. Iran und Irak werden von Mördern und Vandalen, die in großen Mengen auftauchen, zerstört werden. Durch Überschwemmungen werden die Flüsse ansteigen und Tausende hinwegfegen, während die Asiaten im Osten durch Krankheiten vernichtet werden. Moral und Disziplin wird es nicht mehr geben. Schließlich wird Gott ein Ungeheuer, entstanden aus der bestialischen Grausamkeit des Volkes, erscheinen lassen. Es wird häßlich und angsterregend anzusehen sein. Sein Name ist Dajjal, eine Gestalt, welche die Europäer den Antichrist nennen. Er wird auf einem großen Esel reiten und alle Völker der Erde seinem Willen unterwerfen und noch schrecklicheres Verhalten verursachen, als ohnehin schon vorhanden ist. Er wird 40 Tage lang mit Angst und Gewalt herrschen.

Dann wird Gott Jesus, den Prophet Isa, auf einem weißen Pferd sitzend und mit einer Lanze in der Hand vom Himmel herabschicken.

Auch sein Thron wird von oben zur Erde gelassen, und er wird darauf sitzen, so daß die treuen Gläubigen frohlocken werden. Mit ihnen wird Isa eine Armee aufstellen und gegen Dajjal ausreiten, der geschlagen werden wird, aber entkommen kann und um sein Leben rennen wird. Dann wird sich Gott einschalten und der Erde befehlen, das Ungeheuer festzuhalten. Plötzlich werden Dajjals Füße am Boden festkleben, so daß Isa sich ihm nähern und ihn mit Gottes Lanze töten kann.

Die Armee der Sünder und der Gottlosen wird von den Anhängern Jesu vernichtet werden, der schließlich König wird und 40 Jahre lang gerecht herrscht. Doch jedes Jahr wird so lang sein wie zwei Jahre und zwei Monate zur gegenwärtigen Zeit, so daß eine lange Epoche des Friedens und der Rechtschaffenheit nach der Wiederkunft von Jesus bevorsteht. Am Ende seiner 84jährigen Herrschaft wird Jesus nach Jerusalem zurückkehren und im Felsendom zu Gott beten, um ihm seine Seele wieder zu überlassen und dort zu sterben.

Sieben Tage später werden Yajuj und Majuj, Gog und Magog (Offenbarung 20:8) schließlich die Bronzewand durchbrechen, die Alexander gebaut hatte, um sie in Schach zu halten (Koran 18:89).

Barbaren werden Welle um Welle aus dem Gebirge im Osten einfallen und sich millionenfach vermehren; sie werden die Zivilisation zerstören, insbesondere alle Wasserwerke, so daß die Menschen verdursten werden.

Die Erde wird trocken und staubig werden; nur der Schmutz der Barbaren bleibt übrig.

K

Kafa (Religion, Äthiopien). Das Königreich Kafa wurde im Mittelalter ca. 1300 gegründet und bestand bis 1897, als es von dem äthiopischen Kaiser Menelik II erobert wurde, der das Christentum als Staatsreligion einführte.
Mit Kafa wird auch die Sprache der Kafa bezeichnet, die sich von den anderen äthiopischen Sprachen deutlich unterscheidet und sehr alt ist: Man denke an ihre mündlichen Überlieferungen.
Die höchste Gottheit der Kafa hieß Yaro oder Yero. Er war ein Himmelsgott und wurde später mit dem Gott der Christen gleichgesetzt. Es ist möglich, daß die Clanoberhäupter ihm noch heute auf den Hügeln und an den Flußufern von Kafa Opfer darbringen.
Früher opferte der König von Kafa dem Gott Yaro auf dem Hügel Bonge Dabbo in der Nähe von Bonga, der alten Hauptstadt. Für die Fruchtbarkeitsgöttin (Atete?), die später mit der Jungfrau Maria gleichgesetzt wurde, gab es einen besonderen Kult. Ihr Feiertag wird jetzt Astar yo Mariam ›Epiphanie von Maria‹ genannt und besteht aus vielen Fruchtbarkeitsriten, die nur von und für Frauen vollzogen werden. Nachdem diese bestimmte Pflanzen gesammelt haben, gehen sie in einer Prozession zu einem Flußufer, wo sie die Pflanzen ins Wasser werfen und dabei rituelle Lieder singen.
Das Volk Kafa ist den Geisterritualen treu geblieben. Die Geister werden *eqqo* genannt. Sie leben in der Wildnis, in Flüssen und Bäumen. Einige Leute können die Geister dazu bewegen, in den Körper einer Person zu schlüpfen und durch deren Mund zu sprechen, um auf Gebete zu antworten und die Zukunft vorherzusagen.
Die Gastgeber dieser Geister sind in der Kultur der Kafa als Schamanen (q. v.) tätig.
Glühende Verehrer können durch Trommeln und Tanzen in Trance fallen, wobei sie laute Schreie ausstoßen. Das ist ein Zeichen dafür, daß der Geist gekommen ist und die Anwesenden ihm Fragen stellen können. Ein Priester übersetzt ihnen dabei die häufig verworrene Sprache des Besessenen.
Das Ritual findet im *Bare qeto*, ›Haus des Rituals‹, statt, das jetzt auch das Wort für die christlichen Kirchen ist. Einer der Geister wurde mit dem Hl. Georg gleichgesetzt, dessen Name nunmehr als Name der Kirche verwendet wird.
In alten Zeiten war der König selbst Gott.

Kalenjin Siehe *Pokot*.

Kalunga (Ndonga, Namibia). Hochgott der Ndonga im nördlichen Namibia, die Oshindonga sprechen.
Kalunga ist der Schöpfergott und Wohltäter der Ndonga, die ihn häufig anrufen, wenn sie z. B. krank sind, eine Reise oder eine Jagd planen oder gegen einen einfallenden

Feind Krieg führen müssen. Während des Feldzuges bitten sie ihn um einen Sieg, nach einer Niederlage beten sie zu ihm in Verzweiflung. Sie beten auch vor der Saat und nach der Ernte zu ihm.
Kalunga kann Menschengestalt annehmen, aber er ist so groß, daß er selbst Hügel überragt. Jene, die behaupten, ihn gesehen zu haben, sahen nur einen Teil von ihm, denn der Rest wurde von den Wolken und dem Nebel verhüllt. Sie sahen das Gesicht eines alten Mannes und manchmal auch seine Brust.
Kalunga erscheint immer nur einer Person zu einer bestimmten Zeit – normalerweise einer Frau, die von ihm als seine Mittlerin auserwählt wurde. Eine solche Frau wird als *nelago* bezeichnet.
Sie kann in der Nacht von Kalungas Stimme aus dem Schlaf gerissen werden; unverzüglich begibt sie sich zu dem Ort – normalerweise einem Hügel – von dem sie weiß, daß der Gott dort sichtbar sein wird. Dann wird sie Kalungas Stimme hören, die fragt: ›Siehst du mich?‹
Er wird ihr Gesicht liebkosen, und plötzlich wird sie sein Antlitz am Himmel sehen.
Kalunga wird sagen: ›Du bist jetzt meine *nelago*, mein Kind. Sieh her!‹
Daraufhin wird sie alle Schätze des Gottes sehen: Körbe voll Getreide, Bohnen, Melonensamen und Hirse.
Einmal wies Kalunga seine *nelago* an: ›Geh zum König von Ndongaland und sage ihm: »Die traditionellen Opfer wurden vernachlässigt. Ich werde dieses Land mit Hungersnot heimsuchen, falls der König morgen keinen Ochsen schlachtet und mir als Opfergaben Getreide, Kaurimuscheln, Glaskugeln, Hirsebrei und Perlen bringt.« Dann werde ich dir soviel Korn geben, wie du in diesen Körben siehst.‹
Die Frau eilte zum König und berichtete ihm, was der Gott gesagt hatte.
Der König gab unverzüglich alle notwendigen Befehle, und am nächsten Morgen betete die *nelago* auf demselben Hügel zu Kalunga. Der Ochse wurde geschlachtet und somit die Hungersnot verhütet.

Kamerun Siehe *Affen; Wute.*

Kannibalen In der afrikanischen Mythologie haben Kannibalen die Gestalt von Menschen, was sie aber beileibe nicht sind, auch wenn sie manchmal menschliche Kinder oder Enkel haben. Die Kannibalen können beiderlei Geschlechts sein. Ist man sich nicht sicher, muß man den Nagel des linken Daumens genau betrachten. Bei Kannibalen ist dieser sehr gut entwickelt und weist einen hornigen Schneiderand auf, der dafür geeignet ist, Fleisch zu zerlegen und sogar menschliche Schädel zu zermalmen.
Im südlichen Afrika besitzen einige Kannibalen einen langen Schwanz, an dessen Ende sich ein Mund befindet. Während sich der Kopf anscheinend freundlich mit einer anderen Frau unterhält,

verschlingt der Schwanz-Mund schnell deren Baby. In Wirklichkeit (insofern es Wirklichkeit in Mythen gibt) sind diese Ungeheuer mit dem Schwanz-Mund Warane, eine aasfressende Eidechsen-Art. Sie können sich als anmutige Mädchen verkleiden und sich als Braut in einer Hochzeitsprozession ausgeben, um diese dann aufzufressen.

Alle Kannibalen sind in der menschlichen Sprache geübt, obwohl sie nicht als wirklich menschlich angesehen werden. Sie heiraten gelegentlich menschliche Frauen, die dann herausfinden, daß das Fleisch, das die Männer zum Kochen mit nach Hause bringen, Menschenfleisch ist. Flucht ist unmöglich: Kannibalen sind schnell handelnde Magier, die sich plötzlich in Geier verwandeln können.

In Nigeria sind Kannibalen gutaussehende junge Männer, die nette Mädchen verführen, ihnen zu folgen. Auf einer einsamen Straße verwandeln sie sich dann in Totenschädel und verschlingen die unschuldigen Mädchen.

Karina (arabisch *Ummu-Sibyani*, Swahili *Dege la Watoto*, Hausa *Uwal Yara, Nana Magajiya*). Diese Dämonin, die häufig als Vogel (siehe *Eule*) erscheint, ist in allen islamischen Ländern gefürchtet und sogar in Indonesien als Kuntianak bekannt.

Vielleicht ist sie der Sheerree der Berber.

In Ägypten wird erzählt, daß König Salomo bei einer Jagd in der Wildnis einer großen, ungewöhnlich schönen Frau begegnete, die, von ihren langen Haaren abgesehen, nackt war.

Stolz sagte sie: ›Wer bist du, der du in meinem Land jagst? Kein Mann kann mich besiegen!‹

›Wer kann es dann?‹

›Nur der Engel Mikail‹, erwiderte sie. Sie wußte nicht, daß sie mit König Salomo sprach.

Salomo rief laut: ›Mikail, komm und hilf mir!‹

Sofort erschien Mikail, und seine glänzende Rüstung erschreckte die Frau so sehr, daß sie alt, grau und runzelig wie eine Hexe wurde.

Jetzt fragte König Salomo sie: ›Wer bist du?‹

Sie antwortete: ›Ich bin Ummu Sibyani, die Mutter der (toten) Kinder, die Übersenderin des Bösen Blicks, der Vogel der Krankheit.

Ich habe Macht über Adams Kinder, bevor sie geboren werden, und über ihre Mütter, bevor sie gebären.

Ich kann die Gestalt einer Schlange oder eines Hundes annehmen und in Häuser eindringen. Ich verschnüre den Frauen die Gebärmutter, so daß sie nicht empfangen können, und wenn sie doch empfangen, werden sie nicht gebären können, denn die Frucht wird verkehrt über dem Ausgang liegen, und wenn sie doch herauskommt, dann wird es eine Totgeburt sein. Und wenn das Kind dennoch lebt, brauche ich es nur anzuschauen, und es wird sterben, so gewaltig ist die Kraft meines Blickes.

Ich bin Salmas, der böse Blick. Ich kann verhindern, daß die Kühe kalben und die Schafe lammen.
Wenn ich einen Ehemann ansehe, wird sein Samen vertrocknen und er wird erkranken. Wenn ich sein Getreide anblicke, wird es verdorren, das Gras für seine Kühe wird Spreu im Wind sein, und seine Kälber und seine Kinder werden sterben oder verhungern. Sein Getreide wird nicht wachsen, und seine Ziegen werden tote Jungen bekommen. Einst war ich eine menschliche Frau, aber um der Magie willen, und um das Wissen der Hexerei zu erlangen, aß ich meine Kinder.
Gott verurteilte mich, nur tote Kinder zu haben, und jede Frau, der ich meine blutige Scham zeige, wird ebenfalls nur noch tote Kinder haben. Mein Anblick allein macht die Leute krank. Das ist Schicksal.‹

Kenia Siehe *Kikuyu; Liongo; Pokot; Zauberei; Suk; Swahili; Tabak.*

Khadir (*El Khadir, Khidir, Kidhir;* Swahili: *Hidhiri*; Fulfulde: *Halilu*. Die Schreibweise des arabischen Namens lautet gewöhnlich Al-Khidr oder Khidhir.)
Der Name bedeutet ›der Grüne‹, und da er sich auf eine Gottheit der vorislamischen Zeit bezieht, wurde er mit Adonis, einer syrischen Gottheit gleichgesetzt, die von den Griechen als der Geliebte der Göttin Aphrodite eingeführt wurde, deren Jahreszeit der Frühling (Anfang März) war. Adonis wurde ge-

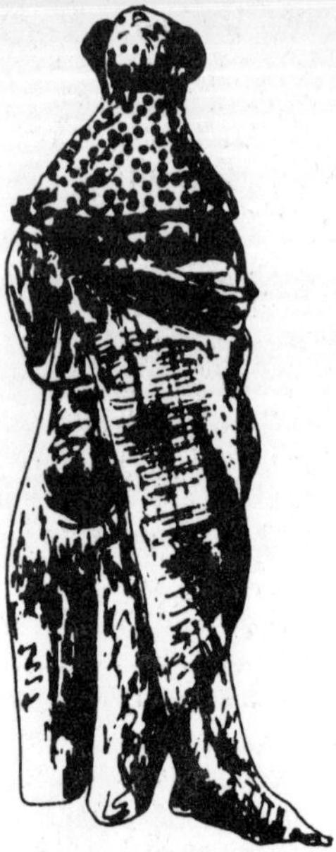

Puppe aus Ton, Tuch, Glasperlen; Masai (Kenia).

tötet, aber immer zur Frühlingszeit erhob er sich samt der Pflanzenwelt von seinem Grab.
Khadir ist unsterblich, da er das Wasser aus dem Brunnen des Lebens (q. v.) trank. Seitdem wandert er auf der Erde umher und besucht alle fünfhundert Jahre den gleichen Ort. Er kann Veränderungen sehen, von denen die Ortsansässigen nichts wissen.
In der Wüste sagt man ihm vielleicht: ›Herr, dies war schon immer eine Wüste‹, während Khadir sich erinnert, hier früher Wälder, grüne Weiden und schöne Gärten gesehen zu haben. Folglich ist die Geschichte von ›Dem Grünen Mann‹

die erste Lektion im Umweltschutz.
Mit Alexander dem Großen, dessen Mentor er war, besuchte Khadir Afrika. Er wird deswegen mit Aristoteles verwechselt, während die islamische Überlieferung ihn mit Elijah gleichsetzt, der niemals starb.
Als ein Prophet Gottes versteht Khadir alle Sprachen der Welt. Somit spricht er auch mit dem König der Äthiopier, Azimu, in dessen Sprache. Tief beeindruckt von dieser Gelehrsamkeit, nimmt der König den Islam an. Daraufhin verstummten die Götzenbilder in seinem Palast für immer. Der böse Bruder des Königs, Hakim, warf einen Speer nach dem heiligen Mann, aber Gott wendete ihn um, so daß er Hakims Ohr traf, der sich daraufhin bekehren ließ.
In den Wäldern Afrikas, wo viele Schlangen und Skorpione lebten, begegneten Alexander und seine Krieger einem schwarzen Volk, das in Schilfhütten wohnte. Sie nahmen Khadir gefangen, aber seine Eisenketten vewandelten sich in Lehm und zerbröckelten.
Nach einem langen Marsch gelangten sie zu einem Stadttor, das von einem Reiter bewacht wurde, der in seiner Hand ein langes Schwert aus Bronze hielt. Eine Inschrift, die Khadir enträtselte, erklärte: ›Dieses Schwert ist nur für denjenigen bestimmt, der die Welt beherrscht.‹
Alexander trat vor, ergriff das Schwert und hielt es hoch. Khadir, der auf einer Giraffe ritt, betrat die Stadt des Königs Abud, der seinen Männern befahl, ihn zu töten, aber die Männer konnten ihn nicht sehen, und ihre Schwerter wandten sich nach ihren eigenen Herzen. (Siehe auch *Brunnen des Lebens*.)

Khoi (Hottentotten) (Götter, Namibia). Der Name des höchsten Gottes der Khoi war Tsunigoam, der jetzt Tsunigoab ausgesprochen und mit ›das Verletzte Knie‹ übersetzt wird. Der Ursprung dieses Namens wird wie folgt erklärt:
Einst führte Tsuigoab Krieg gegen seinen Erzfeind, den schwarzen Gott Gaunab. Zunächst war Gaunab stärker und warf Tsuigoab mehrmals zu Boden. Aber jedes Mal, wenn sich dieser wieder erhob, war er stärker als zuvor. Schließlich wurde Gaunab aus dieser Welt in seine Heimat im Schwarzen Himmel vertrieben. Aber zuvor konnte er Tsuigoab noch an seinem ›Läufer‹, d. h. seinem Knie, verletzen. Seitdem hinkt Tsuigoab wie Hephaistos, der Schöpfergott.
Glücklicherweise konnte er trotz dieser Behinderung eine große Familie haben und auch viele Schafe besitzen.
Eine andere Etymologie des Namens Tsuigoab weist darauf hin, daß er sich vielleicht aus *tsu* ›rot‹ (ursprünglich ›Blutung‹) und *goa* ›gehen‹, ›erscheinen‹, ›Dämmerung‹ ableitet, so daß der Name ›Rote Dämmerung‹ bedeuten würde.
Vor langer Zeit traten die Khoi

beim ersten roten Lichtstrahl am Horizont aus ihren Hütten heraus, fielen auf die Knie und beteten zum Gott der Dämmerung, der gerade Gaunab, den Gott der Dunkelheit, nach einer heftigen und blutigen Schlacht im Morgengrauen vertrieben hatte.
Der Gott des Lichtes ist auch der Gott des Blitzes und des Donners, an den sich das durstige Volk am Ende der Trockenzeit wendet, wenn es den Himmel um Regen anfleht.

Kianda (Kimbundu, Angola). Kianda ist der Neptun beziehungsweise Poseidon von Angola, der über den Atlantischen Ozean und dessen Fische herrscht.
Die Fischer der Kimbundu um Luanda bringen ihm Opfergaben, die sie längs der Küste auf die Felsen im Meer legen, und flehen ihn um einen reichen Fang an, bevor sie zum Fischen hinausfahren.
Kianda zeigte sich einmal der älteren von zwei Schwestern in der Gestalt eines menschlichen Schädels und bat sie, seine Frau zu werden. Sie lehnte ab und schlug den Schädel mit einem Stock, aber dieser fiel nicht um.
Er flog zu der jüngeren Schwester und stellte ihr den gleichen Antrag. Sie empfing den Schädel freundlich, bot ihm etwas zu essen an und willigte ein, seine Frau zu werden.
Der Schädel sagte: ›Folge mir!‹
Er flog in Richtung Meer und seine junge Frau folgte ihm eilig. Der Schädel bewegte sich auf eine Steinwand zu, an der sich plötzlich eine Tür öffnete. Nachdem ihm die junge Frau dort hinein gefolgt war, schloß sich die Tür wieder.
Im Innern fanden sie sich in einem riesigen Palast wieder. Viele Diener eilten auf sie zu und redeten die Frau als ihre Königin an. Sie kleideten sie in prächtige Gewänder und servierten ihr ein köstliches Mahl.
Ihr Ehemann legte sein Schädel-Aussehen ab und offenbarte sich in seiner ganzen Pracht als Kianda, der Meeresgott.
Seitdem lebten sie glücklich zusammen. Sie hatten viele Kinder, die alle schön waren und Menschengestalt hatten, aber wie Fische im Wasser leben konnten.
Die ältere Schwester begegnete einem gutaussehenden jungen Mann, der ihr einen Heiratsantrag stellte. Sie willigte ein, und er brachte sie in sein Haus, das weit entfernt von ihrem Dorf lag.
Nach einer Weile wurde sie schwanger, und zu ihrem Entsetzen gebar sie ein Kind mit zwei Gesichtern, einem menschlichen und einem Hyänengesicht. Sie hatte einen *kishi*, einen menschenfressenden Dämon, geheiratet!
Sie versuchte zu fliehen und lief zu ihrem alten Zuhause zurück, aber ihr Ehemann holte sie ein und verschlang sie. Das Kind wurde mit Menschenfleisch großgezogen.
Das Auftauchen als Schädel bedeutet, daß Kianda ein Ahngeist war, der die Fischer als seine Nachkommen, die ihn verehrten, begünstigte.

Kibuka Siehe unter *Buganda*.

Kikuyu (Religion, Kenia). Die Kikuyus sind eine Nation in einer Nation. Sie zählen zwei Million Angehörige, für afrikanische Verhältnisse ein großes Volk.

Sie sprechen eine schöne Bantu-Sprache und leben seit sehr langer Zeit an den Hängen des Mount Kenya und den umliegenden Bezirken.

Der erste Kikuyu wurde Kikuyu genannt und lebte in einem Dorf namens Kikuyu, das immer noch besteht. Das Wort *kuyu* bedeutet ›eine Feige‹, und *mukuyu* ist ein Feigenbaum, ein Fruchtbarkeitssymbol in Afrika wie auch in Asien.

Kikuyu hatte neun Töchter, die die Ahnenmütter der neun größten Clans der Kikuyu-Nation wurden.

Das Kikuyu-Wort für Gott ist *Ngai* und bedeutet der Verteiler. Demzufolge verteilte Gott während der Schöpfung seine Geschenke an alle Nationen auf der Erde.

Den Kikuyus schenkte er das Wissen von und die Werkzeuge für die Landwirtschaft, in der sich die Kikuyus immer ausgezeichnet haben.

Gott kontrolliert den Regen und den Donner, mit denen er nötigenfalls Missetäter bestraft.

Jeder Mensch hat einen Geist, *ngoma*, der nach dem Tode ein Gespenst wird. Der *ngoma* eines ermordeten Mannes wird seinen Mörder verfolgen, bis dieser aus seinem Versteck herauskommen muß und sich der Polizei stellt, was besser ist, als von einem rachsüchtigen, hartnäckigen Geist verfolgt zu werden.

Begräbnisrituale für die Ältesten werden peinlich genau vollzogen, da ihre Geister gefürchtet sind. Die Geister von niedrigeren Mitgliedern der Gesellschaft sind ungefährlicher. Bestimmte Bäume werden von Geistern bewohnt, die mit Nahrung als Opfergaben besänftigt werden können.

Wie Jupiter bestraft Ngai jene, die ihren in seinem Namen geleisteten Eid nicht einhalten, indem er sie mit einem Blitz erschlägt.

Offenbar wurde auch geglaubt, daß der Charakter eines Menschen von Gott bestimmt wurde, so daß auch sein Leben vorherbestimmt war.

Die Kikuyus haben einen ausgeprägten Sinn für Anstandsformen. Sie enthalten sich allem, was sie als widrig empfinden (siehe unter *Tabu*).

In den 20er Jahren gab es einen Propheten, Thiga wa Wairumbi, der von Gott persönliche Botschaften für sein Volk erhielt.

Kimpasi Kimpasi ist eine Reihe von geheimen Ritualen, denen sich junge Leute in der Nation Kongo unterziehen.

Das Wort Kimpasi scheint ›Ort des Leidens, der schweren Prüfung‹ – von *mpasi* ›Schmerz‹ – zu bedeuten. Es wird oder wurde insbesondere im westlichen Zaïre verwendet, vorwiegend in der Gegend südlich des Flusses Zaïre und jenseits der Grenze in Angola.

Das Wort wurde zu einer Zeit eingeführt, als in den Dörfern eines

Distriktes viele Menschen starben. Die Ältesten, die befürchteten, daß die Geister zornig waren und die Erwachsenen und Kinder sterben ließen, legten ein Datum für eine Kimpasi ›Buschschule‹ fest.

Jede Familie in einem Dorf bestimmte ein oder zwei Mitglieder, die zwischen 12 und 20 Jahre alt waren, beiderlei Geschlechts sein konnten, aber unverheiratet sein mußten, für die Teilnahme an dieser Zeremonie des rituellen Todes und der Auferstehung.

Die für diesen Zweck ausgewählte Stelle mußte sich wegen der zahlreichen Waschungen sowohl in der Nähe eines Flusses als auch in einem Wald befinden, weil dies der Wohnsitz der Geister namens *nkita* ist. Eine Einzäunung aus Baumstämmen wurde um den Platz errichtet, der groß genug war, um drei Schlafsäle und ein Nzo-Lufumba oder Initiationshaus zu fassen. Vor dem Tor wurden etwa zwölf *nkisi* (q. v.) aufgestellt, fast zwei Meter hohe Statuen von schrecklichen Gestalten, die verschiedene, namentlich bekannte Geister darstellten.

Der Zeremonienmeister wird *Mfwa-wasi* ›An Lepra gestorben‹ genannt, eine von Gott geschickte Krankheit.

Die Einfriedung wird das Dorf Ngwa Ndundu genannt. ›Mutter‹ Ndundu ist die Zeremonienmeisterin. Wie auch der Meister muß sie alt und verhutzelt sein. Sie muß einst ein Kind gehabt haben, das jung gestorben ist, und sie muß von einem *nkita* besessen gewesen sein.

Die *nkita* sind Geister der Toten, die auf den Statuen durch einen weißen und roten Stein dargestellt sind, *tadi di Kalunga*, ›Stein des Kalunga‹.

Mitten in der Nacht werden die jungen Initianden aus der Einfriedung in ein verfallenes Dorf geführt, das jetzt als Friedhof dient, ein Ort, der von vielen Geistern heimgesucht wird.

Den jungen Leuten wird gesagt, daß sie sich auf den Boden des stockdunklen Friedhofs hinlegen sollen. Sie werden mit Zweigen rituell geschlagen, was zum ›Tod‹ führt. Zu verängstigt, um aufzustehen, und sich selbst für tot haltend, werden sie später in ihre Betten zurückgetragen.

In den darauffolgenden Tagen oder Wochen werden sie mit zahlreichen Liedern und Waschungen allmählich ins Leben zurückgebracht und schließlich nach Hause geführt.

Kinder Kinder sind bei weitem der größte Reichtum, der meistgeschätzte Faktor im Leben Afrikas. Das Fehlen von Kindern wird in Liedern und Sprichwörtern mit Tod und Zerfall, dem in Vergessenheit geratenen Grab und dem Rückfall des Dorfes in die Wildnis gleichgesetzt. Kinderlose Ehepaare geben ein Vermögen aus, um Wahrsager (q. v.) zu konsultieren und den Göttern, Ahnen oder anderen Geistern Opfergaben darzubringen. Sie beten zu Allah, seinen

Engeln und Heiligen und führen alle notwendigen Rituale durch, um Kinder zu bekommen. In vielen Teilen Afrikas wird das Fehlen von Kindern als Strafe von den Göttern angesehen, und Frauen, die mehrere Fehl- oder Totgeburten hatten, werden der Hexerei verdächtigt und vor Gericht gestellt.

Auch bei mißgebildeten Kindern glauben einige Völker, daß sie von den Göttern wegen der Sünden ihrer Eltern bestraft werden – bei der Mutter wird häufig Ehebruch vermutet. Eine Skulptur aus Cabinda, die eine Mutter mit einem mißgebildeten Kind zeigt, veranschaulicht das Sprichwort: ›Selbst ein mißgebildetes Kind hat jemanden, der sich um es kümmert.‹ Dieses Sprichwort mahnt den Richter, Nachsicht walten zu lassen, da Kriminalität wie auch Mißbildungen durch Schicksal verursacht werden. Doch auch die zum Christentum bekehrten Völker sehen solches manchmal immer noch als Strafe für die Eltern an.

Frauen, die viele Kinder haben, werden hochgeachtet und gebeten, Heilzeremonien beizuwohnen, bei denen andere Frauen geheilt werden sollen, die unfruchtbar oder arm (meistens unterernährt) sind.

Die Acholi (q. v.) in Uganda haben einen besonderen Tanz für die ›Mütter von Vielen‹, bei dem die Frauen ehrwürdig den öffentlichen Platz entlangschreiten.

In Mpangu, Zaïre, glaubt man zuweilen, daß schielende Kinder anfällig für Zauberkraft sind, da sie angeblich ›doppelte Sicht‹ haben; Sie können die Geisterwelt genauso sehen wie die Welt der Menschen. Albinos wurden mit tiefem Respekt behandelt, da man glaubte, sie seien Geister, die als Menschen geboren wurden.

Der Glaube, daß Kinder wiedergeborene Ahnen sind, ist in Afrika fast überall anzutreffen. (Siehe auch *Reinkarnation; Itonde*.)

Kinder der Sterne Auch dieser Bantu-Mythos gehört zu den ›verbotenen Geschichten‹. Die Kinder der Sterne lebten einst in einem heiligen Tal nahe dem Nyasa-Land. Das Tal wurde von der Großen Mutter Ma durch Muotamkulo, das große Feuer, und durch Seuchen zerstört. (Hierbei fällt auf, daß der Nyanza-See ›See des fallenden Sternes‹ genannt wird.)

Die Sternenkinder hatten sich zur Vollkommenheit entwickelt. Sie kannten weder Haß noch Angst oder Verlangen noch Lust oder Krankheit. So wurden sie vollkommener selbst als Ma, ›die erste Göttin‹. Eine Kultur, die ihre absolute Vervollkommnung erreicht, verliert automatisch ihre Funktion, berichten die Bantu. In den Augen des Großen Geistes gibt es im Universum keinen Raum für absolute menschliche Vollkommenheit. Auch hatten die Kinder der Sterne, die große Magier waren, nach jenen Dingen geforscht, nach denen der Mensch nicht forschen sollte.

Der sumerische Mythos berichtet in Zusammenhang mit der Erschaffung der künstlichen Sklaven im

›Untergeschoß der Erde‹ von Manipulationen am Blut. Jedenfalls erschufen die Kinder der Sterne künstlich Tiere wie etwa die Giraffe, die nicht wie alle lebenden Dinge vom ›Lebensbaum‹ geschaffen wurde. Die meisten dieser künstlichen Tiere kamen in der Katastrophe um. Die Giraffe überlebte und mischte sich mit den Tieren des Waldes.

Manche großen, runden Steine erinnern an die Sternenkinder. Sie tragen Schriftzeichen jener ersten Sprache, aus der alle Stammessprachen hervorgingen.

Eingeweihte können diese Schriftzeichen noch heute lesen. Wie etwa jene auf einen Stein, der sich am Eingang einer Höhle befinden soll. Sie führt zum unterirdischen Lulungwa-Mangakatsi-Fluß, der nordwärts in den großen Nyanza-See fließt. Die Inschrift besagt: ›Zukünftige Generationen, wir warnen euch. Hinter diesem runden Felsen verbirgt sich ein teuflisches Geheimnis. Wir, die beiden letzten Überlebenden der Kinder der Sterne, ein Mann und eine Frau, warnen euch. Wir, die wir morgen sterben werden, warnen euch alle.‹ (Credo Mutwa).

Kindoki (Kongo, Angola, Zaïre, Kongo). *Kindoki* ist das Geheimnis, durch das ein Mann oder eine Frau, aber normalerweise ein Mann, ein *ndoki*, ein Zauberer, wird.

Wenn jemand ein *ndoki* werden will, muß er einen Meister in den Zauberkünsten finden, der Fledermausköpfe in zwei saubere Hälften schneiden kann.

Der Schüler bringt dem alten Zauberer einen Krug mit Palmwein und sagt: ›Das wird hoffentlich unsere Freundschaft festigen.‹ Diesen Vorgang wird er nach einigen Tagen wiederholen und den alten Mann mit belanglosem Geplauder unterhalten.

Erst nach einigen Monaten, wenn sie bereits auf vertraulichem Fuße stehen, wird der junge Gast sagen:

›Ich möchte reif werden.‹

›Aber du bist reif.‹

›O nein, ich muß noch viel lernen!‹

›Bist du dir da ganz sicher?‹

›Ich bin mir sicher.‹

›Wie viele Mitglieder hat dein Clan?‹

Der Lehrling teilt ihm die Anzahl der Mitglieder seiner Großfamilie und ihre Namen mit.

›Laß uns deinen reichen Onkel Soundso nehmen.‹

Wenn der junge Neffe zögert, da er genau weiß, daß sein Onkel sterben wird, wenn er ein Zauberkundiger werden will, sagt der alte Mann: ›Ah, dann bist du nicht wirklich entschlossen, ein Fachmann zu werden?‹

›Na schön, ich überlasse ihn dir.‹

›In diesem Falle werden wir ihn töten und gemeinsam essen.‹

Der alte Mann nimmt einen sehr starken Fetisch, *nkisi*, aus seinem geheimen Vorrat, und mit dessen Hilfe verwandeln sich sein Schüler und er in Ameisen, Spinnen oder andere Insekten.

Mitten in der Nacht gehen sie in das

Haus des reichen Onkels, treten durch die Nase oder den Mund in seinen schlafenden Körper ein und kriechen hinunter bis zum Herzen, wo sie das nahrhafte Blut aussaugen, bis der Mann stirbt.
Danach werden sie wieder normale

Nkishi-Figur (»Fetisch«); Songye (Zaïre).

Menschen, aber jetzt sind sie lebenslange Freunde, und wenn sie sich treffen, halten sie sich gegenseitig am kleinen Finger fest. Auf diese Weise wird man ein *ndoki*, ein Zauberer.
Man kann als *ndoki* geboren werden, wenn sein *mfumu-kutu*, ›Ohr-König‹, seine wandernde Seele, einem *ndoki* gehört, der bei der Geburt in seinen Körper eintritt. Diese *mfumu-kutu*-Seele kann den Körper in der Nacht verlassen und jede andere Gestalt annehmen, Insekt oder Tier, gut oder schlecht, und umherreisen.
Kishi (Kimbundu, Angola). Ein *kishi* ist ein böser Geist, ein Dämon mit einem Kopf, der so gestaltet ist, daß er zwei Gesichter hat.
Bei einer Begegnung mit ihm sieht man nur das menschliche Gesicht, so daß man sich nicht bewußt ist, daß es sich nicht um einen gewöhnlichen Mann handelt, sondern um einen Dämon.
Das andere Gesicht wird von langem, dichtem Haar verborgen, das kunstvoll hochgesteckt ist und diesen schwarzen Dämonen ein modisches Aussehen verleiht.
Die weisen Ältesten sind sich über die Frage uneins, in welche Richtung dieses Gesicht sieht. Es kann nach oben oder nach hinten gerichtet sein. Aber über sein Aussehen sind sie einer Meinung: es ist das Gesicht einer Hyäne (q. v.) mit sehr kräftigen, großen, scharfen Zähnen und sehr kräftigen Kiefernmuskeln.
Sein menschliches Gesicht hat ei-

nen normalen Mund und eine glatte Zunge, und es kann freundlich reden, während sein Hyänengesicht einem anderen Zweck dient: es ist dazu bestimmt, Menschenknochen zu zermalmen. Es wird selten von einem Menschen, der ihm entkommen und darüber berichten konnte, gesehen, denn die meisten werden gefressen.

Eines Tages entschieden drei Mädchen, die immer zum Wasserholen an den Fluß gingen, zur anderen Seite zu waten, um das Land hinter dem jenseitigen Ufer zu erforschen, obwohl sie gewarnt worden waren, niemals dorthin zu gehen. Es war Kishi-Land.

Die kleine Schwester der Mädchen bestand darauf, mitzukommen, obwohl diese es nicht wollten. Sie wanderten solange, bis sie in der Ferne ein großes Haus sahen, das solide gebaut war, zwei Stockwerke hatte und von einem Pfahlzaun umgeben war.

In diesem Haus lebten drei *kishis*, und sie beobachteten die näherkommenden Mädchen wie Wild, das langsam in eine Falle geht. Den *kishis* wurde der Mund wässrig, als sie über Methoden sprachen, wie sie die Mädchen fangen und verschlingen konnten.

Sie traten aus ihrem Haus heraus, gekleidet wie vornehme Herren, ihr langes Haar hatten sie nach der neuesten Mode hochgesteckt.

Charmant sprachen sie die Mädchen an, hießen sie in ihrem Haus willkommen und luden sie zum Essen ein. Sie sangen ihnen sogar Lieder vor. Dann verließen sie das Zimmer, und das kleine Mädchen flüsterte: ›Ich gehe hinaus. Ich habe ihre anderen Gesichter gesehen!‹ Die Schwestern glaubten ihm nicht, bis sie sie plötzlich ebenfalls sahen!

Knochen Siehe *Diagnose; Wahrsager; Orakel.*

Kongo Siehe *Fetisch; Geister; Kimpasi; Kindoki; Ndoki; Nkisi; Nymphen; Nzambi; Geister.*

Kongo Siehe *Bakongo.*

Königsmord (Hausa, Nigeria). In ganz alten Zeiten war es für einen Stamm notwendig, stets auf der Hut zu sein, denn Feinde konnten überall lauern und feindliche Stämme jeden Augenblick angreifen.

Jeder König muß stark, mutig und schnell sein. Ohne einen Befehlshaber mit einem starken Willen und einem Herzen von Stein würde der Stamm bald besiegt sein und sich zerstreuen. Der König war der stärkste und angsteinflößendste Mann eines Stammes.

Sobald er zu altern begann, wurde er getötet. Das war gnädig in Zeiten, in denen nur der Stärkste überlebte, während die Schwachen wußten, daß sie zum langsamen Sterben verdammt waren. Altern ist leiden, heißt ein Swahili-Sprichwort: *Kuzeeka kuteseka.*

In der Zeit vor dem Islam hatten die Hausa-Clans Totems. Jeder Clan besaß ein Tier, einen Fisch, einen Vogel oder eine Pflanze, etwas, mit dem er auf geheimnisvolle Weise verbunden war, indem er sich mit seinem Charakter furchtlos identifizierte.

Das Totem des königlichen Clans war der Löwe, und der König hielt in seinem Palast tatsächlich einen Löwen, der ihm nichts tat, Einbrecher jedoch abschreckte.

Sobald bekannt wurde, daß der König einen feindlichen Stamm nicht besiegt oder es sogar unterlassen hatte, gegen eine eindringende Armee in den Krieg zu ziehen – und in jener Zeit fanden fast jeden Tag Angriffe statt –, dann war es für ihn an der Zeit, zu gehen.

Kein Stamm konnte es sich leisten, die Eindringlinge ungestraft davonkommen zu lassen, denn diese würden sonst das Land erobern und den Stamm vernichten.

Ein schwacher König war genauso schlimm wie ein Verräter: jemand, der nicht gegen den Feind kämpft, wenn es notwendig ist (siehe *Krieg*).

Ein schwacher König gewann keine starken Anhänger. Junge Männer machten sich auf und dienten anderen Königen, die Schlachten gewinnen konnten, und kehrten mit Beute und Ruhm nach Hause zurück.

Eines Abends würden fünf Priester des Totemgottes in Begleitung des Löwen, der die Inkarnation des Clangottes selbst war, erscheinen. Der König, der Löwengott in Menschengestalt, würde dann von den Priestern vor Gericht gestellt. Er würde beschuldigt werden, seine Pflichten als Anführer der Krieger und Verteidiger des Volkes vernachlässigt zu haben.

Wurde der König für schuldig befunden, müßte er sich der Todesstrafe unterwerfen, und von dem Löwen würde er keine Unterstützung erhalten, da dieser verstand, daß alles im Interesse des Volkes war. Schließlich würde dem König die Kehle durchgeschnitten.

Krankheit (Bangala, Zaïre) Das Erkennen von Krankheiten und ihre Behandlung wirkt bei den Swahili sehr wissenschaftlich – im Vergleich zu den Methoden des Volkes Bangala in Boloki und Libinza in der äquatorialen Provinz von Zaïre, wie John Weeks ca. 1912 berichtete.

Dr. Weeks führt in seinem Werk auf den Seiten 345/6 42 Krankheiten an, für die es in der Boloki-Sprache Namen gibt und die alle von Geistern verursacht werden sollen (S. 269): ›Jede Krankheit hat ihren eigenen Geist *(bwete)*, folglich sind die einheimischen Namen für Schwächezustände, Blutarmut, Rheumatismus, Ischias, Malaria und Schlafkrankheit nicht nur die Namen für die Krankheiten, sondern geben eigentlich die Namen der Geister an, die für sie verantwortlich sind.

Man konnte mir nicht sagen, woher diese Geister stammen, aber die einzige Möglichkeit, sie aus dem Körper des Patienten herauszulocken, besteht darin, für manche speziell hergestellte Pfähle zu errichten, anderen einen Kochtopf mit kleinen Stäben hinzustellen,

während bei einigen ein Kochtopf mit Heilwasser wirkt...
Für den Geist der Schlafkrankheit wird ein Kochtopf bereitgestellt, in dem kleine Stäbe liegen. Das Ganze wird mit gelben, roten und blauen Punkten und Strichen bemalt.
Diese... haben oft kleine Hütten, die über sie gebaut und mit verschiedenen Farben angestrichen werden; wenn der Besitzer eine Mahlzeit einnimmt, wirft er stets einen Teil davon auf das Dach seines Hauses, damit die Geister mitessen können. Von Zeit zu Zeit gießt er Zuckerrohrwein über die Pfähle oder in die Kochtöpfe...
Werden diese Opfergaben nicht dargebracht, lädt der Besitzer den Geist oder die Geister zur Rückkehr in seinen Körper ein, d. h. er wird einen Rückfall erleiden.‹ (Siehe auch *Hausa.*)

Krieg ›Krieg‹, sagt der Swahili-Dichter, ›ist wie ein Savannenfeuer. Wenn er einmal ausgebrochen ist, ist es fast unmöglich, ihn zu beenden.‹
Dies trifft heutzutage genauso zu wie vor einem Jahrhundert, als diese Zeilen in Mombasa geschrieben wurden.
Der Krieg wurde bereits an den Wänden der Gräber und Tempel in Altägypten dargestellt, z. B. die Eroberung des Ramses II (19. Dynastie) von Libyen.
Aber die Ägypter zogen nicht zum Vergnügen in den Krieg, sondern um der Welt zu zeigen, daß ihre Götter, die ihnen günstig gesinnt waren, einen Zauber auf ihre hilflosen Feinde warfen.
Felsmalereien in der Sahara zeigen Männer, die ihr Vieh hüten, während andere Männer sie angreifen. Hierbei handelt es sich vielleicht um die älteste Kriegsaufzeichnung Afrikas.
Einige afrikanische Völker beschrieben den Kriegsgott als einen gefräßigen Löwen, der die Menschen ›frißt‹.
Onuris in Altägypten wurde mit der Löwin Mekhit, seiner Gattin, in Verbindung gebracht. Er trug Federn wie ein afrikanischer Krieger.
In Südafrika wird der Kriegsgott manchmal als ein gewaltiges Ungeheuer beschrieben, das mit seinen vielen breiten Füßen auf die Häuser der Menschen trampelt, Menschen und ihre Tiere verschlingt und ganze Dörfer aufzehrt, während es von Dorf zu Dorf zieht, um seinen unersättlichen Hunger zu stillen.
Nur ein göttlicher Held kann ihn töten und den Wohlstand zurückbringen.
Der König der Shangane in Mozambique wurde jeden Morgen von seinem Hofsänger mit den Worten geweckt: ›Was hast du gewonnen? Deine Ahnen trugen große Schlachten aus und eroberten Nationen!‹
Diese Ermahnung, Krieg zu führen, war zweckmäßig. Stämme, die Vieh besitzen, müssen in jeder Generation neue Weiden erobern, da sie sonst umkommen.

Kein König führte Krieg, ohne die Orakel und die Wahrsager hinsichtlich der günstigsten Zeit und des wahrscheinlichen Ausganges zu befragen: Wird der Krieg mit Sieg oder Niederlage enden?
Alle Krieger trugen Kriegstalismane oder Amulette, um vor Speeren und Pfeilen geschützt zu sein. Oder sie wurden mit einer Flüssigkeit bespritzt, die Eisen in Wasser verwandeln würde, sobald es mit ihrer Haut in Berührung kam (siehe *Majimaji*).
Gewöhnlich förderten die Geister der Ahnen Kriege gegen benachbarte Stämme, die unberechtigt in das angestammte Land eindrangen.
Dörfer und Städte wurden durch Amulette und Fetische geschützt, die unter dem Tor begraben wurden, damit die angreifenden Feinde erblinden würden. (Siehe *Fingo*.)
Krokodil Im alten Ägypten gehörte das Krokodil zu dem Gott Seth, auf arabisch *Shayth*. In den ältesten ägyptischen Mythen *war* Seth das Krokodil. Er lauerte am Ufer zwischen dem Schilf, bis sein Bruder Osiris, dessen Leben vorübergehend aufgehoben war, vorbeitrieb. Seth ergriff seinen Bruder und riß ihn in Stücke. Der ägyptische Mythos ist anscheinend eine Parallele zur biblischen Geschichte von Kain und Abel. In den meisten afrikanischen Geschichten verhalten sich Krokodile auf solche Weise. In mehreren Gegenden im tropischen Afrika nimmt man an, daß das Krokodil ein böser Geist sei, nicht gerade gefräßig, sondern verräterisch.
Bei den Bakongo erzählt man sich die Geschichte von einem alten Lüstling, der gerne die Mädchen beobachtete, wenn sie im Fluß badeten, und sie so sehr begehrte, daß er hinging und ein ›Krokodil-Fetisch‹ kaufte. Er befahl seiner Frau, Haferbrei zu kochen, mit dem er sich neu erschuf. Der Haferbrei-Mann ging zu Bett, während der echte Mann sich in ein Krokodil verwandelte, um die Mädchen zu fressen. Die Dorfältesten bestellten bei einem *nganga* einen noch mächtigeren Fetisch. Dieser nahm ein Puder und streute es ins Wasser, so daß das Krokodil aus dem Fluß herauskommen und seine menschliche Gestalt annehmen mußte.
In Lesotho wird die Geschichte von dem guten Mädchen Selekana erzählt, das dem Flußkönig, einem großen Krokodil, begegnete. Selekana wurde von neidischen Gleichaltrigen in den Fluß geworfen, und auf dem Grund begegnete es der Flußfrau, die nur eine Hand und ein Bein und die Gestalt eines Fischschwanzes hatte. Die Flußfrau ließ Selekana im Palast arbeiten. Als Selekana den Palast des Flußkönigs geputzt hatte, hatte sie für die alte Frau einige Juwelen auszusuchen. Sobald Selekana in ihr Dorf zurückkehrte, war die Tochter des Häuptlings auf die Juwelen neidisch und sprang in den Fluß, in dem Versuch, ähnliche Juwelen zu bekommen. Die Flußfrau bat sie, den Palast zu putzen, aber

sie weigerte sich, überhaupt eine Arbeit zu verrichten. Die Frau ging fort, und der Flußkönig fand die Tochter des Häuptlings und verschlang sie. In diesem Mythos wird das Krokodil als Wächter der Gerechtigkeit beschrieben, und in dem alten ägyptischen Mythos von Seth taucht das gleiche Element auf: Seth ist der Gott, der die Sünder bestraft.

Bombo-Maske; Kuba (Zaïre).

Kuba (Bakuba) (Schöpfungsmythos, Zaïre). Dunkelheit lag über der Erde, die nur Wasser war. Mbombo, der Weiße Riese, herrschte über dieses Chaos.

Eines Tages spürte er einen schrecklichen Schmerz im Magen, und heraus kamen die Sonne, der Mond und die Sterne. Die Sonne brannte heiß, und das Wasser verdampfte zu Wolken. Nach und nach erschienen die trockenen Hügel. Mbombo brachte aus seinem Magen erneut Dinge hervor. Diesmal waren es der Wald, die Bäume, die Tiere und die Menschen. Die erste Frau erschien, der Leopard, der Adler, die erste Sternschnuppe, der Affe Fumu, der erste Mann. Dann kamen auch die ersten Hilfsmittel: der Amboß, das Messer, die Heilkräuter.

Die Frau der Gewässer, deren Name Nchienge war, lebte im Osten. Sie gebar einen Sohn, Woto, und eine Tochter, Labama.

Woto wurde der erste König der Bushongo (Bakuba) und zog mit seinen Kindern, die immer noch weiß waren, nach Westen. Er färbte ihre Haut schwarz, weil sie im Wald als Jäger leben mußten und weiße Menschen für das Wild allzu sichtbar gewesen wären.

Er legte ein Heilkraut auf ihre Zungen, so daß sie plötzlich die Kuba-Sprache sprechen konnten.

Dann heiratete er seine Schwester und bestimmte, daß nur Könige das Vorrecht haben sollten, mit ihren Schwestern zusammenzuleben.

Das gewöhnliche Volk sollte sich mit anderen Clans vermischen, um die Nation auszudehnen.

König Woto hatte eine Nichte, die ein Lamm gebar: das war das erste Auftauchen der Schafe. Nur die königliche Familie durfte sie besitzen. Sie sind so wertvoll, daß sie fast wie Menschen behandelt werden.

Woto bemerkte, daß der Affe Fumu Palmwein leckte, und so wurde diese Köstlichkeit entdeckt.

Er fand auch ein Ziegenpaar, das einwilligte, bei den Menschen zu bleiben, wenn man sie vor den Leoparden schützen würde. Seitdem führt der Mensch Krieg gegen dieses Raubtier.
Woto konnte die Bananenbäume wachsen lassen, indem er sein Horn blies. Er konnte den Bambus in der Nacht zum Sprechen bringen. Er konnte sogar die Krokodile aus dem tiefen Fluß zu sich rufen.
Die Kupferstadt Im nördlichen und östlichen Afrika erzählt man sich Legenden über die Stadt aus Kupfer oder Bronze, Baladu Nuhasi, die angeblich König Salomon irgendwo in Afrika erbaut haben soll – vielleicht in der Sahara, nicht weit vom Nil entfernt oder an der Küste des Roten Meeres oder sogar in Cyrenaica am Mittelmeer. Sie wurde auf einem Berg gebaut, der Jabal Lamma, ›Leuchtender Berg‹, hieß; diese Eigenschaft wurde mit den vielen Giftschlangen erklärt, die auf diesem Berg gefunden wurden und deren kupferfarbene Schuppen das Sonnenlicht zurückwarfen. Hier kann eine Verwechslung mit dem arabischen *nuhas* ›Kupfer‹ und *nahas* ›Schlange‹ vorliegen. Als Alexander der Große das bronzene Tor erreichte, fand er dort auf einer Inschrift, daß die Kupferstadt von Solomon erbaut worden war. In der Stadt standen 40 Paläste mit wunderschönen Gärten. Sie wurde von den Dahari bewohnt, Kindern des Dschinn Sakhar, ›Stein‹, der die Stadt für Solomon gebaut hatte. Nach einer anderen Legende heißt der Berg Jabal Saa, und die Stadt wurde von Yafat (Japhet, Sohn des Noah) ausschließlich aus Kupferplatten errichtet. Wahrscheinlicher aber ist, daß es Yafats Bruder Ham (q. v.) war, der die alten Städte wieder aufgebaut hatte. Im Zentrum der Kupferstadt erhob sich ein hohes Gebäude, das von einem gewaltigen kupfernen Dom gekrönt wurde, auf dem ein bronzener Reiter auf einer kreisförmigen, beweglichen Plattform stand. Sie war so gebaut worden, daß sich der Reiter in die Richtung der Feinde drehte, die sich der Stadt näherten, und seinen gigantischen Speer erhob, mit dem er Feuer auf die Eindringlinge sprühte. Dies erklärt, warum das alte Ägypten niemals aus dieser Richtung angegriffen wurde. Alexander (q. v.) betrat die Kupferstadt, weil er durch göttlichen Erlaß der König über die Welt war.

Kuzimu (Swahili *Alahira* (Arabisch). Das Jenseits, die Unterwelt, die Welt der Geister, der Geister der Toten, die unter der Erde in ihrem eigenen Land ein ähnliches Leben führen, wie sie es zuvor in dieser Welt taten.
Eine Höhle oder eine Grube, ein Fluß oder ein Teich kann der Eingang zu dieser Geisterwelt sein, aber nur mutige Menschen sollten sie betreten.
Einige beschreiben sie als einen dunklen, kalten *(zimu)* Ort, wo die Geister zittern wie die Menschen nachts im Gebirge (siehe *Hades*).

In anderen Mythen wird das Jenseits als heller, angenehmer Ort beschrieben, von dem die Seelen auf die Erde herabschauen können.

Wieder anderen Mythen zufolge befindet sich das Land der Toten in Flüssen oder Seen, in denen die Geister wie Fische am Grund zwischen Schilf und Wasserpflanzen leben.

Viele Völker, hauptsächlich in Westafrika, beschreiben das Jenseits als eine Stadt, ›Totenstadt‹, die sich direkt inmitten eines riesigen Waldes befindet, der von allen möglichen Dämonen, Ogern, aber auch freundlichen Geistern bewohnt wird.

In der Totenstadt sind die meisten Geister listig und fähig, eine sich in ihrem von Verzweiflung erfüllten Wohnsitz verirrte, selten auftauchende lebende Person dazu zu verführen, ihren Körper oder einen Körperteil gegen einen wertlosen glitzernden Gegenstand einzutauschen, so daß der Geist entkommen kann, während der Lebende es nicht mehr vermag, da wir alle einen vollständigen Körper brauchen.

Zahlreiche Geister bleiben über Generationen hinweg in der Nähe ihrer Gräber, wo immer diese sein mögen, und gehen an diesem Platz als Gespenst um. Aus diesem Grund meiden Afrikaner normalerweise Ruinen und verlassene Dörfer.

Die Vorstellung eines Paradieses (q. v.) trat mit dem Islam und dem Christentum auf.

In Westafrika ist der Glaube an ein Leben *vor* der Geburt verbreitet.

Leben nach dem Tode Alle traditionellen afrikanischen Völker sind der Meinung, daß die Seele des Einzelnen nach dem Tode weiterlebt. Einige Völker kennen mehr als nur eine spirituelle Essenz, die in einer Person wohnt, die Lebensseele oder den Lebensgeist, der im Augenblick des endgültigen Todes verschwindet, sowie die Gedankenseele, die ihre individuelle Identität beibehält, auch nachdem sie vom Körper getrennt ist.

Einigen Völkern in Afrika und Asien zufolge kann die Lebensseele zu Lebzeiten von einer Person in Zeiten der Gefahr getrennt und an einem sicheren Platz versteckt gehalten werden, so daß ihr Besitzer zwar tödlich verletzt, aber nicht getötet werden kann – solange seine Lebensseele eben in Sicherheit ist. Wenn die Gefahr vorüber ist, kann diese erneut in den Körper eingesetzt werden, und die Person ist wieder gesund und munter. Die Gedankenseele lebt nach dem Tode weiter, aber nicht für ewig. Sie kann allmählich sterben und in Vergessenheit geraten. Seelen von kleinen, früh gestorbenen Kindern, von charakterschwachen und unbedeutenden Personen lösen sich nach einigen Jahren auf.

Aber die Seele eines reichen, berühmten oder mit einer starken Persönlichkeit versehenen Mannes, einer Mutter von mehreren Kindern, eines Häuptlings oder von jemandem, der geliebt und bewundert wurde, wird noch viele Generationen lang weiterleben. Auch böse Seelen können ein langes Leben nach dem Tode führen: Hexen (q. v.), Zauberer (q. v.) und Seelen, die einen Groll hegen und noch eine alte Rechnung begleichen müssen, werden auf ihre Rache warten und die Lebenden noch jahrelang heimsuchen.

Der älteste Gedanke darüber, wo die Toten ihre Existenz fortsetzen, bezieht sich auf den Wald (q. v.). Die großen Wälder Afrikas mit ihrer undurchdringlichen Dichte sind das Herzland der Geister und aller magischen Wesen. Wo es steile Felsen gibt, wohnen die Toten in tiefen, dunklen Höhlen, in denen ihre Seelen als Fledermäuse (q. v.) verkleidet herumflattern. Die Heimat vieler Geister liegt unterhalb von Flüssen und Seen. Viele andere halten sich in der Nähe der Friedhöfe auf, wo sie begraben liegen. Die guten Seelen der Verstorbenen, die geliebt wurden, die Seelen der weisen Eltern begleiten immer noch ihre lebenden Kinder und Enkel. (Siehe auch *Ahnen, Begräbnis, Tod, Wiedergeburt, Reinkarnation.*)

Leben nach dem Tode (Yoruba, Nigeria). Die Yoruba glauben, daß jede Person mindestens drei spirituelle Wesen hat. Erstens gibt es den Geist, *emi*, wörtlich ›Atem‹, der in den Lungen und im Herz wohnt und vom Wind durch die Nasenlöcher ernährt wird, so wie das Feuer durch die zwei Öffnungen im Blasebalg des Schmieds geschürt wird. Dieser *emi* ist die Lebenskraft, die dem Menschen Leben verleiht, das heißt: atmen, aufstehen, gehen, sich bewußt sein, aktiv sein, arbeiten, sprechen, sehen, hören und lieben. Es gibt auch den ›Schatten‹, *ojiji*, der seinem Besitzer wie ein Hund folgt. Stirbt der Mensch, wartet der Schatten auf seine Rückkehr im Himmel. Das dritte Wesen ist *eleda* ›Geist‹ oder *ori* ›Kopf‹, auch mit ›Wächterseele‹ übersetzt. Von Zeit zu Zeit muß es mit Opfergaben ›ernährt‹ werden. Wenn ein Mensch stirbt, verlassen diese spirituellen Aspekte einer Person seinen Körper und warten auf ihn im Himmel. Von einer Person wird erwartet, daß sie zu ihrem Clan als neugeborenes Baby zurückkehrt. Babatunde, ›Vater kehrt zurück‹ ist der Name, der einem Kind gegeben wird, wenn es Ähnlichkeit mit dem Vater seines Vaters aufweist; Yetunde ›Mutter kehrt zurück‹ heißt dementsprechend ein Mädchen. Körperliche Ähnlichkeiten bestimmten die Identität des Babys.

Vor dem Tod besucht der *emi*-Geist vielleicht Verwandte, Clanmitglieder, die in einem Traum erfahren, daß ein Verwandter bald sterben wird. Selbst bei Tage kann die kalte Präsenz eines sterbenden Verwandten aus weiter Ferne gespürt werden, so als wäre er in der Nähe. Die Geister von denen, die in der Lebensmitte sterben, können in ferne Städte ziehen und dort ein quasikörperliches Dasein führen. Wenn ein Mann früh gestorben ist, kann er sogar heiraten, und seine Frau weiß nicht einmal, daß ihr Gatte bereits tot und nur ein Geist ist. Wenn seine letzte Stunde gekommen ist, stirbt der Mann zum zweiten Mal.

Nach dem Tode kommt die Wächterseele in den Himmel und beichtet dem höchsten Gott Olorun (q. v.) alles, was sie auf Erden getan hat. Die guten Seelen werden dann in den ›Guten Himmel‹, Orun Rere, geschickt. Die Seelen der Bösen, derer, die des Diebstahls, des Mordes und sonstiger Grausamkeiten, des Giftmordes, der Hexerei oder der Verleumdung schuldig sind, werden zur Strafe in den Orun Buburu, den ›Bösen Himmel‹, geschickt.

Leopard Der Leopard, gefürchtet und allgemein bewundert wegen seines schnellen und sicheren Sprungs (von einen Baum herab auf sein Opfer, bei dem er niemals sein Ziel verfehlt), hat seinen Platz in der Mythologie der meisten afrikanischen Völker.

In Zaïre ist der Leopard ein königliches Symbol wie auch in Südafrika, wo nur den Königen erlaubt ist, auf einem Thron aus Leopardenfell zu sitzen. Eine Kappe aus Leopardenfell entspricht einer Krone.

Die leopard society in Zaïre und Westafrika war normalerweise ein Geheimbund der Häuptlinge und berühmten Medizinmänner, die das Land regierten.

Aus Zaïre stammt die Geschichte

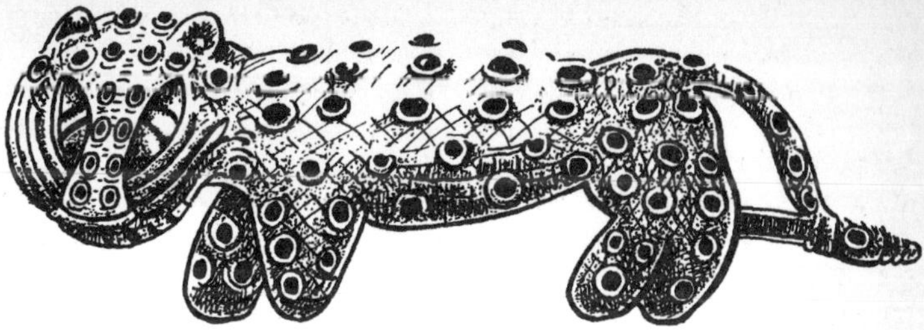

Leopardendarstellung; Benin (Nigeria).

eines Mannes, dessen Tiere starben, während sich die Ziegen seines Nachbarn vermehrten. Er wurde so neidisch, daß sein Haß und seine Aggression ihn in einen Leoparden verwandelten, der anfing, diese Ziegen zu fressen. Erst nach vielen vergeblichen Versuchen konnte er mit Hilfe von Magie getötet werden.

Die Yoruba in Nigeria erzählen die Geschichte einer Leopardenfrau: Ein kinderloser Jäger versprach dem Gott Ogun, ihm einen Leoparden zu opfern, wenn seine Frauen Kinder zur Welt bringen würden. Innerhalb eines Jahres bekamen alle Frauen des Jägers Kinder, so daß er auf der Suche nach einem Leoparden in den Wald ging.

Nach langer Suche fand er einen und erlegte ihn mit einem gutgezielten Pfeil. (Die Schildkröte half ihm dabei, aber das ist eine andere Geschichte.)

Bei seinem nächsten Besuch im Wald begegnete der Jäger einer sehr schönen Frau. Sie forderte ihn auf, ihr zu folgen, und sie gelangten an ein schönes Haus, in dem die Frau allein lebte.

Die Frau forderte den Mann auf, mit ihr zu schlafen, und er konnte nicht ablehnen. Eigentlich wollte sie ihn in der Nacht töten und verschlingen, aber sie tat es dann doch nicht.

Sie war einsam im Wald, denn ihr Mann war von dem Jäger getötet worden. Vielleicht liebte sie ihn, falls Leoparden etwas von Liebe verstehen.

Sie gebar ihm drei Kinder, denn er kam oft zu ihr zurück. Tagsüber waren die Kinder Menschen, aber in der Nacht wurden sie Leoparden und gingen auf die Jagd. Sie heirateten Menschenfrauen.

Lesotho Siehe *Milch; Milchvogel; Milchbaum; Wasser.*

Lianja (Epos von Lianja, Zaïre). Lianja ist der eponymische Held in diesem Epos. Zweifellos war er in vorchristlichen Zeiten ein Gott, denn in dem Moment, als er geboren wird, fliegt er mit seiner geliebten Zwillingsschwester Nsongo auf das Dach des Hauses seiner Mutter.

Der Titel des Epos lautet ›Nsongo und Lianja‹, und anscheinend waren sie nicht nur Bruder und

Schwester, sondern auch Ehemann und Ehefrau wie Jupiter und Juno, Isis und Osiris und Shiva und Parvati in Indien.

Götter führen ein anderes Leben als Menschen. Osiris wird in seinem Sohn, dem Sonnengott Horus, wiedergeboren, und Shiva und Parvati sterben und werden in den verschiedenen Stufen ihrer langen und vielschichtigen Mythologie reinkarniert.

Aus der Mythologie der Skandinavier erfahren wir, wie Odin (Wotan) als Alfathur, der große Göttervater, wiedergeboren wird, nachdem die Götter in der Götterdämmerung gestorben sind und der neue Tag angebrochen ist.

Lianja I und sein Enkel Lianja II sind nur zwei Mitglieder der heroischen Dynastie, die das Volk Bonkundo aus dem Osten, einer Gegend, die wahrscheinlich in der Nähe des heutigen Kisangani liegt, in ihr jetziges Wohngebiet im mittleren Kongobecken führte, wo alle Flüsse nach Westen fließen.

Lonkundo, Lianjas Großvater (oder Urgroßvater in einer anderen Version) war der Vorfahr, der Abraham der Bonkundo-Nation.

Das Wunder der Wiedergeburt oder Reinkarnation taucht in dieser Geschichte mehrmals auf. Beide Lianjas werden am Todestag ihrer Väter geboren.

Der Geist des Vaters trat in den Schoß der Mutter ein, und das Kind in der Gebärmutter begann zu sprechen: ›Der König ist tot, lang lebe der König.‹

Eine männliche Stimme wurde vernommen, die rief: ›Mutter, bring mich zur Welt. Ich will in die Welt hinauskommen. Bereite mir einen angemessenen Ausgang vor.‹

Mbombe weinte vor Verzweiflung und antwortete der Stimme in ihrem Bauch: ›Mein Sohn, für Menschen gibt es nur einen Weg, um auf diese Welt zu kommen. Du kannst nur diesen Weg nehmen.‹

Aber die energische männliche Stimme entgegnete: ›Mutter, ich bin der Sohn eines Häuptlings. Ich kann nicht den Weg der Bürgerlichen nehmen.‹

Plötzlich begann Mbombes Schenkel oberhalb des Knies anzuschwellen. Er öffnete sich, und heraus trat ein sehr schöner junger Mann, bewaffnet mit einem Speer und einer zeremoniellen Streitaxt. Er hüpfte nach vorn wie ein Vogel und sprang auf das Dach seines Vaters Hauses. Von dort betrachtete er das Dorf, dann ließ er sich auf dem Dorfplatz nieder, wo sein Vater früher die königliche Trommel geschlagen hatte.

Dort traf er die Ältesten des Landes und sagte zu ihnen sprachgewandt und nicht wie ein Kleinkind: ›Ich bin Lianja, Sohn des Ilelangonda, Sohn des Lonkundo. Mein Vater ist vor einer Stunde gestorben. Jetzt bin ich euer Häuptling.‹

Die Ältesten verbeugten sich vor ihm, klatschten in die Hände, als sie seine Worte und seine Kraft bewunderten, und huldigten ihm als den neuen König, Lianja I.

›Und das ist meine Zwillings-

schwester. Mit ihr zusammen wurde ich geboren, und mit ihr werde ich zusammenleben. Sie heißt Nsongo.‹
Nach vielen Abenteuern, die in dem großen Nkundo-Epos ›Nsongo und Lianja‹ erzählt werden, bei denen Nsongo ihren Bruder stets begleitet, stirbt sie plötzlich, vielleicht, weil sie zu lange auf Lianja warten mußte, als dieser einmal allein fortging.
Zu jener Zeit hatte Likinda, Lianjas Sohn, gerade eine junge Frau namens Boale geheiratet. Sie war schwanger, als Nsongo starb, und plötzlich hörten die Frauen ein Mädchen ein Lied singen. Sie sahen sich überall um, aber es war kein Mädchen zu sehen. Die Stimme kam aus Boales Schoß. Sie

Löffel(-Skulptur); Dan (Liberia).

sang: ›Ich bin Nsongo, Boale wird meine Mutter sein. Ich komme zurück zu meinem Bruder Lianja.‹
Sie wurde am selben Tag geboren. Man nannte sie Nsongo, und als sie heranwuchs, war sie ihrem Onkel Lianja ein großer Trost.

Liberia Siehe *Hunger; Poro; Schaf; Totemismus; Zwillinge; Wasser; Frauen.*

Liongo (Kenia). Mythischer Held bei den Swahili und Pokomo im östlichen Kenia. Die Versuche der Historiker, Liongo in der Geschichte der Keniaküste chronologisch einzuordnen, reichen von 1200 bis 1600.
Eine große Anzahl von Swahili-Gedichten werden Liongo zugeschrieben, von denen viele populäre Hochzeitslieder sind, die noch immer bei Hochzeiten aufgeführt und von besonderen Tänzen, den sogenannten *gungu* Tänzen, nach dem Rhythmus begleitet werden.
Der Mythos von Liongo ist bruchstückhaft und bildet keine zusammenhängende Geschichte.
Liongo wurde in einer der sieben Städte an der Keniaküste geboren, welche allesamt die Ehre für sich beanspruchen, die Wiege des großen Dichters zu sein.
Er war außergewöhnlich stark und groß wie ein Riese. Er konnte von keiner Waffe verwundet werden, aber wenn man ihm eine Nadel in den Nabel gestoßen hätte, wäre er gestorben. Glücklicherweise hatten nur er und seine Mutter, deren Name Mbwasho war, davon Kenntnis.

Liongo war König über Ozi und Ungwana im Tanadelta und über Shanga auf Faza (Insel Pate). Er wurde bei der Thronfolge von Pate übergangen, so daß sein Cousin Ahmad (Hemedi) wahrscheinlich ihr erster islamischer Herrscher wurde.

Offenbar führte das Aufkommen des Islams zur Umstellung von der matrilinearen zur patrilinearen Nachfolge. König (Sultan) Ahmed versuchte, sich Liongo zu entledigen, ließ ihn in Ketten legen und ins Gefängnis sperren.

Mit einem langen Lied, in dem er sich selbst lobte, einem von den Menschenmassen außerhalb des Gefängnisses gesungenen Refrain, verursachte Liongo genügend Lärm, um seine Ketten abzufeilen, ohne daß die Wächter es hörten. Sobald sie ihn ohne Ketten sahen, flohen sie, denn er war ein furchterregender Mann.

Er flüchtete zum Festland und lebte dort bei den Watwa, den Waldbewohnern.

Jede Episode in dieser Erzählung ist mit einem Lied gekennzeichnet, das erhalten geblieben ist.

Liongo lernte, sein Geschick für Pfeil und Bogen zu vervollkommnen, so daß er später bei einem Bogenschützenwettbewerb gewann, der von dem König organisiert wurde, um ihm eine Falle zu stellen. Doch er konnte erneut entkommen.

Wenig ist bekannt über Liongos siegreiche Schlachten gegen die Galla (Wagala), deren König entschied, ihm seine Tochter zur Heirat anzubieten, um den Held an seine Familie zu binden.

Mit ihr hatte Liongo einen Sohn, der später seinen Vater verriet und tötete.

Lokanda Bantu-sprechendes Volk in Zaïre. Siehe *Schildkröte*.

Lonkundo (Nkundo, mittleres Zaïre). Lonkundo wuchs zu einem gutaussehenden jungen Mann heran. Seine Eltern starben.

Eines Nachts erschien ihm sein Vater Mokele (q. v.) im Traum und lehrte ihn, einen Apparat aus den Zweigen einer Weide zu bauen, die er nahe der Quelle des Flusses finden würde.

In der Frühe ging Lonkundo zu dem Baum, schnitt einige Zweige ab und baute den Apparat, den ihm sein Vater im Traum gezeigt hatte. Er stellte ihn nahe des Flußufers auf, wo die Tiere des Waldes zum Trinken hinkommen.

Am nächsten Morgen erzählten ihm die Frauen: ›Auf dem Weg zu unseren Feldern sahen wir ein Tier, das in deinem Apparat gefangen war. Was ist das?‹

Lonkundo antwortete ihnen: ›Das ist ein *ilonga*, eine Falle!‹

Eines Nachts träumte Lonkundo, daß er die Sonne gefangen hätte. Er stand auf und ging in den Wald zu seiner Falle.

Dort sah er etwas, was ein Feuer zu sein schien. Es war eine Frau, die wie die Sonne strahlte, eine Sonnenfrau.

Er fragte sie nach ihrem Namen.

Sie antwortete: ›Ich bin Ilankaka,

Tochter des Herrn des Kupfers. Ich habe mich in der Nacht verlaufen und wurde hierin gefangen. Ich wurde von einem Bokali, einem Geist in der Nacht, irregeführt. Laß uns zu meinem Vater gehen, er wird dich mit Kupfer belohnen, weil du mich befreit hast.‹

›Nein‹, entgegnete Lonkundo, ›ich will dich als meine Frau. Das wird meine Belohnung sein.‹

Er nahm sie mit nach Hause und lebte dort mit ihr, seiner Sonnenfrau, zusammen. Sie wurde schwanger, und wie alle schwangeren Frauen hatte sie seltsame Gelüste. Sie wollte nichts anderes als *betomba*, Waldratten, essen.

Lonkundo ersann eine besondere Falle, um Ratten fangen zu können, da ein Ehemann das finden muß, was seine Frau zu essen verlangt, denn wer weiß, was sonst seinem Kind zustoßen könnte.

Er fing Dutzende von Waldratten, und Ilankaka aß sie alle.

Eines Nachts wurden Ehemann und Ehefrau von einem Geräusch aus dem Schlaf gerissen. Es war dunkler als je zuvor.

Lonkundo berührte seine Frau am Bauch: er war leer! ›Wo ist mein Kind?‹

›Ich weiß es nicht!‹

Sie hatten Angst.

Das Kind, ihr Sohn Itonde (q. v.), hatte den Schoß seiner Mutter verlassen, weil er wie ein richtiger Mann ein heftiges Verlangen nach Fleisch verspürt hatte. Er war hinausgeschlüpft und in das Fleischlager seines Vaters gegangen, wo er sich selbst bediente und Wildbret aß.

Löwe In vielen afrikanischen Religionen wird der Löwe als Gott verehrt – oder besser ausgedrückt, der Gott hat die Gestalt eines Löwen angenommen, wenn er den Menschen erscheint.

Die berühmten Löwen von Tsavo (*Simba wa Tsavo* auf Swahili), die viele Menschen töteten, bevor sie erlegt wurden, waren nach Meinung des lokalen Volkes ein König und eine Königin aus alten Zeiten, die wiedererschienen waren, um ihr Hoheitsgebiet Tsavo zu verteidigen.

Verschiedene afrikanische Häuptlinge und Könige führten ihre Abstammung auf Löwen zurück, weil geglaubt wurde, daß Löwen mit sterblichen Frauen schliefen und Söhne zeugten, denen sie die Kunst des Jagens und das Wissen über den Busch lehrten, und was am allerwichtigsten war, die Fähigkeit vermittelten, einen Zauber auf das Wild zu werfen, um es zu töten, da kein Tier stirbt, wenn die Götter es nicht wollen.

Mit ihren magischen Künsten waren diese Jungen auch in der Lage, sich in Löwen und in Menschen zurückzuverwandeln, so daß sie in der Nacht auf die Jagd gehen und tagsüber ihr Volk regieren konnten. Diese Prinzen waren von den Menschen gefürchtet, da sie mutige und wilde Krieger waren und über unwiderstehliche magische Kräfte verfügten.

Frauen liebten diese Löwenmenschen heimlich und aufrichtig.
Folglich wurden die Sprößlinge von Löwen normalerweise Herrscher über Männer und Frauen. Dennoch wirkten ihre Kräfte auch zum Wohle des Volkes, da Löwen die Heilkunst durch Magie beherrschen. Ihre große körperliche und spirituelle Kraft entspringt ihrem Sein, und darum genest der Kranke durch ihre bloße Gegenwart wieder.
Löwen sind auch dafür bekannt, sehr potent zu sein, so daß (am Horn von Afrika) geglaubt sind, daß selbst ein Haar von ihren Augenbrauen einer Frau die Macht über ihren Mann verleiht, Kinder von ihm zu bekommen, indem sie seinen Geist fängt.
Im Sudan erzählt man Geschichten über Löwinnen, die Jägern im Busch begegnen und mit ihnen schlafen, so daß sie halbmenschliche Jungen zur Welt bringen. Wenn sie weiblich sind, wachsen viele von ihnen zu unwiderstehlich schönen Frauen heran, bei deren bloßes Erscheinen sich jeder Mann in sie verliebt.
Aber Vorsicht! Halblöwen ernähren sich nur von Fleisch und verschmähen jede andere Nahrung, und von einigen Löwenfrauen weiß man, daß sie sogar ihre Ehemänner gefressen haben.
Andere wiederum halfen ihren Ehemännern und waren ihnen das ganze Leben lang treu.
Manchmal begegnet ein Mann einer schönen Frau in der Wildnis, die ihn auffordert, mit ihr zu schlafen. Danach nimmt sie ihre Löwengestalt an und verschlingt ihn, denn sie ist das gierigste aller Tiere, die Mutter von Löwen, und sie liebt die Jagd noch mehr als die Liebe.
Dennoch kann ein erfahrener Jäger sie mit Mut und Klugheit überlisten und zähmen, so daß sie schließlich völlig verliebt und ihm auch treu ergeben ist.
Ihre Kinder, die Löwenmänner und Löwenfrauen, sind wegen ihrer Kraft und Unbarmherzigkeit gefürchtet.
Die Ägypter nannten die Löwengöttin Sekhmet, die sehr gern Männer in so großen Mengen verschlang, daß sogar ihr Sohn, der junge Sonnengott, sie bitten mußte, einige Männer am Leben zu lassen.
Sie ist mit Hat-Hor (Hathor) gleichgesetzt, der Mutter des Hor, Horus, des jungen Sonnengottes. Ihr Name, den die Griechen mit Sakhmis übersetzten, bedeutet ›die Mächtige‹.
Sie nimmt Rache an den Männern, die gegen den Sonnengott rebellierten. Statt Menschenblut wurde ihr Granatapfelsaft dargebracht, der blutrot ist und als Aphrodisiakum empfohlen wird.
In der Tat setzten die Griechen diese Göttin mit Aphrodite, der Liebesgöttin, gleich, die in Ares-Mars, den Kriegsgott, verliebt war.
Auch die kriegerischen Araber verehrten sie im vorislamischen Mekka. Sie nannten sie einfach Allat, ›die Göttin‹.

Löwenmenschen (Bozo, Mali). Bei den Fulani-Hirten im mittleren Nigertal herrschte große Sorge, da ein Löwe immer wieder ihre Kühe angriff. Sie suchten also einen Medizinmann auf und bezahlten ihn gut für ein Mittel gegen Löwen. Daraufhin erlitten sie einen Monat lang keine Verluste.

Als dann eine fette Kuh von einem Löwen getötet wurde, gingen sie erneut zu dem Medizinmann wegen eines anderen magischen Heilmittels und versprachen ihm drei fette Kühe, wenn es helfen würde.

Leider hielten sie später ihr Versprechen nicht ein. Der Mann folgte ihnen, aber er konnte nicht durch den Fluß waten, da er sonst seine magischen Kräfte verloren hätte. Wasser spült Zauberkraft weg.

Also mußte er den Fährmann finden, der auch der Flußhäuptling war, d. h. der Priester, der für die Völker den Fluß entlang alle Rituale vollzieht und für die Pilger auf ihrem Weg zu den heiligen Plätzen um eine sichere Rückkehr und für die Fischer um einen guten Fang betet.

Natürlich mißtraute dieser Priester seinem Passagier, da er selbst ein Fachmann auf dem Gebiet der unsichtbaren Welt war, und beobachtete ihn, während er ihn über den Niger fuhr.

Ihm fielen die nasale Aussprache des Medizinmannes auf, seine scharfen Eckzähne und ein stechender Geruch von Aas, der einen Fliegenschwarm um sein Gesicht herum anzog.

Der Fährmann mußte seinen Passagier zwingen, für die Überfahrt zu zahlen, indem er mitten auf dem Fluß anhielt, da er wußte, daß ein Löwenmann nicht ins Wasser springen konnte. Also zahlte dieser.

Als das Boot sich dem Ufer näherte, wurde eine Kuhherde sichtbar, und plötzlich wurden die Augen des Medizinmannes gelb wie die Augen eines Löwen, als er all diese fetten Kühe sah.

Während er gewandt ans Ufer sprang, wuchsen ihm kurze dunkle Haare auf dem Rücken. Als seine Kleidung von ihm fiel, kam sein langer Schwanz mit der Quaste zum Vorschein. Er lenkte seinen Körper mitten in der Luft wie ein echtes Raubtier. Kaum daß der Schwanz da war, kamen die langen Klauen hervor, die Mähne wuchs, und schließlich wuchsen die empfindlichen Schnurrbart- und Backenhaare, mit denen Löwen ihre Beute erspüren.

Jetzt war der Medizinmann ein Löwe und bereit, auf eine Kuh zu springen.

Der Fährmann fuhr mit seinem Boot zu dem Lager der Fulani und berichtete ihnen, was er gesehen hatte. Sie wußten, daß der Versuch aussichtslos war, den Löwenmann mit ihren Speeren anzugreifen, da ihre Waffen gegen seine starke Magie nichts ausrichten konnten.

Also machten sie sich auf und fan-

den einen Jäger, der ein Gewehr mit Kupferkugeln besaß, die einzige sichere Waffe, mit der man einen Löwenmann töten konnte.
Der Löwenmann jedoch hatte Wind von ihren Plänen bekommen, nahm wieder seine Menschengestalt an und setzte sich unter einen Baum in seinem Dorf.
Ein junger Bobo-Jäger fand ihn dort und schoß ihm einen magischen Pfeil in die Brust. Der Löwenmann bat ihn, noch einmal zu schießen, um ihn richtig zu töten, aber der kluge Jäger weigerte sich, da er wußte, daß ein zweiter Pfeil den verletzten Löwenmann wiederbeleben würde.
Also starb dieser, denn gute Jäger verfügen zum Töten über eine starke Magie.
Ferner wird von einem jungen Mann berichtet, der gerade eine schöne junge Frau geheiratet hatte und an ihrem ersten Abend einen Gast empfing, der rief, daß er ein Hochzeitsgeschenk brächte.
Als der Bräutigam die Tür öffnete, wurde er von einem Löwen angegriffen und innerhalb weniger Minuten verschlungen. Dann zwang der Löwe die verängstigte Braut zum Beischlaf.
Drei Tage lang vergnügte er sich mit ihr. Dann verschlang er auch sie, während die Dorfbewohner hörten, wie er mit seinen kräftigen Kiefern die Knochen zermalmte.
Niemand wagte sich, in das Haus einzudringen und gegen den Löwen zu kämpfen, der ruhig und gelassen das Brautgemach verließ, um sich im Busch auszuruhen. Später kehrte er als Mann zurück, um sich ein neues Opfer zu suchen.
Dem achtsamen Beobachter werden immer die nasale Aussprache, der starke Geruch, die Fliegen, die funkelnden Augen und die stets blutgefärbten Eckzähne auffallen.
Dorfbewohnern wird geraten, in einer älteren Siedlung niemals nahe eines verlassenen Platzes zu bauen, denn dort halten sich die Löwenmenschen versteckt.
Das läßt darauf schließen, daß diese Männer mit zwei Naturen ›eigentlich‹ die Geister der toten Häuptlinge sind, die früher hier gelebt haben.

Lovedu Pedi-sprechendes Volk in Transvaal. Siehe *Regenkönigin*.

M

Madagaskar Siehe *Wahrsager*.

Magie Magie wird immer mit negativen Begriffen definiert: ihre Methoden sind immateriell, ihre Ergebnisse werden mit unsichtbaren Mitteln erzielt.

Das Problem mit der Magie besteht darin, daß sie für den modernen Bewohner des Westens unglaubwürdig ist. Es ist Glaubenssache, ob man die Wirkungen der Magie für wahr hält. Und dazu muß man erzogen worden sein, denn jene, die ihr ganzes Leben lang in ihrer afrikanischen Umgebung verbracht haben, können nicht verstehen, daß das, was sie immer gedacht haben, falsch sein soll.

Die ersten Europäer, die die Arbeit von Magiern beschrieben, waren die Missionare, für die Magie lediglich eine Täuschung der Leute war.

Die Mediziner, die vor einem Jahrhundert mit den ersten Kolonialisten nach Afrika kamen, kamen zu der gleichen Schlußfolgerung, aber aus anderen Gründen. Sie sahen, daß die Magier mit ihren Praktiken erfolgreich waren, obwohl sie nach allen kritischen Maßstäben lediglich als Quacksalber betrachtet werden konnten.

Trotzdem suchen viele Afrikaner in Scharen Magier auf, selbst dann, wenn es zu spät ist und keine Hoffnung mehr besteht; ihnen wird dann die Schuld gegeben, bei der Heilung ihres Patienten versagt zu haben.

Was verleitet Menschen dazu, einem Glaubenssystem treu zu bleiben, das nachweislich so oft versagt hat, und sich Behandlungen zu unterziehen, die schmerzhaft, gefährlich und teuer sind?

Die Antwort darauf kann nur die sein, daß der Magier innerhalb eines lokalen afrikanischen Denksystems und in dieser Sozialstruktur wirkt.

Wenn jemand an einer bekannten Virusinfektion leidet, sagt der Magier dem Patienten vielleicht: ›Es ist dein Verwandter Soundso, der dich mit seiner Zauberkraft krank macht, weil er neidisch auf deinen Reichtum ist.‹

Diese Diagnose scheint zufriedenstellender zu sein als die einer nachweislichen Virusinfektion. Die Therapie, die der Magier verordnet, ist häufig außerordentlich weithergeholt. Aber trotzdem wird der Patient sich ihr willig unterziehen und sie ohne zu klagen bezahlen.

Der Leser wird feststellen, daß sich alle Beispiele auf den medizinischen Bereich beziehen. Der Grund dafür ist, daß in Afrika die Magie hauptsächlich in Krankheitsfällen angewandt – oder vorgetäuscht – wird, und zweitens haben wir in der medizinischen Wissenschaft die Möglichkeit, den Fall zu untersuchen. Der Regenmacher (q. v.) und der Dürremacher sind nicht so leicht zu überprüfen. Noch schwieriger ist die

›Arbeit‹ des aus der Ferne handelnden Mörders nachzuprüfen. Wegen der Magie, bei der Gewehrkugeln in Wasser verwandelt werden (niemals in nachweisbarer Wirklichkeit) siehe *Majimaji*. Wegen der Magie, durch die Feinde blind werden, wenn sie eine Stadt angreifen, siehe *Fingo*.
Ein Heiliger in Somalia rettete schiffsbrüchige Seeleute vor dem sicheren Ertrinken, während er in seiner Stadt von Zeugen gesehen wurde, die später erfuhren, daß die Seeleute erzählt hatten, wie sie von zwei Händen gerettet worden seien, die aus weiter Ferne kamen.
Durch den Islam haben die Geschichten über magische Kräfte womöglich noch zugenommen.
So wird uns erzählt, daß Heilige unter anderem fliegen, Dinge sehen, die sich in anderen Ländern ereignen, auf dem Wasser gehen und Geister und Tiere beschäftigen können.
Man kann unmöglich sagen, ob die zahlreichen Talismane und Amulette (q. v.) funktionieren, die in allen afrikanischen Ländern verkauft werden. Die Ausnahme bildet wiederum die medizinische Offenkundigkeit.
Ein in Fell gewickeltes Kapitel aus dem Koran, das ein Mann am Hals trägt, hält nicht den Verlauf eines Trachoms auf, wie ein Mann, mit dem ich in Dar es Salaam sprach, glaubte. Durch dieses Trachom wurde er allmählich blind. (Siehe auch *Diagnose; Fetisch; Krankheit und Unglück; Medizin; Medizinmann; Nkisi; Zauberei; Hexen.*)

Der Mahdi Muhammad Ahmad ibn Abdallah, in der Geschichte Sudans als Al-Mahdi ›Von Gott geführt‹ bekannt, wurde ca. 1840 in Dongola am Nil geboren.
Von Kindheit an war er tiefreligiös. Er studierte Theologie bei mehreren Lehrern und wurde in einen der Sufi-Orden, der geheimen Bruderschaften, aufgenommen.
Eine Zeitlang lebte er auf Aba, einer Insel im Weißen Nil, wo er sich den Ruf erwarb, heilig zu sein und über magische Kräfte zu verfügen. Er wurde von einer kleinen Gruppe frommer Männer und treuer Gläubiger besucht, die in Scharen zu seinen Andachten kamen.
Mit 40 entschied Muhammad Ahmad, wie der Prophet Mohammed im gleichen Alter, daß er die Mission erfüllen müsse, die Gott ihm anvertraut habe: er sollte den Sudan von allen nichtislamischen Praktiken säubern, den wahren Glauben und die rechten Sitten (*sunna*) des Heiligen Propheten wiederherstellen, dann den Weg des Herrn, d. h. den Heiligen Krieg, vorbereiten, um die Welt für die Auferstehung und das Jüngste Gericht bereitzumachen.
Im Juni 1881 begann Muhammad, an alle Führer des Sudans Briefe zu schreiben, in denen er sie informierte, daß er der erwartete Mahdi sei.
Es wird geglaubt, daß Gott vor dem Jüngsten Gericht (q. v.) den Propheten Muhammad als Al-Mahdi,

die islamische Entsprechung des Messias, auf die Erde zurückschickt, der mit Allahs Führung das Königreich der Rechtschaffenheit gründet, nachdem er die Heiden, die Atheisten und alle anderen nichtislamischen Religionen vernichtet hat.

Dann forderte er seine Anhänger, die Ansar, auf, sich auf den Heiligen Krieg vorzubereiten.

Im August 1881 schickte die sudanesische Regierung eine Armee gegen Aba. Als diese erstaunlicherweise von der kleinen Gruppe Mahdisten besiegt wurde, glaubten plötzlich Tausende, daß Muhammad wirklich von Gott gesandt war.

Die Regierung schickte nacheinander drei weitere Armeen, die alle besiegt wurden, so daß sich der Glaube an den Mahdi verbreitete.

Im Januar 1883 eroberte er El Obeid, die Hauptstadt von Kordofan, und im November vernichtete er eine von britischen Offizieren angeführte ägyptische Armee. Im Januar 1885 erstürmte der Mahdi die Stadt Khartoum und eroberte sie. General Charles Gordon wurde getötet.

Plötzlich starb Muhammad im Juni 1885 auf der Höhe seines Ruhms in Omdurman.

Majimaji (Tanzania). Im Juli 1905 brach in der Gegend südlich von Dar es Salaam eine Rebellion wegen einer neu eingeführten Rekrutierung für die Zwangsarbeit auf den deutschen Baumwoll- und Sisalplantagen aus.

Stierfigur aus Eisen; Karagwe (Tanzania).

Major Johannes, der deutsche rangälteste befehlshabende Offizier, brach von Dar es Salaam auf und eroberte am 5. August Mohoro, wo er die zwei Männer verhaftete, die dort als die Anstifter der Rebellion angesehen wurden.

Sie waren *Zauberer* vom Stamm Ikemba, und einer von ihnen, der als Bokero bekannt war, hatte seinen Landsleuten ein *maji* (dieses Wort kann ›Wasser, Saft, jede Körperflüssigkeit oder Pflanzenauszug bedeuten) verkauft, das er, wie er behauptete, von dem Schlangengott geschenkt bekommen habe, den er als Koleo bezeichnete. (Das Wort *koleo* bedeutet wörtlich ›eine Zange‹, was darauf schließen läßt, daß es sich um eine Pythonschlange handelte, die wohlbekannt dafür ist, ihre Opfer zu zerdrücken; die Verehrung der Python ist in Afrika weitverbreitet: Siehe *Python; Schlange; Wasser.*)

Bokero, dessen richtiger Name Kinjikitire Ngwale war, kam aus

Ngarambi Ruhingo im Rufiji-Tal. Er war wohlbekannt für seine magischen Kräfte, insbesondere für seine Fähigkeit, die Geister der Toten zu beschwören, so daß ein Mensch seine Vorfahren sehen konnte.

Bokero und sein Mitarbeiter wurden von den Deutschen gehängt. Bokeros letzte Worte waren, daß es keine Rolle spiele, denn sein *dawa* (siehe unter *Medizin*) hatte sich bereits in anderen Teilen des Landes verbreitet und mit ihm der Geist der Unabhängigkeit.

Dieses *dawa*, der berühmte *maji*, setzte sich aus Wasser, *matama* (Sorghum) und vielleicht noch Hirse sowie Wurzeln und verschiedenen geheimen Bestandteilen zusammen.

Es konnte auf einen Mann gesprenkelt werden, oder er trug es in einer Bambusflasche an einer Kordel über der Brust, oder es wurde als Medizin getrunken.

In welcher Form es auch angewandt wurde, der Mann, der es benutzte, war angeblich für deutsche Kugeln unempfänglich. Sie würden schlammig, *majimaji*, werden, bevor sie seinen Körper treffen würden, und folglich harmlos sein. Auch Frauen nahmen es, von denen die Jumbess Mkomanira hervorzuheben ist. Die Rebellion breitete sich auf fast ein Viertel des Landes aus und hielt zwei Jahre bis zum Sommer 1907 an, als die Jumbess Mkomanira gefangengenommen und gehängt wurde. Über hunderttausend Menschen starben in diesem Krieg, die meisten von ihnen verhungerten.

Ein Swahili-Dichter, Abdul Karim Bin Jamaliddini, schrieb ein Epos über die *Majimaji*-Rebellion in Lindi, in welchem die Rebellion als ein gerechtfertiger Aufstand gegen die Unterdrücker dargestellt wird. Das Werk wurde in einer Übersetzung 1933 in Berlin veröffentlicht.

Malaika (Ostafrika). Ein guter Geist, der vom Himmel gesandt wurde, um Menschen zu helfen. Wie die *shaitani* (q. v.) kann er die Menschengestalt annehmen.

Die Malaika lieben die Menschen und wirken zu ihrem Vorteil. Gott schuf sie hauptsächlich deswegen, damit sie den Menschen helfen, auf dem rechten Weg zu bleiben, indem sie auf ihrer rechten Schulter sitzen und ihnen ins Ohr flüstern, was sie tun sollen oder nicht.

Die Malaika nehmen keine Nahrung an, denn das Gebet zu Gott ist ihre Nahrung. Sie wurden aus dem Licht erschaffen, sind Gottes erste Schöpfung, und darum völlig durchsichtig; sie können nicht einmal böse Gedanken hegen, geschweige denn diese in die Tat umsetzen. Sie gehorchen Gott immer, der einen Engel schickt, wann immer Er einem Menschen in Not helfen will.

Normalerweise sind Engel unsichtbar, aber einmal sandte Gott den Engel Mikail, um einen sehr mächtigen bösen Geist zu besiegen (siehe *Karina*). Mikail erschien in seiner ganzen himmlischen Pracht, die so blendete, daß Karina bei seinem bloßen Anblick besiegt wurde. Nach dieser Begegnung sah sie wie eine alte Frau aus.

Einmal zeigte sich Jiburili (Gabriel) in seiner wahren Gestalt. Er stand über der Erde, seine Füße schwebten über den gegenüberliegenden Horizonten, und er überragte die Wolken.

Die Engel bewachen den Himmel ständig vor den Angriffen der *shaitani*, indem sie Raketen (*shihabu*) nach ihnen werfen, die wir als Kometen sehen.

Auch der Tod ist ein *malaika*, der Gott dient und die Seelen derer nimmt, über die Gott entschieden hat, daß sie jetzt sterben müssen.

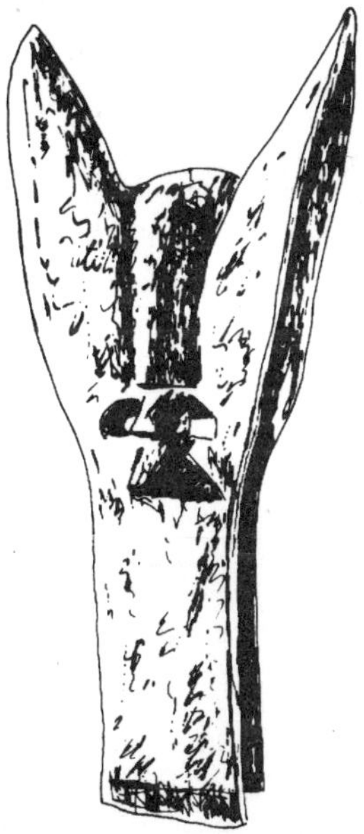

Kono-Maske; Bambara (Mali).

Er kann auch Engel senden, die gegen seine Feinde, die Ungläubigen, Krieg führen. Die *malaika wa vita*, die Kämpferischen Engel, werfen brennende Steine auf ihre Feinde.

Malawi Siehe *Chikanga.*

Mali Siehe *Amma; Bambara; Drachen; Flußpferd; Hydra; Hyänenmänner; Löwenmenschen; Mande; Masken; Muso Koroni; Songhai; Sunjata; Vampire.*

Mamlambo (Zulu, Natal). Mamlambo bedeutet ›die Flußmutter‹. Sie ist die Göttin der Flüsse in Natal und erscheint denen, die ihr Opfer darbringen.

Im Zululand wurde das Bier, zumindest in alten Zeiten, hauptsächlich von den Frauen gebraut, von denen einige ein ziemlich starkes und süßes Bier herstellten.

Mir wurde gesagt, daß es sich bei der folgenden Geschichte um einen Tatsachenbericht handelt:

Eines Tages stellte eine Bierbrauerin fest, daß sie in ihrer Bierstube nicht genügend Kunden habe.

Also ging sie nach angemessenen Vorbereitungen an das Ufer des Flusses Umgeni in der Nähe von Durban und vollzog eine komplizierte Zeremonie, bei der sie als Opfergaben viel Nahrung ins Wasser warf. Sie rief die Flußmutter an und war erfolgreich.

Sorgfältig beobachtete sie den Fluß, und nach langer Zeit erfüllte sich ihre Hoffnung: Sie sah ein Stück Holz, nicht größer als ein Streichholz, das flußabwärts trieb. Sie ergriff es und ging damit zu

ihrer bescheidenen Brauerei in der festen Überzeugung, daß es die Flußgöttin sei.
Sie legte das Holzstück auf den Boden eines Fasses, in dem sie ihr Bier bewahrte. Dann braute sie frisches Bier und goß es in das Faß.
Von diesem Tag an war ihre Bierstube immer voller Kunden. Ihr Ruhm verbreitete sich in der ganzen Stadt. Nirgendwo war das Bier so köstlich. Je mehr die Stammgäste von dem berühmten Bier tranken, um so glücklicher wurden sie, und sie vergaßen ihre häuslichen und beruflichen Sorgen. Sie saßen einfach da und sangen wehmütige Lieder.
Das erregte die Aufmerksamkeit der Polizei. Bierbrauen ohne Lizenz ist illegal. Also drang die Polizei auf der Suche nach verbotenem Alkohol in das Lokal ein.
Sie fanden das Faß und öffneten es, da sie wußten, daß es zur Bierlagerung diente. Aber das Faß war leer. Auf dem Boden sahen sie eine große Schlange, die ganz zusammengerollt war und sie anzischte. Schnell verschwanden sie wieder.
Das war Mamlambo, die Flußgöttin, die die Bierbrauerin und ihre Kunden schützte. Kaum war die Polizei gegangen, kehrten diese auch bald zurück.
Das Bierfaß war wieder voll, denn Mamlambo hatte das Bier zeitweilig getrunken und spie es jetzt aus. Und nun schmeckte es sogar noch besser als zuvor.
Kunden versetzten ihre Besitztümer, um dieses Bier kaufen zu können. Auf diese Weise herrschte die Göttin über sie.

Mande (Schöpfungsmythos, Mali). Gott schuf zuerst die Samen des *Balanza Baumes (Acacia albida)*. Dann schuf er Eleusine-Samen in Doppelvarietäten, oder wie es heißt: Er schuf das Weltei als ein Paar, damit es sich vervielfachen konnte.
Als nächsten Schritt schuf Gott drei weitere Samenpaare und legte jedes Paar in eines der vier Viertel der Erde. Er schloß sie in eine Blume ein.
In einem der Eiersamen befanden sich zwei Jungen und zwei Mädchen. Der älteste Junge wollte die Welt beherrschen, und kam darum frühzeitig heraus und stieg auf die Erde herab.
Die Welt war seine eigene Plazenta, aus der Gott schnell die Erde schuf. Pemba – das war sein Name – streute die Samen aus, aber nur die roten eleusine keimten, denn die Erde war mit Plazentablut beschmutzt.
Pembas Zwillingsbruder, Faro, wurde ein Zwillingsfisch, ein Paar *mannogo*. Ein Fisch wurde in Stücke geschnitten, die auf die Erde verstreut wurden, so daß die Bäume wuchsen. Aus dem anderen Fisch schuf Gott einen Mann, den neuen Faro, der für die Sünden seines Bruders gesühnt hatte.
Gott schickte ihn mit einem Schiff vom Himmel herab. Es kam in der Nähe des Berges Kouroula zum Stehen; dort befand sich eine Höh-

le, Ka, in deren Nähe der erste Teich geschaffen wurde.
Faro und die ersten acht Menschen, vier Männer und vier Frauen, verließen das Schiff.
Der älteste wurde Kanisimbo, ›aus dem Leib von Ka‹ genannt. Sie erlebten ihren ersten Sonnenaufgang. Gott hatte aus der anderen Hälfte von Pembas Plazenta die Sonne erschaffen.
Vom Himmel kam auch der erste Barde, Sourakata, der die erste Trommel schlug.
Dann kam der erste Schmied herab, und als er die Dürre sah, hob er seinen Hammer und schlug auf den Fels, und Regen fiel in Strömen vom Himmel und füllte den Teich Kokoro mit frischem, fruchtbar machendem Wasser.
Simboumba, der Bruder des Kanisimbo, begann zu sprechen. Er sagte: ›nko, ich spreche‹, während er nach dem ersten Regen die Samen ausstreute.
Er nahm Lehm aus dem Teich und baute das erste Heiligtum auf dem Hügel, dem Weltei. Sein Dach war aus Bambus, Faros Haar.
Kanisimbo säte den ersten Reis, *malo*.
Sie bauten ihr erstes Dorf, das Kaba ›Mais‹ hieß.
Indem Faro aus seinem Körper strömende Wassermassen hervorrief, schuf er den Niger, so daß der Fluß sein Körper ist, sowohl männlich als auch weiblich. Darin ließ er seinen Samen für die zukünftige Generation, die zuerst wie Fische sein wird.

Mangu (Zande, südwestlicher Sudan, nordöstliches Zaïre). Zaubersubstanz. Hatte in der Vergangenheit ein Mann einen Landsmann mit Zauberkraft (*mangu*) getötet, wurden die Orakel (*soroka*) über dessen Tod befragt.
Die Verwandten des toten Mannes gingen mit dem Urteil des Orakels zum Häuptling. Der Häuptling befragte sein Giftorakel (*benge*), und wenn es den Beschuldigten auch verurteilte, befahl ihm der Häuptling, die Verwandten des Opfers mit 20 Speeren und einer Frau zu entschädigen.
Falls später ein Verwandter des Beschuldigten starb, ging der Beschuldigte selbst zum Häuptling und sagte: ›Ich habe den vollen Schadenersatz geleistet, weil ich der Zauberkraft beschuldigt wurde. Jetzt schneide den Bauch dieses Verwandten auf, um die Zaubersubstanz (*mangu*) zu sehen, mit der wir, wie du sagst, Menschen töten.‹
Er nahm ein Huhn, ging zu dem Giftorakel und sagte dort: ›Wir werden den Bauch meines Verwandten aufschneiden. Wenn wir in seinem Bauch Zaubersubstanz finden, wird das Huhn von dem Gift getötet werden. Wenn mein Verwandter frei von Zauberkraft ist, verschont das Gift das Huhn!‹
Ein Mann, der mit der Familie nicht verwandt war, setzte ein Messer unter das Brustbein des Toten und schnitt entlang des Randes der Rippen in den Bauch hinein, erst in die eine Richtung und dann in die andere. Dann löste man das sehr

lange Gedärm und untersuchte es vergeblich nach Zaubersubstanz.
Der Beschuldigte sagte daraufhin: ›Ihr seht, ich habe 20 Speere und eine Frau wegen Zauberkraft abgeführt, weil es hieß, wir hätten einen Mann getötet, und jetzt ist keine Spur von Zauberkraft in uns. Wir verlangen den von uns geleisteten Schadensersatz zurück: 20 Speere und eine Frau, die wir als Blutgeld für den Toten bezahlt haben.‹
Die Zaubersubstanz, für die es verschiedene Wörter in den zahlreichen Sprachen im nördlichen Zaïre und in den benachbarten Gegenden gibt, kann ein Organ oder eine Flüssigkeit sein.
Sie wird mit ›Magen‹, ›Galle‹ oder ›Gallenstein‹ übersetzt, aber die wahre Bedeutung entzieht sich uns, denn in der Übersetzung gibt es kein Wort für einen Körperteil, der seinen Besitzer in die Lage versetzt, Menschen mit Magie, d. h. mit immateriellen Mitteln, zu töten.

Marain Jagu (Soninke, Senegal). Es herrschte einmal ein Tyrann, Garakhe, der das Volk unterdrückte, bis es den großen Seher und Prediger Bincigi anflehte, den Tyrannen aufzusuchen und mit ihm zu reden.
Bincigi machte sich auf und drohte mit Gottes Zorn, aber Garakhe ließ sich davon nicht beeindrucken und gab ihm einen Tag Zeit, damit er seine Angelegenheiten regeln konnte, bevor er sterben würde.
Bincigi ging nach Hause und vertraute seine schwangere Frau der Obhut seines getreuesten Dieners an, dessen (noch ungeborener) Tochter er die Heirat mit seinem (ungeborenen) Sohn versprach. Er, der Seher Bincigi, wußte das Geschlecht der ungeborenen Kinder.
Am nächsten Tag ließ Garakhe Bincigi hinrichten.
Zur gegebenen Zeit wurde sein Sohn geboren. Bei der Namenszeremonie gab er sich selbst einen Namen: ›Ich bin Marain Jagu, Sohn des Bincigi, das gescheckte Raubtier, der Donner am Himmel, der Stiertöter.‹
Im ersten Lebensjahr konnte er laufen, einem Stier den Hals umdrehen und ihn essen.
Er forderte die sieben Söhne des Tyrannen Garakhe zu einem Ballspiel heraus und tötete sie alle mit Kugeln (Bälle wurden damals aus Holz hergestellt), die er schnell auf sie warf.
Es würde jedoch nicht so einfach sein, den Tyrannen selbst zu töten, denn Garakhe war ein vollendeter Zauberer, der viele Fetische (q. v.) besaß, die ihn schützten. Also mußte Marain Jagu bei berühmten Magiern in die Lehre gehen, um die Fähigkeit zu lernen, mit Hilfe von Magie zu töten.
Kaum war er groß genug, um die Sandalen seines toten Vaters tragen zu können, sagte er: ›Der Mörder hat vergessen, aber der Sohn hat nicht vergessen.‹
Er ging zu einem alten Weisen, der sagte: ›Ich kann sehen, daß du gierig nach Menschenblut bist.‹
Nachdem Jagu von dem Weisen

alle Tricks gelernt hatte, suchte er den großen Zauberer Dinga auf, der ihm nach einem Zauberwettkampf seinen mächtigsten Fetisch, *korote*, einen mit Mäusen gefüllten Kuhmagen, das geheime Buch über die Weisheit des Wildschweines und das linke Auge eines roten Hundes schenkte.
Mit diesen Fetischen bezwang Jagu die tanzenden Dschinne (q. v.) des Waldes und nahm ihnen ihre Trommel, Tonjo, weg.
Nach vielen seltsamen Abenteuern kehrte er nach Hause zurück und fand seine Schwester, Henten Kurube, vor, die einwilligte, ihm bei der Rache für seinen Vater zu helfen.
Dann ging Marain Jagu zu Garakhes goldenen Palast. Er verwandelte seine Fetische in Vipern, die Garakhe in die Beine bissen, worauf der Tyrann starb.
Dann wurde Marain Jagu König.

Marimba Die ›Göttin der Musik und der Tänze‹ erfand nicht nur das erste Xylophon, sondern auch die Makweyana-Bogenharfe. Sie schuf das Instrument aus dem Jagdbogen eines Massai, dem ersten der Krieger aus dem Norden, die in das ›friedliche Land im Süden‹ der Wakambe eingefallen waren. Marimba, die ›Unsterbliche,‹ erfand auch die Tänze und den Gesang. Damit erinnert sie an Miriam oder Mari, der im vorgriechischen Mythos alle Erfindungen, auch die der Schrift und der Eisenverarbeitung, zugeschrieben werden. Marimba regierte den ersten organisierten Stamm der Bantu, die in das Land gekommen waren, das man später Tanga-Nyika nannte.
Marimba, Tochter von Amarava und Odu, den einzigen Überlebenden der ›ersten Menschen‹, steht unter dem Bann Watamarakas, der Göttin des Bösen, Mutter aller Dämonen. Ihr Mann stirbt jeweils drei Monde nach der Hochzeit einen gewaltsamen Tod. Dies erinnert an die ›heilige Hochzeit‹ zwischen der Großen Mutter (Göttin) und ihrem Heros (König) und seinem Opfertod. Derlei überliefern vorgriechische und keltische Mythen. Batamaraka symbolisiert wohl den ›dunklen‹ Aspekt der Göttin des Todes und der Unterwelt wie etwa die griechische Hekabe oder die ägyptische Nephtys.
Marimba gab den Menschen die Freude und schenkte ihnen die Musik. Sie erfand auch den Dreifeuer-Tanz der Frauen, in dessen Zentrum die ›Flamme des Lebens‹ brennt.
Nangai, der ›verstoßene‹ Gott der Massai, raubt Marimba und macht sie sich und ihren Stamm Untertan. Er wird Marimbas dritter Mann. Doch die Göttin ist nun zum willenlosen Werkzeug geworden. Diese Mythe steht am Anfang der Mythen um die Stammeswanderungen der Bantu. (Credo Mutwa).

Masken (Westafrika). Eine Maske ist das Bild eines Gottes. Eine Maske muß tanzen. Musik und Tanz rufen die Maske ins Leben und machen sie göttlich.
Und trotzdem ist die Maske stets

Maske der Duala, Kamerun.

gefürchtet und hochgeachtet, denn sie gehört immer dem Gott, auch wenn er nicht die ganze Zeit in ihr ist.

Es spielt kaum eine Rolle, wer die Maske mit dem Kostüm, das normalerweise zu ihr gehört, trägt. Demgemäß heißt es: ›Die Maske verhält sich auf diese oder jene Weise‹, als wäre der Körper in ihr der Körper des Gottes.

Tatsächlich muß sich die Person, die den Gott tanzt, dem Willen des Gottes völlig unterwerfen und sich mit der Maske, die sie tanzt, identifizieren. Man kann sie auch nicht sehen, denn das Kostüm und die Maske verbergen ihren Körper vollständig, so daß sie anonym bleibt.

Dennoch hat der Maskenträger in der Hierarchie der Gesellschaft, die den Tanz in ihrer Hingabe, dem Gott zu dienen, fördert, oft eine hohe Funktion inne. Tatsächlich wird der Maskenträger mit dem mächtigen Gott in der Maske gleichgesetzt und leitet oft seine Macht in der Gesellschaft und im Stamm größtenteils von der Autorität und der magischen Kraft des Gottes selbst ab. Für die Dauer des Tanzes ist er der Gott.

Masken (Bambara, Mali). In vielen westafrikanischen Ländern gibt es Gesellschaften, die sich der Anbetung eines Gottes verschreiben, der mit einer Maske getanzt wird.

Nur initiierte Mitglieder eines Geschlechts dürfen den jährlichen

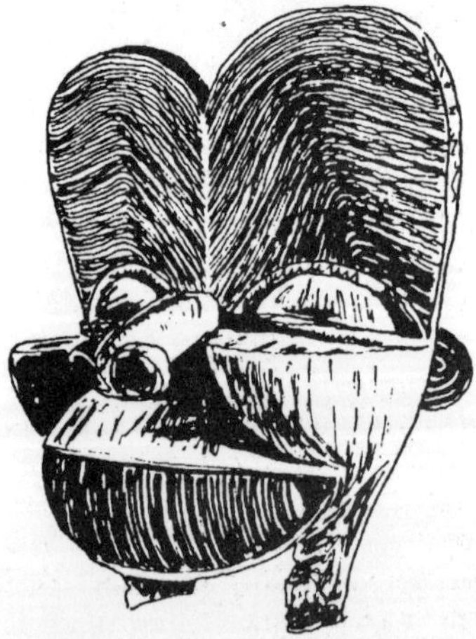

Holzmaske aus dem Kameruner Grasland.

oder jahreszeitlichen Zeremonien beiwohnen.
Die Trommeln warnen Frauen davor, sich dem Platz zu nähern, wo der Gott die männlichen Riten tanzt.
Frauen haben ihre eigenen Gesellschaften.
Die Komo-Gesellschaft der Männer in Mali feiert den Gott der Gewässer, Faro, der die Fische im Fluß Niger schuf, damit die Fischer leben können.
Jedes Jahr wird dem Gott eine neue Maske geschnitzt, die niemals die gleiche ist.
Die Maske hat ein Gesicht, entweder ein menschliches oder das eines Tieres, das in den verschiedenen Städten in Mali einen Leoparden, einen Storch, einen Adler, einen Elefant oder einen Geier darstellt – Tiere, die wahrscheinlich verschiedene Geister ausdrücken.
Manchmal zeigt die Maske eine Kombination aus Tiermerkmalen, zum Beispiel sind Stierhörner und das Maul eines Krokodils mit Entenfedern verziert.
Bei den alten Griechen wurden Zentauren und Greife, Mischwesen aus Tier und Mensch, verehrt.
In der Maske ist ein Schädel eines Mannes oder einer Hyäne. Die Außenseite ist weiß, rot und schwarz angemalt und soll die Anbeter verängstigen und sie daran erinnern, daß der Gott seine ihm gebührenden Opfer verlangt.
Die schwarze Farbe wird mit dem Lehm aus Faros eigenen Fluß gewonnen. Das Rot war einst das Blut junger Mädchen, die ihm alljährlich geopfert wurden. Auf dem Schädel, der einen Ahnen darstellt, sind Messingpfeile befestigt, die unbefugte Zuschauer verscheuchen sollen.

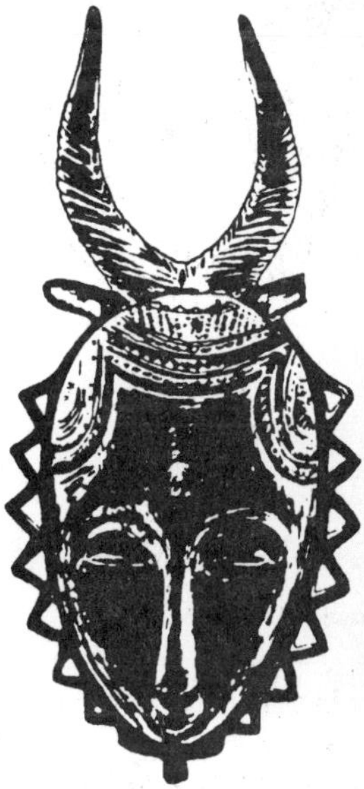

Maske der Yaure, Elfenbeinküste.

Augen, Nasenlöcher und Ohren der Maske sind groß, damit sie die schlechten Taten der Menschen sehen, riechen und hören kann.
Der Mund der Maske ist oft verzerrt, denn er soll nur die heiligen Lieder des Rituals summen oder pfeifen, ›wenn Glück den Gott durchdringt.‹ Das vierkantige Kinn stellt Reinheit und Entschlußkraft dar.
Der Mann, der die Maske tanzt,

wird selbst Gott oder zumindest ein Halbgott, der von dem Gott inspiriert wird.

Die Massai Die Massai sind für ihre Weigerung, den westlichen Lebensstil anzunehmen, wie es so viele Afrikaner getan haben, berühmt. Sie kleiden sich immer noch in Lederumhänge und flechten ihr Haar.

Von der ersten Hälfte des neunzehnten Jahrhunderts an wanderten sie aus der Gegend nördlich des Rudolfsee / Turkana in das heutige nördliche Kenia.

Mit ihren ›brennenden Speeren‹ schnitten sie sich einen Streifen Land durch das Rift Valley und jagten den Bantu-Völkern mit ihren in geschlossenen Schlachtreihen durchgeführten Angriffen Angst ein. Ihre Absicht war zuerst, immer mehr Land für ihr Vieh in Besitz zu nehmen; später plünderten sie Vieh, um Frauen zu bekommen.

Die Massai glauben an den Himmelsgott, den sie Ngai nennen.

Eines Tages sprach Gott zu dem ersten Massai-Mann, nachdem Er ihn erschaffen hatte: ›Gehe in den Busch und suche ein junges Kalb. Wenn du es gefunden hast, gehe zu diesem Hügel, von dem ich jetzt zu dir spreche, und baue eine neunzig Meter breite *boma* (eine Einfriedung) aus starken Pfählen. Wenn du damit fertig bist, schlachte das Kalb, suche Brennholz und zünde ein großes Feuer an. Verbrenn das ganze Fleisch im Feuer, und behalte nichts für dich! Häng das Fell an das Tor der *boma*.‹

In dieser Nacht schlief der Massai-Mann in seiner Hütte ein. Er sah und hörte nicht, was sich ereignete. Vom Nachthimmel kamen eine Kuhherde und einige Stiere herab. Es waren Dutzende, und ein Tier nach dem anderen erschien, bis die Einfriedung mit Vieh ganz gefüllt war, von dessen Muhen der Massai am Morgen geweckt wurde.

Seine Söhne wurden Kuhhirten, und die Massai betrachten ihr Vieh immer noch als den größten Wert.

Es gibt noch zwei weitere Götter im Himmel; der gute schwarze Gott, der Regen bringt, und der böse rote Gott, der für Trockenheit und Staubstürme verantwortlich ist.

Wenn der Donner rollt, bedeutet das, daß der rote Gott versucht, den schwarzen Gott daran zu hindern, Regen zu schicken.

Medium Jedes Mitglied einer afrikanischen Gesellschaft kann von einem Geist besessen werden, Häuptlinge und Haushaltsvorstände ausgenommen.

Die Medizinmänner stellen einen besonderen Fall dar (siehe *Nganga* und *Schamane*).

Wenn eine schwangere Frau von einem Geist besessen wird, wird ihr Kind nach dem Geist benannt werden und ihm Anbetung schulden.

Nur wenige werden freiwillig ein Medium, da damit viele Pflichten verbunden sind. Einige Medien sind nur ein- oder zweimal in ihrem Leben besessen, aber die Mehrheit wird wiederholt von den gleichen

oder verwandten Geistern heimgesucht.
Als Ausgleich erhält das Medium aufgrund seiner Tätigkeit einen höheren Status in einer Gesellschaft, beispielsweise gewinnen Frauen in einer männerbeherrschten Gesellschaft Respekt und erlangen sogar einen mit dem Häuptling vergleichbaren Status, weil sie einen furchteinflößenden Geist zu Gast haben.
Da die Medien im Trance überwiegend wegen medizinischer Probleme befragt werden, werden sie auch in normalem Zustand zu Rate gezogen, und es wird von ihnen erwartet, Krankheiten zu diagnostizieren und Heilmittel vorzuschlagen.
Das gebräuchlichste Leiden, weswegen sie befragt werden, ist die Besessenheit (q. v.) selbst, ein in Afrika häufig auftretendes Phänomen.
Sobald sich jemand als Medium mit einem vertrauten Geist (q. v.) einen Namen gemacht hat, kann die Besessenheit bei eigens festgelegten Sitzungen auftreten oder herbeigeführt werden. Diese Sitzungen werden von dem lokalen ›Doktor‹ als Zeremonienmeister beaufsichtigt und von allen besucht, die den Geist befragen möchten.
Trommeln und Flöten sollen nützliche Instrumente sein, um den Geist zum Kommen zu veranlassen.
Sobald das Medium Anzeichen einer beginnenden Trance zeigt, fragt der ›Doktor‹ nach dem Namen des Geistes, denn kein Mensch kann über einen Geist Macht haben, wenn er dessen Namen nicht kennt.
Der Geist spricht oft eine Sprache, die das Medium nicht kennt, so daß der ›Doktor‹ den Ratsuchenden die Botschaften übersetzen muß.
Wenn das Medium vom vertrauten Geist unabhängiger ist und ohne Ritual oder Zeremonienmeister in einen visionären Zustand kommen kann, dann ist es selbst ein Doktor oder sogar ein Prophet.

Medizin Alle Wörter in den afrikanischen Sprachen, die mit ›Medizin‹ übersetzt werden, haben auch die Bedeutung ›magisches Gegengift‹.
In Nupe, einer nigerianischen Sprache, bedeutet *cigbe* nicht nur Medizin, sondern auch ›ein Gegenstand oder eine Substanz, die weitläufige und wundersame Wirkungen auf das Ergebnis menschlicher Bemühungen und das menschliche Schicksal ausübt.‹ Es wird immer aus Naturstoffen hergestellt, die jeder sammeln und zubereiten kann, vorausgesetzt, er kennt das geheime Rezept.
Es ist nicht immer möglich, zwischen der empirischen und der an Wunder grenzenden Natur der afrikanischen Medizin deutlich zu unterscheiden, und auch die Medizinmänner (q. v.) differenzieren nicht zwischen den beiden Wirkungsweisen ihrer Heilmittel. Ein weiterer antiwissenschaftlicher Aspekt der afrikanischen ›Medizin‹ ist der,

daß sie meistens für gute Zwecke gedacht ist, aber teilweise auch bösen Absichten dient.

In Lingala gibt es drei Worte für ›Medizin‹: *ebikiseli*, direkt übersetzt: ›das, was Leben rettet oder schenkt‹; *mono*, ›Medizin, Amulett, magischer Gegenstand‹ und *nkisi*, ›Medizin, Fetisch, Talisman‹ (siehe unter *Nkisi*).

Die Nuer im Sudan haben das Wort *wal*, ›Medizin, Zaubersubstanz, Fetisch‹, das jedoch nur in Verbindung mit einer Zeremonie wirksam ist.

Das Wort der Kpele (Liberia) für Medizin, *sale*, bedeutet auch ›Geist, Gott.‹

In Zande bedeutet *ngua* ›Medizin, worunter ein Gegenstand mit mystischer Kraft, gewöhnlich pflanzlicher Natur, das mit magischen Riten angewandt wird, zu verstehen ist, aber auch die Behandlung durch Verabreichung von Drogen (empirisch), Heilmitteln (magisch) und ›operative Eingriffe‹ (rituell).

In der nilotischen Sprache und in Zulu bezeichnet ein Wort sowohl ›Baum‹ als auch ›Medizin‹, womit der Ursprung der Heilmittel angedeutet wird.

Das malagassische Wort *ody* wird mit ›Medizin‹ übersetzt, aber *ody tandroka* ist ein Talisman, der Angriffe von Stieren verhindert, wörtlich ›Hornmedizin‹.

Ody basy, ›Gewehrmedizin‹, ist ein Amulett für Soldaten, damit diese nicht von Kugeln getroffen werden.

Ody andhoha, ›Medizin für den Kopf‹, ist ein Heilkraut, *Ranunculus pinnatus*, das bei Kopfschmerzen eingenommen wird.

Mit diesen Ausführungen soll aufgezeigt werden, daß ›normale‹ Medizin und magische Talismane mit demselben Wort bezeichnet werden.

In Zimbabwe verschreibt der *nganga* das Herz eines Löwen, damit ein Mann Kraft gewinnt. Ein Stück von dem Körper einer Schildkröte verleiht Sicherheit und Solidarität, die Sehne eines Hasen Schnelligkeit, und der milchige Saft eines bestimmten Baumes fördert den Milchfluß bei der Frau.

Durch eine bestimmte Berührung des Körpers kann der *nganga* die Kraft von einem gesunden Teil auf den kranken Teil übertragen, damit der Patient schneller genest, aber schon die Erwähnung seines Namens kann hilfreich sein.

Der *nganga* kann seinen Patient durch Zauberkraft sogar aus der Ferne heilen, wenn er zu Hause das richtige Ritual vollzieht.

Medizinmann Die Funktion eines Medizinmannes in einer afrikanischen Gesellschaft unterscheidet sich völlig von der eines Arztes.

Der Medizinmann ist mit einem Quacksalber verglichen worden, und bei einigen trifft es vielleicht zu, daß sie bewußt betrügen, aber bei der großen Mehrheit handelt es sich um ernsthafte, hart arbeitende Männer.

In einigen Gesellschaften wird die Heilkunde auch von Frauen ausgeübt. Sie werden oft als Heilkräuter-

kundige bezeichnet, obwohl ein Großteil ihres Aufgabenbereiches geheim ist.
Der Medizinmann wurde auch mit einem Magier verglichen, weil seine Medizin (q. v.) magisch und nicht physikochemisch funktioniert.
In vielen Gesellschaften unterscheidet sich der Medizinmann von dem Wahrsager, der zwar eine Krankheit diagnostizieren, sie aber nicht heilen kann.
Der Begriff ›Medizinmann‹ wurde von einigen Anthropologen verurteilt, weil darin angeblich die Verachtung für die Primitivität des Menschen impliziert ist.
Dennoch ist er im Englischen und Deutschen ein feststehender Ausdruck: Für diese einzigartige Funktion in einer nichtwestlichen Gesellschaft, d. h. einer Gesellschaft, in der die Wissenschaft noch nicht dominiert und sich Medizin mit Glauben vermischt, steht uns kein anderes Wort zur Verfügung.
In Ostafrika hat der *mganga* viele Funktionen.
Er verkauft Talismane (q. v.), die den Träger vor allen möglichen Feinden schützen, nicht nur vor Krankheit, sondern auch vor Einbrechern, Brandstiftern, wilden Tieren und Hungersnot. Er erkennt (gegen Bezahlung) Leute mit dem Bösen Blick (q. v.) und Männer und Frauen, die sich nachts in Raubtiere verwandeln können. Es heißt, daß einige die Macht haben, gestohlene Gegenstände zurückzuholen.
Der Medizinmann wird oft mit seiner Trommel tanzend dargestellt, was mit der Austreibung von bösen Geistern (siehe *Exorzismus; Geister*) assoziiert ist. Der Medizinmann wird als Schamane (q. v.) bezeichnet, weil er Botschaften von den Geistern erhält.
In der Transkei beginnt ein Jugendlicher seine Ausbildung als Medizinmann, wenn er von den Abantubomlambo, den Flußgeistern, gerufen wird.
Man muß ihnen gehorchen, denn obwohl sie harmlos sind, wenn man sie in Ruhe läßt, können sie Krankheiten verursachen, wenn sie unzufrieden sind.
Von Zeit zu Zeit verlangen sie von Rechts wegen, daß ihnen ein Mensch als Opfer dargebracht wird, und dieser wird einfach zum Fluß gehen und sich dort unter dem Zauber der Götter stehend ertränken. Seine Eltern versuchen zwar, ihn aufzuhalten, indem sie ihn fesseln, aber der Ruf der Geister ist so stark, daß er oft entkommen kann und sich zu ihnen gesellt.
Dort unter der Wasseroberfläche beginnt seine Ausbildungszeit.
Nach einer unbestimmten Anzahl von Tagen kommt er vielleicht zurück (viele kehren niemals wieder), und niemand wird ihn fragen, ob er wirklich unter Wasser gelebt oder was er dort erlebt habe, denn es ist wohlbekannt, daß die Enthüllung seines Wissens zu seinem Tod führen wird.
Nach dieser ersten Lehrzeit bei den Göttern wird der junge Medizin-

mann in den Bergen umherwandern, um Heilkräuter, Wurzeln und Früchte zu sammeln, die er für seine Tätigkeit benötigt, wobei er auf seiner Suche von den Göttern der Flüsse und Teiche geführt wird.

Dr. Laubscher hat ein häufiges Vorkommen von Schizophrenie (sowohl den katatonischen als auch den hebephrenischen Typ) und sogar von Epilepsie bei diesen Personen gefunden, die offenbar gewohnheitsmäßig halluzinieren. Ob Selbstmord durch Ertrinken in solchen Fällen normal ist, ist eine andere Frage.

Auch manisch-depressive Psychosen traten bei diesen ›Wanderern‹ auf.

Selbst Hexen, die Dr. Laubscher untersuchte, schienen an Schizophrenie in einem Zustand progressiver, oft sexueller Fixierung zu leiden.

Der *igqira* oder Medizinmann ist nicht unbedingt die gleiche Peson wie der *inyangi*. Der *igquira* kann die verderbende Gegenwart (moralisch, nicht körperlich) einer Hexe oder eines Zauberers riechen.

Im Zululand wird der Hexenaufspürer *isanusi* genannt. Er kann aufgefordert werden, ein ganzes Dorf von Hexenkraft zu säubern, indem er Brechmittel und Niespulver verabreicht und Einschnitte macht, in die Medizin eingerieben wird.

Mganga Siehe *Nganga*.

Milch Milch war und ist immer noch in vielen Teilen Afrikas eine fast heilige Substanz. Jungen ›stehlen‹ die Milch von der Kuh, wenn sie unter ihr liegen und sie direkt aus ihrem Euter trinken.

Einige afrikanische Sprachen haben ein besonderes Wort für diesen ›Diebstahl‹, und in den Pyramidenmalereien in Ägypten, wo die Kuh mit der Himmelsgöttin Nut, dem Regen, gleichgesetzt war, wird auch dieses Thema dargestellt.

In Burundi lebten die Kühe im See (Kivu), bis Gott, Imana, der Inaruchaba, Tochter des Kihanga, des ersten Königs, des Vaters aller Könige auf der Erde, eine Kuh sandte. Zuerst lebten die Kühe im See wie die Flußpferde, aber die erste Prinzessin erhielt die erste Kuh, die auf der Erde gesehen wurde, als Geschenk Gottes.

Sie sah ihr beim Kalben zu, dann sah sie die Milch aus ihren Eutern fließen und probierte sie. Sie hatte eine Wunde, die ihr von einer eifersüchtigen Frau zugefügt worden war, als sie ihren Sohn Kafomo, ›Wunde‹, bekam, aber als sie die Milch trank, verheilte die Wunde schnell.

Mit ihrem Vater hatte sie sich im Palast gestritten, woraufhin sie verbannt worden war.

Jetzt kehrte sie mit einem Topf Milch zu ihrem Vater zurück, der schwerkrank war. Als er die Milch getrunken hatte, fühlte er sich sehr viel besser und verzieh ihr.

Er fragte sie, wie sie diese Medizin gefunden habe, und sie erzählte ihm von der Kuh. Er ging mit ihr zum See, und dort erblickte er eine riesige Kuhherde. Plötzlich erschien ein großer Stier namens Rutenderi, eine Inkarnation von Imana (Gott).

Er ging auf König Kihanga zu und sprach: ›Ich gebe dir diese Kühe für deine Familie, o König. Vergiß nicht, daß nur Prinzen und Edelfrauen die Milch trinken und die Kühe besitzen dürfen.‹

In Bunyoro wurden einige Prinzessinnen ausschließlich mit Milch ernährt, damit sie rein und edel sein würden.

Milchbaum (Lesotho). Der Milchbaum ist ein weiterer Mythos eines natürlichen Phänomens, das die heilige Nahrung, die Milch, erzeugt. Ein gewisser Häuptling hat eine Tochter, Takana, und einen kleinen Sohn. Er und seine Frau gehen aufs Feld, und Takane muß auf ihren kleinen Bruder aufpassen. Sie darf sich dem Milchbaum ihrer Eltern, der in ihrem eingezäunten Garten wächst, nicht nähern. Aber der kleine Bruder schreit und schreit und bettelt um Milch.

Sie nimmt ein Messer und schneidet einen kleinen Schlitz in den Baum. Er blutet ein wenig Milch, die sie in einem Krug auffängt und ihrem Bruder zu trinken gibt.

Milchvogel (Lesotho). Der Milchvogel zählt zu den gebräuchlisten Motiven in den Mythen der Völker Südafrikas.

Seine Geschichte lautet mit Abweichungen wie folgt:

Ein Mann und seine Frau entschließen sich, ein Feld hinter ihrem Haus, das lange Zeit brachgelegen hat, zu bestellen.

Sie roden es an einem Tag, aber in der Nacht kommt ein kleiner Vogel und singt das Unkraut an seinen Platz zurück: ›Unkraut, wachse zurück, Sträucher, wachst heran, Kletterpflanzen, kommt hervor.‹

Am nächsten Morgen ist das Feld wieder ein Dickicht. Also roden sie es wieder. Der Vogel ist ein Ahne, der Ahnenfriedhof muß sich selbst überlassen sein, und niemand darf diesen Platz bearbeiten oder darauf bauen.

Schließlich gelingt es dem Mann, den Vogel zu fangen und in einen Käfig zu sperren, den er im Haus versteckt. Der Vogel willigt ein, jeden Tag einen Krug mit Milch zu füllen, vorausgesetzt, daß keiner außerhalb des Hauses davon erfährt.

Der Vogel wird über einen Krug gestellt und erzeugt *amasi*, eine Art Yoghurt, eine Delikatesse in Südafrika, so daß die beiden Bauern jeden Tag versorgt sind.

Zwangsläufig wird das Dorf von einer Hungersnot heimgesucht, und die Nachbarn beginnen sich zu fragen, warum die Kinder des Mannes wohlgenährt sind, während alle anderen Kinder Hunger leiden.

Jemand wird zum Spionieren geschickt; sie fangen den Vogel, der jedoch entkommen kann und singt: ›Ich bin eure Mutter. Ich habe euch in Hungerzeiten genährt, aber jetzt gehe ich in mein Land zurück.‹

Er fliegt fort und kommt nie mehr zurück.

Mizimu heißen die Ahnengeister der Bantu-Völker, die von ihren Nachkommen fast überall verehrt werden, jene ausgenommen, die Christen oder Moslems geworden sind.
Diese Geister leben unter der Erde oder im Wasser, häufig nahe ihrer früheren Heimat, wo ihre Leichen begraben wurden.
Tagsüber können Hellseher sie in den Seen und Flüssen erkennen, wo sie am Grund des Gewässers mit ihrem eigenen Getreide und ihrem Vieh, das manchmal in der Gestalt von Fischen auftritt, leben.
Sie können von ihren Nachkommen besucht werden, vorausgesetzt, diese verfügen über die richtigen Kräuter, mit denen sie befähigt werden, aus dem Reich der Toten zurückzukehren, die bestrebt sind, alle, die im Fluß schwimmen, aufzuhalten und nach unten zu ziehen, damit sie sich ihrer Gesellschaft anschließen.
Die Erdahnen leben in Löchern, ausgehöhlten Bäumen, Gruben, Schluchten und hauptsächlich in Höhlen, die in einigen Teilen Bantu-Afrikas sehr tief sind, so daß man sich leicht darin verlaufen kann.
Auch dort können sie nur von Medizinmännern oder Schamanen besucht werden, die die richtige Magie beherrschen, um sich aus der Welt der Toten befreien zu können.
Die Schamanen der Amaxhosa in der Transkei verbringen manchmal mehrere Tage bei den Geistern in den Flüssen, um die Heilkunst mit Magie zu lernen.
Obwohl sie Vieh und Getreide unter der Erde und Fische im Wasser haben, sind die Geister sehr hungrig und müssen regelmäßig mit Opfergaben versorgt werden, von denen sie nur die spirituellen Bestandteile / Substanzen zu sich nehmen.
Man kann sie oft mitten in der Nacht sehen, wenn sie ihre Höhlen hintereinander wie Nebelschwaden verlassen und sich auf die Suche nach Eßbarem begeben.
Nachts sollte man nicht ohne Opfergaben unterwegs sein. Die Geister können auch die Gestalt von Fledermäusen, Löwen, Leoparden und anderen Tieren und sogar von Menschen annehmen, um die Lebenden zu bestrafen oder zu belohnen.

Modimo (Tswana, Botswana). Das Volk Tswana in Botswana glaubt, daß es nur einen Modimo – daß heißt Gott – gibt.
Das Universum macht sich die Harmonie der Gegensätze, Leben und Tod, hell und dunkel, zu eigen. Die Ordnung, die das Leben zusammenhält, ist in den Gesetzen und Bräuchen verkörpert, die das Volk für das ganze Leben verbinden.
Modimo ist rätselhaft, und die Tswana fürchten sich sogar davor, seinen Namen auszusprechen, weil Modimo sich von uns völlig unterscheidet.
Die Tswana kennen keine Schöpfungsgeschichte, da für sie Gott

und die Welt schon immer da waren. Modimo ist vielmehr das Energiezentrum des Universums und strahlt in alle Richtungen in alle Kreaturen Leben aus, so daß das Leben weiterbesteht.

Modimo ist Mothlodi, die Quelle des Ewigen Lebens, des Flusses der Existenz, der durch Zeit und Raum hindurch ewig weiterfließt.

Er wohnt sowohl im Himmel als auch in der Erde. Am Himmel zeigt er sich als Blitz und Donner, als Wind und Regen.

Als immanentes göttliches Wesen herrscht Modimo über alle Lebewesen auf der Erde und bewahrt sie davor, ihren rechten Platz nicht zu verlassen und sich an ihrer rechten Ordnung zu halten, die nicht gestört werden darf, so daß sogar dann ein Ritual erforderlich ist – auch wenn es nur ein kleines ist – wenn ein Mann einen Baum fällen möchte.

Es ist die Pflicht eines jeden einzelnen, die heilige kosmische Ordnung zu wahren, zum Beispiel durch das Einhalten der Tabus, die das Gewohnheitsrecht der Tswana auferlegt. So ist beispielsweise der Geschlechtsverkehr erst nach einer ordnungsgemäßen Heiratszeremonie erlaubt. Eine Leiche muß begraben werden und darf auf keinen Fall für Zauberzwecke ausgegraben werden.

Modimo wird gepriesen, ›beständig wie ein Fels‹ zu sein, was bedeutet, daß sein Recht unveränderlich ist und demgemäß Missetäter bestraft werden müssen.

Folglich ist es falsch zu sagen, Modimo habe das Leben und das Gesetz erschaffen. Vielmehr ist Er selbst das Leben und das Gesetz, die spirituelle Energie, die die Ordnung aufrechterhält, durch die wir leben und Kinder haben können. Er ist weder männlich noch weiblich, und dennoch ist er eine Person und kein abstraktes ›Es‹. Er besitzt Vernunft und Wissen.

Mokele (Ntomba, Zaïre). Wai war der erste Mann. Er lebte nahe des Tumbasees. Eines Tages mußte er auf die Jagd in den Wald gehen. Er sagte zu seiner schwangeren Frau Moluka: ›Wenn ich zurückkehre, soll unser Sohn bereits geboren sein.‹

Er ging fort, und Tage und Wochen verstrichen, aber Molukas Bauch wurde nicht rund.

Jeden Tag mußte sie zum Wasserholen an den Fluß gehen, und da sie sehr traurig war – denn welche Frau ist fröhlich ohne Baby? – dichtete sie ein kleines Klagelied: ›Mutter, Mutter, weißt du/ Warum mein Baby nicht wächst?‹

Eines Abends, als sie am Fluß stand, hörte sie ein Rascheln, und als sie aufsah, erblickte sie ein Wesen in der Gestalt einer alten Frau aus dem Schilf zum Vorschein kommen, das sie in der Menschensprache anredete: ›Fürchte dich nicht, Frau des Wai! Ich bin gekommen, um dir eine Antwort auf dein Lied zu geben.‹

Die alte Frau berührte Molukas Bauch und siehe da! Ein Ei kam heraus.

›Siehst du‹, sagte die alte Frau, ›davon bist du schwanger. Gib es mir, ich werde es für dich bewahren und pflegen. Vergiß nicht, mir morgen früh etwas zu essen mitzubringen.‹
Nach diesen Worten verschwand die alte Frau, und Moluka ging mit ihrem Wasserkrug nach Hause. Sie war arg mitgenommen.
Am nächsten Morgen ging sie mit einem Teller voll der erlesensten Speisen zum Flußufer. Siehe da! Da stand die alte Großmutter und hielt in ihren Armen das schönste Baby, das man je gesehen hatte!
Die Frau aß die Speisen, die Moluka ihr mitgebracht hatte, während Moluka ihr Baby nahm und ihm die Brust reichte.
Dann sagte die alte Frau: ›Jetzt muß ich es dir wieder wegnehmen, aber komm morgen früh wieder und bring noch mehr zu essen mit.‹
Sie riß Moluka das Baby aus den Armen und verschwand mit ihm. Weinend ging Moluka nach Hause.
Am nächsten Morgen war sie schon sehr früh am Flußufer mit einem köstlichen Mahl. Die alte Frau erschien mit dem kleinen Jungen, der neben ihr herging. ›Hier ist dein Sohn, Moluka. Er ist gut gewachsen. Du darfst ihn jetzt mitnehmen. Ich weiß, daß dein Mann heute nach Hause kommt. Aber vergiß nicht, niemandem deinen Sohn zu zeigen. Verstecke ihn in deiner Hütte.‹
Am selben Abend kam Wai zurück, und am nächsten Morgen besuchten ihn alle Frauen des Lagers mit ihren Kindern, um ihn zu begrüßen. Keines der Kinder kannte den Namen seines Vaters, denn er war lange Zeit fort gewesen.
Alle lachten, als Moluka ohne Kind im Empfangszimmer des Häuptlings erschien. ›Du, Moluka‹, sagten die anderen Frauen spöttisch, ›du hast doch behauptet, die Lieblingsfrau des Häuptlings zu sein. Hast du ihm noch kein Kind geboren?‹
Häuptling Wai war tief enttäuscht von Moluka, und er fühlte sich auch entehrt, denn ein Häuptling erwartet von all seinen Frauen, daß sie ihm viele Kinder gebären.
Er wollte sich gerade von ihr scheiden lassen und sie fortschicken, als aus Molukas Zimmer ein Geräusch zu hören war und eine männliche Stimme ertönte: ›Tür, öffne dich.‹
Die Zimmertür öffnete sich, und ein großer, gutaussehender junger Mann erschien. Er blieb eine Zeitlang auf der Türschwelle stehen,

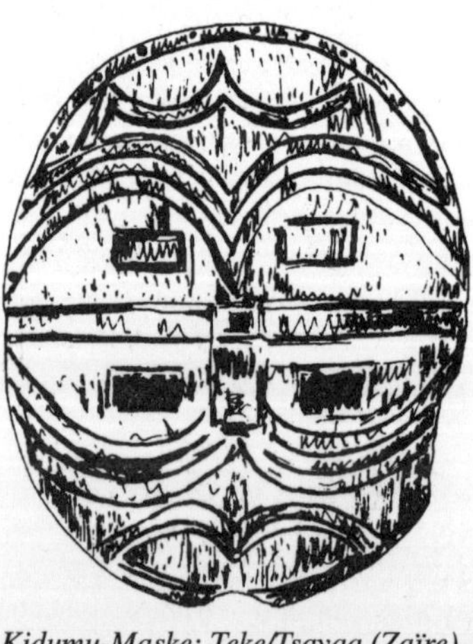

Kidumu-Maske; Teke/Tsayaa (Zaïre).

dann sprach er: ›Wie kann ich meinen Vater angemessen begrüßen? Gras, verschwinde!‹
Plötzlich wurde von unsichtbaren Händen ein Weg zwischen ihm und dem Zimmer des Häuptlings frei gemacht. Dann befahl der junge Mann: ›Matten, rollt euch aus!‹ Unsichtbare Hände brachten aus dem Nichts Matten herbei, rollten sie aus und legten sie ordentlich auf den gerade frei gemachten Weg.
Jetzt schritt der junge Mann auf den Matten auf den Platz zu, an dem Häuptling Wai von seinen Frauen umgeben saß. Er sprach: ›Guten Morgen, mein Vater, Häuptling Wai! Ich bin dein Sohn Mokele, Sohn der Moluka. Du hast mich in ihrem Schoß gelassen, und jetzt bin ich hier!‹
Der Häuptling war hocherfreut, diesen gutaussehenden Sohn zu sehen, und entschied, Moluka zu seiner in höchsten Ehren stehenden Frau zu machen.
Mokele stiehlt die Sonne. In jener Zeit gab es noch keinen Sonnenschein, sondern nur den Mondschein, und das Volk Ntomba nannte den Mond die Sonne!
Eines Morgens sagte Mokele: ›Vater, geht hier die Sonne nicht auf?‹
›Dieses Ding, von dem du sprichst, ist hier unbekannt‹, antwortete Wai.
›Ich werde mich auf den Weg machen und dir die Sonne kaufen!‹ verkündete Mokele.
Sofort begann er, aus einem sehr großen Baum ein Kanu herzustellen. Als es fertig war, kamen die wilden Tiere aus dem Wald, um es zu bewundern.
Zuerst erschienen die Wespen und schwirrten um Mokeles Kopf herum und flüsterten ihm ins Ohr: ›Wir wollen mit dir zusammen die Sonne suchen. Wenn die Besitzer sich weigern, sie dir zu geben, werden wir sie stechen!‹
›Bokendela!‹ rief Mokele den Wespen zu, was bedeutet: ›Kommt an Bord.‹
Dann kam auch die Schildkröte Nkulu, die fragte, ob sie Mokele in das Land der Sonne begleiten dürfe.
›Was kannst du denn? Du bist so langsam!‹ erwiderte Mokele.
›Langsam?‹ wunderte sich die Schildkröte. ›Von den flügellosen Tieren bin ich als erstes gekommen. Ich bin der Zauberer des Kampfes. Ich werde dein Kriegsmagier sein. Ich kann den Standort der Sonne wahrsagen, auch wenn sie deinem Anblick verborgen ist.‹
›Gut!‹ rief Mokele. ›Bokendela!‹
Als nächstes Tier kam der Falke Nkombe. ›Ich möchte mit dir reisen!‹
›Was kannst du, Falke Nkombe?‹
›Wenn sie sich weigern, dir die Sonne zu geben, werde ich sie ergreifen und mit ihr davonfliegen.‹
›Gut! Komm an Bord! Willkommen!‹
Auf diese Weise wurden hintereinander alle Tiere des Waldes eingeladen, in das Kanu zu steigen, bis es ziemlich voll war.
Sie brachen auf, und nach einer langen Reise erreichten sie das

Land des Patriarchen Mokulaka, wo die Sonne versteckt war.

Mokele grüßte den alten Großvater voller Respekt und fragte dann: ›Mokulaka, kann ich die Sonne kaufen?‹

Mokulaka antwortete: ›In Ordnung, aber warte auf Yakalaki, mein Sohn.‹

Mokele zog sich zurück. Der Patriarch rief seine Tochter und wies sie an: ›Molumbu, bereite ein Gift für diese Fremden zu, denn ich will sie töten.‹

Die Wespen, die in jedes Haus eindringen, hörten das Gespräch und berichteten Mokele, was sie in Erfahrung gebracht hatten.

Mokele folgte Molumbu in ihr Zimmer und begann ein Gespräch mit ihr. Sie konnte nicht anders, als ihn gern zu haben, denn er war ein sehr gutaussehender Bursche. Tatsächlich verliebte sie sich in ihn, und er verführte sie, so daß sie ein Liebespaar wurden.

Sie warf den Gifttopf auf den Boden und ließ ihrem Vater ausrichten, daß sie in den Wald gehen müsse, um frische Giftkräuter zu sammeln.

In der Zwischenzeit hatte die Schildkröte ihr Versprechen gehalten. Sie wahrsagte, daß die Sonne in einer Höhle versteckt war, und in Begleitung des Falken machte sie sich daran, sie hervorzuholen.

Die Schildkröte trug die Sonne aus ihrem Versteck heraus, und der Falke ergriff die Schildkröte mit seinen Klauen und flog mit seiner Last zum Himmel empor. Auf diese Weise ging die Sonne auf.

Mokele und seine Mannschaft sahen diesen Erfolg. Von Häuptling Yakalaki verfolgt, liefen sie so schnell sie konnten zu ihrem Boot. Nur die Wespen flohen nicht. Sie waren ganz wild auf einen Kampf. Sie stachen alle Männer von Yakalaki, die daraufhin die Verfolgung aufgeben mußten.

Yakalaki selbst erzeugte Rauch, um die Wespen von sich fernzuhalten, und griff Mokele an.

Bald mußte Yakalaki um sein Leben rennen, aber er gab trotzdem nicht auf. Er ging zu den *elokos,* den Kobolden des zaïrischen Waldes, den verruchten Zwergen, die ahnungslose Reisende im Wald einschüchtern.

Obwohl es ihnen gelang, Mokeles Boot zu stehlen, erreichte Mokele mit seiner Braut Molumbu sicher seine Heimat.

Sein Vater Wai war überglücklich, und das ganze Volk jubelte Mokele als Held zu, der die Stelle des Sonnenaufgangs ›stromaufwärts‹ festgelegt hatte, was für das Volk Ntomba ›Osten‹ bedeutet, da alle Flüsse in ihrem Gebiet im mittleren Zaïre aus dem Osten in den Westen fließen.

Molumbu gebar einen Sohn, der Iyebelo, ›Der, dem keiner befehlen kann‹ genannt wurde.

Mokele besaß *iboke i molo,* ›einen Beutel mit einer Medizin‹. Diese Medizin hatte den Namen *kangili kangili*, was in etwa ›spring, spring‹ bedeutet. Es war der Puder des Lebens. Wenn man davon ein wenig in die Nase eines Toten blies, würde er niesen und wieder zum Leben erwachen.

Dieser geheimnisvolle Puder wurde das Familienerbstück der Wai-Dynastie, da Iyebelo viele Frauen und zahlreiche Kinder haben sollte.

Kommentar. Wai ist vielleicht mit einem alten Jägergott vergleichbar, etwa Thor bei den Nordländern.

Sein Sohn Mokele ruft Erinnerungen an Prometheus wach, der den Göttern das Feuer stahl. Als Sonnengott sind die Tiere seine Freunde und willigen ein, ihm zu helfen und zu dienen.

Wie auch in anderen Mythologien wird die Sonne in einer Höhle versteckt. Im griechischen Mythos bewahrt sie der Gott der Unterwelt, Hades, auf. Yakalaki ähnelt ihm, da er Aspekte des Totengottes hat und mit den *elokos,* den bösen Geistern im dunklen Wald, verbündet ist. Er ist für die Dunkelheit auf der Erde verantwortlich.

Demgegenüber ist Mokele der Gott des Lebens, der die Sonne rettet und das Niespulver erschafft, mit dem man die Toten ins Leben zurückholen kann. Er wurde aus dem kosmischen Ei geboren und erreicht wie die Sonne innerhalb eines Tages das Mannesalter.

Für die Gesellschaft sind in diesem Mythos viele Lehren enthalten. Ein Mann, der viele Frauen hat (und einer, der nur wenige hat, ist kein großer Häuptling) wird mit allen schlafen, bevor er auf die Jagd geht. Er hat das Recht zu erwarten, daß ihm alle seine Frauen Kinder gebären.

Monate (Alur, Uganda). Vor vielen Jahren hatten die Alur in Uganda Könige. Tatsächlich war der erste König der Alur auch der König des Universums. Trotzdem mußte auch er sterben.

Er benachrichtigte alle seine Kinder: die Sonne, den Mond und alle eßbaren Ameisenarten.

Der Mond und die Muzale-Ameisen machten sich sofort auf, um ihren alten Vater auf dem Sterbebett zu besuchen. Die Sonne und die Naka-Ameisen warteten bis zum nächsten Morgen, ehe sie aufbrachen. Jede Ameisenart hat ihre eigene Tages- oder Nachtzeit, in der sie aus ihren Nestern herauskommen.

Der Mond erschien, bevor der König starb. Der König war mit dem Mond zufrieden und schenkte ihm das irdische Königreich mit all seinen Kindern darin.

Als die Sonne ankam, war der König gerade gestorben, so daß der Mond zum König über die Erde inthronisiert worden war. Die Sonne war so wütend, daß sie sein Gesicht mit ihren Strahlen verbrannte, und darum sieht der Mond immer noch aschfahl aus.

Trotzdem wird der Mond von allen als unser Herrscher anerkannt. Darum zählen wir unser Leben auch nach Monden, das heißt nach Monaten.

Die Frauen, die ein Kind erwarten, zählen die Monde, bis ihre Babys geboren werden. Wenn die Kühe trächtig sind, zählen wir gleichermaßen die Monde, bis der Kopf des Kalbes erscheint. Auch das Erscheinen und die Dauer der Regenzeit und die Früchte und des Getreides, die mit ihr kommen, werden in Monden gezählt. Ein Mädchen wird eine Frau, wenn der Mond für sie rot aufgeht und er wird es weiterhin tun, bis sie heiratet.

Es heißt, daß der König der Fledermäuse eines Tages den Mond zu einem Fest einlud. Er bot ihm ein großes Stück Fleisch auf einem wunderschön geschnitzten, großen Holztablett an. Der Mond begehrte es, aber die Fledermaus sagte nein: ›Bitte um etwas anderes.‹ Trotzdem nahm der Mond das Tablett, denn Fledermäuse sind nicht sehr stark.

Seitdem hängen die Fledermäuse verkehrt herum mit ihrem Hinterteil zum Mond hin, um ihre Verachtung zu zeigen. Das Tablett kann man bei Vollmond am Himmel sehen. (Siehe auch *Alur.*)

Mond Diana ›die Leuchtende‹ war die römische Mondgöttin, gleichgesetzt der griechischen Artemis, wohlbekannt wegen ihres Tempels zu Ephesos in Kleinasien. Die Ägypter huldigten ihr als Bastis oder Bastet, der Katzengöttin, die besonders in Bu-Bastis, ihrer eigenen Stadt, verehrt wurde.

Die Assoziation von Katzen, hauptsächlich von schwarzen Katzen, mit dem Mond findet man auch in Ostafrika, wo die Katze das Symbol des lebenslustigen Mädchens ist.

Der Mond war schon immer mit der Zeitberechnung verknüpft, im alten Ägypten mit Seshat, der Göttin des Nachthimmels und der Geschichte.

Spuren von der Verehrung der Mondgöttin lassen sich in vielen Teilen Afrikas zurückverfolgen. Sie ist womöglich viel älter als alle anderen Gottheiten.

In Kamerun wurden Forscher auf dem Mount Cameron die Relikte eines Mondkultes gezeigt, der jahrhundertelang in Blüte gestanden haben dürfte.

Eine Mondfinsternis wurde in vielen Gegenden als eine Quelle des Unglücks betrachtet, weil der Mond beleidigt ist und uns sein Licht nicht mehr schenken will.

Während der ›weißen Nächte‹, wenn der Mond voll ist, machen junge Leute in Zaïre die ganze Nacht lang Musik und tanzen.

Die Chagga (Wachaga) in der Gegend um den Kilimandscharo verehrten den Mond, indem sie zum Neumond jeden Monat nach seinem Erscheinen beteten.

Die Kundu in Kamerun beten auch zum Neumond um gute Gesundheit.

Die Könige von Burundi führten ihre Abstammung auf die Mondgöttin zurück und glaubten, daß der König nach seinem Tode zum Mond zurückkehren würde.

In Zentralafrika ist die Spinne mit dem Mondkult verbunden.

In Kamerun kann ein Mondpriester

den Mond herunterholen und ihn in seinen Garten pflanzen, als wäre er ein Bananenbaum, der seiner Familie nützlich ist.

In Ostafrika wird erzählt, daß der Mond früher viel näher bei der Erde war, so daß er wie ein schöner weißer Vogel aussah. Natürlich konnte ein Ndorobo (›Buschmann‹) nicht anders, als einen Giftpfeil nach ihm zu schießen, so daß er begann, schwächer zu werden und bald starb.

Die Nuer im Sudan glauben, daß der Mond Gott gehöre. Er ist Nyadeang, ›die Tochter des Himmelsgeistes‹. Wenn die Nuer den Neumond sehen, reiben sie sich Asche auf die Stirn, werfen Getreide zur Mondscheibe hoch und sagen ein kurzes Gebet auf, das ungefähr folgendermaßen lautet: ›Ach Mond, Tochter des Himmelsgeistes, laß uns in Frieden sein, wir beten, daß du mit Güte erscheinst. Mögen die Menschen dich jeden Tag sehen. Laß uns leben.‹ Es handelt sich hierbei um ein Relikt aus dem Mondkult.

Die Buschmänner in Angola beten zum Neumond und flehen ihn um Regen, Wild für die Jäger und einen Überfluß an wilden Früchten an, was alles nicht eintreten wird, wenn der Neumond nicht rechtzeitig erscheint.

Frauen und Mädchen tanzen auf einer Seite und die Männer auf der anderen, und gemeinsam singen sie eine Hymne an die Mondgöttin: ›Neumond, erscheine, gib uns Wasser! Neumond, komm, und laß das Wasser in Strömen herab! Regne für uns!‹

Die Buschmänner in Namibia beten auch zu dem Jungen Mond in einer schönen Hymne, die mit: ›Wunder! Freude! Der Mond ist zu uns zurückgekehrt!‹ beginnt. Die Anbeter blasen ein Antilopenhorn, um den Mond zu grüßen. Und bei seinem hellem Licht jagen sie regelmäßig nachtaktive Tiere in der Wüste.

Mondkönig (Kimbundu, Angola). Vor langer Zeit hatte der König der Erde nur einen Sohn. Als der Junge volljährig wurde, sagte ihm sein Vater: ›Du mußt heiraten. Ich werde dir helfen, eine Frau zu finden.‹ Der Prinz erwiderte: ›Ich will nur die Tochter des Mondkönigs heiraten.‹

Der König lud alle weisen Männer und Frauen seines Königreiches ein, die ihn beraten sollten, den Weg zum Mond zu finden, aber niemand kannte ihn, bis schließlich der Frosch erschien und sprach: ›Herr, ich werde für dich zum Mond reisen.‹

Dem König blieb nichts anderes übrig, als dem Frosch zu vertrauen. Also gab er ihm einen Brief für den Mondkönig mit.

Der Frosch wußte, daß die Wasserträger des Mondkönigs jeden Morgen vor Sonnenaufgang auf die Erde herabstiegen und Wasser aus einer bestimmten, sehr klaren Quelle holten, die sich im Wald auf einem Hügel befand.

Der Frosch ging zu dieser Quelle und versteckte sich darin, und als

die Träger kamen, schwamm er schnell in den ersten Eimer hinein, den sie zum Füllen ins Wasser tauchten.
Als sie auf dem Mond ankamen, sprang der Frosch aus dem Eimer und sagte: ›Führt mich zu eurem König!‹
Die überraschten Mondmänner gehorchten, und als er vor dem Mondkönig stand, holte der Frosch den Brief des Erdkönigs hervor. Der Mondkönig las den Brief und schrieb eine Antwort, die er dem Frosch aushändigte, der in dem leeren Eimer saß, bis die Träger ihn in derselben Nacht auf die Erde zurückbrachten.
Schnell schwamm er aus dem Eimer heraus, als dieser in die klare Quelle getaucht wurde. Er erschien am Hof des Erdkönigs und verkündete: ›Ich bin Mainu, der Frosch, Botschafter am Hof des Mondkönigs. Ich überbringe eine Botschaft von Seiner Lunaren Majestät.‹
Der Erdkönig las den Brief, in dem sich der Mondkönig mit der Heirat seiner Tochter mit dem Erdprinzen einverstanden erklärte, sobald der Brautpreis bezahlt wäre.
Der Erdkönig gab dem Frosch einen Sack voll Goldmünzen, den er auf den Mond bringen sollte. Sobald der Frosch mit dem Erdgeld auf dem Mond ankam, wurde er mit einem Mahl aus Schweinefleisch und Huhn fürstlich bewirtet. Dann wurde er mit der Botschaft zurückgeschickt, daß die Mondprinzessin in der übernächsten Nacht eintreffen würde.
Niemand auf der Erde glaubte dem Frosch, aber trotzdem zogen alle ihre besten Kleider an. Tatsächlich stieg die Mondprinzessin an einer silbernen Kordel, die die Mondspinne gewoben hatte, herab und heiratete den Erdprinz.

Mongo-Nkundo (Religion, mittleres Zaïre). Der Name Mongo oder Mongo-Nkundo ist eine Kollektivbezeichnung für die Völker, die in der ›Achselhöhle‹ des Kongo leben, dem heißen, dampfigen Beckens des Flusses Zaïre, dort, wo er in seinem mittleren Lauf vom Nordwesten nach Südwesten in einer schwungvollen Bewegung über den Äquator und zurück schwenkt.
Die Mongo glauben an Gott, den Schöpfer, den sie Mbomba Ianda oder Njakomba, Wai oder Komba nennen.
Er ist der Herr über Leben und Tod, und sein unwiderruflicher Erlaß befiehlt uns, dem Unausweichlichen resigniert und geduldig gegenüberzustehen. Gott wirkt und steht mit uns in Verbindung durch die Vermittlung von spirituellen Wesen, *bilima,* und den Schatten der Toten, *bakali* (Sing. bokali).
Nach dem Tode verläßt der *elimo,* die Seele, den Körper und wird *bakali* (Sing.: bokali). Die nahen Verwandten trauern, die Dorfbewohner tanzen und singen dem Verstorbenen zu Ehren.
Die *bakali* leben im Wald in unsichtbaren Dörfern, wo sie ihre Familien haben. Die Lebenden bringen ihnen kleine Mengen Nahrung

zum Friedhof, während die Schatten sie in der Nacht besuchen. Nach zwei Jahren endet die Trauerzeit mit einem großen Fest.
Einige *bakali* können Elefanten, Flußpferde oder Krokodile werden.
Die Lebenden können, wenn sie Zauberer sind, ein Tier benutzen, eine Schlange oder einen Leoparden, das für sie stiehlt und sie reich macht.
Die Missionare haben den einst weitverbreiteten Glauben verurteilt, daß die Seelen der Toten in neugeborene Babys ins Leben zurückkehren. Einen toten Großvater erkannte man in dem neugeborenen Kind wieder, das den Namen des Großvaters erhielt und wie dieser behandelt wurde.
Zahlreiche Geister (*bilima, Sing. elima*) sind in dieser Gegend zu Hause, hauptsächlich in den Stromschnellen und Wirbeln der vielen Flüsse, in sumpfigen Tälern und großen Bäumen. Frauen flehen sie um Kinder an.

Mozambique Siehe *Frosch; Flußpferd; Flüsse; Schlangenkult.*

Muloyi (Nande, Zaïre). In der Nande-Gesellschaft kann nur ein Mann beschuldigt werden, ein *muloyi* zu sein; wegen Frauen siehe unter *Zauberei.*
Das Wort *muloyi* ist in Zentralafrika weitverbreitet. Bei den Bangala (q. v.) heißt es moloki, in Burundi murozi und in Shaba ndozi. (Siehe auch Ndkoki und Hexenmeister).
Der *muloyi* kann mit ›metaphysischen‹ Praktiken seinen Mitmenschen Schaden zufügen, obwohl für die Nande diese Praktiken nicht im Gegensatz zu den Naturgesetzen stehen, sondern ein Bestandteil ihres Alltagslebens bilden.
Der *muloyi* ist niederträchtig und arbeitet bewußt im Gegensatz zu der Zauberin (siehe Zauberei), die die Geister ihrer Opfer unbewußt ›essen‹ kann, obwohl auch sie böse ist.
Der *muloyi* haßt sein Opfer. Die Reichen und auch Leute mit sehr großen, glücklichen Familien sind sein vorrangiges Ziel. Er kann weder mit Geschenken ›abgefunden‹, noch mit Freundlichkeit besänftigt werden. Er ist unbarmherzig, hartnäckig, grausam und läßt sein Opfer niemals gehen. Er behext sogar seine eigene Frau, sein Kind oder seine Mutter, und er wird sich nicht bessern.
Er kann sich unsichtbar machen oder seine Magie aus der Ferne wirken lassen. Doch wenn man ihm begegnet, ist er höflich, weil er seine Mitmenschen gerne mit seinen Tricks täuscht.
Der *muloyi* arbeitet mit einem Zauberwerkzeug, dem *erirogho.* Diesen stellt er aus der Asche von menschlichen Leichen her, die er nach einem geheimen rituellen Tanz ausgräbt. Das daraus gewonnene ›Gift‹ wird in die Nahrung, vorzugsweise in Bier gemischt. Nagel- und Haarstücke und sogar etwas Erde, auf die sein Opfer getreten ist, verleihen ihm Macht über diesen.
Diese zur Herstellung seines *eri-*

rogho dienenden Mittel wickelt er in Blätter. Dann vergräbt er das Päckchen unter der Türschwelle oder unter einem Stein nahe des Hauses, in dem sein Opfer schläft. Der *kirimu,* der Geist des Opfers, wird dadurch gezwungen, fortzugehen und in dem *erirogho* zu leben, während sein Körper langsam zerfällt. In der Dunkelheit kann man den muloyi kichern, lachen oder heulen hören.

Muso Koroni (Bambara, Mali). Muso Koroni, auch Mousso Coronie geschrieben, ist die Erdgöttin in der alten Religion des Volkes Bambara (q. v.).

Ihr Name bedeutet: ›die reine Frau mit der Urseele‹. Über ihr Aussehen gibt es mehr als eine Beschreibung: einige sagen, sie habe die Farbe der Erde, während andere meinen, sie habe die Brust eines Tieres, was bedeuten kann, daß sie viele Brüste hat wie Artemis aus Ephesos. Vielleicht hatte sie auch die Gestalt des königlichen Panthers oder des schwarzen Leoparden, denn sie ist die Göttin der Dunkelheit.

Pemba, der Sonnengott, soll sie angeblich verfolgen, wenn er sich erhebt und sie sich in den Westen, das Land der Toten, zurückzieht.

Sie gebar alle Lebewesen, Pflanzen und Tiere, nachdem Pemba in sie ›eingedrungen‹ war, indem er die Gestalt eines Baumes, *balanza, Acacia albida,* annahm und seine Wurzeln tief in die Erde eingrub.

Wie die indische Waldgöttin Kali-Parvati hat Muso Koroni einen furchtbaren Aspekt: wie ein Leopard kann sie ahnungslose Leute angreifen und mit ihren Klauen Frauen zum Menstruieren bringen. So beschnitt sie auch Mädchen und Jungen. Seit Urzeiten wird dieser Brauch fortgesetzt.

Muso Koroni lehrte den Menschen auch den Ackerbau, denn sie ist nicht nur die Göttin der Wildnis, sondern auch des bebauten Landes. Von den drei Getreidesorten, die die Bambara anbauen, ist ihr nur die Hirse geweiht, denn die zwei anderen, Reis und Mais, wurden aus dem Ausland eingeführt.

Zur Erntezeit kann eine alte Frau in bestimmten Distrikten Muso Koroni nachahmen, indem sie einen Tanz in der Nähe der Getreidespeicher aufführt, der von Kalebassenrasseln begleitet wird.

Jeder Mensch hat eine gewisse Wildheit, einen Geist der Wildnis, der *wanzo* genannt wird und mit *Muso Koroni* assoziiert ist. Er wird durch die Beschneidung entfernt, womit ein Kind gebändigt beziehungsweise vermenschlicht wird. Auf gleiche Weise wird durch das Hacken des Bodens vor dem Einpflanzen die Erde auf die Bebauung vorbereitet.

Muttergöttin Obwohl es heißt, daß früher alle Völker in Afrika südlich der Sahara eine Muttergöttin verehrten, wurden bislang lediglich Spuren von einer solchen universalen Religion gefunden.

Die Zulu haben ein Bild von der Mutter aller Zulus, die eine große Frau mit riesigen Brüsten war, mit denen sie ihre vielen Kinder stillte, die alle kräftige Söhne und Töchter waren. Ihr Ehemann war der erste König über das Zululand (siehe auch *Python*).

Die Ewe in Togo erzählen, daß die Seele eines Kindes vor seiner Geburt das Land Amedzofe besuchen muß, der Ort der Menschwerdung, der hoch in den Bergen im mittleren Togo liegt, wo die Geist-Mutter lebt, die jedem ungeborenen Kind Manieren und gutes Benehmen beibringt, bevor sie es auf die Erde schickt, um geboren zu werden.

Die Baronga in Mozambique erzählen, daß die ersten Menschen aus dem Schilfland oder den Sümpfen in der Nähe von Mkomati, ›Kuhfluß‹, hervorgekommen seien. Jedes Schilfbüschel brachte eine andere Rasse mit ihrem eigenen Werkzeug hervor, z. B. erschienen auf einmal die Venda mit ihren Hacken. Die ersten Baronga waren ein Paar, Gwambe und Dzabana, Mann und Frau.

Der Dogon-Gelehrte Ogotemmeli erzählte, wie der Himmelsgott mit der Erdgöttin schlief, die Zwillinge gebar. (Siehe auch *Ashanti; Erde; Göttinnen; Muso Koroni; Oduduwa; Tanit.*)

Mvet (Fang, Gabon). Das Mvet (Lied) von Zwe Nguema ist ein Epos, das Zwe Nguema aus dem Gedächtnis in einer ganzen Nacht zehn Stunden lang bis zum Sonnenaufgang sang.

Es wurde von einem internationalen Gelehrtenteam aufgezeichnet, übertragen, übersetzt und phonetisch analysiert und 1972 in Paris veröffentlicht. Sein Wert wurde sofort erkannt.

Mvet ist auch der Name eines etwa 1,50 Meter langen Saiteninstruments, das herkömmlicherweise den Vortrag mit Glocken und Stäben begleitet.

Es folgt eine knappe Zusammenfassung der 12 Gesänge des Epos. Im Land der Unsterblichen, Engong, wählen zwei Seelen vor ihrer Geburt ihr Schicksal. Akoma Mba entscheidet sich für den Stolz, während Medza M‹Otougue den Reichtum bevorzugt.

Reliquiar-Wächter; Fang (Gabon).

Bald darauf wird Akoma Mba informiert, daß ihn König Zong Midzi aus dem Land Oku zum Krieg herausfordert.
Akoma Mba befiehlt, daß die Trommel, die das ›Blut des Volkes‹ heißt, geschlagen wird. Die Männer versammeln sich bewaffnet, während sich die Frauen über diese Aufregung in ihrem friedlichen Land Engong wundern.
Es war Angone Endong, der mit magischen Mitteln Zong Midzi beleidigte, der daraufhin geschworen hatte, ihn zu töten.
Eines Morgens erzählt Nkoudang, Tochter des Angone Endong, ihrem Vater, daß sie geträumt habe, Zong Midzi wäre ihr (durch Magie) erschienen, und jetzt wolle sie keinen anderen heiraten. Angone Endong gibt seiner Tochter acht Tage Zeit, seinen Erzfeind Zong Midzi zu heiraten. Wenn es ihr bis dahin nicht gelingt, muß er sterben. Schließlich ist ihre Mutter bereit, sie zu dem Haus ihres Onkels zu begleiten, der in der Nähe der Grenze zu Oku lebt. Dort begegnet sie einem sehr gutaussehenden jungen Mann, Nsoure Afane. Nkoudang ist einverstanden, ihn für eine Nacht zu heiraten. In dieser Nacht hat Nsoure Afane einen Alptraum, in dem er den gewaltigen Zong Midzi sieht, der sich auf der Suche nach Nkoudang nähert, die er heiraten möchte, und nach ihrem Vater, den er vernichten möchte.
Der Traum ist wahr, aber erst als der Tag dämmert, können Nkoudang und ihre Mutter überredet werden, mit ihm nach Engong zu fliehen.
Zong Midzi hat seine schöne Frau Esone Abeng angewiesen, vorauszugehen. Er wolle ihr dicht folgen. An der Kreuzung begegnen sich also die schöne Esone Abeng und der gutaussehende Nsoure Afane und bewundern gegenseitig ihr Aussehen.
Bald darauf erscheint Zong Midzi und findet seine Frau vor dem jungen Nsoure stehen. Er verlangt eine Erklärung, und Nsoure Afane zeigt auf Nkoudang und sagt: ›Das ist meine Frau, die ich mit ihrer Mutter zu ihrem Vater, Angone Endong, begleite.‹
Diese Worte mildern keineswegs Zong Midzis Zorn. Ganz im Gegenteil ist er so wütend, die Tochter seines Feindes mit einem anderen Mann verheiratet zu sehen, daß er ihr ins Gesicht schlägt.
Dies wiederum erregt Nsoure Afanes Zorn, da nur ein Ehemann das Recht hat, seiner Frau ins Gesicht zu schlagen. Nsoure Afane fordert Zong Midzi zu einem Duell heraus, aber der erzeugt mit seiner Magie einen dichten Nebel und schlägt Nkoudang den Kopf ab.
Wütend schwingt Nsoure Afane sein Schwert, aber statt seinen Feind zu treffen, schlägt er der schönen Esone Abeng den Kopf ab. Er hebt beide Köpfe auf und erschafft eine magische Kugel. Er setzt sich auf diese, die sich in die Luft erhebt und mit ihm nach Engong fliegt, wo König Akoma Mba

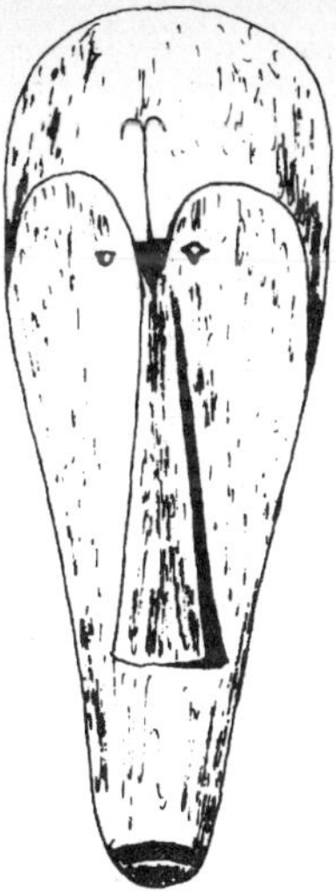

Ngel-Maske; Fang (Gabon).

alle Ereignisse in seinem Zauberspiegel verfolgt hat.
Nsoure Afane wird für den Tod von Nkoudang verantwortlich gemacht, aber ihre Mutter verteidigt ihn, und er entkommt auf seiner magischen Kugel. Wieder zu Hause, stellt er eine Armee auf und greift Zong Midzi an, der sich immer noch in der Nähe aufhält.
Die Krieger aus Engong schließen sich der Schlacht an. Alle Krieger verwenden Zaubertricks. Zong Midzi kann in seine Heimat Oku fliehen, aber auch dort wird er wieder von den Verbündeten umzingelt.
In seiner Verzweiflung verschwindet er in der Erde, wo seine Ahnen leben. Sie halten ihn drei Tage lang versteckt und schicken ihn dann wieder auf die Erdoberfläche mit neuen magischen Waffen zurück, einschließlich eines Gewehres, das sein Zicl nic vcrfchlt.
Doch die Krieger aus Engong haben eiserne Flügel und magnetische Schilde, an denen die Feinde wie gelähmt kleben bleiben. Zong Midzi wird mit einer magischen Feder geblendet. Dann sprengt Akoma Mba seinen Bauch in die Luft, nachdem er ihm all seine Talismane weggenommen hat.
Mwindo (Nyanga, Zaïre). Mwindo ist der Held eines langen Epos, das von den Barden des Volkes Nyanga im östlichen Zaïre vorgetragen wird.
Es wurde von Daniel Biebuyck aufgezeichnet und übersetzt. Vier Versionen kamen zum Vorschein.
Es folgt eine Zusammenfassung von einigen Episoden aus der zweiten Version:

1. König Shemwindo aus Tubondo bestimmt, daß er keinen Sohn haben will.
2. Seine Frau Iyangura gebärt ihm einen Sohn, Mwindo, und eine Tochter. Mwindo kommt mit seinem Zepter und einem Zauberbeutel aus der Handfläche seiner Mutter zur Welt.
   Der König ordnet an, Mwindo lebendig begraben zu lassen, aber in der Nacht steigt Mwindo aus dem Grab und setzt sich ans Feuer.
3. Sie wachsen auf: Mwindos Schwester Nyamitondo heiratet Blitz, der sie in den Himmel bringt, wo er sie den Anbau von Bananen lehrt.

Ein Drachenvogel verschlingt alle Leute und ihre Tiere. Mwindo klettert in einem hohlen Baum zum Himmel hinauf, um Blitz um Hilfe zu bitten.
Mwindo und seine Schwester, die von Blitz Werkzeuge aus Eisen erhalten hatte, steigen auf die Erde herab. Nyamitondo wird sofort von dem Drachenvogel verschlungen, aber mit einem Messer schneidet sie sich aus dem Bauch heraus und befreit alle Menschen, die der Drachenvogel verschluckt hat.

4. Mwindo kauft seinem Pygmäenfreund Shekaruru zwei Hunde für die Jagd.
5. Shekaruru trifft Falke, der von den Roten Ameisen angegriffen wird. Er befreit Falke, der verspricht, ihm in Zukunft zu helfen.
6. Shekaruru wird von einer Herde Warzenschweine verfolgt, aber Falke erscheint, hebt ihn auf und trägt ihn sicher in sein Dorf.
7. Ein benachbarter König, der auf Mwindos Ruhm neidisch ist, greift Mwindos unbewaffnete Bürger an und vernichtet sie. Zu Hause feiert er.
8. Mwindo kehrt in seine Stadt zurück, die voller Leichen ist. Er betet zu den Wesen der unterirdischen Welt, der Erde, des Himmels und der Luft. Dann wirf er sein Zepter auf den Boden, und alle toten Bürger erheben sich und sind wieder lebendig.
   Mwindo geht in die Stadt des neidischen Häuptlings, wirft sein Zepter auf den Boden und zerstört die Stadt.
9. Mwindo besucht die unterirdische Welt, indem er durch ein Farnkraut hinabsteigt. Er begegnet der schönen Kahindo, Tochter des Feuergottes Nyamurairi. Kahindo warnt ihn vor den Tricks ihres Vaters.
   Mwindo klettert hoch zu Nyamurairis Haus, wo ihm gesagt wird, er müsse sich aufmachen und Honig in einem hohen Baum sammeln. Fledermaus schenkt ihm Nägel zum Klettern und Spinne Fäden, die stark genug sind, um ihn zu halten.
   Nyamurairi versetzt Mwindo einen Schlag mit seinem Gürtel, so daß er stirbt, aber sein Zepter belebt ihn wieder. Er verbringt die Nacht mit Kahindo.
   Am nächsten Tag wird ihm gesagt, er solle Bananen für die Stadt anbauen. Er erschafft hundert Äxte, um Bäume zu fällen, die Bananenbäume pflanzen sich selbst und tragen sofort Früchte, die für die Stadt ausreichen.
   In den folgenden zwei Tagen finden weitere Prüfungen und Schlachten statt, aber Mwindo überlebt sie alle. Er wird sogar verbrannt, aber als die Asche in einen Teich fällt, erhebt Mwindo sich wieder in völliger Gesundheit.

10. Mwindo kehrt nach Hause zurück, und sein Vater schenkt ihm neun Frauen, die Bestandteil der Willkommensfeier für den Helden und seine Männer sind.
11. Ein junger Mann geht mit Mwindos Hunden auf die Jagd. Er lernt Ukano, die Tochter des Kannibalen Kirimu, kennen. Sie gibt ihm zu essen. Er spielt die *zanza* für sie. Kirimu sagt ihm, er solle die ganze Nacht lang die *zanza* spielen. Das gelingt ihm auch ohne einzuschlafen, so daß Kirimu ihn nicht fangen kann. Am nächsten Morgen werden die Hunde freigelassen, und diese töten Kirimu. Ukano heiratet den jungen Mann.
12. Mwindos Krieg gegen die Mburu-Affen. Sie fallen von den Bäumen, wenn er sein Zepter auf sie richtet. Er richtet es zum Himmel und bringt so den Hagel hervor, der die Stadt der Affen zerstört.
13. Dieser Gesang beschreibt sieben Abenteuer des Pygmäen Shekaruru, der mit Mwindos Hunden auf der Jagd ist. Er begegnet Nyamwanda, der Frau des Gottes Muisa, in ihrem Haus aus Eisen. Sie schenkt ihm die Pfeife, mit der man Menschen ins Leben zurückrufen kann.
    Von dort reist er weiter in die Stadt, in der der Sohn des Königs gestorben ist. Shekaruru belebt ihn wieder und erhält als Geschenk ein Mädchen. Dann besucht er die Geisterstadt Mpacha.
    Dort schläft er ein, und der Geist beschlägt ihn mit Nägeln, aber er kann sich mit einem magischen Klebestoff, der Menschen wiederherstellt, befreien.
14. Schließlich kehrt Shekaruru in Mwindos Stadt zurück. Mwindo wird zum König inthronisiert.

Mythos Siehe *Einführung*.

N

Nachthexen (Botswana). Nachthexen, *baloi ba bosigo*, sind keine richtigen Hexen, weil sie vorsätzlich handeln. Ihre Motive sind Neid, Gier und Rache.
Es sind – wie uns erzählt wurde – hauptsächlich Frauen, die tagsüber ihrer normalen Arbeit nachgehen; aber in der Nacht, wenn ihre Männer tief schlafen, verlassen ihre Geister den Körper, sobald sie den Ruf des Hexensabbats vernehmen. Diesen Ruf können sie nur hören, wenn sie mit einer besonderen Medizin initiiert worden sind, die ihnen in den Körper eingespritzt wurde. Und sie können nur initiiert werden, wenn sie einen nahen Verwandten geopfert haben, vorzugsweise ein erstgeborenes Kind.
In der Nacht sehen sie weiß wie Asche oder rot wie das Blut ihrer Opfer aus. Diese *baloi* strömen von überallher zum Friedhof, wo sich ihnen die frischen Gräber auf magische Weise öffnen. Die Leichen schweben zur Oberfläche hinauf. Sofort machen sich die Hexen daran, die Teile, die sie für ihr böses Werk benötigen, herauszuschneiden.
Sie haben eine besondere Medizin (Pulver oder Flüssigkeit), die sie ihren Opfern ins Gesicht pusten oder spritzen, so daß das Opfer von einem tiefen Schlaf geschwächt wird. Sie schneiden den Leib auf und setzen Fleischstücke, Knochen oder Zähne der Leichen in die lebenden Körper ein. Die Opfer werden ausnahmslos krank und magern ab.
Die *baloi* können auch durch verschlossene Türen gehen und wieder verschwinden.
Die Eule ist die Verbündete der *baloi*, denn sie warnt sie, wenn sich jemand nähert. Es heißt, daß Hexen eine Flugmaschine bauen können, die wie ein Tier aussieht, aber aus Haferbrei besteht und durch eine besondere Medizin mit Lebenskraft erfüllt wird.
Jedoch reiten die meisten Hexen auf Hyänen, den Aasfressern, die mit großer Geschwindigkeit laufen und springen können.
Solche Nachthexen müssen vor der Morgendämmerung zu ihren schlafenden Körpern zurückkehren, denn sonst werden sie mit Sicherheit sterben.
Sehr ähnliche Geschichten werden in Simbabwe, Sambia und Zaïre erzählt. (Siehe auch *Zauberei; Hexen.*)

Namibia Siehe *Buschmänner; Kahunga; Khoi; Mond; Ovambo; Widder.*

Ndoki (*Kongo, Lingala; Angola, Congo, Zaïre*). Das Wort *ndoki* ist in Zaïre und den benachbarten Ländern weitverbreitet, selbst wenn es auch dafür andere Wörter gibt (Mongo *boloki*).
Ndoki ist ein männlicher oder weiblicher Zauberer, der anderen mit unsichtbaren Mitteln oder dadurch, daß er sich in ein In-

sekt verwandelt, Schaden zufügen kann.
Es gibt zwei Arten von Menschen: die Guten und die *ndoki*, die bösartigen Zerstörer von Leben, Gesundheit und Glück.
Der *ndoki* gleicht nicht dem normalerweise freundlichen Afrikaner, der seinen Seelenfrieden liebt. *Ndokis* sind nervöse Menschen, die sich ständig bewegen, um so zu verhindern, daß sie selbst behext werden. Ihre Gesichter zucken unentwegt. Personen mit einem unsteten, starrenden Blick oder schielenden Blick sind besonders verdächtig.
Das Schielen, *ntala zole*, ›der doppelte Blick‹, beweist, daß jemand mit seinen Nachbarn keine normalen Beziehungen unterhalten kann. Nachts wird eine solche Person vor ihren Häusern tanzen; oder der *ndoki* starrt sein Opfer, ob männlich oder weiblich, mit *disu difwa*, ›einem Blick, der tötet‹, solange an, bis es sich nicht mehr bewegen oder frei denken kann.
Zudem haben *ndokis* zwei Zungen, eine normale, sichtbare und eine unsichtbare, die einen Zauber auf den Zuhörer wirft. Mit freundlichen Worten lädt der *ndoki* sein Opfer zu einem Mahl ein. Der *ndoki* hat schmutzige Hände, mit denen er dem arglosen Gast das köstlich aussehende Gericht serviert.
Die *ndokis* verbergen unter ihren Nägeln eine magische Substanz in Form von winzigen Körnchen. Bald wird das Opfer unter Magenverstimmung, Kopfschmerzen und Fieber leiden, nach Hause gehen und sterben.
Der *ndoki* ›ißt‹ seine Opfer, jedoch nicht ihr Fleisch, sondern ihr Blut. In der Nacht dringt ein *ndoki* in der Gestalt einer Ameise oder eines Moskitos in das Schlafzimmer seines Opfers ein und saugt dessen Blut wie ein Vampir. Dann nimmt der *ndoki* den Körper mit und läßt an seiner Stelle eine tote Ziege zurück. Aus dem Körper stellt er ein magisches Gift her.
Ein männlicher *ndoki* hat eine besondere Vorliebe für junge Mädchen, aber nicht, um sie zu vergewaltigen, sondern um sie zu verschlingen.
Wenn der *ndoki* gestorben ist, verlieren seine Augen ihren starrenden Blick nicht und können nicht geschlossen werden.
Die Geister von *ndokis* wandern umher und werden als Sternschnuppen gesehen.

Nekromantie Wahrsagen durch das Studieren von Leichen. Siehe *Wahrsager*.

Ngai Siehe *Gott; Kikuyu; Massai.*

Nganga (Süd- und Zentralafrika). Das Wort *nganga* (Swahili *mganga*) wird in den meisten Bantusprachen normalerweise mit ›Doktor‹ übersetzt.
Für Europäer ist ein *nganga* ›ein Medizinmann, Magier, Kräuterheilkundiger oder Schamane‹.
In Simbabwe wird ein junger Mann ein *nganga*, wenn sein Vater, Großvater oder Onkel ebenfalls einer ist und ihn in der Kunst unterrichtet, Krankheiten und ihre Ursachen, ih-

re Heilungsmöglichkeiten und die Geister zu erkennen, deren guter oder schlechter Einfluß in der menschlichen Gesellschaft allgegenwärtig ist.

Frauen, die bestrebt sind, diesen Beruf auszuüben, werden in der Regel von ihren Müttern oder Tanten ausgebildet.

Der *nganga* muß in den Wald gehen und die Kräuter, Wurzeln, Baumrinden, Blumen und Blätter sammeln, die er für seine Arbeit benötigt. Häufig wird er von seinem Sohn begleitet, dem er die Namen aller Pflanzen beibringt.

Diese Kenntnisse der afrikanischen Pflanzenwelt sind nicht geheim. Wissenschaftler haben Zugang zu diesem Wissen. Was hingegen nur Eingeweihten zugänglich ist, ist die Anwendung der Kräuter, mit denen böse Geister, die Krankheiten verursachen, vertrieben werden. Dieses Wissen wird in jeder Familie von Medizinmännern und -frauen als der Beruf weitergegeben, von dem sie leben. Untersuchungen über die *physische* Anwendung der Kräuter sind den Pharmakologen zugänglich, die zu diesem Thema einiges veröffentlicht haben.

Manche *nganga*-Familien besitzen eine Tradition der Heilkunst, die auf viele Generationen zurückreicht.

Die lebenden Mitglieder erhalten Botschaften von ihren Ahnen, die zu ihnen in Träumen über die Krankheiten sprechen, die sie in den Dörfern heilen sollen.

Der Geist eines Großvaters erzählt vielleicht seinem Enkel, wo er die Kräuter finden kann, mit denen die Krankheit geheilt wird, und welcher Geist sie verursacht hat.

Dieses Wissen ist besonders wichtig, da bei vielen Krankheitsfällen nicht nur der einzelne Patient betroffen ist, sondern seine ganze Familie oder sogar sein Dorf oder sein Clan. Die Autorität der Ahnen, mit denen einige betroffene Bewohner des Dorfes wie der *nganga* selbst verwandt sein können, ist notwendig, damit die Therapie akzeptiert wird. Die Geister erzählen dem *nganga* auch, wie die Kräuter zu bereiten sind. Normalerweise werden sie zerstoßen, getrocknet, gekocht oder zerrieben. Noch wichtiger ist jedoch, daß sie ihm den menschlichen Urheber der Krankheit und des Unglücks, ob er nun tot ist oder lebt, und den Grund dafür offenbaren.

Wenn die Geister auf eine lebende Person als den Urheber einer Krankheit hinweisen (z. B. durch die Orakelknochen), dann ist diese Person eine Hexe, d. h. jemand, der das Fleisch seines Opfers magisch ›ißt‹ – ohne das Opfer wirklich zu berühren, sondern durch einen Zauber dahinsiechen läßt.

Westliche Ärzte würden eine Tuberkulose diagnostizieren, eine in Simbabwe recht alltägliche Krankheit, während für die Simbabwer die Ursache offensichtlich spirituell ist.

Ngbandi (Götter und Geister, Zentralafrika, Zaïre). Toro ist der höchste Gott oder der Stammesgeist der Ngbandi, die im nördlichen Zaïre und teilweise in der Zentralafrikanischen Republik leben.

Wenn bei den Ngbandi Zwillinge geboren werden, glaubt man, daß sie Schlangen seien, weil ihr Gott ein Schlangengott, eine göttliche Schlange ist.

Toro wurde der Kangalogba geboren, der Libelle, einem weiblichen Geist, der symbolisch für die Gewässer des großen Flusses Oubangui (Ubangi) steht.

Die Schlange ist das erstgeborene von allen Tieren und als solches steht sie im Rang höher als der königliche Leopard.

Es wird geglaubt, daß sich der Geist eines Königs nach dessen Tode zu einem Leoparden verwandelt.

Der älteste Sohn jeder Familie hat die Pflicht, den Ahnengeistern die Opfer darzubringen, er ist also ein Priester für das ganze Leben. Er kann seine Rechte auf den königlichen Titel verkaufen, aber niemals seine Priesterschaft.

Der Li ist ein böser Geist, der sich im Bauch eines Mannes oder einer Frau niederläßt und sie ruhelos und boshaft macht.

Li-Menschen können Kinder rauben und sie im Wald verschlingen. Sie essen auch gerne Leichen, und darum öffnen sie oft die Gräber der kürzlich Verstorbenen und veranstalten ein Festessen mit Trommeln und Tanz. Sichtbar sind sie indes nicht.

Wenn ein Li-Mensch in der Nacht an die Tür eines Mannes klopft, wird dieser seine Frau und Kinder zu sich rufen und sich von ihnen verabschieden, denn er weiß, daß er bald sterben wird.

Verdächtige Li-Menschen werden vor Gericht gestellt und hingerichtet. Wenn bei einer Autopsie ein Tumor im Dünndarm festgestellt wird, ist das der Li!

Mbomba oder Sangu ist der Name eines großen Wasserungeheuers, des Flußgottes des Wele und Königs über alle Fische und Frösche. Sämtliche Fischer beten zu Sangu und werfen Nahrung als Opfergaben ins Wasser, bevor sie ihre Arbeit beginnen.

Wenn Sangu einen Mann ergreift und dieser den Namen seines Großvaters ruft, wird dessen Geist ihn retten.

Nzapa ist der Schöpfer, der Vater aller Menschen, Tiere und anderer Wesen. Er stellte das Gesetz auf und beherrscht unser ganzes Leben und Schicksal.

Sieben Götter werden jeden Morgen in einem besonderen Gebet angerufen: Nzapa, der Schöpfer, Yayu, der Himmel, Sese, die Erde, Banga, das weiße oder klare Wasser, aus dem die weißen Menschen entstanden sein sollen, und Mbongo, das schwarze Wasser, aus dem die schwarzen Menschen hervorgegangen sind, Ketua, der Gott des Glücks, und Lomo, die Friedensgöttin.

Ketua, die Gottheit, die über Glück und Unglück herrscht, hatte sieben

Nilpferd-Darstellung aus Bronze (Südost-Nigeria).

Kinder: Morgen, Mittag und Abend, Nacht, Mond, Sonne und Wasser.

In der Jahreszeit, in der die Ameisen schwärmen, machte sich Ketua auf und besuchte all seine Kinder, deren Frauen und Familien, aber niemand von ihnen bot ihm einen Teller mit gebratenen Ameisen an, was als Delikatesse in ihrem Land gilt.

Schließlich traf Ketua am Haus seines jüngsten Sohnes Wasser ein, der sofort seine beste Matte für seinen Vater zum Sitzen ausbreitete und seine Frauen anwies, eine Portion fette Ameisen für seinen Vater zu bereiten.

Dieser war darüber so erfreut, daß er entschied, Wasser die Rechte des erstgeborenen Sohnes zu verleihen. Darum ist heute der Wassergeist die mächtigste Gottheit.

Auch ein anderes Kind von Ketua, Nze, der Mond, wird von den Ngbandi überall angebetet, wenn er zu Beginn seines Zyklus erneuert ist – vorzugsweise in der Begleitung der Venus, seiner Frau.

Wenn ein Mädchen seine erste Periode hat, heißt es, daß es den Mond ›gesehen‹ hat, der es ›beschnitten‹ hätte.

Wenn man sagt: ›Der Mond bleibt für sie dunkel‹, ist sie schwanger; Sie ›hat eine Trommel.‹

Nzapa, der Gottvater, hatte vier Kinder, die alle Palmbäume sind: Bambuspalme, Lianenpalme, Weinpalme und Ölpalme.

Als sich Nzapa alt und schwach fühlte, schickte ihm keiner seiner Söhne etwas zu essen, außer Ölpalme.

Da sprach Nzapa: ›Von nun an wird Bambuspalme zu einem Bett für Menschen geflochten werden. Lianenpalme wird von den Frauen zu einem Korb gewunden und geflochten werden. Weinpalme wird von den Schankkellnern gestutzt und geschnitten werden. Aber die

Nüsse von Ölpalme werden von Menschen dankbar bewundert werden.‹
Das Volk Ngbandi glaubt, daß die Seele in einem stillen Teich gesehen werden kann.
Alte Leute wollen nicht fotografiert werden, weil das bedeutet, daß einem die Seele weggenommen wird und der Fotograf einen krank machen kann.
In der Nacht reist die Seele umher, eine Erfahrung, die wir Träumen nennen.

Niger Siehe *Dausi; Songhai; Schwerter; Twareg.*

Nigeria Siehe *Bachama; Bori; Erde; Edo; Ehi; Göttinnen; Hausa; Jagd; Ibo; Freundlichkeit; Königsmord; Nupe; Oba; Vorherbestimmung; Präexistenz; Tiv; Yoruba* (dort findet sich auch eine Aufzählung von Göttern).

Nil, Fluß Der Nil ist der längste Fluß der Welt und der berühmteste Fluß Afrikas.
Die alten Ägypter erzählten, daß der Nil aus einem Ozean namens Nun im fernen Süden entsprungen sei. Vielleicht wußten sie vom Viktoriasee.
Mehrere Götter wurden mit dem Nil assoziiert, von denen Khnoum oder Khenemu, der Gott der Stromschnellen, der berühmteste ist, den die Nubier Doudoun oder Dodonu nannten. Er wird als Antilope mit welligen Hörnern dargestellt. Er hatte zwei Frauen, Sati und Anuket.
Hapi oder Hapy war ein androgyner Nilgott und galt als Beschützer der Bootsführer. Er wurde mit dickem Bauch und Hängebrüsten abgebildet.
Wegen der Nilgöttin Thoueret oder Taweret siehe unter *Flußpferd.*
Das Volk der Burundi erzählt, daß vor langer Zeit das Land von einer schrecklichen Dürre heimgesucht wurde. Das Volk flehte seinen König, Intare I, an, Regen zu machen oder auf irgendeine Weise für Wasser zu sorgen.
Der König ging mit seinem Hofstaat zum höchsten Berg, Mfunda, der im Walddistrikt Kibira im nordwestlichen Burundi (q. v.) liegt.
Auf dem Gipfel lag ein gelber Stein, auf den der König mit seinem Kupferhammer schlug. Der Stein, der Iyogera genannt wird, öffnete sich sofort, und aus ihm strömte ein Fluß, der immer noch da ist, der Fluß Ruvubu, welcher in den Viktoriasee mündet, so daß dieser geographisch gesehen den Anfang des Nils und Iyogera seine Quelle bildet.
In diesem gelben Stein ist immer noch der Fußabdruck des Königs zu sehen, welcher von seinem dankbaren Volk in der Nähe des Steins begraben wurde.
Die Nubier, die zwischen dem Ersten und Vierten Katarakt leben, erzählen, daß im Nil Geister wohnen (siehe *Dogir*).
Die nilotischen Völker leben alle entlang des Nils: die Luo, Padhola, Acholi (q. v.), Alur (q. v.), Nuer (q. v.), Dinka, Shilluk (q. v.) und Anuak.
Sie zählen zu den größten Afrika-

nern. Es sind erfahrene Bootsführer und Fischer, die zahlreiche Überlieferungen von den geheimnisvollen Kreaturen besitzen, die den Nil, seine Seen und Sümpfe bevölkern.
So gibt es den Frosch Trink-Alles, der einen See leeren kann, und Jokinam, den Seegott, dem die Seekühe gehören, die am Grund des Albertsees grasen und von den Fischern, die ertrunken sind, gehütet werden.
Nilotisch Siehe *Alur; Jok; Nuer; Shilluk.*
Njuzu (Karanga, Simbabwe). Das Shona-Wörterbuch von Fr. M. Hannan gibt als Erklärung für *njuzu* ›Wasserelfe/fee‹ an.
Diese einfache Übersetzung beherbergt viele Geheimnisse.
Alle sumpfigen Gegenden, in denen Wasser vorkommt, Quellen, Teiche und Seen, sind in Simbabwe heilig, weil sie von den *njuzu*, den Wächtern des klaren Wassers, bewohnt werden.
Mädchen müssen Wasser mit einem gründlich gesäuberten Krug holen, denn sonst werden die *njuzu* sie fangen.
Emporstrebende Schamanen (siehe *nganga*) müssen eine Zeitlang bei den *njuzu* verbringen, die sie die Magie des Heilens lehren können wie niemand sonst.
Wenn ein Knabe träumt, daß er in einem Teich schwimmt, ist das ein Zeichen dafür, daß er das Jugendalter erreicht hat.
Wenn jemand träumt, daß er den *njuzu* ein Opfer darbringen muß, dann sollte er es unverzüglich tun. Andernfalls wird er, wenn er sich dem Rand eines Gewässers nähert, plötzlich eine schöne nackte Frau sich aus dem Wasser erheben sehen. Sie wird ihn verführen. Er wird bereitwillig mit ihr gehen, und später wird man seine Leiche im Wasser finden.
Die *njuzu* herrschen über die Geschöpfe des Wasser, die Krokodile, die Schlangen und die Fische. Ein *njuzu* kann als Fisch mit einem Menschenkopf erscheinen.
Sie werden in den Gebirgshöhlen, in denen die Flüsse entspringen, geboren.
Die *njuzu* verabscheuen Lärm, so daß sie viele Teiche und Sümpfe verließen, die in der Folge für immer austrockneten, als die Europäer mit ihren lauten Maschinen kamen.
Wenn diese Geister eine Reise antreten, hüllen sie sich in dunkle Wolken und erheben sich in die Luft. Sie verursachen schreckliche Stürme, die alles zerstören, was ihnen im Weg steht (siehe *Tornado*), und Regen.
Wenn in alten Zeiten eine entsetzliche Dürre herschte, mußte diesen Wassergöttern ein Kind geopfert werden, die es annahmen und es zu ihrem eigenen Kind machten, so daß es selbst ein *njuzu* wurde.
Andere Leute behaupten, daß die *njuzu* selbst die Geister der Toten seien, die jetzt in den Gebirgshöhlen leben, wo sie einst begraben wurden.
Einige sagen, daß die Schlangen

die weiblichen *njuzu* seien und die Krokodile die männlichen. Sowohl Schlangen als auch Krokodile sind Todessymbole.
Geister erscheinen oft als Schlangen (q. v.).

Nkisi-Figur; Bakong (Zaïre).

Nkisi Das Wort *nkisi*, auch *mkisi, kisi* oder *kishi* ausgesprochen, Plural *minkisi* oder *nkisi*, je nach Dialekt, ist im nördlichen Angola, im westlichen Zaïre und Kongo weitverbreitet.
Die gebräuchliche Übersetzung für *nkisi* lautet ›Fetisch‹ (q. v.), ›Talisman‹ (q. v.) oder ›Götze‹ (q. v.).
Es kann auch Zauberei, magische Kraft, oder ›durch Magie verursachte Krankheit‹ bedeuten.
Korrekt definiert ist ein *nkisi* ein Gegenstand, in dem ein Geist wohnt oder der spirituelle Kraft in sich hat und von einer Person beherrscht wird, gewöhnlich von einem Zauberer.
Der Geist kann jemand sein, der gestorben ist und jetzt in einer Statue lebt. Es kann sich aber auch um einen unabhängigen Geist handeln.
Ein *nkisi* ist kein natürliches Objekt wie ein Baum, eine Pflanze oder eine Quelle. Wegen der in Bäumen lebenden Geister der Bakongo siehe *Tebo*.
Ein *nkisi* kann ein Geist sein, der in einer Kalebasse, einer Muschel oder einem Antilopenhorn eingeschlossen ist.
Geister streifen frei im Wald umher, wo sie von den Geister-kundigen, den *nganga-ndoki*, den ›Geister-Doktoren‹, gefangen werden können, welche die magische Kraft und die richtigen Rituale beherrschen, um die Geister zu fangen, die in der Nacht wie Fledermäuse umherfliegen. Einige sind gefährlich wie Vampire.
Manchmal steckt der *nganga*, der zu einem Krankenbett gerufen wird, verschiedene Bestandteile eines *nkisi* in einen Beutel, den der Patient am Hals, Arm oder an den Hüften tragen soll. Dies wird dann ein Amulett, *mbambi* in Kongo.
Diese Bestandteile, *mfula* sind: Lehm aus dem Fluß, der Geistersubstanz enthält, Kräuter, Blätter, Wurzeln, Baumrinde, Nägel, Krallen, Schnäbel, Haare und Schwänze von Tieren oder Vögeln, Menstruationsblut, Federn, Exkremente, Gallenblasen – vorzugs-

weise von Leoparden, giftige Säfte und Pflanzensamen.

Aus diesen Bestandteilen kann der *nganga* ein *nkisi* herstellen, das Krankheiten heilt oder verhütet, eines, das einer Frau hilft, schwanger zu werden oder ohne Schwierigkeiten zu gebären, eines, damit das Getreide wächst, Fische anbeißen oder Tiere in die Falle gehen.

Ein sehr mächtiges (und sehr teures) *nkisi* kann einen Feind erkranken lassen oder einen bösen Geist töten.

Es gibt mehr als 150 verschiedene Arten von *nkisi*, die einem bestimmten Zweck dienen, der von einem Fachmann, dem *nganga ngombo* oder Wahrsager, ermittelt wird.

Dieser ist eine sehr mächtige Person in der Gemeinschaft, da er nicht nur die Diagnose stellt, sondern auch die Ursache für die Krankheit oder das Unglück erkennt.

Nkundo Siehe *Mongo-Nkundo.*

Nosenga (Korekore, Shona). Nosenga ist als ein *mhondoro*, ein Gott oder Stammesgeist, bekannt, der ein Medium auswählt, dessen Name Hore ist. Durch den Mund des Mediums spricht er zum Volk. Hore lebt in der Stadt des Häuptlings Chakoma, und wer immer das Orakel des Gottes Nosenga zu befragen wünscht, muß bei Häuptling Chakoma die Erlaubnis einholen.

Der Häuptling ruft den *nechombo* (den Akoluth oder den Priester), und dieser wird zu Hore, dem *svikiro* (Medium), sprechen und ihm mitteilen, wer zur Befragung erschienen ist.

Das Medium legt sich schlafen, und gewöhnlich weckt es früh am Morgen den Priester mit seltsamen Geräuschen, welche die Gegenwart des Gottes verkünden.

Die Besucher können ihre Fragen stellen, die der Gott durch das Medium beantwortet. Die Fragen beziehen sich normalerweise auf Dürre, die Ausbreitung von aggressiven Löwen in der Gegend, eine Epidemie oder die Notwendigkeit, einen neuen Häuptling zu wählen.

Nosenga hat viele Frauen, Menschenfrauen, die sich dem Gott verschrieben haben und ein Leben der völligen Enthaltsamkeit führen müssen.

1922 vergewaltigte ein Mann eine dieser Frauen; die Folge war, wie die Leute erzählten, daß kein Regen mehr fiel.

Der Gott wurde befragt, und dieser verlangte, daß der Missetäter lebendig verbrannt werden sollte.

Der Mann wurde ordnungsgemäß getötet, aber die britischen Behörden hielten das natürlich für Mord. Jedoch wurde die Angelegenheit erklärt, und der Häuptling, der für die ›Hinrichtung‹ des Vergewaltigers verantwortlich und bereits zum Tode verurteilt worden war, wurde anschließend freigelassen.

In der nächsten Zeit (1924/5) fiel mehr Regen, als je zuvor in der Geschichte verzeichnet wurde.

Nuer (Götter und Geister, Sudan). Die Nuer, die vielleicht von den christlichen Nubiern im Norden und gewiß sehr stark vom Islam beeinflußt wurden, glauben an den Großen Gott, den sie Kwoth, ›Geist‹, nennen.

Er wird als der Richter, der Schöpfer und der Vater der Menschheit angesehen. Er gibt uns alles, was wir brauchen, und er nimmt von Rechts wegen von uns, was er sich wünscht. Aber trotzdem ist er voller Mitgefühl.

Gott lebt im Himmel, und von dort sendet er Regen, Wind und Donner. Die Luftgeister werden seine Kinder genannt, zu denen auch einige Vögel zählen. Zwillinge werden als Vögel betrachtet, und darum sind auch sie Gottes Kinder.

Gott wird als Tutgar gepriesen, wörtlich ›der Starke und Grenzenlose‹.

Vor langer Zeit hing vom Himmel ein Seil herab, und alle alten Leute, die sich schwach fühlten, kletterten daran hoch, um Gott im Himmel zu begegnen. Gott verjüngte sie, und danach kehrten sie auf die Erde zurück.

Aber leider schnitt eines Tages die Hyäne, die als Störenfried bekannt ist, das Seil durch, und Gott, der darüber entrüstet war, zog es hoch. Seit dem Tag an herrscht der Tod auf der Erde, da sich die Menschen nicht mehr verjüngen können.

Die anderen Himmelsgeister sind Deng und seine Tochter, die Mondgöttin.

Deng wird als fremder Gott angesehen und darum als der Überbringer von Krankheiten, die durch die Besessenheit von einem Geist verursacht werden.

Col (Chol) ist ein Geist, der Regen und Gewitterwolken bringt (das Wort *col* bedeutete ursprünglich schwarz). Er liebt die *colwic* (cholwich), d. h. die Seelen der Menschen, die vom Blitz getötet wurden.

Rang, der Träger des Speeres, ist der Jagdgott. Er wird auch mit den Sonnenstrahlen assoziiert, die brennende Speere sind. Westlich vom Nil wird Rang auch Garang genannt – der Name für eine Giraffe.

Wiu ist der Kriegsgott. Das Wort *wiu* bedeutet ›Speer‹. Das Wort für Krieg ist in vielen afrikanischen Sprachen aus dem Wort für Speer abgeleitet.

Buk ist ein weiblicher Geist, der über die Flüsse und Ströme herrscht. Sie wird als ›Leopard der Nacht‹ und ›Tochter der Leuchtkäfer‹ besungen. Sie schützt die Verehrer, die ihr eine Ziege opfern, vor Krokodilen.

Nundu (Swahili, Ostafrika). Das Swahiliwort *Nundu Mla Watu* bedeutet ›menschenfressender Nundu‹.

Bei den Bantuvölkern im östlichen, südlichen und südwestlichen Afrika ist der Nundu (auch unter anderen Namen bekannt) ein menschenfressendes Ungeheuer, das manchmal unsichtbar ist.

Es wird gelegentlich als großer Löwe oder Leopard dargestellt, aber aufgrund seiner Beschreibung und Größe hat es Ähnlichkeit mit dem europäischen Drachen oder dem angelsächsischen Grendel, einem gleichermaßen geheimnisvollen Ungeheuer, das Menschen verschlang und nur von einem echten Helden getötet werden konnte.

Wie Grendel wurde der Nundu mit einer Epidemie, einer Krankheit, verglichen, die unsichtbar zuschlägt und das Land ›ißt‹.

Die Geschichte der Nundu gleicht sich in den meisten Teilen Bantu-Afrikas.

Ein Dorf nach dem anderen wird von dem Nundu verwüstet, einem Ungeheuer, das niemand beschreiben kann, weil nur wenige seinem Angriff entkommen. Es verschlingt nicht nur Menschen, sondern auch Rinder und Ziegen und sogar die Bäume und das Getreide, so daß man meinen könnte, es symbolisiere eine Dürre.

Nundu schlägt regelmäßig zu, und alles, was die Leute über dieses Ungeheuer wissen, ist, daß es so groß wie ein Hügel ist, einen Mund wie eine Höhle hat und sich so geräuschvoll bewegt, daß man sein Herannahen schon viele Meilen entfernt hören kann. Trotzdem schenken die Leute dem, was sie hören, keine Beachtung, und denken, daß es sie nicht angreifen wird.

Der Held der Geschichte ist der Waisenjunge oder das Kind, das in der Wildnis aufwuchs, der einsame Jäger oder der junge Mann, welcher der Sohn eines Gottes und einer sterblichen Mutter ist, die

Elo-ko-Maske; Nupe (Nigeria).

von der Gemeinschaft verstoßen wurde.

Er bekommt von seinem göttlichen Vater einige gute Waffen, einen Speer, ein Schwert oder eine Axt. Damit tötet er den Drachen, oder er stößt einen Findling von einem hohen Berg um, so daß der Kopf des Drachen zerschmettert wird.

In einer anderen Version wird der Held selbst verschlungen, aber er tröstet die vielen Menschen, die im Bauch des Ungeheuers leben, und empfiehlt ihnen, einen Tanz aufzuführen.

Durch das unaufhörliche Tanzen und Trommeln in seinem Bauch wird das Ungeheuer krank, so daß es sich hinlegen muß.

Mit seiner Waffe durchbohrt der Held den Magen und die Haut des Nundu, so daß ›sie schließlich Licht sehen‹. Es sind Hunderte, die herauskommen: Menschen, Rinder, Ziegen.

Der Held und Befreier wird von Rechts wegen zum Besitzer all dieser Tiere und zum König ernannt. Er heiratet viele Frauen.

Nupe (Religion, Nigeria). Soko ist der Nupe-Name für Gott, ein Wort, das ursprünglich ›dunkler Himmel‹ bedeutet haben kann, denn es scheint sich auf den Beginn der Regenzeit zu beziehen, wenn Gott seinen lang erwarteten Regen schenkt, ohne den das Getreide nicht wachsen kann.

Jedoch beruhen viele Etymologien von Götternamen auf bloßen Mutmaßungen.

Auch wenn die Nupe Gott als Tsochi, ›Unseren Herrn‹ bezeichnen, betrachten sie ihn als einen weitläufigen und zurückhaltenden Gott, der an menschlichen Angelegenheiten nur ein nebensächliches Interesse hat.

Die Nupe rufen ihn zwar im Alltagsleben an und wenden sich an ihn, aber ihre Vorstellungen von Gottes Allmacht sind verschwommen. Gott wird sicherlich als allmächtig betrachtet, d. h. er ist die grundlegende Ursache aller Dinge, der Schöpfer der Erde.

Ihm folgt in der Reihenfolge Sheitan, der Teufel, zweifellos ein Wort arabischen Ursprungs (siehe *Shaitani*), der als Ursache für Unheil und Pech angesehen wird, wie beispielsweise ein Streit zwischen guten Freunden oder das gegenseitige Belügen. Ein anderer Name für Sheitan ist Abilii (vgl. Swahili *Ibilisi*, beide aus dem arabischen *Iblis*). Sheitan hat die Kraft der Verführung, aber Gott kann Menschen vergeben, was bedeutet, daß Aussicht auf Vergeltung besteht.

Kuti ist eine geheimnisvolle magische Kraft in der Welt, die durch Ritual und Opfer hervorgerufen wird, eine spirituelle Ausstrahlung Gottes.

Chigbe wird mit ›Medizin‹ übersetzt, aber wie in anderen afrikanischen Sprachen impliziert dieses Wort eine magische Kraft, eine Geisterkraft.

Rayi, ›Leben‹, ist das, was Gott einem neugeborenen Kind schickt oder vorenthält. Das *rayi* eines Menschen nimmt im Laufe der Entwicklung zu und im Alter und bei Krankheit ab. Im Schlaf sind *rayi* und Körper voneinander getrennt.

Fifingi bedeutet ›Schatten‹ von lebenden, beweglichen Wesen sowie auch ›Schattenseele‹. Sie überdauert den sterbenden Körper eines Menschen und kann den Überlebenden in Träumen erscheinen und manchmal Alpträume verursachen. Sie kann Häuser heimsuchen und Reisende in Panik versetzen, wenn ihr Körper nicht richtig begraben wurde.

Eine symbolische Begräbniszeremonie wird einen solchen Geist bannen.

Kuchi ist der Geist eines Ahnen, der auf die Reinkarnation wartet.

Nyame Gott. Siehe *Akan; Nzambi.*

Nymphen (Kongo). Eine Mutter hatte 10 Kinder. Die älteste Tochter war sehr schön und hatte viele Freier, so daß die Mutter eifersüchtig auf sie wurde.

Eines Tages schickte sie das Mädchen zum Fluß, wo es sauberes, klares Wasser holen sollte. Die gehorsame Tochter ging zum Fluß und watete hinein, da das Wasser am Ufer schmutzig war.

Plötzlich ergriffen die Wassermädchen sie an den Füßen und zogen sie hinunter in die kalte Hauptströmung.

Diese Flußnymphen kann man nicht sehen, weil sie aus Wasser sind. Nur bei Einbruch der Nacht und vor der Morgendämmerung kann man sie erkennen, wenn sie sich als schwacher Nebel aus dem Wasser erheben.

Als die Tochter nicht zurückkam, wies die Mutter ihren ältesten Sohn Mengi an, Wasser zu holen. Er machte sich auf und fand den leeren Krug seiner Schwester, der auf dem Wasser trieb. Weiter stromaufwärts hörte er Glocken und die Stimme seiner Schwester singen: ›Komm, Mengi, mein Bruder!‹

Plötzlich sah Mengi die Hand seiner Schwester, die sich aus dem Wasser erhob und eine Perlenkette hielt. Und ihre Stimme sagte: ›Gib dies unserer Mutter!‹

Mengi nahm die Halskette mit nach Hause und wurde natürlich beschuldigt, sie gestohlen zu haben. Er mußte in Begleitung der Dorfältesten zurückgehen, die die Stimme des Mädchens hören und die Hand mit der Perlenkette sehen wollten. Sie hörten und sahen, was sie wollten. Eine zweite Kette wurde Mengi überlassen.

Die Männer bauten schnell einen Damm im Fluß, um das Wasser umzuleiten. Als das Flußbett ausgetrocket war, sahen sie einen Sarg. Als sie ihn öffneten, fanden sie das Mädchen darin, das immer noch sehr schön war, aber blutrot aussah und darum einen erschreckenden Anblick bot.

Sie hörten Stimmen singen: ›Wenn ihr stark genug seid, nehmt sie wieder, wenn nicht, werden wir, die Bisimbi, sie behalten.‹

Starke Männer hoben das bewußtlose Mädchen aus ihrem Sarg heraus und trugen es zum Ufer. Aber plötzlich kam ein heftiger Sturm auf, wodurch der Damm brach und ein Mann ertrank. Jedoch war das Mädchen in Sicherheit auf trockenem Boden.

Eine Stimme wurde gehört: ›Nehmt sie, aber gebt ihr niemals Schweinefleisch zu essen.‹ Schweinefleisch ist das Fleisch, das die Toten essen. Das Mädchen öffnete die Augen.

Die Männer halfen ihm beim Aufstehen und brachten es nach Hause. Dort lebte es weiter, und bald war es so schön wie zuvor. Aber es hatte sich verändert; es war, als ob es die meiste Zeit träumen würde.

Seine Mutter beneidete es immer noch um seine Schönheit. Eines

Tages gab sie ein Fest, wofür sie heimlich ein Schwein schlachtete. Sobald das schöne Mädchen ohne sein Wissen ein Stück Schweinefleisch gegessen hatte, begann Wasser um seine Füße herum zu wirbeln. Bald ging ihm das Wasser bis an die Knie, die Oberschenkel, die Brust, den Hals, als ob in dem Haus ein Strom flösse. Schließlich wurde es aus dem Haus den Weg hinunter zum Fluß fortgetragen, wo es dieses Mal für immer verschwand. Danach blieb das Haus stets feucht, denn Wasser ist ein mächtiges Element.

Mengi fühlte sich von den Stimmen stromaufwärts, denen sich die seiner Schwester angeschlossen hatte und die er immer noch hören konnte, so hingezogen, daß er eines Tages in den Fluß sprang und nie mehr zurückkam.

In dieser Geschichte sollte man statt ›Mutter‹ ›Stiefmutter‹ lesen.

Die Bisimbi (Singular *Kisimbi*) sind die *Bisimbi bi Masa*, die Wassernymphen, da es auch andere Arten gibt. Wie im alten Griechenland waren die Nymphen die Geister der Toten, daher die Erwähnung der Nahrung der Toten, was nebenbei vielleicht den Grund erklärt, warum die semitischen Völker kein Schweinefleisch essen.

Die Bisimbi leben vorzugsweise in Quellen und Teichen, die den Ursprung der Flüsse bilden.

Sie sind so gefährlich, daß sich nur der *nganga* (q. v.) dorthin auf der Suche nach Wurzeln und Kieselsteinen für seine Arbeit begibt. Zu diesem Zweck führt er schützende Medizin bei sich. Nur nach Ausführung besonderer Rituale kann er einige der Wasserpflanzen pflükken, die als hervorragende Medizin gegen Hauterkrankungen gelten, die, so heißt es, von den Bisimbi verursacht werden.

Wenn jemand im Dorf krank ist, macht sich ein Ältester jede Nacht auf und betet zu den Bisimbi, bis es dem Patienten besser geht.

Nzambi (Andere Formen: Zambi, Nyambi, Nzambe, Yambe, in ver-

Mutter-mit-Kind-Darstellung; Kongo (Zaïre).

schiedenen Dialekten und benachbarten Sprachen, auch Njambi, Jambe).
Dieses Wort für Gott ist in West- und Zentralafrika zwischen dem nördlichen Namibia und Gabon bis zum Mittleren Zaïre, Angola und Sambia weitverbreitet.
Es wurde im sechzehnten Jahrhundert von den ersten portugiesischen Gelehrten als das Wort für Gott auf Kikongo, der Sprache der Bankongo, aufgezeichnet.
Die Bakongo drücken ihre Hingabe für ihren Schöpfer in lehrhaften Rätseln wie folgt aus:
›Nzambi hat ein Feld mit zwei hellen Flecken darin erschaffen. Was ist das? Der Himmel mit der Sonne und dem Mond.‹
›Nzambi hat einen Knoten in ein Seil gemacht, der niemals gelöst werden kann. Was ist das? Der Nabel.‹
›Nzambi hat einen Weg geschaffen, den er sauberhält. Was ist das? Die Kehle.‹
Nzambi hat den Menschen und Geistern Intelligenz verliehen. Oft wird er als Nzambi Mpungu, der Höchste Gott, bezeichnet. Vielleicht rührt der Name von dem Verb *yamba, zamba*, ›verursachen, gestalten, formen‹, her.
Zahlreiche Sprichwörter beziehen sich auf Gott.
›Nzambi hat uns mit Fingern und Nägeln erschaffen; er hat uns mit Hunger und Durst erschaffen.‹
›Der Tod kann nicht bestochen werden; wenn Nzambi es will, wird er dich holen.‹
Oder: ›Nzambi nimmt, was ihm bereits gehört: unser Leben, wenn kein Heiler uns helfen kann.‹
Ein Mann, der während seiner Arbeit im Wald um ein Haar von einem umstürzenden Baum getroffen wurde, erklärte: ›Nzambi hat zu mir gesprochen, sonst wäre ich ein toter Mann.‹
Die Mutter sagt zu ihrer Tochter:
›Nzambi hat dich in meinem Leib erschaffen, und hoffentlich wird er eines Tages ein kleines Kind in deinem Leib erschaffen.‹ (Siehe auch *Akan*.)

Oba (Benin (Bendel), Nigeria). Der *oba* ist der traditionelle König des Volkes Edo im südlichen Nigeria, dessen Hauptstadt Benin City ist (im Unterschied zu Benin weiter westlich, das früher Dahomey hieß).

Fragment einer Relief-Platte aus Bronze; Benin (Nigeria).

Einst war der *oba* ein göttlicher König und lebte in einem riesigen Palast, der 1897 zerstört wurde. In seinem Palast hatte er Schreine für die Götter Olokun, Uwen und Ora, die er privat anbetete.

Dagegen war seine Anbetung der Ahnen öffentlich und national, nicht in dem Sinne, daß die Öffentlichkeit den Ritualen beiwohnen konnte, sondern in dem Sinne, daß die Rituale im Interesse des Volkes lagen.

Der sterbliche König regierte aufgrund der Tradition, daß er der älteste Sohn des ältesten Sohnes (u.s.w.) des Oranmiyan war, des ersten bekannten Königs von Benin.

Dieser König, der vor mehr als 700 Jahren lebte, ging ins Wasser, wo er den Gott Olokun (q. v.) fand und ihm das Kostüm aus königlichen Korallenperlen stahl (wie Hermes dem Pluto die Grazien raubte). Dieses Kostüm oder vielmehr diese Weste aus Korallenperlen wird von dem *oba* noch immer bei zeremoniellen Anlässen getragen.

Wenn der König dieses Kostüm angelegt hat, schüttelt er sich nicht und blinzelt nicht, sondern bleibt still und reglos. Wenn er so auf dem Thron Platz nimmt, ist er kein Mensch mehr, sondern ein Gott.

Er allein hatte das Recht, Menschenleben zu nehmen. Im Gerichtshof war er der endgültige Richter über die Todesstrafe, während er allein im Verlauf des Rituals den Göttern die Menschenopfer darbrachte.

Folglich wurde der König vom Volk gefürchtet und gleichzeitig verehrt.

Als König über das trockene Land war der *oba* dem Gott Olokun gleichwertig, der über die Flüsse und den Ozean herrschte.

Der Palast des *oba* wurde als das Zentrum der Welt betrachtet, und darum wurden dort alle bedeutenden Rituale der Nation vollzogen.

Bei einigen dieser Rituale, die mehrere Tage andauerten, wurden ganze Ochsen geschlachtet. Alle Würdenträger mußten besondere Kostüme tragen, die eigens zu diesem Zweck geschneidert worden waren.

Obatala (Yoruba, Nigeria). Obatala war der erste Gott, der von dem höchsten Gott Olodumare (q. v.) erschaffen wurde. Sein Name war zuerst Orishanla, eine Art Kollektivbezeichnung für ›Gottheit‹.

Obatala wird in vielen Städten des Yorubalandes unter verschiedenen Namen angebetet: Orisha-Popo, Orisha-Ogiyan oder Orisha-Ijaye. Dennoch ist die Form der Anbetung recht gleichartig.

Eine wohlbekannte Hymne an Obatala lautet wie folgt: ›Obatala macht seine Anbeter stark und gesund; er unterstützt seine Kinder und läßt sie sich vermehren, verhilft ihnen zu Wohlstand und gibt ihnen Grund zum Lachen.‹

Er macht unfruchtbare Frauen schwanger und formt die Babys in ihrem Leib wie ein Kunstwerk. Er wird als Bildhauergott bezeichnet.

Obatala liebt die Sauberkeit. In den Darstellungen trägt er stets saubere weiße Roben und lebt mit seiner Gattin Yemowo in einem weißen, makellosen und sauberen Palast.

In seinen Heiligtümern steht immer ein Krug mit sauberem Wasser, das jeden Morgen von einer Jungfrau oder einer alten Frau erneuert wird.

Diese trägt eine Glocke, wenn sie durch die Straßen geht, und spricht mit niemandem, während sie ihrer geweihten Aufgabe nachgeht. Das Wasser wird Anbetern gereicht und macht unfruchtbre Frauen fruchtbar.

Kolanüsse, Kokosnüsse und Mais werden als Opfer dargebracht.

Oduduwa (Yoruba, Nigeria). Die Mythen, in denen Oduduwa als weibliche *orisha* (Gottheit) dargestellt wird, sind ihrem Wesen nach ursprünglich und weitgehend akzeptiert.

Sie ist die Gattin des bedeutenden Gottes Obatala (q. v.), und gemeinsam schufen sie die Erde, oder vielleicht sollte man besser sagen, daß Oduduwa die Erde als Urmaterie *ist* und daß Obatala sie formte, oder noch besser, mit ihr zusammen ihre Nachkommen schuf.

Der Name Oduduwa bedeutet: ›die aus sich bestehende Herrscherin, die alle Lebewesen schuf.‹

Dennoch war das Dasein der Oduduwa nicht immer friedlich und mütterlich, da es auch Überlieferungen von Oduduwa gibt, in denen sie Stämme und Armeen in den Krieg führt.

Der große Krieg fand mit dem Volk Ugbo statt, das von dem Volk Ife besiegt wurde, eine Schlacht, die immer noch gefeiert wird, und Oduduwa wird im Yorubaland nach wie vor verehrt, insbesondere in Ife-Ife, wo der oberste Priester auf genau die Stelle aufmerksam macht, an der sie landete, als sie vom Himmel herabstieg.

Ein Sohn der Oduduwa heißt Ogun (q. g.), der foglich irdischen Ursprungs ist. Ogun wurde ein großer Krieger, der aus vielen Schlachten als Sieger hervorging, so daß Oduduwa ihm ein Köngreich schenkte, die Stadt Ire im Land Ekiti.

Viele Leute glauben, daß Oduduwa die Mutter der gesamten Yorubanation sei, was ohne Zweifel bedeutet, daß das Volk Yoruba aus der Erde hervorkam, wo es heute lebt, und nicht von außen in das Land einfiel.

Andere behaupten, daß Oduduwa keine weibliche Gottheit war, sondern ein Gott, aber in der Mythologie stellen solche scheinbaren Widersprüche kein Problem dar.

In vielen Mythologien der Welt ist die Erdgottheit androgyn und in der Lage, alle Lebewesen selbst zu gebären, ohne befruchtet zu werden.

Offenbarung Jede Religion beginnt notwendigerweise mit einer Botschaft aus der anderen Welt, einer Stimme oder einer Vision dieser spirituellen Wirklichkeit, die den Menschen sagt, was sie zu tun haben oder glauben sollen. Dies geschieht durch einen Mittler, ein Medium (q. v.), einen Schamanen (q. v.) oder einen Prophet (q. v.).

Das Medium spricht die Worte des Geistes, ohne es zu wissen. Der Schamane besucht die Geister an ihrem Wohnort und wird dort von ihnen unterrichtet.

Offenbarungen sind normalerweise den Propheten vorbehalten, obwohl einige Gelehrte behaupten, daß Gott sich auch Heiligen und anderen heiligen Personen seiner Wahl auf irgendeine Weise offenbart.

Die Somali haben viele Geschichten über heilige Scheichs, die, während sie ihre Vorlesungen weiterhielten, von Gott in Kenntnis gesetzt wurden, so daß sie Matrosen retten konnten, die sonst vor der Felsenküste im Ozean ertrunken wären. Oder sie sandten einen Boten zu einem Mann in der Wüste, der beraubt werden sollte.

Gott hatte ihnen etwas offenbart, was normale Leute nicht sehen können, weil es weit weg und hinter Felsen verborgen war, wie beispielsweise die Räuber, die im Hinterhalt lagen.

Gott vermag ›die Entfernung zusammenzufalten‹ wie ein Tuch und ›Steine wie Glas zu erschaffen‹, wenn es sein Wunsch ist, um seinem Freund (*wali* = Heiliger) die Wahrheit zu zeigen.

Gott kann seinem Diener auch die Wahrheit zeigen, indem er Licht in dessen Gehirn verbreitet, so daß bereits vorhandene Dinge plötzlich sichtbar werden.

Oder Gott kann die Wüste vorübergehend in ein Paradies umwandeln, so daß sein Diener seinen Jüngern erzählen kann, was er gesehen hat.

In der Bibel sprach Gott aus dem Wettersturm (zu Hiob) und in einer sanften Brise (zu Elias) oder erschien selbst (dem Abraham).

In Afrika gibt es viele Geschichten über Stimmen in der Wüste (Swahili *hatifu*), von denen die meisten aber launische *shaitans* sind.

In der Welt des Islams wie auch in der Welt der afrikanischen Götter und Geister ereignen sich die meisten aller Offenbarungen in Träumen.

Träume werden in Afrika sehr ernst genommen, so ernst, daß einige Träume die Geschichte verändert haben.

Manche Medizinmänner, Schamanen und *ngangas* verrichten ihre Arbeit in der Gesellschaft von Geistern, *mizimu*, die die ganze Zeit zu ihnen sprechen.

Oger Siehe *Ungeheuer*.

Ogun (Yoruba, Nigeria). Nach einer Yoruba-Überlieferung war Ogun der Sohn der Oduduwa (q. v.), der seinem Vater half, ihre Feinde zu bekämpfen, und wegen seines Mutes mit dem Königreich Ire oder Ilesha und Ondo, wie andere Gelehrten behaupten, belohnt wurde.

Der gegenwärtige König von Ire stammt von Ogun ab, der dort zuletzt gesehen wurde, als er mit seinem Schwert in den Boden sank und den Bürgern sagte, daß sie ihn in Zeiten der Not anrufen können.

Sein Heiligtum steht heute genau an dieser Stelle, an der er immer noch angebetet wird.

Der König von Ire sendet Ogun regelmäßig Opfergaben.

Aus einer anderen, vielleicht älteren Überlieferung geht hervor, daß die Götter, als sie entschieden, sich auf der Erde niederzulassen, einen dichten, undurchdringbaren Wald vorfanden, der ihnen den Weg versperrte.

Ogun, der Gott des Eisens, schuf eine Axt und auch ein Beil, und mit diesen Werkzeugen bahnte er sich einen Weg durch den Busch, so daß er immer noch mit dem Beinamen Oshinmale, ›Pionier der Götter‹, geehrt wird.

Jenen, die die Anbetung Oguns vernachlässigen, wird gesagt: ›Du kannst keine Yamswurzeln ohne ein Messer essen‹, womit Bezug auf Ogun als der Gott des Eisens und des Schmiedens genommen wird.

Aus diesem Grund ist er der Gott des Metalls, des Reichtums, des Glücks und der Beschützer der Arbeit zu Tagesbeginn.

Er wird ›der Besitzer des Hauses der Schätze‹ genannt.

Ogun ist der Gott aller Facharbeiter, die Metallwerkzeuge verwenden, der Grobschmiede, der Goldschmiede, der Schlächter, der Jäger und auch der Soldaten, da er der Kriegsgott ist.

Sogar in unserer modernen Zeit wird Ogun verehrt, hauptsächlich von den Lastwagenfahrern und Taxifahrern, den Mechanikern und Friseuren.

Soldaten auf ihrem Weg zum Schlachtfeld bringen Ogun Opfer dar, um seinen Schutz vor Verletzungen anzuflehen.

Lastwagenfahrer glauben, daß Ogun einen Unfall auf der Straße verursachen könne, wenn sie ihn nicht um Gaben bitten, bevor sie einen langen Transportweg durch das Land zurücklegen müssen.

Ist er nicht der Gott des Weges?

Yorubagelehrte haben Ogun mit dem römischen Gott Mars vergli-

Muttergottheit; Yoruba (Nigeria).

chen, und dies scheint ein treffender Vergleich zu sein. Mars war nicht nur der Kriegsgott, sondern, was noch wichtiger ist, der Gott der Pioniere, die neues Land erschlossen.

Oko (Yoruba, Nigeria). Oko (der Name bedeutet Hacke) ist der Yorubagott des Ackerbaus, der von jedem Bauern und den Kindern seiner vielen Kinder verehrt wird.

Wie das Volk Ibadan zu erzählen pflegte, wurde Oko zum ersten Mal in der Nähe von Irao gesehen, wo er als ehrwürdiger Bauer lebte.

Er wurde nicht auf der Erde geboren, sondern war vom Himmel gekommen. Dies erklärt, warum er manchmal sichtbar, aber zu anderen Zeiten selbst für seine eigenen Nachkommen unsichtbar war.

Man sah ihn oft als sehr alten Mann mit einem Stock langsam durch die Felder gehen. Häufig hockte er sich hin und legte eine Rast ein.

Später lebte er mit seinen Verwandten in der Stadt Irao, aber selbst dort besuchten ihn viele Bauern mit Körben voll Yamswurzeln und anderen Landerzeugnissen, um ihn zu ehren und ihm für eine gute Ernte zu danken.

Eines Tages war der alte Mann Oko verschwunden. Nur sein Stab war noch im Haus, so daß die Leute diesen verehrten.

Einmal im Jahr wird Oko zu Ehren ein Fest gefeiert, bei dem die Gläubigen eine reichliche Mahlzeit einnehmen. Erst nach diesem Festtag

Schale zur Aufbewahrung von Palmnüssen für den Ifa-Kult; Yoruba (Nigeria).

darf die neue Ernte an frischen Yamswurzeln gegessen werden.
Seine Anhänger dürfen die Schlange nicht berühren. Das Perlhuhn wird als würdigste Opfergabe für den Erdgott angesehen. Oko wird oft als ein Stab dargestellt, an dem Kaurimuscheln hängen.
Wenige Tage vor dem Beginn der Regenzeit feiern Okos Anhänger ein Fest im Wald: es wird Odu-Osha-Aruru genannt.
Bei Einbruch der Nacht begibt sich eine große Zahl von Frauen und Mädchen, die das beste Essen gekocht haben, unter der Führung der Priesterin, die Yemo genannt wird, zu einer ausgewählten Lichtung. Die Männer werden von dem Priester namens Olo dorthin geführt.
Nach dem Mahl, wenn der Mond nicht scheint, suchen sich einige Frauen einen Mann aus, von dem sie gerne ein Baby hätten. Ohne dieses inoffizielle Verhalten würde kein Regen fallen, heißt es.
Dieser Fruchtbarkeitsritus erinnert an die Empfängnis des Gottes Shango in seiner Mutter, der Waldgöttin Yemaya oder Yemoya, Schwester des Orungan oder Oranya.

Olodumare (Yoruba, Nigeria). Olodumare ist der Hauptgott im Yoruba-Pantheon.
Sein Name bedeutet die Große Immerwährende Majestät. Er wird auch Olorun, ›der Himmelsherr‹, Eledaa, ›der Schöpfer‹, Alaaye, ›der Lebende‹, Elemii, ›der Besitzer des Lebens‹, Olojo Oni, ›der Herr des Tages‹, d. h. der, der über unser tägliches Leben herrscht, genannt.
Als Olodumare sich entschloß, aus den Ursümpfen festes Land zu erschaffen, schuf er ein Schneckenhaus voll Erde, eine Henne und eine Taube und gab Orishanla (q. v.) (der ursprünglich mit ihm identisch gewesen sein könnte) diese Dinge, die er auf die Erde herunterwarf, worauf die Taube und die Henne sich fleißig an die Arbeit machten, sie zu verstreuen: So entstand Land.
Dann schickte Olodumare das Chamäleon (q. v.) auf die Erde, um sie besichtigen zu lassen. Das Chamäleon berichtete, daß die Erde zwar groß genug sei, aber nicht fest genug. Also wurde noch mehr Sand hinzugefügt. Chamäleons gehen sorgfältig zu Werke.
Olodumare schuf dann die erste Ölplame, die Orishanla auf der Erde als Nahrungspflanze pflanzte. Es folgten der Kokosnußbaum, aus dem der Palmwein abgezapft wird, und der Kolanußbaum.
Dann schuf Olodumare die 16 menschlichen Wesen, deren Anführer Oreluere genannt wurde. Orishanla formte sie aus Erde, und Olodumare verlieh ihnen Leben – was nur er allein vermag.
Dann führte Orishanla die Menschen auf die Erde. Sie kamen herab an einem Ort, den sie Ile-Ife nannten, die älteste Yorubastadt.
Die Yoruba sagen: ›Ishe Olorun tobi, ›Gottes Werk ist großartig.‹ Olodumare ist unsterblich, da er selbst der Besitzer des Lebens ist.

So wird er in einer Hymne als ›der Große unbewegliche Stein, der niemals stirbt‹ beschrieben.
Er lenkt alles, und demgemäß lautet ein Sprichwort: ›Was immer Olodumare billigt, ist leicht, aber wenn ihm ein Plan von jemandem nicht gefällt, ist er unmöglich auszuführen. Er ist der Erzwinger, der, dessen Zwang niemals versagt. Unsere Krankheiten können geheilt werden, aber wenn Olodumare unseren Tod beschlossen hat, kann er nicht abgewendet werden. Olodumare hört alles, er lauscht ständig unseren Klagen.‹

Olokun (Benin, Nigeria). Olokun war der älteste Sohn des Osanobua, des Schöpfers.
Olokun ist der Herr der großen Gewässer, der beliebteste und am meisten verehrte Gott im alten Benin, das jetzt Bendel heißt.
Olokun wird mit dem Olokun oder Ethiope-Fluß im südöstlichen Benin assoziiert. Dieser Fluß wird als die Quelle aller Gewässer auf der Erde einschließlich des Ozeans angesehen, und auf seiner anderen Seite befindet sich das Land, in das die toten Seelen gehen.
Die Seelen der noch ungeborenen Kinder kommen von dort. Somit ist Olokun der Versorger von Kindern. Bevor die Kinder in ihrem Geburtshaus ankommen, werden sie von Olokun mit Glück gesegnet.
Er bringt auch den Schiffen und den Seeleuten auf dem Ozean Glück, folglich ist er der Gott des Reichtums und des Handels. Er liebt die Schönheit in allen Formen: er mag schöne Statuen, anmutige Tanzbewegungen, kostbare Gewebe, melodiöse Lieder und kunstvolle Dekorationen an seinen Tempeln auf der Erde.
Es heißt, daß Frauen ihm ihre Schönheit verdanken, denn er liebt schöne Frauen und schenkt ihnen Kinder.
Zu ihm beten mehr Frauen als Männer. Wenn ein Mädchen geboren wird, richten seine Eltern einen Schrein für Olokun in ihrem Haus ein. Wenn das Mädchen heiratet, nimmt es den Schrein in das Haus ihres Gatten mit, in dem Olokun noch mehr verehrt wird.
Dieser Schrein enthält einen Tonkrug mit Wasser aus dem Fluß, das regelmäßig erneuert werden muß. Wenn die Frau nicht empfängt, wird sie sich noch mehr in die Anbetung Olokuns vertiefen.
Wenn Frauen von Olokun besessen sind, werden sie Mitglieder der lokalen Kultgruppen, die von Priesterinnen geleitet werden.
Das Innere eines Olokun geweihten Tempels ist schön verziert und mit zahlreichen Statuen gefüllt. Der Tempel soll den Palast der Götter unter dem Meer, einem Paradies der Schönheit und Reinheit, darstellen. Dort befindet sich auch das Schatzhaus mit allen Reichtümern der Erde, die der Gott den Menschen schenkt, wenn er entscheidet, daß sie diese verdienen.
Er ist ein guter Gott, und darum wird er wie sein Vater Osanobua ›kühl‹ genannt, das Gegenteil der Hitze.

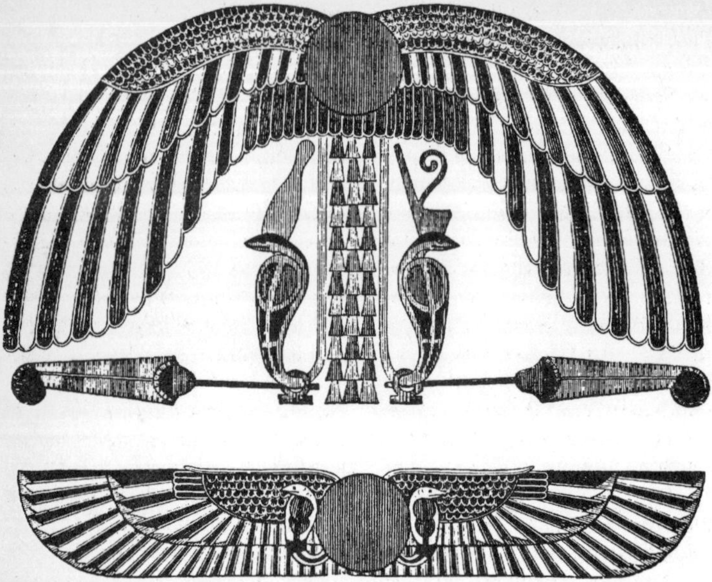

Ägyptisches Ornament.

Omen Ein Omen ist ein Zeichen, das eine Gottheit einer Person zeigt, die etwas zu unternehmen wünscht, aber über das Ergebnis unsicher ist.

In Ägypten können Wahrsager gegen eine Gebühr befragt werden, ob ein bestimmter Tag für ein wichtiges Unternehmen, beispielsweise eine Hochzeit, günstig ist. Der Wahrsager hat Diagramme voll Zahlen und Buchstaben, auf die er ohne hinzuschauen seinen Finger legt, während er Verse aus dem Koran aufsagt in der Hoffnung, daß sein Finger von Gott gelenkt wird.

Swahili-Gelehrte in Ostafrika verfügen über ähnliche Methoden zur Feststellung, ob ein bestimmtes Mädchen die geeignete Braut für den jungen Mann ist, der es heiraten möchte, und umgekehrt. Die Eltern des Mädchens werden einen Gelehrten *(mwalimu)* in Hinblick auf den angehenden Bräutigam aufsuchen. Ihre Namen müssen sich entsprechen.

Jäger sind besonders darauf bedacht, das richtige Omen zu sehen, wenn sie zur Jagd aufbrechen, und das gleiche gilt für Fischer. Vögel kündigen oft einen guten oder schlechten Fang, Sturm, Windstille oder einen günstigen Wind an.

Gebete sind erforderlich, um die Fische an die Oberfläche zu bringen. Dämonen können die Fische von den Netzen fernhalten.

Wenn bei den Tumbuka im nördlichen Malawi ein Fuchs (*Vulbes chama*, fälschlicherweise auch Silber-Schakal genannt) gesehen oder gehört wird, müssen die Dorfältesten fragen: ›Wenn ein Feind angegriffen werden muß, bleib ruhig!‹ Sobald der Fuchs bellt, lautet die nächste Frage: ›Wenn es im Dorf Hexerei gibt, bleib ruhig!‹ Bellt der Fuchs erneut, wird dies als verneinende Antwort gedeutet, und die nächste Frage wird gestellt.

Wenn er ruhig bleibt, bedeutet das »ja«, und das Volk wird gegebenenfalls die erforderlichen Maßnahmen ergreifen.

Wird die Warnung wiederholt, beispielsweise von dem großen Hornvogel Mngombwa, wird das Dorf aus Angst vor einem Angriff oder Hexerei unter Umständen aufgegeben.

Wenn ein Reisender auf seinem Weg eine Puffotter oder ein Chamäleon sieht, wird er nach Hause zurückkehren und einen Wahrsager aufsuchen, um das Unheil abzuwenden.

Opfer In vielen afrikanischen Clans hat der älteste Sohn die Pflicht, den Geistern des Clans, denen seines Vaters und Großvaters, Opfer darzubringen. Ohne diese würde der Clan verdorren und sterben wie ein Baum, dessen Zweige abgeschnitten wurden.

Darin liegt das Wesen des patrilinearen Systems: das ewige ununterbrochene Fortbestehen der Familie. Darum ist das Opfer des erstgeborenen Sohnes das höchste Opfer für einen Mann und selbst für Gott.

Hauptsächlich mußte ein Opfer aus Gründen der Versöhnung dargebracht werden: einer mußte sterben, damit die anderen leben konnten. Das Leben beruht auf einem Gleichgewicht in der Natur, darum muß Geben und Nehmen ausgewogen sein.

Ein Opfer muß grundsätzlich mit Freuden, bereitwillig und glücklich dargebracht werden, da es andernfalls für Gott nicht akzeptabel ist, der unsere Opfer ja nicht braucht, da ihm bereits alles gehört. Demgemäß unterscheidet sich die Stellung des Opfers im Islam und im Christentum grundlegend.

Im Islam ist der Mensch immer der Sklave und Bittsteller Gottes, während er im Christentum mit Gott teilt.

Im Altertum war die Votivgabe die verbreitetste Vorstufe des Opfers.

Auch wenn moderne Gläubige ein solches ›Geschäft mit Gott‹ wohl als unreligiös verurteilen, ist es in vielen Religionen immer noch sehr verbreitet.

Fußballvereine in Dar es Salaam sollen angeblich ihren Göttern oder Geistern Opfer darbringen, wenn diese sie beim nächsten Spiel gewinnen lassen, und Fetische *(hirizi, kago, fingo)* unter das Tor der gegnerischen Mannschaft legen in der Hoffnung, daß ihre Geister alle ihre Bälle ins Tor schießen lassen.

Hierbei kann es sich jedoch auch um Propaganda von islamischen Vereinen handeln!

Das normale wahre Opfer wird in Afrika dargebracht, um mit der Gottheit oder den Ahnengeistern gute Beziehungen aufzunehmen, diese zu preisen oder wiederherzustellen.

Gewöhnlich sind die Götter mit nicht weniger als mit der Schlachtung eines Tieres (1. Mose, 4-5) zufriedenzustellen, in Swahili *muhanga*, das Bestandteil des großen Festes des *tambiko* ist.

Das Volk der Dogon in Mali hat einen ganz besonderen Opferritus, der *bulu* genannt wird, aus *bulo*, ›wiederbeleben, wiederaufleben‹. Demzufolge wiederbelebt die Opferung in erster Linie die Beziehungen der Gemeinschaft mit der Welt des Lebens und der Lebewesen.

Diese lebenden *(omo)* Wesen haben Seelen *(kikinu)* und eine Lebenskraft *(nyama)*. Der wesentliche Augenblick während der Opferung ist der Tod des Opfers.

Zuerst mobilisiert der Ausführende der Opferung, der Opfernde, die Gottheit, das Ziel der Opferung, mit seinen Gebeten.

Dann fließt das Blut des Opfers (eines Tieres) auf den Altar, der dessen *nyama* trägt. Die Ältesten der Dogon sagen, daß der Altar das Blut trinkt wie ein Baby die Milch seiner Mutter. Mit anderen Worten ist der Altar selbst ein lebendes Wesen und dient als Mittler zwischen dem Opfernden und der Gottheit.

Die Gottheit wird demgemäß auch mit dem Opfer gefüttert, genährt, hauptsächlich mit Blut, und hat so wiederum den Willen, den Opfernden zu ernähren, d. h. ihm Energie, *nyama*, zu geben, indem seine Energie (die des Gottes) in die Leber des Opfertieres fließt.

Der Opfernde ißt anschließend die Leber beim Opfermahl und nimmt auf diese Weise die göttliche Energie ein, die er zum Leben benötigt. Man kann also von einem vollendeten Kreislauf des Energieflusses sprechen, einem Energiekreis, der geschlossen sein muß, um funktionieren zu können. Der Tod des Opfertieres setzt eine Kette von Ereignissen in Bewegung, indem seine Energie zum Wohle der Gottheit und des Opfernden freigesetzt wird.

Das Volk Songhai (Songoi) im östlichen Mali bringt den Himmelsgöttern ein Opfer um Regen dar, insbesondere dem Regenbogengott, Sajara, der eine Schlange in allen Farben ist. Er wird durch einen gegabelten Baum dargestellt, an dem ein weißer Widder geopfert wird, worauf der Priester das Blut sorgfältig über den Baum verteilt, der den Regenbogengott auf Erden symbolisiert und folglich als Altar dient.

Ein Tanz wird aufgeführt, währenddessen die Himmelsgötter von einigen der Tänzer Besitz ergreifen und durch deren Mund sprechen und so ihren Willen verkünden. Durch diesen verbalen Kontakt wird ein Abkommen ermöglicht, das in Wirklichkeit ein von den Göttern erklärter Schwur ist:

›Wenn ihr opfert, geben wir Regen.‹

Die Mofu im nördlichen Kamerun haben so viele Götter, daß in ihrem Land jeden Tag Opfer dargebracht werden.

Jeder Haushaltsvorstand *(Bi-ay)* hat gegenüber sieben Geistern Verpflichtungen: seinem verstorbenen Vater, Großvater, Urgroßvater und Ururgroßvater, seiner Mutter und der Mutter seines Vaters und schließlich dem Geist des Feldes gegenüber, ohne dessen Zustimmung er nichts erfolgreich anbauen kann.

Opfer sind nach einem Begräbnis notwendig, um die Ansteckung des Todes zu beseitigen. Opfer um Regen sind notwendig für die Ahnen, um *madama*, ›Unreinheit‹, zu beseitigen – die Folge von Sünden gegen die Clangesetze – für Gott, *Bi-erlam*, und für die Berggeister, *mbolom*.

Im Falle einer Krankheit muß ein von einem Geist erleuchteter Wahrsager, *mbidla*, hinsichtlich eines Opfers zu Rate gezogen werden.

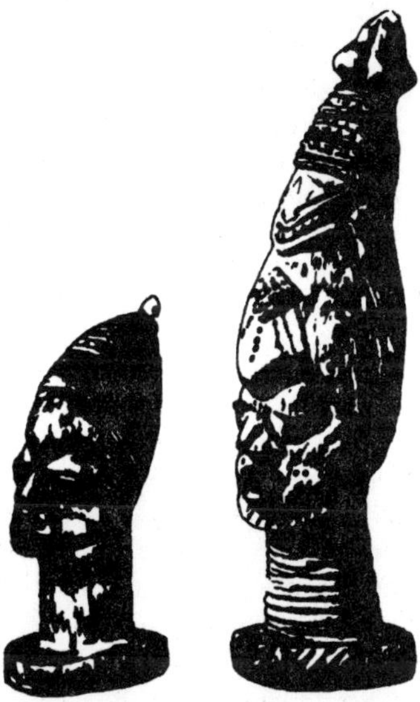

Ikin Ifa, kleine Beinfigürchen als Wächter des Ifa-Orakels der Yoruba (Nigeria).

Orakel Das Wort Orakel stammt von dem lateinischen *oraculum*, ›Ankündigung‹, von *orare* ›sprechen, ankündigen, beten‹.

Das meistbekannte Orakel im Altertum war das im griechischen Delphi gelegene, wo Apollo, der Gott des Sonnenlichtes, der Klarheit und des Wissens, die Zukunft durch den Mund eines Mediums, der Pythia, weissagte.

Auch afrikanische Götter verkünden ihre Orakel auf diese Weise – durch die Besessenheit (q. v.) eines Mediums (q. v.), häufig einer Frau, die mit einer seltsamen Stimme Worte spricht, die sie selbst nicht einmal versteht, sondern die von einem Priester gedeutet werden müssen, der zu diesem Zweck eingesetzt wird (siehe *Bugunda; Bunyoro*).

Hunderte von Menschen kommen täglich, aber insbesondere an Feiertagen – mit einer Ziege oder einem anderen Opfer, um das Orakel wegen Krankheiten in der Familie oder bei Tieren, wegen Unfruchtbarkeit, Dürre oder anderer Probleme zu befragen.

Das Medium wohnt normalerweise im Tempel des Gottes. Wenn es den Anbetern Orakel gewährt, nimmt es einen besonderen Platz ein.

Normalerweise wählt der Gott selbst sein Medium aus, das gewissermaßen seine Gattin wird und von der Gottheit besessen ist, wann immer sie will.

In Ostafrika sind die Götter, die ein Medium erwählen, für gewöhnlich bekannt. In Westafrika dagegen können sogar unbekannte Götter ein Medium auswählen und es besessen machen, worauf diese Person die Anbetung der neuen Gottheit begründen wird, indem ein Tempel gebaut wird und Rituale eingeführt werden.

Die meisten Götter verkünden ihre Orakel durch ein Medium, das auch gleichzeitig die Funktion eines Priesters innehaben kann (siehe *Akonadi; Ashanti; Ifa*).

Orakel in schriftlicher Form (wie sie früher von den griechischen Priestern gegeben wurden) sind in Afrika äußerst selten.

Bei den *hakata* oder Orakeltafeln der Shona in Simbabwe richtet sich die Befragung nicht nach den auf sie geschnitzten geometrischen Zeichen, sondern nach der Art, wie die Tafeln in Beziehung zu den anderen liegen.

Wie wir gesehen haben, wird ein Orakel im wesentlichen in einer Sprache verkündet. Wenn die Gottheit nicht spricht, sondern Zeichen gibt, die nur von erfahrenen Wahrsagern gelesen werden können, sollten wir von Wahrsagerei sprechen. Dennoch ist der Begriff Orakel in Afrika für die Antworten auf viele Arten der Wahrsagerei (siehe *Wahrsager*) weitverbreitet.

Orishanla (Die Geburt der Sonne und des Mondes, Yoruba, Nigeria). Der König des Waldes hatte einen schönen Iroko-Baum.

Weil er vergessen hatte, den Göttern Opfer darzubringen, fiel dieser Baum eines Tages um, aber zerschmetterte nicht das Haus des Königs.

Statt dessen erschien der Gott Obatala (q. v.), und mit seiner magischen Kraft verwandelte er den Baum in ein geheimes wertvolles Metall (Gold?).

Er rief den himmlischen Schmied und befahl ihm, einen Krug und ein Boot aus diesem kostbaren Metall herzustellen. Dann rief er seinen Sklaven, dessen Name Du-hörst-nicht-was-ich-sage war, und wies ihn an, mit dem Boot und dem goldenen Krug zur Himmelsspitze hinauf und dann wieder hinunter auf die andere Seite zu reisen.

So machte die Sonne ihre erste Reise.

Olodumare, der Gott (q. v.), schuf auch den Mond wie einen Feuerstein, mit einer dünnen und einer runden Seite. Er schickte ihn in den Himmel, wo er sich langsam dreht und dabei seine volle, runde Seite nur in drei Nächten im Monat zeigt. Ein Halbmond, 15 Tage, war die Zeit, die Gott benötigte, um Menschen und Bäume zu erschaffen. In dieser Zeit wurde der Neumond voll.

Am Anfang gab es nur Orisha, den Göttlichen Geist. Er lebte in einem Haus am Fuß einer steilen Felswand. Er hatte einen Sklaven namens Eshu, der sein Leben lang für ihn kochte und ihm diente.

Eshu haßte seinen Herrn, weil er ihm gehorchen mußte, denn er selbst war ein Gott, der Gott des Schicksals.

Eshu-Darstellung; Yoruba (Nigeria).

Eines Tages kletterte Eshu die Felswand hinauf und bewegte einen großen Findling, der am Rand der Klippe lag. Er schob ihn so weit vor, so daß er auf Orishas Haus herunterfiel. Orisha wurde zermalmt, und mit den Splittern seines Hauses verstreute er sich und flog in alle Richtungen.

Folglich können Teile des göttlichen Geistes an vielen Plätzen gefunden werden, in allen Lebewesen, selbst in den Stürmen und den Flüssen.

Und deshalb gibt es jetzt 401 *Orishas* oder Götter, die heilige Zahl, deren Kollektivbezeichnung *Orishanla*, ›der große Orisha‹, ist, d. h. alle Gottheiten zusammen.

Oromo (Religion, Äthiopien). Das den Äthiopiern und Europäern als Galla bekannte Volk nennt sich selbst Oromo, Plural Oromota, und ihre Sprache ist Afan Oromo oder Afan Orma, ›die Sprache der Menschen‹. Galla bedeutet ›Wanderer‹. Die Oromo sprechen eine der kushitischen Sprachen, und sie verehren Waka oder Waqa, den allgemeinen Gott der Kushiten.

Gleich nach ihm kommt Borenticha, welcher der Urahn sein kann. Sie kennen auch Saytan, den bösen Geist (siehe *Shaitani*), und eine lange Liste anderer Geister, *ayana*.

Waka ist der Schöpfer der Erde und der Menschen, zu denen er früher sprach. Im westlichen Äthiopien ist Waka mit dem Gott der Christen gleichgesetzt.

Die Arusi im Süden sprechen morgens folgendes Gebet zu Waka:

›O Waka, du hast mir eine gute Nacht geschenkt, bitte gib mir einen guten Tag.‹

Doch sie fürchten sich mehr vor Saytan oder Shaytan, dem Bösen, der stets hungrig und durstig ist, so daß ihm regelmäßig Fleisch als

Opfergabe dargebracht werden muß.

Weitere böse Geister sind Ibissa Shayto, der Geist des Feuers, dem eine schwarze Ziege, und Karandala, dem ein Ochse geopfert wird.

Böse Geister können als gefährliche Schlangen erscheinen, die *jini* (siehe *Dschinne*) genannt werden. Einige sagen, daß es davon 44 gäbe, während andere behaupten, es müßten 88 sein, die alle damit beschäftigt sind, den Menschen Unglück zuzufügen.

Sie können mit Rauchen, Tanz, Gesang und der Opferung einer roten Henne besänftigt werden.

Geister der Gebirge und Quellen werden *kollo* oder *qollo* genannt und erhalten ebenfalls Opfergaben.

Die *ayana* oder *awulia* sollen angeblich Schutzgeister sein, die in einer Art von irdischem Paradies leben. Einige von ihnen ziehen von den Tierkörpern, in denen sie leben, in die Körper neugeborener Babys, was erklärt, warum so viele Menschen offensichtliche Merkmale von bestimmten Tieren haben.

Die *kollo* haben die Gestalt von Hähnen mit vier Hörnern an ihren Köpfen. Wenn ein Mann seinen Blick auf sie wirft, wird er bald sterben.

Eine andere Art von Geistern sind die Dache, die in Bäumen leben und bei den Kindern Rachitis verursachen können. Vor einem Fest werden rituelle Opfergaben an die Wurzeln von bestimmten Bäumen mit Bittgebeten hingelegt: ›O Dache, O Kollo, nehmt alle Krankheiten und Unglück weg!‹

Orunmila (Yoruba, Nigeria). Orunmila war einer der ersten Himmelsgötter im Yoruba-Pantheon, einer der Yoruba-Olympier, der Obatala (q. v.) bei seinem ersten Abstieg zu den Sümpfen der Erde begleitete.

Er hat den Beinamen Gbaye-gborun, ›Er, der sowohl auf der Erde als auch im Himmel lebt‹, weil er als der Berater des Olodumare (q. v.) umherreist, um sich mit ihm für die Milderung menschlichen Leidens einzusetzen.

Er berät auch Menschen durch viele Orakel, in denen er die Zukunft voraussagt und so das Leben erleichtert. Das Orakel und die Methode, es zu erhalten, werden Ifa (q. v.) genannt.

Orunmila war im Himmel anwesend, als Olodumare das Schicksal eines jeden Mannes, einer jeden Frau und eines jeden Kindes auf der Erde festlegte, so daß er all unsere Geschichten kennt, bevor sie im wirklichen Leben geschehen.

Aus diesem Grund wird er ›Er, der das Schicksal bezeugt‹ genannt. Durch die Ifa-Orakel kann Orunmila zu den Menschen sprechen und sie über Gottes, d. h. Olodumares, Bestimmungen informieren.

Er entscheidet, welche Zeremonien notwendig sind und welche Tiere geopfert werden müssen. Sein Rat wird immer sorgfältig befolgt.

Orunmila wird ebenso im Namen kranker Leute befragt, weswegen er auch der Gott der Heiler ist. Als er noch auf der Erde lebte, war er von Schülern umgeben, die darauf bedacht waren, seine Kunst zu erlernen; von diesen wählte er 16, die seine Jünger wurden.

Orunmila hat seinen Schrein in fast jedem Yoruba-Haushalt, in dem er verehrt wird und in dem seine Embleme aufbewahrt werden: die 16 geweihten Palmnüsse, *ikin* genannt, Elfenbeinstücke, Kaurimuscheln, die Wahrsagetafel *opon ifa*. Diese Gegenstände werden hinter einem Schirm verborgen, der zu Beginn des Wahrsagens, manchmal täglich, zur Seite geschoben wird.

Es gibt auch heilige Haine, die Orunmila geweiht sind und *igbodu* heißen; dort wird er angebetet und es finden Initiationsriten statt.

Der Priester Orunmilas wird Babalawo, ›Vater der Mysterien‹, genannt und genießt Hochachtung.

Orunmilas Funktionen sind mit denen des Hermes vergleichbar, der ebenfalls zwischen der Welt der Menschen und der Welt der Götter umherreiste und der der Gott der Wahrsager und Heiler war.

Osun (Yoruba, Nigeria). Osun ist die Yoruba-Göttin des Flusses mit gleichem Namen.

In den Städten entlang des Osun genießt sie besondere Verehrung.

Ihr Vater war Oba Jumu, und ihre Mutter wurde Oba Do genannt.

Einmal im Jahr wird ihr zu Ehren ein Fest gefeiert, das Ibo-Osun heißt. Yamswurzeln werden in Fülle gekocht und verzehrt, woraufhin ein Tanz aufgeführt wird.

Osun-Opfergabe, Darstellung eines Reiters mit Pferd (Schalenträger); Yoruba (Nigeria).

Während des Tanzes wählt Osun eine oder mehrere Tänzerinnen aus, die ihr als Medium dienen, ›sie wird kommen und in ihnen leben‹. Diese Frauen erhalten neue Namen, beispielsweise Osun Leye, ›Osuns Geschenk‹, Osun Tola, ›Osuns Schatz‹.

Fortan werden alle Leute kommen, um eine von diesen Frauen hinsichtlich Krankheiten oder anderer Probleme in der Familie zu befragen. Die meisten dieser Anbeter, die Osun befragen, sind Frauen. Viele reisen von weit her, um Hilfe und Rat von der Göttin zu erhalten, nicht nur während ihres Festes, sondern das ganze Jahr über.

Die Aufgabe der Tola oder der obersten Priesterin besteht während des Jahres darin, die von den Anbetern mitgebrachten Tauben, Hühner und Schafe zu opfern.

Die Göttin Osun war die Gattin des Gottes Shango; man weiß jedoch nicht, wie lange. Sie hatte Menschenkinder, deren Nachfahren noch immer entlang des Flußufers und in den Städten leben. Sie haben besondere Diätvorschriften. Sie dürfen keine Schnecken und Bohnen essen und kein *otioka* (Sorghum-Bier) trinken.

Die Göttin Osun ist allgemein beliebt wegen ihrer Bereitwilligkeit, den Menschen zu helfen, indem sie die Last ihres Lebens erleichtert und ihre Krankheiten heilt. Sie gibt den Armen, was sie brauchen, wurde uns gesagt.

In Osuns Tempeln werden Waffen bewahrt: Bogen, Pfeile und Dolche, die bei Festlichkeiten in der Stadt ans Flußufer gelegt werden. Den Hauptgegenstand bildet ein Teller oder eine Schale aus Ton, worin weiße Kieselsteine aus dem Flußbett bewahrt werden.

Ihr Symbol ist der Stuhl für Frauen, und ihr Metall ist Messing. Ihre Anhänger tragen Armreifen aus Messing.

Ovambo (Angola-Namibia).

Ovambo ist die Kollektivbezeichnung für vierzehn Stämme, von denen sieben in Angola leben und sieben in den vergangenen zwei Jahrhunderten nach Namibia ausgewandert sind.

Die größte Gruppe stellen die Kwanyama dar, die hauptsächlich in Angola leben. Doch seit kurzem ›wimmelt‹ es von ihnen in Namibia, wo sie inzwischen fast eine Mehrheit bilden.

Jede dieser vierzehn Ovambo-Gruppen hat ihre eigene Sprache und ihre eigenen Mythen.

Der Mythos über den Ursprung der Ova-Ndonga in Namibia lautet wie folgt:

Gott schuf die Erde, die Planeten und die Tiere, die Bäume und die Termiten. Die Termiten waren von Beginn an fleißig und bauten einen großen Hügel. Als dieser fertiggestellt war, bohrte Gott ein Loch hinein und rief: ›Kommt heraus!‹

Der erste Mann und seine Frau kamen hervor. Sein Name war Amangundu. Sie lebten auf der Erde, bis seine Frau einen Sohn bekam, den sie Kanzi nannten. Nach einiger Zeit erhielt sie einen zweiten Sohn, dessen Name Nangombe war.

Kanzi heiratete und hatte einen Sohn namens Mshindi, der nach Norden reiste und sich in einem Land mit zahlreichen Tieren niederließ. Darum nannte er das Land Kwa-nyama, ›Tierland‹. Er wurde der Ahne der Ova-Kwanyama in Angola.

Die Nachkommen des zweiten Sohnes von Amangundu blieben in

den Ebenen, wo sie Rinder erwarben, die in vielen Bantusprachen *ngombe* genannt werden. Nangombes Nachkommen wurden als der Clan Ekwa-Nangombe bekannt; heute nennen sie sich Ovandonga, und ihre Sprache heißt Oshindonga.
Wenn in alten Zeiten die (halbnomadischen) Ovandonga in eine neue Stadt ziehen mußten, warteten sie zunächst das Erntefest ab. Dann zeichnete das älteste Stammesmitglied einen Umriß des neuen Dorfes auf den Erdboden, worauf die *ofindilo*, die heiligen Türpfosten, in den Boden gehämmert wurden.

Pfeife in Gestalt einer Figur; Ovimbundu (Angola).

Während dieser Arbeit sprach der Häuptling des Clans ein Gebet: ›Unser Gott unseres Ahnen Nangombe! Komm mit uns, komm und vertreibe alles Böse! Komm, laß uns unser Dorf durch dieses Tor in Sicherheit betreten! Hilf uns, durch dieses Tor in Frieden gute Ernten zu bringen! Bring Nahrung herein, und halte den Hunger fern, wir flehen dich inständig an!‹

Ovimbundu (Geister, mittleres Angola). Die Ovimbundu glauben an ein höchstes Wesen, Suku, der die Berge, die Flüsse, den Himmel und die Menschen auf der Erde schuf.
Jede Person hat einen *ocililemba* (Geist oder Seele), der tagsüber als ihr Schatten sichtbar wird, aber der während des Schlafes seinen eigenen Abenteuern nachgeht, die der Schläfer als Traum erlebt.
Er verläßt einen sterbenden Körper und wird ein Geist, *ocilulu*, der frei umherwandert. Manchmal fegt er durch das Dorf wie ein Wirbelwind und schreit dabei.
Schließlich wird er ein Zuhause auswählen, gewöhnlich das Haus seiner Nachfahren; dort weisen Krankheiten auf seine Gegenwart hin.
Die Bewohner werden dann einen Wahrsager, *ocimbanda*, aufsuchen. Dieser erkennt natürlich den Geist, der den Patienten dazu bringen wird, in Trance zu fallen, um den Geist zu ›empfangen‹, der jetzt ein *ondele*, ein Ahnengeist, geworden ist. Er wird in dem Haus bleiben.

Die Ahnen väterlicherseits werden mit einem Bierfest und einer Jagd zufriedengestellt. Die Ahnen mütterlicherseits sind jedoch böse und können Kinder ›essen‹.
Ein Geist, der sich vor langer Zeit niedergelassen hat, kann friedlich werden und wird *ehamba* genannt. Der älteste Geist ist Osande, der Gründer der Familie, der immer freundlich und großzügig ist und seine oder ihre Nachfahren vor Gefahren warnt.
Kandundu ist der rangälteste der Ahnengeister und wird an einem Schrein in Bailundu angebetet. Aus Angst, dabei zu erblinden, darf niemand den Inhalt dieses Schreins sehen.
Kandundu gibt Träume, die große Bedeutung haben.
Ein anderer Schrein ist Huvi, dem Gott der Jäger, geweiht. In ihm wird das ganze Fleisch der Jäger bewahrt. Vor dem Schrein werden zwischen Pfählen, die von Schädeln gekrönt sind, Tänze aufgeführt.
Ein Priester und eine Priesterin sind für die Gebete um eine erfolgreiche Jagd und für das Annehmen der Opfergaben verantwortlich.

Pferde Pferde kommen nur in Nord-, Süd und Teilen Westafrikas vor, aber nicht in den Tropen.
Das Pferd wurde ca. 1600 v. Chr. von den alten Ägyptern aus Palästina eingeführt. Seine ursprüngliche Heimat sind die asiatischen Steppen. Von Ägypten aus verbreitete es sich als Haustier nach Nordwesten und Westafrika. Es wurde nicht ›wild‹, wie dies in Nordamerika der Fall war. Berühmte Pferderennen werden von den More (Mossi) in Obervolta (Burkina Faso) und im nördlichen Nigeria ausgetragen.

Reiterfigur; Basa Nge (Nigeria).

Die große Zeit der Pferdemythologie begann mit den islamischen Invasionen im siebten Jahrhundert und in den Jahrhunderten danach. Der große Krieger und Dichter Antar hatte ein Wunderpferd namens Abjar, ›Der mit dem großen Nabel‹.
Die ägyptischen Geschichtenerzähler wissen von einem märchenhaften Pferd aus Elfenbein, das fliegen kann. Einige sagen, es sei ein Dschinn in der Gestalt eines Pferdes, während andere meinen, es handele sich um eine fliegende Maschine, die ihre Flügel mit magischer Kraft mechanisch bewegt.
Als Alexander der Große auf der Suche nach dem Quell des Lebens durch die Sahara reisen mußte, rieten ihm seine Weisen, auf einer Stute zu reiten, denn nur diese können in völliger Dunkelheit den Weg zum Wasser finden.
Im Indischen Ozean gibt es eine Art von grünen Pferden, Farasi Bahari auf Swahili (aus dem Arabischen), die sich von den winzigen Seepferdchen des tropischen Gewässers völlig unterscheidet.
Die grünen Pferde sind wegen ihrer Schönheit und Ausdauer hochgeschätzt. Vor der Ostküste Afrikas liegt eine Insel, welche die See-Hengste nur in bestimmten Nächten während des Jahres zum Grasen besuchen. Pferdezüchter bringen ihre brünstigen Stuten mit dem Boot zu dieser Insel und lassen sie dort für die Nacht – in der Hoffnung, daß sie von den See-Hengsten gedeckt werden, die jedoch nicht aus dem Meer herauskommen, wenn sie Menschen riechen.
Die jungen Pferde, die aus diesen Vereinigungen hervorgehen, sind

der Traum eines jeden Reiters. Sie haben die Fähigkeit, immer weiter zu laufen, ohne jemals zu ermüden, weil sie keine Lungen haben und folglich niemals außer Atem geraten.

Aus der Geschichte geht nicht hervor, wie sie Sauerstoff bekommen, da den Mythenerzählern diese Frage niemals gestellt wurde. Diese Pferde waren den Griechen als Hippocampi und den Ägyptern als Sabgarifiya bekannt.

Pokot (Religion, Uganda). Die Pokot glauben an einen höchsten Gott im Himmel, den sie Tororut nennen und dem sie Tiere opfern.

Der Sohn Gottes, Ilat, muß für seinen Vater im Himmel Wasser holen. Was immer er davon verschüttet, bezeichnen wir Erdenbürger als Regen.

Tororuts Segen für die Ernte und die Rinder muß wenigstens einmal im Jahr erfleht werden. Während dieser Zeremonie vollzieht der Priester die Opferung, *amoros*, eines eigens ausgewählten Ochsen, woraufhin die Teilnehmer – allerdings nur die Männer – die Mahlzeit in einer Zeremonie einnehmen.

Wenn Dürre oder Epidemien herrschen, wird ein ähnliches Ritual vollzogen in der Hoffnung, Gott günstig zu stimmen und die guten Beziehungen wiederherzustellen.

Tororut hat einen jüngeren Bruder, Asis, den Sonnengott, und eine Frau, Seta, das Siebengestirn. Außer Ilat haben sie noch zwei Kinder: Arawa, der Mond, und Topoh, der Abendstern. Das Erscheinen des Siebengestirns am Himmel kennzeichnet den Beginn der Pflanzzeit.

Nach der Geburt eines Kindes werden Mutter und Kind zeremoniell gewaschen. Das Ritual wird fünf Tage später wiederholt, wenn die Geister, welche die Mutter und ihr Baby bedroht haben, verschwunden sind.

Die Krankheit eines Einzelnen wird den *oi*, den Krankheitsgeistern, zugeschrieben, die ausgetrieben werden können, indem das Haus des Kranken geräumt wird. All seine Krüge, Kisten und Körbe müssen hinausgebracht werden, damit sich die bösen Geister nirgendwo verstecken können. Danach geht der Priester oder das Clanoberhaupt um das Haus herum und veranstaltet dabei soviel Lärm, daß die Geister verscheucht werden.

Nach dem Tode eines Mannes kann sein Geist in der Gestalt einer Schlange gesehen werden. Im Busch dürfen Schlangen getötet werden, aber wenn eine Schlange ein Haus betritt, muß man ihr Milch und Fleisch anbieten, da sie der Geist eines Ahnen ist, der für die Lebenden bei Gott Fürbitte einlegen kann, um Krankheit und Hungersnot abzuwenden.

Vom Tod glaubt man, daß er einen Ort ›infiziert‹. Folglich muß nach dem Tod eines alten Menschen der Leichnam unter einem Steinhaufen im Haus oder im Hof begraben

werden, und der Ort wird daraufhin aufgegeben.
Vor der Kolonialzeit errichteten die Pokot nur vorübergehende Siedlungen.

Maske; Kru (Liberia).

Poro (Kpele, Liberia). Poro ist ein Oberbegriff für die Geheimgesellschaften, die in einigen westafrikanischen Ländern große Macht gewonnen haben.
Poro bezeichnet insbesondere die Geheimgesellschaft der Männer. Die Geheimgesellschaft der Frauen wird Sane oder Sande genannt.
Natürlich hat jede einzelne autonome Gesellschaft ihre besonderen Parolen und Namen.
Diese Gesellschaften halten regelmäßig Zusammenkünfte im Wald ab, bei denen sie nicht gestört werden dürfen.
Ein besonderer Trommelrhythmus weist auf den Ort und die Zeit des Treffens hin, und alle Nichteingeladenen halten sich fern – aus Angst, durch die starke Magie Schaden davonzutragen, für die die Poro-Gesellschaften wohlbekannt sind.
Der Großmeister der örtlichen Poro-Gesellschaft ist im Alltagsleben ausnahmslos ein mächtiger Würdenträger in seinem Distrikt.
Seine Funktion während der offiziellen Prozession besteht darin, die Große Maske, Ngamu, zu tragen, die die Gottheit personifiziert, welche die Poro-Mitglieder verehren und der sie dienen.
Diese Gottheit darf öffentlich nicht erwähnt werden, sondern wird flüsternd als Loo Seng, ›Waldding‹ bezeichnet, da ihr Träger in Schilf, Blätter und Zweige gehüllt ist, mit denen seine wahre Identität verborgen wird.
Viele Poro-Gesellschaften zeigen die Große Maske niemals gewöhnlichen Bürgern, sondern nur Mitgliedern. Nur ein kleiner, enger Kreis Gleichgesinnter kennt die Identität der einzelnen Mitglieder und des Großmeisters.
Einige Poro-Gesellschaften besitzen magische Insignien einschließlich der Schädel, die Macht gewährleisten und Menschen einschüchtern.
Tänzer und Stelzenläufer können die Prozession begleiten. Die Maske selbst wird *sale* genannt, was

mit ›Medizin‹ übersetzt wird, aber ursprünglich ›Geist‹ bedeutet haben muß.

Ein angehendes Mitglied muß zuerst initiiert werden, woraufhin es die vielen Ränge und Grade in der Poro-Hierarchie erklimmen kann. Einige hohe Ämter können vererbt werden. Das höchste Gremium der Poro kann über bestimmte Vergehen gegen die Sittlichkeit zu Gericht sitzen und den Missetäter bestrafen, nachdem die Große Maske gehört wurde, die mit einer hohen Fistelstimme spricht, so daß niemand den Sprecher wiedererkennen kann.

Präexistenz (Yoruba, Nigeria) Sanku, Temere und Afuwape waren drei ungeborene Kinder.

Bevor Afuwape geboren wurde, befragte sein Vater das Orakel und bezahlte den Priester mit einer Ziege, um zu erfahren, was sein künftiges Kind tun müsse.

Der Priester sagte: ›Es ist gut. Dein Kind wird ein Sohn sein, und wenn er erwachsen ist, wird er reich sein. Aber du mußt für ihn ein Opfer von tausend Kaurimuscheln darbringen.‹

Der Vater befolgte den Rat des Priesters und ging nach Hause zu seiner Frau, die jeden Augenblick gebären konnte.

In der Zwischenzeit hatten Sanku und Temere, die sich weit entfernt im Land der Ungeborenen aufhielten, ihr Warten auf Afuwape aufgegeben und sich nach dem Haus des Ajalamo, ›des Gottes, der neue Kinder formt‹, begeben.

In diesem Haus sahen sie reihenweise Regale mit unzähligen *oris.*

Ein *ori* ist der Lebensgeist einer Person, sein Charakter, so wie er sich in seinem Gesicht ausdrückt, seine Persönlichkeit, die sein Leben und seine Taten formt. Wörtlich bedeutet *ori* ›Kopf‹, also *sehen* die ungeborenen Kinder die Gesichter, von denen sie sich eines aussuchen können, welches sie ihr ganzes Leben lang tragen wollen.

Die zwei Kinder entschieden sich für zwei hübsche Gesichter und verließen den Himmel und kamen auf die Erde. Sie wurden pünktlich geboren, wuchsen heran und lebten für immer in Armut.

Afuwape erschien später im Haus der Gesichter. Er sah eine alte Frau auf dem Boden sitzen und fragte sie, ob er ihr helfen könne. Sie antwortete, daß sie hart gearbeitet und für den Landbesitzer die Erde gehackt habe, der ihr tausend Kaurimuscheln schulde, aber nicht bezahlen wolle.

Afuwape fand plötzlich tausend Kaurimuscheln bei sich. Es waren natürlich die Kaurimuscheln, die sein Vater dem Priester gespendet hatte.

Afuwape gab sie alle der Frau. Sie dankte ihm und schlurfte davon.

Plötzlich erschien der Gott Ajalamo vom Himmel und sprach: ›Afuwape, ich danke dir dafür, was du getan hast. Jetzt entscheide dich für diesen Kopf hier. Es ist der, der dich glücklich und reich machen wird.‹

Afuwape dankte dem Gott, nahm

das Gesicht, auf das der Gott gedeutet hatte, und plötzlich wurde er geboren. Er wuchs in einer guten Familie auf, lernte viele Dinge und wurde ein sehr reicher Häuptling.

Priester In vielen afrikanischen Gesellschaften ist die Priesterschaft hochentwickelt und wird in vielen Fällen weitervererbt.

Es ist die Pflicht des Priesters, als Mittler zwischen der Gottheit und den Anhängern zu dienen, und zu diesem Zweck muß er regelmäßig die Rituale, Zeremonien und Opferungen vollziehen.

Tänzer/Priester, vermutlich ostafrikanisches Küstengebiet.

Während der Wahrsager, der Schamane und der Prophet auf ihre eigene Weise ebenfalls Mittler zwischen der göttlichen Welt und den Menschen ihres Glaubens sind, ist es der Priester, der für das Ausführen der Rituale verantwortlich ist, die erforderlich sind, um das weitere Wohlwollen Gottes oder der Götter den Anbetern gegenüber sicherzustellen.

In den kleineren ethnischen Gruppen kann der Priester seine Aufgaben mit denen des Wahrsagers, des Schamanen und sogar des Heilers-Kräuterheilkundigen verbinden, und in vielen Gegenden wird der Priester wie im mittelalterlichen Europa oft als Gelehrter und medizinischer Fachmann um Rat aufgesucht. Das ist jedoch nicht seine Hauptaufgabe.

In anderen kleinen Gemeinschaften, wie beispielsweise bei den Ngbandi in Zaïre, ist der Priester stets der älteste Sohn aus dem ältesten Zweig der Häuptlingsdynastie und ranghöher als der König und folglich für die Ahnengeister, denen er dient, annehmbarer.

Wie in den meisten Religionen muß sich der Priester einer langen Ausbildungszeit unterziehen, um mit allen Einzelheiten der Zeremonien, ihrer zeitlichen Abstimmung, ihrer Abfolge, ihrem Zweck und ihrer Länge vertraut zu werden.

Während der Wahrsager, der Schamane, der Heiler und der Magier zurückgezogen, sogar allein arbeiten können, besteht die Funktion

des Priesters ausnahmslos darin, in der Öffentlichkeit zu wirken.
Aus diesem Grund befaßt er sich auch mit moralischen Grundsätzen und tadellosem Benehmen.
Gewöhnlich empfängt der junge Mann oder die junge Frau in einem Traum oder von einer Stimme in der Wildnis den Ruf, zur Priesterschaft berufen zu sein. Diesem muß gehorcht werden, damit unheilbringende Folgen für den Einzelnen und die Gemeinschaft vermieden werden.
Ein Priester genießt bei den Gläubigen stets Hochachtung und Anerkennung, weil seine Hauptaufgabe die Durchführung heiliger Handlungen für die Gemeinde, ihre Versöhnung mit der Gottheit ist.

Propheten In Schriften über afrikanische Mythen und Religionen herrscht eine gewisse Verwirrung über das Wesen der Prophezeiung.
Einige Leute werden als Propheten bezeichnet, die beispielsweise lediglich Wahrsager (q. v.) oder erleuchtete Prediger sind.
Propheten können wie Wahrsager die Zukunft vorhersagen. Wie diese wissen sie Dinge, die normalen Menschen verborgen sind. Wie Schamanen (q. v.) erhalten sie Botschaften aus der anderen Welt. Wie Gesundbeter können sie Patienten sogar mit Handauflegen heilen.
Dennoch gehört viel mehr dazu, als diese Fähigkeiten zu beherrschen. Propheten bringen eine neue Religion hervor und manchmal sogar eine ganze Nation.
Es besteht immer eine ganz besondere Beziehung zwischen der Gottheit und dem Propheten, der seinem Volk die göttliche Botschaft in deren Namen übermittelt. Demgemäß ist diese Gottheit kein unpersönlicher Geist, sondern ein persönlicher Gott, Schöpfer, Gesetzesgeber und guter Vater für sein Volk.
Die islamische Überlieferung erkennt vor Mohammed nur 24 Propheten an, von denen der erste Adam ist. Jeder Prophet ist von Gott erleuchtet, um dem Volk Gottes Willen zu predigen, sie Gottes Gesetz zu lehren, sie vor den schrecklichen Folgen zu warnen, wenn Gott nicht gehorcht wird, und um die moralischen Prinzipien aufrechtzuerhalten, wenn die Menschen der Sünde und der Gleichgültigkeit verfallen sind.
Propheten haben eine besondere Beziehung zu ihrer Nation als Ganzes und nicht nur zu einem Clan.
Manchmal üben Könige die Tätigkeit eines Propheten aus – wie Salomon (q. v.), und manchmal wird ein Prophet ein Herrscher – wie Mohammed.
Mohammed erhielt Gottes Offenbarung durch einen Engel, aber die meisten Propheten erlangen sie unmittelbar von Gott, dessen Stimme sie hören, während sie bewußt und in vollem Besitz ihrer geistigen Kräfte sind – im Gegensatz zu einem Medium (q. v.), das Stimmen aus der Geisterwelt hört und sie wiederholt, ohne davon zu wissen.
Der Schamane (q. v.) reist in die

andere Welt, um Gottes Wort zu vernehmen.
Ein Prophet hat eine Vision, in der Gott ihm Himmel und Hölle zeigt, während er sich auf der Erde aufhält.
Im Gegegensatz zum Schamanen braucht der Prophet nicht in Trance zu fallen, um seinen göttlichen Herren zu sehen und zu hören.
Schließlich setzt sich der Prophet oft über landläufige Ansichten seines Volkes hinweg, so daß er sein Leben aufs Spiel setzen kann, wenn er kein Blatt vor dem Mund nimmt.
Die anderen, der Schamane oder Wahrsager, wirken innerhalb des sozialen Systems, das sie unterstützt. (Siehe auch *Mahdi*.)

Pygmäen Die Pygmäen sind eine uralte Menschenrasse, die früher viel weitverbreiteter war als heute.
Einige alte Leute in Kenia konnten sich erinnern, eine Generation zuvor Pygmäen (in Swahili *mbilikimo* ›halber Mensch‹) gesehen zu haben, was uns ins vergangene Jahrhundert zurückführt, als Kenia weniger als 4 Prozent seiner jetzigen Bevölkerung aufwies und noch überwiegend mit Wald bedeckt war.
Die Pygmäen leben in den Wäldern; heute hauptsächlich im Ituri-Wald in Zaïre und auch in Kongo.
Die Pygmäen sind in mehrere Stämme unterteilt, die unterschiedliche Sprachen sprechen. Sie sind im allgemeinen schüchtern und friedlich, aber Menschen, die in ihr Siedlungsgebiet im Wald eindringen, schätzen sie nicht.
Vor der Kolonialzeit wurden angeblich ahnungslose Reisende von Pygmäen überfallen und gegessen oder mit Giftpfeilen getötet, die aus unbekannten Richtungen abgeschossen wurden.
Aber diese Information stammt von den benachbarten Bantu-Völkern, die einen Großteil des Waldes zerstörten. Sie brachten die Pygmäen in den Ruf, Zauberkundige zu sein, deren Medizin sehr begehrt war, insbesondere jene, mit der man einen Zauber auf das Wild werfen konnte – denn die Pygmäen genießen ein hohes Ansehen als Jäger. Selbst Elefanten waren nicht in der Lage, sich ihrer Magie zu entziehen, sondern wurden von ihr buchstäblich gebannt. Die Einzelheiten einer solchen Jagd sind ziemlich grausam.
Die Pygmäen glauben an ein Höchstes Wesen, das als Kalisia bekannt ist, und an einen Ahnenheld namens Tore, was die Spinne bedeuten kann.
Kalisia ist der Herr des Waldes, er beschützt die Jäger, wenn sie die richtigen Rituale vollziehen, und führt das Wild in ihre Fallen.
Er erscheint auch in Träumen und sagt den Jagenden, wo sich das Wild versteckt. Demgemäß wählt Kalisia den Jagdführer aus, den Wegbereiter, den Pionier, der Vorahnungen von künftigen Dingen hat.
Die Pygmäen sind mit den Tieren des Waldes eng vertraut, die, wie

sie sagen, intelligente, mächtige Wesen seien mit der Fähigkeit, magisch auf den Jäger einzuwirken, ihn z. B. vorübergehend blind zu machen.
Die Bantu-Häuptlinge beschäftigen oft Pygmäen, die der Rituale kundig sind und die richtigen Zeremonien vollziehen, ohne die eine Jagd nicht erfolgreich sein kann.

Pyramiden (Ägypten). Viele Geschichten werden über die alten Pyramiden erzählt, die angeblich unermeßliche Schätze beherbergen sollen und folglich ein unwiderstehliches Ziel für Diebe und Einbrecher darstellen.
Jedoch wußten die alten Könige und Königinnen von diesem Tatbestand und schützten ihre Gräber so wirkungsvoll, daß es nur wenigen furchtlosen Abenteurern gelang, in die Pyramiden einzudringen und wieder zum Vorschein zu kommen, um ihre Geschichte erzählen zu können.
Ein solcher junger Mann, der wußte, daß die Pharaonen eine Art Rutschbahn hinter dem Haupteingang gebaut hatten, wies seinen Komplizen an, das Seil festzuhalten, dessen anderes Ende er sich um den Körper geschnürt hatte.
Er betrat einen Korridor, und der Boden krümmte sich bald tatsächlich abwärts, und er rutschte ungefähr hundert Meter nach unten. Er hätte sich in den Tod gestürzt, wenn sein Komplize ihn nicht am Seil festgehalten hätte. Aber so landete er sicher auf einem Boden tief im Erdinneren.
Er bog in einen anderen Korridor ein, und plötzlich schloß sich die Tür hinter ihm. Er mußte sich losbinden und setzte seinen Weg fort. Nach langer Zeit sah er ein Licht und fand sich in einem grünen Garten voll exotischer Bäume und Blumen vor.
Da bemerkte er eine wunderschöne Prinzessin, die auf ihn zukam. Sie begrüßte ihn mit einem Lächeln und lud ihn ein, ein Mahl mit ihr zu teilen. Sie führte ihn in ihren Palast, in dem eine Fülle von Speisen aufgetischt war.
Als er sich müde fühlte, zeigte sie ihm ein Schlafzimmer; dort schlief er bald darauf ein. Als er aufwachte, war die Prinzessin bei ihm und bot ihm zu trinken an. Er blieb bei ihr, und sie bekamen Kinder.
Eines Tages äußerte er den Wunsch, seine Stadt wiedersehen zu wollen, aber sie warnte ihn, daß er nicht mehr zurückkehren könne, wenn er einmal fortgegangen wäre. So blieb er bei ihr und erwähnte diesen Wunsch lange Zeit nicht mehr.
Ihre Kinder waren bereits erwachsen, als er schließlich entschied, nach Hause zurückzukehren, aber keines von ihnen wollte ihn begleiten. Seine Frau zeigte ihm eine Tür, die er zuvor nie gesehen hatte. Durch diese Tür gelangte er zwar in die Außenwelt, aber er fand die Türe nie wieder.
Als er aus einem Teich trank, sah er, daß er weißes Haar bekommen hatte, und in seiner Heimatstadt war niemand, den er einst gekannt

Ägyptischer Sarkophag.

hatte, noch am Leben. Alle waren seit langer Zeit tot.

Python In Afrika sind drei Arten der Gattung *Python* (Familie der Boidae) bekannt: die Ball-Python, die sich zu einem Ball zusammenrollt, wenn sie gestört wird; die Angolische Python, *Python anchietae*, und die Afrikanische Python, *Python sebae*.

Die Python kann eine Länge von über 7 Meter erreichen und bei einer Mahlzeit über 50 kg Nahrung verschlingen. Von einer Python weiß man, daß sie einen Leoparden vollständig verschlungen hat, aber das ist wohl eine Ausnahme.
In Zaïre glaubt man, daß das Öl der Python (*mafuta ya nguma*) seinen Besitzer reich macht, und daß durch die Samenflüssigkeit der männlichen Pythonschlange (*mani ya nguma*) ein Mann für Frauen unwiderstehlich und sehr fruchtbar wird.
Vor vielen Generationen hatte der König des Zululandes eine Königin, die nicht gebar, obwohl ihr Körper anschwoll, bis sie ungeheuer dick war.
Als sie schließlich gebar, kam der Kopf einer Python zum Vorschein, so daß alle anwesenden Frauen aus dem Zimmer flohen. Es dauerte Stunden, bis die Python aus der Frau herausgekrochen war. Und schließlich fragten die Frauen, die vor dem Zimmer warteten: ›Hast du gebärt?
Sie antwortete: ›Ich bin fertig.‹
Der König entschied, mit seinem gesamten Haushalt zu emigrieren und die Königin mit ihrem Nachwuchs allein zu lassen.
Sie mußte ihr eigenes Getreide anbauen, um sich und die Python zu ernähren, die im Fluß lebte.
Nach vielen Monaten begann die Python sich zu häuten, und der Kopf eines männlichen Babys erschien. Als die Haut weiter abblätterte, erschien ein weibliches Baby, dann wieder ein Junge und so weiter, und schließlich waren es fünf Jungen und fünf Mädchen.
Die Königin nannte den ersten Jungen Uhlathu Yesiziba, ›Python des Teiches‹.
Als sie erwachsen waren, wurde er der Häuptling des Dorfes. Gemeinsam setzten sie alle Häuser instand. Viele Leute kamen und lebten bei ihnen als Gefolgsleute.
Schließlich erfuhr der König davon. Er besuchte seine alte Hauptstadt und fand keine Python, sondern 10 schöne Kinder. Er war glücklich und bestimmte Uhlathu Yesiziba zu seinem Nachfolger. Sein Clan lebt noch immer dort.
Wenn die Nyamwezi in Tanzania früher auf eine Python auf den Feldern oder im Busch stießen, sprachen sie sie mit Ehrfurcht an und huldigten ihr, indem sie in die Hände klatschten, als würden sie einen König grüßen.
Wasser und Öl als Trankopfer werden dargebracht, wenn die Python ein Haus betritt, und in diesem Fall wird der lokale Häuptling informiert, der anordnet, dem Reptil eine Ziege zu opfern.
Wenn jemand eine tote Schlange sieht, muß er sie wie einen Menschen begraben. Die Ringe ihrer Haut können behalten und als Talismane (q. v.) getragen werden.
Wenn eine Python in die Richtung eines Mannes zischt, kann dieser erwarten, großen Reichtum und andere Segnungen zu erhalten.
Wenn jemand eine Python tötet,

kann deren Geist Rache nehmen, indem er die ganze Familie des Schlangentöters vernichtet. Um ein solches Unglück zu verhindern, verhängt der Häuptling gegen dem Missetäter eine hohe Geldstrafe. Die Python wurde als ›unser König‹ angesprochen und man fiel vor ihr auf die Knie. Der König wurde über solche Begegnungen mit den Worten informiert: ›Herr, dein Bruder ist gekommen.‹

R

Regenbogen (Kongo, Zaïre). Für die Bakongo ist der Regenbogen eine Schutzgottheit, die sie in einer schönen Hymne anreden, wenn sie am Himmel erscheint: ›Ich bin Lubangala der Beschützer/Ich bewache die Erde, ich bewache das Meer/Ich bewache das Dorf bei Tage/Ich bewache die Gräber der Ahnen.‹

Der Regenbogen hat mehr Macht gegen die Macht des Donnergottes als die Schutzgottheit des Clans selbst. Gewitter, die vom Atlantik hereinbrachen, waren in alten Zeiten bei den Bakongo gefürchtet.

Wenn sie den Regenbogen sahen, nahmen sie in ihm einen starken Riesen wahr, der seinen Körper schützend über ihr Dorf krümmte – so wie eine Mutter ihr Kind vor den Hyänen schützt.

Daraus folgte die Hymne, in der der Regenbogen vorgestellt wird und wie ein Held in der Schlacht sein eigenes Lob singt.

Regengeist Siehe *Alur; Chiga; Regenmachen.*

Regenkönigin (Südafrika). Es muß unterschieden werden zwischen den Königinnen des Volkes Lovedu im heutigen östlichen Transvaal, einer Folge von Herrscherinnen namens Modjadji oder Mujaji, und der großen Göttin, deren Inkarnationen auf Erden diese Königinnen waren.

Nur dann ergibt die unglaubliche Berühmtheit *der* Regenkönigin als religiöses Phänomen einen Sinn.

Das Lovedu-Volk wurde von ihrer Regengöttin vor dem Eindringen der Zulu-Horden im frühen neunzehnten Jahrhundert beschützt.

Schon die bloße Erwähnung ihres Namens rief in den Herzen der Feinde ihres Volkes Entsetzen hervor, die, wenn sie sich ihrem Königreich näherten, von Magie heimgesucht wurden und an unergründlichen Ursachen starben. Sie konnte ihren Feinden Dürre und sogar Heuschreckenschwärme schicken.

Die nebelumhangenen Hänge des nördlich gelegenen Drakensberg (›Drachen‹)-Gebirge waren die Heimat der Mujaji, der Regenkönigin, die den Menschen nur sehr selten erschien, aber Rinder und sogar Menschentöchter als Opfergaben von denen verlangte, die kamen und um Regen baten.

Sie war die Umwandlerin der Wolken und konnte sintflutartige Regenfälle schicken, um die Gehöfte ihrer Feinde zu vernichten, während sie einen feinen Regen auf das Getreide zum Wohle ihrer Anhänger niederfallen ließ.

Ihr Ruhm als unsterbliche Göttin im Körper einer schönen Königin wurde von Rider Haggard in seinem Roman *She* (1886) verwandt, mit dem er berühmt wurde.

Die Lovedu rühmen sich ihrer weiblichen Abstammung und verleihen den Frauen einen hohen Status, was in Afrika recht außergewöhnlich ist.

Zahlreiche Legenden handeln von der Weisheit und Klugheit der Regenköniginnen, die im späten neunzehnten Jahrhundert die Buren und Briten gegenseitig ausspielten, so daß die Lovedu nicht wie ihre Nachbarn deportiert wurden, nachdem sie rebelliert hatten. Eine Regenkönigin zeigte sich niemals selbst den weißen Männern, sondern hatte dafür eine Frau, welche sich für sie ausgab.

Die erste Königin war Dzugudini, die mit ihrem Sohn Makaphimo, Enkel des Monomotapa, ca. 1600 aus dem Norden aus Simbabwe kam. Sie lehrten das lokale Volk die Nutzung des Feuers und wurden ihre Herrscher.

Regenmachen Der Regen gilt bei vielen afrikanischen Völkern als das wertvollste Geschenk des Himmels.

Die Anbeter des Einen Gottes beten um Regen, wann immer Er ihn zurückhält. Es gibt in Swahili einige sehr schöne islamische Bitthymnen um Regen.

Viele andere afrikanische Völker glauben, daß der Regen gemacht werden kann. Wenn also die richtigen Riten vollzogen werden, wird der Himmel durch die bloße magische Kraft des Regenmachers gezwungen, Regen fallen zu lassen.

Die Alur (q. v.) im nordwestlichen Uganda erkennen den König von Ukuru als ihren obersten Regenmacher an, weil er im Besitz der Regensteine und der Regenspeere ist.

Diese Speere bestehen aus Metall und nicht aus Holz, und können Regen hervorbringen, wenn sie in einem Fluß aufgestellt sind. Wenn sie zum Himmel gerichtet und hin- und herbewegt werden, verhindern sie den Regen.

Der Abira-Clan verfügt über einen Regentanz, der nach der Opferung einer Ziege nackt aufgeführt wird. Sie singen die Lieder des Jokrut, des Gottes der Zwillinge, und wenn das Blut und der Mageninhalt der Ziege in das Boot dieses Gottes geschüttet werden, wird Regen fallen.

Die Regensteine, die vor langer Zeit im Herzen eines verstorbenen Königs, Uchak, gefunden wurden, müssen in Öl gekocht werden, während man bestimmte Gebete aufsagt, damit der Regen in Strömen fällt.

Wasserbehälter aus gebranntem Ton (Nigeria).

Im südlichen Mozambique gruben die Magier vor hundert Jahren die Leichen mißgebildeter Babys aus, mit denen sie Regenmedizin herstellten.
Im Transvaal und in Uganda verwendet der Regenmacher ein Antilopenhorn, das mit ›Medizin‹ einschließlich Seemuscheln und Seetang gefüllt ist.
Die Nandi in Kenia rufen in Zeiten schwerer Dürre den Gott Asis an, während ein weißes Schaf in den Fluß gestoßen wird. Das Schaf muß dann ans Ufer zurückkriechen, wo es sich heftig schüttelt, so daß die Tropfen in alle Richtungen fliegen und Regen hervorrufen.
Hinsichtlich des Regenmachens in Barotseland, Sambia, siehe unter *Sitondo*.
In Burundi sind die Bavurati ›Regenverursacher‹ ein Clan von Regenmagiern, die eine lange, harte Lehrzeit durchmachen müssen. Zum Regenmachen verwenden sie eine Mischung aus ›lightningflesh‹, Teer, der auf dem Tanganjikasee treibt, und Honig. (Siehe auch *Häuptlinge; Gishu*.)

Regensteine Siehe *Alur; Regenmachen*.

Regenwolke Regenwolken werden überall in Afrika außer in der Regenwaldzone mit großer Freude betrachtet. Am Ende einer jeden Trockenzeit werden sie ungeduldig erwartet und mit Jubel begrüßt, wenn sie am Himmel zu sehen sind.
Gebete werden nicht nur von den Traditionalisten, sondern auch von Christen und Moslems zum Himmel emporgeschickt, wenn Regenwolken unsichtbar bleiben oder am Horizont verweilen.
Schwarz und Tiefdunkelblau sind bei vielen Völkern Lieblingsfarben, einfach weil es die Farben der Regenwolken sind: je dunkler, desto besser.
Es gibt Sprichwörter wie: ›Wolken sind besser als Blitze.‹ (Blitze werden oft lange vor dem Einsetzen der Regenfälle beobachtet).
Regenwolken werden oft als Götter oder als der Ausdruck göttlicher Macht und Belohnung angesehen.
Es gibt Spuren einer alten Regengöttin bei den Bantu, die mit der altägyptischen Nut vergleichbar ist.

Reinigung Rituelle Reinheit ist für alle afrikanischen Völker von allergrößter Bedeutung, und bei vielen werden komplizierte Zeremonien vollzogen, um diese zu erhalten oder wiederherzustellen.
Die Moslems müssen sich mit Wasser waschen, wenn es zur Verfügung steht, bevor sie anfangen zu beten. Ohne diese Waschungen, *tawadhu*, sind die Gebete unwirksam. Darüber hinaus ist Reue, *tauba*, notwendig, denn Gott akzeptiert nicht das Gebet eines Mannes, der seine Sünden vor ihm verbirgt.
Bei den östlichen Bantu folgen dem Tod eines Mannes, besonders wenn es sich um einen Häuptling handelt, sorgfältig ausgeführte Zeremonien. Seine Frauen, seine Brüder, seine Kinder und andere Verwandten müssen von der

›Ansteckung‹ des Todes gereinigt werden.
Die Tsonga im südlichen Mozambique forderten früher einen Fremden auf, mit der Witwe zu schlafen, damit dieser das ›Unglück‹ (q. v.) mit sich nehmen würde.
Böse Geister, die oft als die Urheber von Unglück, Krankheit und Sünde angesehen werden, können auf eine Ziege oder ein Huhn ›geladen‹ und außerhalb der Siedlung auf der Kreuzung zurückgelassen werden.
Ein ahnungsloser Reisender findet dort die Ziege und nimmt sie glücklich mit nach Hause – und mit ihr den bösen Geist. So befreit er das Dorf von dem Geist, während er von ihm infiziert wird.
Das Kahlscheren des Kopfes bei Frauen und Männern wird oft praktiziert, um sie von Sünde und Unglück zu reinigen.
Das Bespritzen mit Wasser dient dem gleichen Zweck. Wasser, ohne das kein Leben möglich ist, ist eine mächtige magische Waffe.
In Westafrika werden die energiegeladenen Körper großer Jäger, Krieger und Frauen, die Zwillinge geboren haben, mit Wasser ›gekühlt‹.
Menstruierende Frauen benötigen eine rituelle ›Reinigung‹ in vielen Gemeinschaften, auch in islamischen.
Reinkarnation Der Glaube an Reinkarnation ist in Afrika weitverbreitet.
In Nordafrika wird erzählt, daß viele Heilige, einschließlich der Prophet Mohammed, Jahrhunderte nach ihrem Tode auf Erden gesehen wurden, weil nach dem Koran Gott den Körper eines Menschen wiederherstellen kann, wann immer es sein Wunsch ist.
In Südafrika und in Simbabwe erzählten mir mehrere Personen, daß Jesus gesehen wurde, und keineswegs in einem Traum. Sie sagten, daß er am Ostersonntag morgens Kirchgängern erschienen sei und zu ihnen gesprochen habe: ›*Ngipfukile* Ich bin auferstanden.‹ Dann sei er fortgegangen.
Reinkarnation bezieht sich jedoch normalerweise nicht auf das kurzfristige Erscheinen einer Person auf der Erde, sondern darauf, in Menschengestalt von einer Frau geboren zu werden. Der auf diese Weise wiedergeborene Geist kann menschlich oder göttlich sein.
Ein Gott, der auf der Erde in einem Körper gelebt hat, kann in einen anderen Körper reinkarnieren, um ein neues Leben zu beginnen, wie z. B. der Buddha.
Im Epos über Lianja (q. v.) der Nkundo im mittleren Zaïre ist Itonde (q. v.) der Todesgott und das erste sterbliche Wesen.
Sein Geist reinkarniert in dem Augenblick seines Todes in seinen Sohn Lianja, als dieser von Mbombe, der Muttergöttin, geboren wird. Der Sohn kommt mit dem Speer seines Vaters in der Hand, einem Symbol der Autorität, auf die Welt. Er wiederum wird als sein Sohn Lianja II wiedergeboren.
Somit wurde das Ideal einer Dyna-

stie von göttlichen Königen geschaffen, von denen jeder, der in dem Augenblick geboren wird, in dem sein Vater stirbt, als dessen Sohn wiedergeboren wird.
Ob der Geist des sterbenden Vaters nach Hause fliegt und in den Leib seiner Frau eintritt, um sofort geboren zu werden, oder ob sein Sperma bereits die Essenz seines Geistes enthält, ist unklar.
Der Glaube, daß ein Kind ein wiedergeborener Ahne ist, Onkel oder Tante, ist in Afrika weitverbreitet. Die Eltern suchen im Gesicht und am Körper des Kindes nach Ähnlichkeiten mit einem kürzlich verschiedenen Verwandten oder einem Verwandten, der in einem Traum erschienen war und seine Rückkehr auf die Erde in Menschengestalt angekündigt hat. Dementsprechend erhält das Kind dessen Namen.
Von einigen Ahnen und Königen glaubt man, daß sie als Tiere, hauptsächlich als Löwen, Vögel oder Schlangen, wiedergeboren sind.

Rinder Kühe, Stiere und Kälber wurden schon lange Zeit, bevor die Kinder Israels im Sinai ein Kalb anbeteten, als heilig angesehen. Für die alten Ägypter war der Nachthimmel selbst eine Kuh, die Göttin Nut, die sich schützend über Ägypten breitete. Auch Isis war eine Kuh-Göttin, und der Stier Apis war die Emanation ihres Gatten Osiris, der nach seinem Tod als Nahrung auf die Erde zurückkehrte.
Der Lebensunterhalt vieler Völker in der Sahelzone und den Savannengürteln Afrikas ist ausschließlich von Rindern abhängig, so daß die Tiere in die Kulturen miteinbezogen sind. Ein junger Mann, der seinen größten Stier oder seine beste Kuh zu seinem künftigen Schwiegervater bringen muß, um dessen Tochter heiraten zu können, singt seinem wertvollen Tier ein liebevolles Abschiedslied auf Nuer oder Dinka.

Maske; Tetela (Zaïre).

In Zaïre wird die Tochter des Häuptlings Tangalimlibo von dem Flußgott gefangengehalten, der ihr nur einmal in der Nacht erlaubt, ihren Sohn zu stillen. Sie kann nur von den Kühen gerettet werden, die ihr Vater im Austausch gegen sie erhalten hat. Wenn ihre Kuh geopfert wird, läßt der Flußgott sie zu ihrem Ehemann zurückkehren.

Die Alur (q. v.) in Uganda erzählen sich eine Geschichte von einem Mädchen, auf das der Nilgott Anspruch erhoben hatte. Seine Mutter sagte ihm, daß es sich an dem Schwanz der vorangehenden Kuh seines Vaters festhalten solle, an jene, die er im Tausch für sie bekommen hatte. Das Mädchen konnte eine Hand aus dem Wasser strecken, um sich am Schwanz der Kuh festzuhalten. So zog die Kuh, mit der die Ehe des Mädchens rechtmäßig geworden war, dieses mit einer Kraft aus dem Wasser, die von der besonderen Beziehung zwischen dem Mädchen und dieser Kuh erzählte – einer magischen Kraft, die stärker war als der Flußgott selbst.

Ein junger Prinz aus Lesotho, der die Sonne auf seiner Brust trug und damit bewies, daß Gott ihn zum König bestimmt hatte, wurde von seiner eifersüchtigen Stiefmutter zum Sterben auf dem Misthaufen gelegt. Aber er wurde von der Lieblingskuh seines Vaters gerettet, die ihn ernährte und in Sicherheit brachte.

Auch Stiere haben eine besondere Beziehung zu Jungen, wie Matong, dessen Mutter ihm nur einen Stier hinterließ. Dieser brachte Matong in Sicherheit und kämpfte für ihn mit den Löwen im Busch.

Rwanda (Die Löwengöttin). Nyavirezi war die Tochter eines Häuptlings. Sie wanderte gern in der Wildnis umher.

Eines Tages war sie durstig, aber sie fand nur eine Pfütze in einem ausgehöhlten Baum. Sie trank ein wenig davon, aber das Wasser löschte nicht ihren Durst. Es war Löwenurin.

Auf ihrem Heimweg sah sie die Rinder ihres Vaters mit einigen fetten Kälbern; da überkam sie ein merkwürdiges Gefühl.

Sie schüttelte sich, und plötzlich wuchsen ihr am ganzen Körper gelbbraune Haare und ein Schwanz mit einer Quaste und lange Eckzähne in einem kräftigen Maul. Sie war eine Löwin geworden, groß und stark.

Sie sprang auf die Kälber und verschlang sie. Nach diesem Mahl fühlte sie sich besser und nahm ihre Menschengestalt wieder an.

Das wiederholte sich: als ihr Verlangen nach Fleisch und der Jagd erneut erstarkte, stellte sie fest, daß sie sich in eine Löwin verwandeln konnte, sobald sie den Drang zu jagen verspürte.

Nachdem mehrere Kälber vermißt wurden, wurde ihr Bruder, der für die Rinder seines Vaters verantwortlich war, argwöhnisch und begann, sie zu beobachten. Er riet dem Häuptling, Nyavirezi für immer zu verbieten, spazierenzugehen.

Glücklicherweise traf kurz darauf ein junger Häuptling ein, der Nyavirezi heiraten wollte, da sie groß und stark war. Ihr Vater sagte ihr: ›Liebe deinen Ehemann, aber verrate ihm niemals dein Geheimnis!‹

Nyavirezi wurde verheiratet, und zur gegebenen Zeit gebar sie ei-

ne Tochter, die sie Nyavirungu nannte.
Vigara, ihr Ehemann, hörte die Diener flüstern: ›Zumindest ist es ein Menschenkind ohne Klauen und Zähne.‹
Vigara nahm seinen Speer, ging in das Zimmer seiner Frau und verlangte von ihr, daß sie ihm ihr Geheimnis verriet.
Sie weigerte sich, es preiszugeben, und als er in seiner Wut seinen Speer nach ihr warf, wich sie ihm mit einem geschickten Seitensprung aus.
Der Speer hatte sie an der Seite gestreift, und der Anblick ihres eigenen Blutes verwandelte sie wieder in eine Löwin.
Mit einem Schlag ihrer Vorderpfote brach sie ihrem Mann den Hals und verschlang ihn. Dann nahm sie ihre Menschengestalt wieder an, säuberte den Boden und ging nach Hause zu ihrem Vater.
Trotz der Gerüchte, die über sie umgingen, fühlten sich junge Männer wegen ihrer großen Schönheit und ihres kräftigen Aussehens zu ihr hingezogen.
Der Sieger unter ihren vielen Freiern war ein großer, gutaussehender Mann, Babinga, König über das Volk Mandwa, die, so wurde geflüstert, Geister waren oder zumindest Zauberkundige.
Nyavirezi heiratete Babinga und gebar zur gegebenen Zeit einen Sohn, Ryangombe, ›Büffelhorn‹ (q. v.), der glücklich aufwuchs.
Als er volljährig wurde, starb sein Vater. Also mußte er aufbrechen, um seinen Anspruch auf das ferne Königreich Mandwa geltend zu machen.
Auf seiner Reise wurde er von einem Leoparden angriffen, den er aber mit geschickter Hand tötete.
Ein alter Hirte erschien ihm und sagte, was er zu tun habe.
Bald darauf begegnete Ryangombe einem hübschen Mädchen und bot ihm das Leopardenfell an, wenn es einverstanden wäre, ihn zu heiraten. Das tat sie, und zur gegebenen Zeit gebar sie einen Sohn, Binego, der glücklich aufwuchs und sich eines Tages aufmachte, seinen Vater zu suchen.
Er begegnete dem gleichen alten Hirten, der ihm sagte: ›Dein Vater kämpft immer noch um sein Königreich Mandwa. Er gewinnt nicht, aber du kannst ihm helfen.
Der Schlüssel zu diesem Königreich ist ein Zauberspruch, den ich dich lehren will. Es befindet sich unter dem Berg Bihama, und wenn du es betrittst, wirst du deinen Vater in eine Partie *bao* (ostafrikanisches Backgammon) vertieft vorfinden, die er im Begriff ist zu verlieren.
Ich werde dir alle Regeln und Tricks des Spiels beibringen, so daß du ihm helfen kannst, zu gewinnen. Der unrechtmäßige Machthaber ist ein Verräter namens Mpumuti Muchuni.‹
Binego blieb bei dem alten Hirten, der ihn das Spiel *bao* lehrte, das so schwer ist, daß nur wenige Europäer es gelernt haben.
Schließlich machte sich Binego auf, den Eingang zum Berg Biha-

ma zu finden und ihn mit den richtigen Worten zu öffnen.
Er fand sich in einer großen Halle wieder, dem Palast von Mandwa, wo sein Vater gegen einen monströsen Gegner *bao* spielte.
Binego ging zu seinem Vater und sagte ihm schnell die Schritte, mit denen er das Spiel gewinnen würde. Ryangombe gewann, und als Muchuni Einspruch erhob, nahm Binego seines Vaters Speer und erstach Muchuni.
Vater und Sohn gingen nach Hause zu Nyavirezi.

Ryangombe, König von Rwanda
Ryangombe, ›Büffelhorn‹, war der Sohn des Babinga, der König von Mandwa war, dem Königreich der Geister; Nyavirezi (q. v.) war Königin und Mutter von Rwanda, jene Frau, die eine Löwin werden und auf die Jagd gehen konnte, wann immer sie wollte. Er hatte einen Sohn, Binego, der wie seine Eltern viele Abenteuer erlebte.
Eines Tages wollten Vater und Sohn auf die Jagd gehen, aber Königin Nyavirezi sagte zu ihnen: ›Geht nicht heute, mein König Ryangombe! Ich hatte einen Traum, in dem ich sah, was an diesem Tag geschehen wird. Ihr werdet einen Hasen ohne Ohren und Schwanz sehen. Dann werdet ihr auf einen Fluß ohne Wasser treffen. Bald werdet ihr ein Mädchen wahrnehmen, das am ganzen Körper mit Haaren bedeckt ist. Wenn ihr heute auf die Jagd geht, werdet ihr von dem Horn eines Büffels getötet werden.‹
Aber König Ryangombe ließ sich nicht umstimmen: ›Die Männer warten, die Hunde jaulen an der Leine. Wenn ich die Jagd abblase, weil meine Mutter einen Traum hatte, werden mich alle Leute für einen Feigling, ein Faultier halten.‹
Der König brach mit seinem Sohn und all seinen Männern auf.
Bald sahen sie einen Hasen, der weder Ohren und Schwanz hatte (einen hyrax).
Die Männer sagten: ›Laßt uns umkehren, o König, dies ist das Omen, das deine Mutter erwähnt hat.‹
Der König ging weiter. Später sahen sie einen überfließenden Fluß. Aber es war kein Wasser darin, sondern nur Blut.
Die Männer baten: ›Eure Majestät, bitte kommt mit uns nach Hause.‹
Ryangombe erwiderte: ›Soll ich mich vor meinem Schicksal fürchten?‹
Schließlich begegneten sie einem Mädchen, das am ganzen Körper mit Haaren in der Farbe des Löwen bedeckt war.
›Herr, laßt uns umkehren, heute ist ein schlechter Tag für die Jagd. Die Zeichen verkünden Unheil.‹
Ryangombe sprach: ›Dieses Mädchen wird meinen Sohn Binego heiraten. Es ist eine Löwenfrau wie meine Mutter. Schön, daß wir uns treffen, Schwiegertochter!‹
Sie begannen zu jagen. Der König durchbohrte erst einen Leopard und dann einen Löwen.
Schließlich sagten die Männer: ›Im Busch ist ein einsamer Büffel. Es handelt sich um einen wütenden

Bullen. Wenn du dich ihm näherst, wird er angreifen, o König.‹
Ryangombe sprach: ›Ich habe einen Löwen und einen Leoparden getötet. Soll ich mich vor einem Bullen fürchten?‹
Er ging voran und warf seinen Speer zwischen die Rippen des Bullen, aber dieser starb nicht, sondern griff an.
Ryangombe sprang zur Seite, doch sein Fuß verfing sich in einer Wurzel und er stolperte. Der König fiel auf die Hörner des Büffels. Ein Horn bohrte sich ihm in die Seite.
Die Jäger erlegten schnell den Büffel, aber König Ryangombe erhob sich nicht mehr.
Er sprach seine letzten Worte zu seinen treuen Anhängern: ›Wer kann gegen sein Schicksal kämpfen? Geht mit meinem Sohn und dem Löwenmädchen zu meiner Mutter. Erzählt ihr, das sich alles ereignet hat, wie sie es vorhergesehen hat. Wir werden uns auf dem Gipfel des großen Feuerbergs (der Vulkan Ruwenzori) wiedersehen. Dort werden wir über die Geister herrschen, so wie wir bis jetzt über sterbliche Menschen geherrscht haben. Das Kind, das nicht auf seine Mutter hört, wird auf die Grillen hören.‹
Nach diesen rätselhaften Worten hauchte der König sein Leben aus. Er starb als Mensch, aber er erhob sich als Geisterkönig und flog zu seines Vaters Königreich Mandwa.
Seine Mutter sah zu Hause ein Blatt, das wirbelnd von einem Baum herunterflog. Es war nicht grün, sondern rot. So erfuhr sie, daß ihr Sohn gestorben war.
Als die Jäger zurückkamen, erkannte sie das Löwenmädchen aus ihrem Traum wieder. Mit ihren Zauberkräften verlieh sie ihm eine glatte Menschenhaut. Prinz Binego heiratete es, und zur gegebenen Zeit hatten sie einen Sohn, Ruganzu, der nach dem Tod seines Vaters die Herrschaft übernahm.
Viele Heldengeschichten handeln von den Schlachten, die Ruganzu um seinen Thron gegen den König der bösen Geister, Inzira, austragen mußte. Als Ruganzu, der schließlich den Sieg davontrug, nach Hause kam, war sein Weg von einem großen Felsen versperrt.
Darauf stand ein Thron, und auf diesem saß sein Großvater Ryangombe, König von Mandwa, dem Reich der Geister.
›Was soll ich dir geben, damit du mich mit meinen müden Kriegern in Frieden nach Hause gehen läßt?‹ fragte Ruganzu seinen Großvater.
Sprach Ryangombe: ›Ich wünsche keine Brandopfer. Aber in jeder Stadt deines Königreiches soll es eine Priesterin geben, durch deren Stimme ich zum Volk sprechen werde, und ihr soll ein Priester zur Verfügung stehen, der die Orakel deutet und für das Volk zu mir betet.‹
Ruganzu versprach, dem Geheiß seines Großvaters Folge zu leisten, und die Vision verschwand.
Also spricht Ryangombe, König der Geister, noch immer zum Volk.

S

Sahara Der Name *Sahara* bedeutet ›Wüsten‹ auf arabisch, was richtigerweise impliziert, daß sich die Sahara aus mehreren Wüsten zusammensetzt.

Das englische Wort *desert* stammt vom Begriff Terra Deserta her, mit dem die Römer das Gebiet südlich von Karthago bezeichneten und der besagt, daß es sich um verlassenes Land handelte.

Allerdings wissen wir heute, daß die Sahara früher von zahlreichen Stämmen bewohnt war, bevor Sand über ihr Getreide und Weideland geweht wurde. Von Zeit zu Zeit wird der Sand wieder fortgeblasen, so daß Obstgärten, ummauerte Städte, Paläste und Burgen aufgedeckt werden.

Araberin mit Wasserpfeife.

Solche Vorkommnisse haben Anlaß zu unzähligen Legenden über verdammte Städte gegeben, deren Bewohner von Gott für ihre Sünden bestraft wurden.

Felsmalereien in der zentralen Sahara zeigen Männer und Frauen beim Hüten von Rindern auf üppigem Weideland, wo heute kein Gras mehr wächst.

Der Tschadsee war um einiges größer als er heute, 2000 Jahre später, ist.

Die Götter und Dämonen aus alten Zeiten wandern immer noch frei herum, denn die Reisenden in der Sahara werden oft durch Visionen, Luftspiegelungen getäuscht, die auch als Fata Morgana bezeichnet werden – dem italienischen Namen für die Dame des Sees (Lady of the Lake) aus der Arthussage.

Der arabische Name lautet Marjana, vom griechischen Margana (daraus die Blume Margerite), vielleicht auch vom indischen Mangala, dem Namen für Demeter, der römischen Ceres, der ägyptischen Isis, der Göttin des vegetativen Lebens, die erschöpften Reisenden grüne Oasen voller Blumen sehen ließ, um ihnen Hoffnung zu geben.

Reisende hören in der Wüste auch Stimmen, arabisch *hatifa*, Plural *hawatif*. Es sind männliche und weibliche Stimmen, von denen einige ihnen den Weg zeigen und sie auf diese Weise retten, während andere sie vom rechten Weg abbringen und zur Sünde verleiten.

Einige tragen Gedichte vor, andere zeigen die Zukunft oder den Ort, an dem Schätze aus der Vergangenheit verborgen liegen.
So wurden Reisende oft zu den Resten von Karawanen geführt, wo sie zwar Gold und Perlen fanden, aber in den endlosen Weiten ohne Wasser und Führer in eine Falle gerieten.
Einige alte Städte sind nur in der Nacht sichtbar, wenn die mit Perlen übersäten Mauern im Mondschein glänzen. Reisende tauchen auf, füllen ihre Taschen mit Schätzen und brechen eilig auf. Zu Hause angekommen, öffnen sie ihre Taschen und finden nur Sand vor. Sie reisen zurück, aber die verwünschte Stadt ist bei Tage unsichtbar.
Wirbelstürme, die wie gewaltige Ungeheuer aussehen, fegen durch die Wüste und zerstören alles, was ihnen im Weg liegt.
Afrikanische Sprachen kennen besondere Wörter für diese offensichtlich bösen Dämonen.

Salomon, König In Swahili und anderen islamischen Sprachen: Nabii Sulemani.
Gott hatte Salomon die ganze Erde als sein Königreich geschenkt, also herrschte er sowohl über Afrika als auch über Asien. Er war ebenfalls König über die Tiere, die Vögel und Reptilien, deren jeweiligen Könige der Löwe, der Strauß und das Krokodil waren, drei afrikanische Tiere.
Darüber hinaus war er König über die Dschinne (q. v.) und andere Geister, von denen viele in Afrika leben.
Im Osten, Norden und Westen Afrikas handeln unzählige Geschichten von den Wundern zu König Salomons Zeiten.
Gewöhnlich reiste er auf einem Teppich, der von fliegenden Dschinnen getragen wurde. Dieser war so groß, daß darauf eine Küche mit Köchen, Feuerstellen und großen Kesseln Platz hatte.
Wenn Salomon in einem bestimmten Land eintraf, konnte er dessen König zu einem Mahl einladen, bei dessen Zubereitung während des Fluges beim Abheben und bei der Landung kein Tropfen verschüttet wurde.
Wenn der lokale König und seine Untertanen sich weigerten, den Islam anzunehmen, befahl Salomon einigen von seinen Dschinnen, die normalerweise unsichtbar sind, sich in ihrer wahren Gestalt zu zeigen: so groß wie der Turm von Babel, sehr häßlich, mit langen Hörnern und Schwänzen, mit großen durchdringenden Augen und enorm großen Zähnen und vielen Händen. Die Bevölkerung war dann so eingeschüchtert, daß sie sich alle zum Islam bekannten.
Eines Tages wurde König Salomon von der Königin der Ameisen eingeladen, aber als er sich mit seiner Gesellschaft im Tal der Ameisen niederließ, sahen sie voller Entsetzen, daß die Ameisen so groß wie Wölfe waren.
Aber die Ameisen waren gleicher-

maßen über die riesengroßen Diener des Königs verängstigt.
Sobald ihre Königin erkannte, wer ihr Gast war, befahl sie ihren Untertanen, ihm ihren Respekt zu erweisen. Also sangen die Ameisen einstimmig: ›Lang lebe der König über alle Tiere und Insekten. Gepriesen sei der Herr.‹
Salomon fragte seine Gastgeberin, ob sie einen Wunsch habe.
Stolz erwiderte sie: ›Wir fürchten Gott allein. Er wird bereitstellen, was immer wir brauchen.‹

Sambia Siehe Ilomba; Nzambi; Sitondo.

San Siehe *Buschmänner*.

Schafe (Glau, Liberia). Der Ahne des Volkes Glau war Muy. Seine Frau gebar ihm viele Söhne, die alle kräftige Knaben waren, mit Ausnahme des letzten, der als junger Widder geboren wurde.
Als dieser auf der Welt war, rief Muy seine Söhne zusammen und sprach: ›Ihr habt gesehen, daß euer kleiner Bruder ein Schaf ist. Von jetzt an werden wir kein Lammfleisch mehr essen. Kann jemand seinen Bruder essen?‹ Also wurden die Schafe die Freunde der Familie.
Eines Tages erschien ein Fremder mit einem jungen Mutterschaf, das er der Familie zum Verkauf anbot. Häuptling Muy willigte ein, es zu kaufen. Aber anstatt es zu essen, schenkte er es seinem Sohn als Ehefrau. Sie lebten glücklich zusammen und hatten viele Lämmer, für die gut gesorgt wurde.
In diesem Land lebte ein böser König, der von jedem Jäger und Bauern alljährlich ein Tier verlangte. Wann immer ein Mann ihm ein Tier brachte, fragte der König: ›Wo ist mein Mädchen?‹ Außer der Tiersteuer mußte jede Familie dem König auch ein Mädchen darbringen, das er nicht heiratete, sondern verschlang, denn er war ein widerwärtiger Kannibale.
Als Muy kam und dem König einen erstklassigen Leoparden darbrachte, den er erlegt hatte, verlangte der König seine Tochter.
Als Muy beteuerte, daß er keine Tochter habe, schrie der König: ›Ich will all deine Schafe auf deinem Bauernhof essen!‹
Muy war über diesen Frevel so zornig, daß er seinen Speer erhob und den König erstach.
Natürlich mußte er fliehen, um dem Sohn des Königs zu entkommen, der jetzt König geworden war.
Seine ganze Familie, einschließlich seiner Enkel, und er selbst liefen um ihr Leben, bis sie ein Flußufer erreichten; dort aber war kein Boot und keine Brücke in Sicht.
Häuptling Muy verbeugte sich vor einem sehr hohen Baum, der am Ufer wuchs, und verrichtete ein Gebet. Der Baum bog sich langsam nach unten, bis er das andere Flußufer erreicht hatte, so daß alle ihn sicher überqueren konnten. Sogar die Lämmer konnten über den großen Stamm laufen.
Kaum waren sie alle in Sicherheit, als sich der Baum wieder aufrichtete, gerade bevor die Männer des

Königs ankamen, die zum anderen Ufer schwimmen mußten.
Gerade in diesem Augenblick fegte eine Flutwelle den Fluß hinunter, so daß alle ertranken. (Siehe auch *Widder.*)
Schakale Der Schakal gehört zu den beliebtesten Figuren im Repertoire der Geschichtenerzähler: Er ist listig, flink, redegewandt, das Ideal des einfachen Mannes, der einsame Junge, der Gutes vollbringt.
Seine Beliebtheit teilt der Schakal mit dem Hasen (d. h. Bre'r Rabbit), dem Igel, der Schildkröte, der Spinne und dem Eichhörnchen.
In der Mythologie der Dogon in Mali stellt der Schakal den Erstgeborenen aus der Vereinigung zwischen dem Himmelsgott Amma (q. v.) und der Erde dar.
Von seiner Mutter erhielt er ›Wörter wie Wasser‹, d. h. die Gabe der Sprache, seine Muttersprache also. Der Schakal, der als erstes Wesen das Wort beherrschte, ist deshalb der Gott der Wahrsager, die den Willen des Schöpfers offenbaren.
Er spricht zu Menschen, indem er tanzt und den Wahrsagern Spuren zum Deuten hinterläßt. (Siehe *Geomantie.*)

Sirige-Maske; Dogon (Mali).

Schamane Der Schamane ist ein Mittler zwischen den Welten der Geister und der Menschen.
Er hat direkten Kontakt mit den Geistern. Normalerweise findet dieser Kontakt nur nach besonderen Ritualen statt oder wenn sich der Schamane in einem ›mit Hochstimmung erfüllten‹ Zustand der Ekstase befindet, der auch Trance oder Loslösung genannt wird. ›Ekstase‹ beschreibt den Zustand einer Person, deren Geist oder Seele ›abwesend‹ ist, sich ›über ihr‹ befindet und Dinge erlebt, die auf der Erde beispiellos sind.
Besessenheit (q. v.) beschreibt den gegenteiligen Zustand, in dem der Geist oder die Geister vom Himmel herabgekommen sind oder sich von der Erde erhoben haben, um den Kopf und/oder Körper der Person zu betreten.

Nicht jeder Besessene ist jedoch ein Schamane. Einige sind ›lediglich‹ Medien (q. v.), deren Wille durch den Geist ersetzt wird.
Der Zweck im Leben eines Schamanen, insbesondere seine Reisen in die andere Welt, besteht darin, seinem Volk zu helfen, das ihn aufsucht, wann immer es wegen Krankheit oder Unheil (Krieg, Hungersnot, Überschwemmung oder Feuer) in schwerer Bedrängnis gerät und vom Tod bedroht ist.
In Afrika sind viele Heiler Schamanen, weil sie mit den Geistern, oft den Geistern ihrer Ahnen (siehe *Nganga*) oder anderen, entweder ständig oder nur im Trancezustand in Verbindung stehen.
Diese Geister können den Schamanen in die Wildnis begleiten, wo er die Heilkräuter für seine Patienten finden muß, und diese in die Häuser trägt, wo sie ihm die Diagnose der Erkrankung des Patienten mitteilen.
Andere Schamanen müssen den Geist oder die Geister in einem besonderen Traum aufsuchen und befragen. In islamisierten Gemeinschaften wird der Geist ein moslemischer Heiliger sein.
Der bestbekannte Typus des Schamanen ist der, der mit Trommeln und Gesang die richtigen Bedingungen geschaffen hat und daraufhin seinen Körper zurückläßt und in die andere Welt reist, wo er Gott oder den Geistern begegnet, die ihm sagen werden, was getan werden muß, um das Leiden seines Volkes zu mildern.
Einige Schamanen müssen rituell begraben werden, um die Geister der Unterwelt zu besuchen. Nur mit Hilfe ihrer wundersamen Kräfte können sie aus dieser Welt der toten Geister zurückkehren.

Schemen Ein Schemen, Geist oder Schatten kann Lebensprinzip sein, da in einigen afrikanischen Sprachen das Wort für Schatten in beiden Bedeutungen (vgl. ›shades‹) verwendet wird.
Wenn jemand ›den Geist aufgibt‹, entkommt dieser Geist oder Schemen mit seinem letzten Atemzug und führt ein eigenes Leben. Normalerweise glaubt man, daß er in der Nähe des Körpers in oder über der Erde bleibt. Wo immer jemand gestorben ist, kann ein anderer, wenn er Pech hat, seinen Geist dort immer noch finden – so wurde uns jedenfalls erzählt. Darum vermutet man Geister auf Friedhöfen. In Kongo im Busch (siehe *Tebo*) können ganze Geisterprozessionen gesehen werden.
Viele Schemen sind die Geister von Ahnen, die so mächtig sind, daß sie nach ihrem Tode weiterhin Generationen lang über einen Clan herrschen können. Entweder in den Dörfern oder im Wals werden Schreine für sie gebaut, und zu ihrer Freude werden Nahrung und andere Opfergaben ihnen dort dargebracht. Bei diesen Schreinen kann es sich um kleine Hütten oder Zimmer handeln, die Geisterhütten genannt werden. Dieser Brauch ist in Zaïre, Kongo und Kamerun weitverbreitet.

Tagsüber sieht man Schemen selten, aber in der Nacht ist ihr Auftauchen so normal, daß viele Afrikaner abends ihre Türen verschließen und aus Furcht, einem Schemen zu begegnen, nicht mehr hinausgehen.

Ein Schemen hat die Gestalt der Person, die er einst gewesen war, und ist deutlich zu erkennen, auch wenn er weiß ist wie die Knochen der Toten. Schemen sind gefürchtet, weil sie Wahnsinn verursachen können. Leute, die so töricht waren und nachts auf die Straße gingen und Schemen begegneten, führen für immer unaufhörlich Selbstgespräche. Sie sprechen natürlich mit den unsichtbaren Schemen, die sie überallhin begleiten. ›Er geht mit den Schemen‹, ist der Swahili-Ausdruck für ›er ist verrückt‹.

Schemen können sprechen, und häufig warnen sie Menschen vor bevorstehenden Gefahren oder Sterbefällen in der Familie. Sie können auch Rache nehmen für ein Unrecht, das ein noch Lebender ihnen angetan hat. (Siehe auch *Mizimu.*)

Kongo. Ein Jäger wanderte mit seinen drei Hunden durch den Wald. Sie hießen Ntuntu, Mbwa und Kapakala und waren gut dressiert, treu und zuverlässig. Sie kreisten eine Antilope ein, so daß der Jäger sie mit einem Pfeil erlegen konnte. Dann machten sie sich auf den Heimweg, aber es war schon spät und die Dunkelheit breitete sich schnell aus. Der Jäger erblickte ein altes Haus und entschied, die Nacht dort zu verbringen.

Das Haus gehörte einem Schemen, doch das wußte der Jäger nicht. An diesem Abend kam der Schemen spät nach Hause und fand den Jäger schlafend vor. Er war von seinen Hunden umgeben, und eine große tote Antilope hing von der Decke herab. (Diese Art Geister mögen Antilopenfleisch, aber Menschenfleisch ist ihnen noch viel lieber. Um dieses zu zerlegen, verfügen sie über einen großen Daumennagel, der wie die Axt aussieht, die die Schlächter zum Zerschneiden von Tierknochen verwenden.) Damit der Schemen mit seinem Daumennagel die Menschenknochen schnell zerschneiden konnte, hielt er ihn ins Feuer, bis er rot glühte. Doch der stechende Geruch weckte die Hunde, die knurrten, so daß der Jäger wach wurde.

Als der Jäger seinen Gastgeber mit einem großen rotglühenden Nagel am linken Daumen sah, vermutete er Hexerei und fragte: ›Was hast du vor?‹ ›Ich möchte mir nur ein Stück von dieser köstlichen Antilope abschneiden‹, antwortete der Schemen, der zwar enttäuscht war, aber dennoch unschuldig dreinblickte. Der Jäger gab vor, wieder zu schlafen, denn er wußte, daß er selbst zerlegt werden würde, wenn er einschlafen würde. Vor Tagesanbruch wollte der Schemen mit der Antilope verschwinden, aber die Hunde erlaubten ihm das nicht. Sie rissen ihn in Stücke und fanden dabei heraus, daß ein Geist nur aus Knochen

besteht – an den Hunde gerne nagen. So retteten sie ihren Herrn.
Diese Geschichte aus dem Kongo veranschaulicht alle wesentlichen Aspekte der Schemen Afrikas. Alte verlassene Häuser und Dörfer werden gewöhnlich von den Schemen ihrer früheren Bewohner heimgesucht. Darum sollte man sich diesen Plätzen nicht nähern, ausgenommen Jäger, die furchtlos, stark und klug sind. Schemen können die menschliche Sprache sprechen und zeigen sich nachts in menschlicher Gestalt. Sie strömen keinen Geruch aus, abgesehen von ihren Nägeln – ein merkwürdiges Merkmal von Schemen, das in vielen afrikanischen Geschichten auftaucht. Alle Schemen Afrikas haben einen unersättlichen Appetit auf Menschenfleisch. Sie hoffen, durch den Genuß von diesem ihr eigenes verlorengegangenes Fleisch wiederzugewinnen.

Schicksal Die Yoruba glauben, daß der Erfolg oder das Scheitern eines Mannes im Leben von den Entscheidungen abhängt, die er vor seiner Geburt im Himmel trifft.
Wenn jemand z. B. plötzlich reich wird, dann heißt das, daß er für sich die richtige Zukunft ausgewählt habe; die Armen müssen deshalb geduldig sein, weil das richtige Leben für sie vielleicht noch nicht gekommen ist, auch wenn sie sich dafür entschieden haben.
Das Wort *ayanmo* bedeutet ›Wahl‹, und *kadara* ›göttlicher Teil eines Menschen‹; *ipin* meint ›vorherbestimmtes Los‹.
Die Yoruba glauben, daß ein Gott, Ori, im Himmel die Entscheidungen der Menschen beaufsichtigt. Wörtlich heißt *ori* ›Kopf‹ oder ›Verstand‹, denn diesen sucht man sich vor der Geburt aus.
Wenn sich jemand für einen klugen Kopf, d. h. für Intelligenz und Weisheit entscheidet, wird er mit Leichtigkeit durchs Leben gehen. Aber wenn sich jemand für den Kopf eines Narren entscheidet, wird er auf keinem Gebiet erfolgreich sein.
Ori kann als persönlicher Gott betrachtet werden, eine Art Schutzengel, der jeden von uns im Leben begleitet, sobald es erwählt wurde. Sogar die Götter haben ihren Ori, der ihr persönliches Leben lenkt. Sowohl Menschen als auch Götter müssen jeden Tag ihre geweihten Palmnüsse, die zur Wahrsagerei bestimmt sind, befragen, um zu erfahren, was ihr Ori sich wünscht. In dieser Hinsicht ist Ori ein individueller und gleichzeitig kollektiver Begriff, zum einen ein persönlicher Geist, der das Leben eines jeden Einzelnen lenkt, und zum anderen aber ein Gott im Himmel, der sogar von Orunmila (q. v.) gefürchtet wird.
Im Himmel wohnt eine merkwürdige Gestalt namens Ajala, ein äußerst fehlbarer Mann, dessen tägliche Arbeit darin besteht, Gesichter (*ori*) aus Lehm zu formen. Manchmal vergißt er, sie richtig zu brennen, so daß sie der langen Reise zur Erde vor dem Beginn ihres Lebens nicht standhalten können. In der

Regenzeit geschieht es, daß der Lehm gelegentlich weggewaschen wird, was mit einem völligen Gesichtsverlust einhergeht!

Schildkröte.

Schildkröte In den Geschichten aller afrikanischer Völker wird die Schildkröte niemals besiegt.

Ihre langsamen Bewegungen und ihre runzelige Haut lassen den Eindruck entstehen, daß sie sehr alt und sehr klug, vorsichtig und besonnen ist.

In einem Swahili-Lied singt die Schildkröte über sich: ›Ich ziehe um, und trotzdem ziehe ich nie um. Ich bin zu Hause, wo immer ich hinreise.‹

Der ›Panzer‹, den die Schildkröte auf ihrem Rücken trägt, ist ein weiteres Zeichen von Klugheit, denn niemand kann die Schildkröte töten. Sogar in Amerika ist die afrikanische Geschichte jener Schildkröte wohlbekannt, die von einem Löwen gefangen wird.

Sie sagte zu dem Löwen: ›Onkel, wenn du dich fragst, wie du meinen Schild weich machen kannst, damit er genießbar wird, dann setz mich doch zum Einweichen einfach in den Fluß.‹

Der Löwe hielt das für eine gute Idee und legte die Schildkröte in den Fluß. Im Wasser, in ihrer gewohnten Umgebung, entkam die Schildkröte und verbarg sich im Schlamm.

Aufgrund ihrer Fähigkeit, unter Wasser zu leben, ist die Schildkröte mit den Geistern der anderen Welt, die im Wasser leben, und mit dem Regengott vertraut.

Die Lokunda im mittleren Zaïre erzählen, daß eines Tages alle Tiere auf die Jagd gingen und die Schildkröte mit der Bewachung des Nahrungsspeichers betrauten, nachdem das Buschschwein von dem geheimnisvollen Totonge, einem monströsen, gefräßigen, unbekannten Tier, gefressen worden war.

Kaum waren die Tiere fort, als der Totonge erschien – er war riesig!

Die Schildkröte bot ihm Honig an, und als der Totonge mehr wollte, sagte die Schilkröte: ›Du mußt ihn dir aus meinem *esote* holen.‹ Der *esote* ist der After der Schildkröte, den sie nach Belieben öffnen und schließen kann, indem sie ihren Rückenschild und Bauchschild zusammenpreßt.

Der Totonge griff mit seiner Hand hinein und war gefangen. Er schlug die Schildkröte, aber Schildkröten spüren solches nicht.

Als die Tiere zurückkamen, fanden sie den Totonge, der der Gefangene der Schildkröte war. Sie zerlegten ihn und teilten das Fleisch, aber der Schildkröte gaben sie nichts ab.

Die Schildkröte nahm daraufhin

ein glühendes Stück Kohle aus dem Feuer und begann Regen zu machen. Der Regen fiel reichlich und löschte alle Feuer, so daß jedes Tier der Schildkröte ein großes Stück Fleisch geben mußte, um ein neues Feuer von ihr zu kaufen.

Schimpansen (Makere, Zaïre). Das Wort Schimpanse kommt aus Malawi. Die Entsprechung auf Swahili ist *ki-mpanzi* ›kleiner Kletterer‹, von *panda* ›klettern‹. Die Völker in den Regenwäldern Zentralafrikas kennen viele Geschichten von Schimpansen, deren Lebensweise sie mit Staunen verfolgen. Einige behaupten, daß in alten Zeiten Schimpansen menschlicher waren (als die Menschen den Affen noch mehr ähnelten), aber daß die Schimpansen es vorzogen, in den Bäumen zu leben, während den Menschen die Jagd in den offenen Savannen gefiel. Andere meinen, daß Schimpansen Götter seien, die auf uns aufpassen.

Die Mambese sind ein Unterclan der Makere im mittleren Zaïre. Sie sind Jäger, aber sie verletzen niemals einen Schimpansen, da dieser einmal ihr Volk beschützt hatte. Ihr Ahne war ein Babwa, Mbese genannt, ein Elefantenjäger:

Eines Abends war Mbese müde und verirrte sich im Wald. Es wurde dunkel, und so versuchte er, mit einer Schlinge auf einen Baum zu klettern. Aber er verlor den Halt und konnte sich gerade noch mit einer Hand an einem Zweig festklammern. Er rief um Hilfe, aber kein Mensch hörte ihn – nur ein Affe. Ein großer Schimpanse kletterte hinunter, nahm den Jäger an die Hand und legte ihn behutsam auf den sicheren Boden. Mbese war erschöpft und mußte sich setzen und sich ausruhen. Der Schimpanse ging fort und kam mit süßen Beeren zurück, die er dem Mann gab. Mbese fühlte sich sehr viel besser, nachdem er die Beeren gegessen hatte. Plötzlich hob der Schimpanse ihn hoch und trug ihn in das nächste Dorf der Makere, das nicht größer war als ein Weiler. Die Tochter des Dorfhäuptlings erkannte, was geschehen war, und erzählte es ihrem Vater. Dieser sagte: ›Kümmere dich um diesen Mann, denn du kannst sehen, daß die Götter ihn lieben.‹ Sie pflegte ihn, bis er sich erholt hatte, und sie wurden verheiratet. Mbese ging wieder auf die Jagd, so daß das Dorf immer Fleisch hatte. Sie hatten viele Kinder, die die Sprachen der Makere und der Babwa lernten.

(Siehe auch *Affen*.)

Schlangen Schlangen genießen in Afrika einen besonderen Status, weil man glaubt, daß viele von ihnen in Beziehungen mit den Geistern stehen oder von Geistern bewohnt werden, die sie tragen, oder daß sie selbst Geister sind.

In der Bibel sind Schlangen immer böse (z. B. Jesaja 30:6), aber in Afrika können Schlangen die Boten der Ahnen sein und sind daher gut.

Der Zulukönig kann nach seinem Tode als eine mächtige Mamba wieder erscheinen.

Kultgegenstand, Basonyi-Wunderschlange für die Initiationsfeiern der Knaben; Nalu (Guinea).

In Luanda kann ein Mann von einem Schlangengeist namens *gola* besessen werden, der ihn auf dem Boden wie eine Schlange kriechen und sich winden läßt.

Nahe des Flusses Lualaba gibt es einen Teich, in dem eine große Schlange namens Kabwe lebt, die manchmal durch ein Medium spricht.

Die Zimba in Mozambique haben ein Ritual, bei dem sie zu den Ahnen um Regen beten. Während dieses Rituals tragen sie die Frauen, die in diesem Moment von den Schlangengeistern besessen sind, zum Beten in den Wald. Die Schlangen, *malombo*, lieben den Tanz und geben Orakel, wenn sie hinsichtlich Krankheiten, die sie selbst verursacht haben, befragt werden.

Die Cokwe (Chiokwe) in Kasai glauben, daß eine schwangere Frau eine Schlange in ihrem Bauch hat, einen Ahnengeist, der dem Baby beim Wachsen hilft.

Viele betrachten die Samenflüssigkeit selbst als einen Geist.

An den Ufern des Tanganjikasees werden große Schlangen (*insato*) verehrt. Jede Schlange hat ihren eigenen Priester und ergreift von Zeit zu Zeit Besitz von ihm.

Bei den Yao am Malawisee herrschte der Kult der Regenschlange, deren Statue bei den Initiationszeremonien der Jungen gezeigt wurde. Sie wurde *tsato*, ›Python‹ (q. v.), genannt.

Die Lenge in Mozambique hatten ebenfalls einen Wassergeist, der junge Leute anlockte und sie besessen machte, so daß sie in seinen heiligen Teich sprangen, in dem der Geist sie sein geheimes Wissen lehrte.

Von dieser schweren Prüfung kamen sie mit einer Schlange, *ndzundzu*, zurück, die sich ihnen um den Hals wand.

Zu den Geistern in den Teichen im Zululand siehe *Tornado.*

Schlangen sind oft Lehrmeister der Medizin, wie die Schlange des Asklepios, die wahrscheinlich seine Großmutter Pythia war. (Siehe auch *Wute.*)

Schlange (Nigeria). Ein Mädchen namens Jaliya lebte in der Nähe des Flusses Gongola in einem kleinen Dorf.

Eines Tages neckten die anderen Dorfmädchen Jaliya, während sie am Flußufer Wasser holten. Zum Spaß stießen sie sie ins Wasser, woraufhin sie verschwand. Die Mädchen flohen und erzählten Jaliyas Vater, sie sei ins Wasser gesprungen und ertrunken.

In der Zwischenzeit spürte Jaliya, daß sie von einer geheimnisvollen Kraft sanft nach unten gezogen wurde. Als sie mit den Füßen auf dem Flußbett stand, erblickte sie einen herrlichen Palast. Das Tor stand offen, und es waren keine Wachen zu sehen. Sie ging hinein und bewunderte die schönen Möbel, als sie in einem großen Saal auf eine Riesenschlange stieß. Diese trug eine Krone und saß auf einem Thron.

Die Schlange bat sie, Platz zu nehmen und ihr etwas vorzusingen. Das Mädchen willigte ein, und da es sehr viele Lieder kannte, sang es lange Zeit.

Nun geschah es, daß der König von Gongola mit seinen Männern am Flußufer erschien und eine sanfte junge Stimme hörte, die die alten Lieder seiner Jugend sang.

Zuerst konnte der König nicht glauben, daß der Gesang von unterhalb der Wasseroberfläche kam, aber als er sich dessen sicher war, befahl er seinen Männern, einen Damm zu bauen und den Fluß durch einen anderen Kanal zu leiten. Ein verliebter König kann alles befehlen.

Als der Wasserspiegel sich schließlich gesenkt hatte, streckte die Schlange ihren großen Kopf aus dem Wasser heraus und atmete Dampf aus, der zu dichten Wolken anschwoll, so daß es bald anfing zu regnen.

Dann breitete sie zwei riesige Flügel aus, und mit ihrem über 12 Meter langen Schwanz flog sie zu jenem Teil des Flusses, der jetzt tief war.

In der Zwischenzeit ging der Gesang weiter, und schließlich wurde ein sehr schönes Mädchen sichtbar. Es spielte eine große, goldene Harfe, saß auf einem goldenen Stuhl und trug eine goldene Krone.

Es erzählte dem König, daß die Schlange es zur Königin des Flusses gemacht habe und ihr alle Goldschätze geschenkt habe, die es umgaben.

Die Schlange wußte, daß der König Jaliya heiraten wollte. Sie hatte ihr die Erlaubnis gegeben, wieder auf der Erde zu leben und den König von Gongola zu heiraten unter der Bedingung, daß er ihr, der Schlange, alljährlich ein Opfer darbrachte.

Schlangenkult (Ronga, Mozambique). Der folgende Ereignisbericht wurde 1895 Henri Junod von Häuptling Nkolele, Sohn des Mawatle, als die schlichte Wahrheit mitgeteilt:

›Als oberster Priester dieser Religion war es meine Pflicht, in den Wald zu gehen und unserem Ah-

nengott Mombo wa Ndhlopfu (Elefantengesicht), der in diesem Wald lebt, ein Opfer darzubringen. Ich ging voran mit meinem Opfer, einem Hahn, den ich zu diesem Zweck vorbereitet hatte, bis ich den Platz im Herzen des Waldes erreicht hatte, wo wir gewöhnlich unser Opfer darbringen.
Plötzlich erschien er: Mombo wa Ndhlopfu, Vater des Makunju, Herr des Waldes, in der Gestalt einer großen Viper, die ihren Kopf erhob. Als die Frauen näherkamen und sie sahen, wurden sie von Panik ergriffen und flohen, und ihnen folgten die meisten Männer, aber wir, die Ältesten, blieben.
Die Schlange kroch langsam um den Platz herum, wo wir standen, um uns zu segnen und uns für das Opfer zu danken. Es war nur ein Hahn, aber die Schlange zeigte ihre Dankbarkeit, als wäre es eine Kuh. Wir hatten auch Früchte und andere Nahrung für sie zum Essen mitgebracht.
Ruhig sagte sie zu uns: ›Ich danke euch, meine Kinder, es ist gut zu sehen, daß ihr euch an mich erinnert und daß ihr mir diese Geschenke mitgebracht habt. Gutgemacht!‹
Die Viper, die so dick wie mein Bein war, kroch zu mir und blieb ganz dicht bei mir stehen. Sie sah mich an, aber tat mir nichts. Ich sah sie an. Sie sagte: ›Ich danke dir. Es ist gut, dich zu sehen, mein Enkel!‹ Das ist die Wahrheit! Dann betete ich und sagte: ›Du, Mombo wa Ndhlopfu, Herr über dieses Land,

Schlange.

das du deinem Sohn Makunju geschenkt hast, der es seinem Sohn Hati geschenkt hat, der es seinem Sohn Makhumbi geschenkt hat, der es seinem Sohn Kinini geschenkt hat, der es seinem Sohn Mikabyana geschenkt hat, der es seinem Sohn Mawatle, meinem Vater, geschenkt hat, der es mir schenkte. Hier ist mein Opfer, ein prächtiger Hahn. Hier bin ich, ich bin der letzte der Familie. Wenn ich nicht gekommen wäre, wer hätte dir dann etwas geopfert? Du bist der Herr, wir bitten Bäume, unsere Häuser und unsere Boote bauen zu dürfen, wir brauchen Bäume für unsere Feuer, und du bist es, dem der Wald gehört.‹ (Siehe auch *Gishu*.)

Schöpfungsmythen finden sich bei mehr als tausend afrikanischen Völkern. Die Shilluk (q. v.) aus dem Sudan z. B. sagen, daß Juok, Gott, die Menschen aus der Erde erschaffen habe. Er nahm weißen Lehm für die weißen Menschen, braune Erde für die Araber, aber für die schwarzen Menschen nahm er die beste Erde: den fruchtbaren schwarzen Lehm von den Nilufern. Gott sprach: ›Ich werde den Menschen lange Beine geben, damit sie in den Untiefen laufen können wie die Flamingos beim Fischen. Ich werde ihnen lange Arme geben, damit sie ihre Hacken schwingen können wie die Affen ihre Stöcke, um nach Früchten zu langen. Ich werde ihnen Münder geben, damit sie Hirse essen können, und Zungen, damit sie singen können. Ich werde ihnen Augen geben, damit sie ihr Essen sehen, und Ohren, damit sie die Lieder hören können.‹ Und so geschah es.

Figur; Ewe (Togo).

Die Pangwe aus Kamerun erzählen, daß Gott erst eine Echse geformt habe, dann den Körper eines Mannes, der ihr ähnlich war, aber keinen Schwanz hatte. Er legte ihn zum Einweichen in den Fluß. Nach einer Woche rief Gott: ›Mann, komm heraus!‹ Der Körper erhob sich und trat aus dem Wasser.

Die Ewe (q. v.) in Togo behaupten, daß Gott immer noch gute Menschen aus gutem Lehm und schlechte Menschen aus stinkendem Schlamm erschafft. Zuerst schuf er den Mann, dann eine Frau, und als die beiden sich ansahen, lachten sie, denn die Nacktheit belustigte sie.

Wegen des Schöpfungsmythos der Dogon siehe unter *Amma*, dem Schöpfer.

Die Efe aus dem großen Wald in Zaïre behaupten, daß Gott den ersten Mann, Baatsi, aus Lehm erschaffen habe, den er zu einer Gestalt formte, dann mit einer Haut bedeckte und ihm schließlich frisches Blut einflößte. Gott sagte dem Mann: ›Du kannst jetzt deine Augen öffnen. Du und deine Kinder dürft alle Früchte der Erde essen, außer der *tahu* Frucht.‹ Dann erschuf Gott die Frau und gab sie dem Mann. Sie wurde bald schwanger und begann, ein Verlangen nach besonderer Nahrung zu entwickeln. Sie bestand darauf, daß sie die *tahu* Frucht haben müsse, denn sonst würde ihr Kind sterben. Baatsi pflückte ihr eine *tahu* Frucht. Als Gott herausfand, daß die *tahu* Frucht fehlte, sagte er zu Baatsi: ›Als Strafe sollt ihr beide sterben. Ich nehme euch die Unsterblichkeit weg.‹ Die *tahu* oder *sau* Frucht gehört den Geistern der Toten.

Kono (Ostguinea). Am Anfang gab es zwei Schöpfer, Alatangana, der über der Erde, und Sa, der mit seiner Frau und seiner einzigen Tochter in der Erde lebte. Sa lebte im schlammigen, trüben Gewässer der Ursümpfe, bevor es am Himmel Licht und auf der Erde Vegetation gab.

Als erstes schuf Alatangana festen Boden im schlammigen Meer. Dann verzierte er dieses Land mit Grün und Bäumen. Sa war Alatangana für dessen Anstrengungen dankbar und lud ihn ein, in seinem Haus zu wohnen, solange er auf der Erde arbeitete. Alatangana nahm das Angebot dankbar an, und so lernte er Sas schöne Tochter kennen, in die er sich bald verliebte. Ihr Vater weigerte sich jedoch, ihm seine Tochter zur Frau zu geben, und darum floh sie mit ihrem Geliebten und lebte mit ihm glücklich in einer entfernten Ecke der Erde. Sie bekamen vierzehn Kinder, sieben Jungen und sieben Mädchen, von denen jeweils drei schwarz und vier weiß waren.

Als die Kinder heranwuchsen, begannen sie, verschiedene Sprachen zu sprechen, so daß ihre Eltern sie nicht mehr verstehen konnten. Alatangana ging zu Sa und suchte Rat bei ihm. Dieser sagte ihm, daß dies die Strafe dafür sei, daß er ihm seine Tochter ›geraubt‹ habe. Sa erklärte sich jedoch einverstanden, den Kindern die Werkzeuge zu geben, die sie zum Überleben und Gedeihen benötigen würden. Also gab er den drei schwarzen Jungen eine Hacke, eine Machete und eine Axt, und die weißen Kinder erhielten Papier, Feder und Tusche, damit sie ihre Gedanken niederschreiben konnten. Die weißen Kinder reisten nach Europa, während die schwarzen in ihrer Heimat blieben und begannen, das Land zu kultivieren. Sie alle vermehrten und verbreiteten sich.

An einem dunklen Tag meinte Alatangana, Licht zu benötigen. Er schickte den Hahn zu Sa mit der Bitte, Licht in die Welt zu bringen. Sa lehrte den Hahn, ein bestimmtes Lied zu singen, und schickte ihn mit der Aufforderung zurück, daß er das Lied zu einer bestimmten Zeit singen solle. Als der Hahn sein Lied zum ersten Mal anstimmte, sah Alatangana die Morgendämmerung anbrechen und die Sonne über der Erde aufgehen.

Nandi (Kenia). Am Anfang schuf Asis, Gott, die Weltordnung, Kiet, das heißt die Übereinstimmung eines jeden Mitgliedes mit dem Ganzen. Dann teilte er die Welt in zwei Hälften; der Himmel war oben, die Erde unten. Gott nahm etwas von der Erde und schuf einen Jungen. Dann nahm er noch mehr Erde und schuf ein Mädchen. Danach stieg Gott in den Himmel, um dort zu leben. Als er zurückkam, hatten der Mann und das Mädchen Kinder. Gott fragte: ›Warum habt ihr Kinder geboren?‹ Der Mann antwortete: ›Ich wußte nicht, daß du uns verboten hast, Kinder zu haben.‹ Gott sagte: ›Geht!‹ Gott erschuf zuerst den Himmel und die Erde, dann Feuer und Wasser und schließlich Donner und Blitz. Nach diesen vier Elementen schuf er die ersten vier Lebewesen auf Erden: Mensch, Elefant, Schlange und Kuh. Und Gott schuf Bäume auf den Hügeln und Gras im Tal. Donner war ein gigantischer Vogel, der am Himmel flog und in seinen Krallen einen Speer mit einer langen aufflammenden Klinge oder eine scharfe Machete trug: den Blitz, der Menschen auf der Stelle töten konnte. Darum fürchteten sie sich vor der großen schwarzen Wolke, die Donner, aber auch Regenwasser bringt. Asis, Gott, schuf die Sonne und den Mond und Menschen mit lebendigen Seelen. Es gibt zudem die *oiik*, die Geister der Ahnen, die unter der Erde, in Bergen und Wasserfällen leben und die Taten der Menschen beobachten.

Swahili (Kenia). Am Anfang gab es nur Gott, das einzige Wesen, das niemals erschaffen wurde. Nachdem er viele Jahrhunderte im Universum gelebt hatte, entschied er, Licht zu erschaffen. Als er sein Licht sah, betrachtete er es, und es gefiel ihm so sehr, daß es errötete: die ersten Farben des Tagesanbruchs. Gott nahm den hellsten Teil seines Lichtes in die Hand und schuf damit die Seelen der Engel und aller menschlichen Seelen. Die Engel sind demnach völlig aus Licht erschaffen, so daß das Auge direkt durch sie hindurchsehen kann. Sie haben nichts zu verbergen, ihr Wesen ist rein und unverfälscht. Ihre Nahrung ist die Anbetung ihres Herrn, ihre täglichen Gebete. Bei einigen menschlichen Wesen jedoch ist das göttliche Licht recht tief hinter den runzelnden Stirnen verborgen, so daß ihr Aussehen furchterregend ist.

Nach dem Licht schuf Gott das Firmament, ein riesiges indigoblaues Zelt, das er wie einen Pavillon unter dem Licht ausbreitete. Einige Gelehrten sagen, daß dies der Nachthimmel sei und daß die Sterne in Wirklichkeit kleine Öffnungen darstellen, durch die wir einen flüchtigen Blick auf das göttliche Licht werfen können, vor dem uns das dunkle Zelttuch beschützt – denn welche Augen können die Helligkeit von Gottes Licht ertragen? Darum, so sagen sie, sei der Himmel in Wirklichkeit ein Vorhang.

Außerdem schuf Gott einen Thron für sich, aber niemand weiß, wie er aussieht. Wir wissen lediglich, daß er dort thront, wenn er nach der Auferstehung zu Gericht sitzt. Dann erschuf Gott die Tafel aus Smaragd, auf die alle Geschehnisse geschrieben werden, und er schuf auch den Kalamu oder Federhalter, einen gehorsamen Engel, der mit weißer Tinte alle Ereignisse, die jemals stattfinden werden, aufschreibt. Dies ist die Mutter der Bücher, in denen die ganze Weisheit der Welt geschrieben steht. Wer möchte nicht wissen, was in dem Buch über ihn selbst geschrieben steht? Alles, was dir geschehen wird, alle deine guten und schlechten Taten, stehen bereits in diesem Buch, deutlich lesbar für jeden, der sich ihm nähert. Viele Teufel versuchen, den Himmel zu betreten, nur um einen Blick in das Buch der Zukunft werfen zu können, so daß Gott bestimmte Engel ernennen mußte, die diese Teufel mit bestimmten Pfeilen, Sternschnuppen, *shihabu* genannt, fortjagen. Unter seinem Thron erschuf Gott den Lotusbaum des Endes, auf dessen Blätter eure Namen geschrieben stehen. Sobald ein Blatt herunterfällt, macht sich der Engel des Todes auf den Weg und holt die Seele der Person, deren Name gefallen ist, so daß sie stirbt. Die Wurzeln von diesem großen Baum sind im Paradies, und aus ihm stammt der unaufhörliche Regen, der die Quelle des Nils nährt. Gott allein weiß es! Kein erschaffenes Wesen kann den Baum des Endes passieren, gleichgültig, wie stark sein Wunsch ist, Gott zu sehen.

Andere Gelehrten sagen, daß aus seinen Wurzeln die Flüsse Euphrat und Tigris und Jayhun oder Oxus entspringen. Dieser Baum ist so groß, daß auf jedem Blatt ein Engel knien kann, um Gott anzubeten, und sein Schatten fällt auf das Paradies, so daß sein Volk vor Gottes Licht geschützt ist. (Siehe auch *Bakongo.*)

Schwalben Siehe unter *Sonnenvögel.*

Schwerter: Dama Ngile (Djerma, Niger, Burkina Faso). Dama Ngile ist der Titel des fünften Gesanges aus dem großen Epos Dausi (q. v.). Es bedeutet ›Großer Stier‹ und war einst der Name eines mächtigen Königs von Jerra und Old Wagadoo. Er ließ seinen Namen auf das Schwert schnitzen, das seitdem seinen Namen und Ruhm trug.

Daibu war ein einfacher Jäger, der weit entfernt von den Städten lebte.

Eines Nachts hatte er einen Traum, in dem er eine Stimme singen hörte: ›Deine Frau wird einen Sohn gebären, und du wirst ihn Dama Ngile nennen.‹

Tatsächlich wurde ein Sohn geboren, der so groß wie ein Stierkalb war und schnell heranwuchs, um so stark wie ein Stier zu werden, so daß er einen Löwen bekämpfen konnte.

Eines Tages wanderte er den ganzen Weg zur Stadt Mande im Königreich Mali. Dort bat er König Sunjata (q. v.) kühn um das Schwert Dama Ngile.

Der König wollte sich nicht von seinem Schwert trennen, obwohl er hundert Schwerter besaß. Er wies seinen Waffenmeister an, es unter einen großen Haufen Schwerter zu legen und Dama Ngile zu sagen, er solle es in Sekundenschnelle finden.

Aber das Schwert Dama Ngile erhob sich von selbst und warf sich Dama Ngile in die Hand. Sunjata erkannte, daß Dama Ngile eines Tages König von Jerra und Old Wagadoo sein würde, denn so gibt Gott scharfsichtigen Männern Zeichen.

Wie Dama Ngile König von Jerra wurde, ist eine lange Geschichte. Aber es geschah eher durch seine Aufgeschlossenheit und Großzügigkeit als durch sein Schwert.

Viele Generationen später herrschte in Jerra Wagadoo ein Sproß der Dynastie des Dama Ngile, Sila Mabo, der die Frau seines Bruders begehrte.

Dieser Prinz, Bey Tergisi, war häßlich, denn sein Gesicht war von Narben und Pockennarben entstellt. Seine Frau wurde überredet, das Gesicht ihres Mannes zu entschleiern, das er aus Scham tagsüber immer verschleiert hielt.

Natürlich deckte Tergisi die schändlichen Pläne seines Bruders auf, und so sann er auf Rache. Zwei Parteien bildeten sich heraus, und der Bruderkrieg weitete sich zum Bürgerkrieg aus, in dem der König und alle Prinzen umkamen.

Die Bürger fanden keinen ehrlichen Mann, der ihr König werden konnte. Schließlich wurden sie einfache Jäger, und Fremde wurden ihre Könige. Ein Fulani-Hirt fand Dama Ngile im Gras liegen und schenkte es seinem König.

Dann eroberte Al-Hajji Omar das Land und das Schwert.

Seedrachen (Fula, Mali) Vor vielen Jahren gab es eine Stadt in der Nähe eines Sees, der so groß war, daß man das andere Ufer nicht sehen konnte.

Trotz der Größe des Gewässers vermochten die Bürger der Stadt nur einmal im Jahr Wasser zu schöpfen – nur an einem einzigen Tag und dann das ganze Jahr über nicht mehr. In jedem Haus befand sich deshalb im Keller eine große Zisterne, in der die Menschen ihr Wasser für das ganze Jahr aufbewahrten, so daß sie gerade ein Jahr lang damit auskamen.

Jedes Jahr mußte dem Drachen, der in dem See lebte, eine Jungfrau geopfert werden, damit die Menschen an jenem bestimmten Tag Wasser schöpfen durften.

Der Tag kam, da es keine Jungfrau mehr gab, außer dem einzigen Kind des Königs, Fatouma, einem Mädchen, das so schön war, daß ihr Name sogar in den Nachbarländern bekannt war. Dort lebte ein Prinz, Hammadi, der, als er von ihrem Schicksal erfuhr, entschied, sich aufzumachen und sie zu heiraten.

Als er in der Stadt am Seeufer ankam, fand er die ganze Bevölkerung in Trauer vor. Er betrat das Haus einer alten Frau, aber sie gab ihm kein Wasser, sondern sagte zu ihm: ›Prinz, hier ist das Wasser wertvoller als sein Gewicht in Gold. Geh zum Strand. Dort wirst du unsere Prinzessin finden, die

von Kopf bis Fuß gefesselt ist und auf den schrecklichen Drachen wartet, damit er sie verschlingen kann. Wir haben keine Zeit für Gäste!‹
Also ging Hammadi zum Strand, wo er die Prinzessin fand. Alle Bewohner der Stadt waren geflohen, aber Hammadi hatte keine Angst vor einem Drachen.
Während er die Prinzessin von ihren Fesseln befreite, sagte er zu ihr: ›Nur über meine Leiche wird der Drache dich fressen!‹, woraufhin sie sich in ihn verliebte.
Mitten in der Nacht hörten Hammadi und die Prinzessin plötzlich Donnerschläge, bevor ein gewaltiger Regen einsetzte: Das Ungeheuer stieg aus dem Wasser. Seine Augen funkelten wie Flammen und aus seinem Maul sprühten Funken. Ohne Furcht griff der Prinz das Ungeheuer mit seinem Dolch an und stieß ihm diesen in die Seite. Das Ungeheuer starb nach Gottes Ratschluß, und die Prinzessin war frei. Sie nahm ihren Retter an der Hand und führte ihn zum König, ihrem Vater, und sagte: ›Ich werde keinen anderen Mann heiraten. Er ist der mutigste von allen und er liebt mich wirklich.‹ Der König war einverstanden.

Seele Die afrikanischen Völker haben extrem unterschiedliche Auffassungen von der menschlichen Seele. Jede Kultur hat ihre eigene Kosmologie entwickelt.
In Swahili bedeutet *roho* ›Seele‹. Der Begriff meint das, was der Körper im Augenblick des Todes

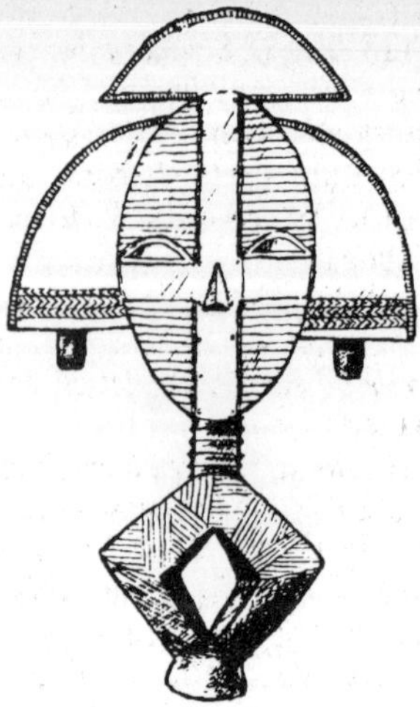

Reliquiarwächter (Gabun).

zurückläßt; *nafusi* bedeutet dagegen das, was im Leben nach dem Tode als gute Führung in diesem Leben belohnt oder bestraft wird. Das Wort *ruhu* meint ›Geist‹, z. B. *ruhu ilahi*, ›göttlicher Geist‹.
In Tsonga ist *moya*, ›Geist‹, das, was den Körper im Augenblick des Todes verläßt, und in Luba heißt das verwandte Wort *moyo* ›Leben, gute Gesundheit‹, aber in Swahili ist *moyo* das Herz, der Sitz der moralischen Entscheidungen.
Im Abendland impliziert ›Seele‹ Menschlichkeit, während ›Geist‹ auch bei Tieren gefunden werden kann. Die Seele ist ein persönliches, einzelnes Wesen, während der Geist eher eine Lebensquelle und das Energiezentrum ist.
In der Hausa-Sprache ist *kurwa*, ›Lebensseele‹, das, was von Zauberern gegessen werden kann.

In der Zulu-Sprache gibt es drei Wörter, die normalerweise mit ›Seele‹ übersetzt werden: *idlozi*, ›Schutzgeist‹, toter Geist; *unmoya*, ›Wind, Luft, Atem, Leben‹, und *isithunzi*, ›Schatten, Einfluß, Persönlichkeit‹.

In Ostafrika heißt es, daß die Seele des Verstorbenen in dessen Haus wie eine Fledermaus ziellos herumflattert.

Die Basuto in Transvaal erzählen, daß die Seele den Körper in Gestalt eines Mistkäfers (*Copri*) verläßt, während sich die Ronga einen Falken als die Verkörperung der Seele vorstellen. Beide Bild-Ideen waren auch in Altägpyten vorhanden. (Siehe auch *Hyäne; Löwe; Mizimu; Schlange.*) In Natal heißt es, daß die Seelen der Toten Schmetterlinge werden.

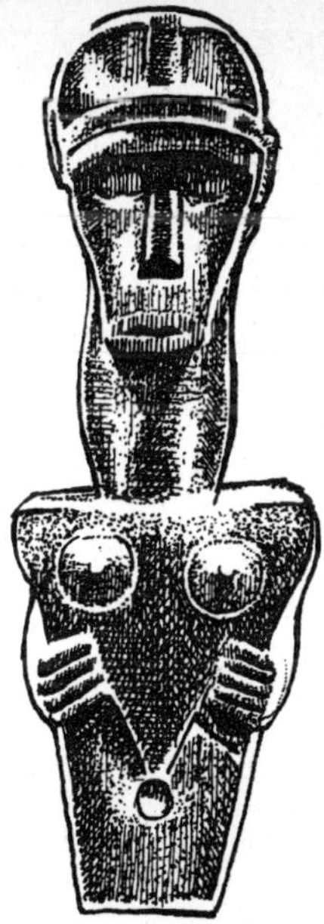

Seelenfigur (Äthiopien).

Antilopentanzaufsatz; Bambara (Mali).

Für einige Völker ist die Seele mit einem Körperteil verbunden, Leber, Herz, Magen, oder Körperflüssigkeiten, insbesondere Blut oder Sperma.

Andere glauben, daß die Seele ungehindert (siehe *Seelen, die sich außerhalb des Körpers befinden*) überall hingehen kann, wohin sie möchte, während der Körper im Bett zu schlafen scheint. Später erinnert man sich an die Reisen der Seele als Träume.

In Namibia glauben die Buschmänner (Ju), daß die Seele nach dem Tode in einer Waraneidechse

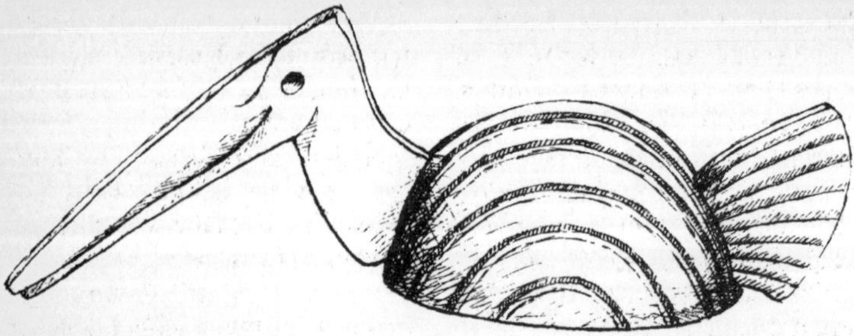

Seelenvogel, Tanzaufsatz.

oder einer Zwergantilope weiterexistiert, während die sehr guten Seelen auf dem Mond leben.

Alle Völker in Afrika glauben, daß die Seele unsterblich ist.

Seelen, die sich außerhalb des Körpers befinden In vielen Ländern handeln die Geschichten von geheimnisvollen Personen, die nicht getötet werden können, weil sich ihre Seelen nicht in ihren Körpern befinden – und in der afrikanischen Philosophie bedeutet das Töten einer Person, daß man ihr die Seele wegnimmt.

Ein Zauberer, d. h. eine Person, die sich wegen ihrer bösen magischen Praktiken viele Feinde gemacht hat, kann eine Seele aus einem Körper herausnehmen und sie an einen sicheren Ort bringen.

›Seele‹ und ›Leben‹ werden als konkrete Gegenstände oder Substanzen angesehen, so wie das Wasser des Lebens in einer kleinen Flasche oder der Vogel des Lebens, ein kleiner Singvogel auf Reisen. Die ›Seelensubstanz‹ wird in einer Schachtel versteckt oder in einer Art Matrioschka, ›der Russischen Puppe‹, d. h. in mehreren Schachteln, die ineinandergelegt und selbst wiederum in einem Lebewesen, z. B. einem Vogel oder einem Baum an einem weitentfernten Ort, beispielsweise in einem Fisch am Meeresboden, versteckt werden.

Da jedoch jedermann stirbt, tritt in der Geschichte stets ein Held auf, der die Seele des Zauberers findet und sie zerdrückt, woraufhin der böse Mann stirbt, und sein Gefangener – die Heldin – jenen Helden heiratet.

Ein König im südlichen Nigeria versteckte seine Seele in einem kleinen braunen Vogel, der in einem Baum nahe des Palastes lebte. Die Königin verriet ihrem Geliebten das Geheimnis, der den Vogel erlegte und somit den König tötete, die Königin heiratete und selbst König wurde, so wie es prophezeit worden war.

Die Baronga im südlichen Mozambique erzählen folgende Geschichte von Titichanes Katze:

Die Katze war das Familientotem; d. h. wenn sie starb, würde die ganze Familie mit ihr sterben. Kurz vor

ihrer Heirat überredete Titichane ihre Verwandten, die Katze in ihr neues Heim mitnehmen zu dürfen, da Ehen ›virilocal‹ sind, d. h. die Frau lebt im Haus des Gatten.
Sie trug die Katze in einem Flechtkäfig, der mit einem Tuch verhüllt war, in ihr neues Heim und versteckte sie unter ihrem Bett, ohne ihrem Mann Bescheid zu sagen. Natürlich tötete dieser die Katze, da sie aus ihrem Käfig floh, um über eines seiner Hühner herzufallen. Die Frau und ihre Familie, der ganze Katzen-Clan also, starben sogleich.

Senegal Siehe *Marain Jagu*.

Shaitani, Shetani (Swahili). *Shaitsani* (Hausa), *Eshu* (Yoruba), *Essitaani* (Ganda), *Zavolo* (Lingala), *Shetani* (Malawi), *Sathane* (Zulu), *Sheitani* (Sidamo), *Sintanaa* (Malinke, Mali).
Böser Geist, Teufel, Satan, Dämon. In Afrika gibt es viele Arten von bösen Geistern.
Es können verstorbene Personen sein, die nicht angemessen begraben wurden oder die ein unerfülltes Anliegen auf der Erde haben, beispielsweise die Pflicht, Rache an einen Mörder oder Peiniger zu nehmen.
Manche sind Geister von Frauen, die bei der Entbindung gestorben sind.
Einige sind Naturgeister, die in Höhlen oder Flüssen leben, wo sie unschuldigen Reisenden zur Last fallen.
Viele Dämonen erscheinen in der Gestalt von Schlangen oder Leoparden, Skorpionen oder Eulen und bedrohen Menschen oder treten einfach als böse Omen in Erscheinung.
Zahlreiche böse Geister verschlingen alle Menschen, die ihnen begegnen. Es sind Oger von enormer Größe und Gefährlichkeit.
Der Islam lehrt, daß *shaitans* von Gott aus den ewigen Flammen der Hölle erschaffen wurden als Werkzeuge seiner Bestrafung unserer Sünden. Diese Satane wurden einfach zu den bereits in Afrika bekannten hinzugefügt.
Viele von ihnen wurden aus Flaschen befreit, die Fischer in Marokko fanden und dabei unvorsichtigerweise König Salomons Siegel entfernten.
Einige böse Geister sind Wirbelstürme in der Wüste, die den Reisenden wahnsinnig machen können. Andere sind verführerische Stimmen in der Wüste.
Manche Satane leben in Oasen und nehmen die Gestalt von schönen Mädchen an, die Reisende, deren Knochen viele Jahre später gefunden werden, verführen.
Einige sehen wie gewöhnliche Menschen aus und sprechen normal, aber sie führen Menschen in Versuchung, Böses zu tun.
Andere *shaitans* können Menschen besessen machen, so daß diese sich wie Wahnsinnige aufführen, tanzen und herumwirbeln. Ein Doktor, ein Heiliger oder ein Schamane kann einen solchen Geist austreiben und den Patient heilen. Dafür ist eine kostspielige

Zeremonie erforderlich, bei der der Geist im Patienten ausgetrieben und überredet wird, sein ›Pferd‹ in Ruhe zu lassen.
In Sidamo ist dies die Aufgabe des *Kalicha*, in Zentralafrika des *nganga* und in Ostafrika des *mganga*. Aber viele böse Geister sind zu mächtig und können nur von dem Allmächtigen selbst bezwungen werden (siehe *Exorzismus*).

Shango-Stab; Yoruba (Nigeria).

Shango (Yoruba, Nigeria). Shango oder Sango ist einer der Yoruba-Erdgötter, die den Himmelsgöttern Olodumare, Obatala, Oduduwa, Ogun und Orunmila entgegengesetzt sind.
Die Erdgötter wurden auf der Erde geboren und lebten ursprünglich mit den Menschen zusammen. Sie starben nicht, sondern wandelten sich um, um für eine posthumane Existenz bereit zu sein. Einige ließen sich im Erdinnern nieder, während andere an einer Kette in den Himmel reisten.
Shango war der König von Oyo; das Volk tuschelte, daß ihm ein Talisman (q. v.) gehöre, mit dem er den Blitz rufen könne, um seine Feinde zu vernichten.
Shangos Untertanen waren mit seiner tyrannischen Herrschaft, wie sie es bezeichneten, unzufrieden. Also gab er sein Königreich auf, bestieg sein Pferd und ritt in den Wald hinein. Von dort stieg er später an einer goldenen Kette in den Himmel empor. Er ist jetzt der Gott des Donners und Blitzes.
Schon zu seinen Lebzeiten auf der Erde brachen Flammen aus seinem Mund hervor, während er zu seinen eingeschüchterten Untertanen sprach. Heute erinnert man sich an ihn als den Gott der Gerechtigkeit und Anständigkeit.
Er bestraft jene, die stehlen, lügen, andere behexen und Zauberei ausüben.
Bei seiner Geburt auf der Erde wurden Donner und Blitze beobachtet.
Noch heute werden Donner und Blitz in der Yoruba-Gesellschaft mit den respektvollen Worten: ›Kabiyesi! Eure Majestät, heil!‹ begrüßt.
Man glaubt auch, daß einige Anbeter des Shango mit magischen Mitteln den Blitz veranlassen können, ihre Feinde zu erschlagen. Aber gleichzeitig herrscht die feste

Überzeugung, daß nur die Bösen vom Blitz getroffen werden.
Folglich hat man wenig übrig für die, die auf diese Weise sterben. Der Leichnam einer solchen Person wird von den Magba, den Priestern des Shango, in den Wald getragen und dort zurückgelassen, weil sie ein Sünder gewesen war.
Shango geweihte Schreine finden sich in vielen Städten und Dörfern, wo der Gott oft mit dem Kopf und den Hörnern eines Widders und in der Gesellschaft seiner drei Frauen, Oya, Oshun und Oba, dargestellt wird.
Shango ist eindeutig mit Jupiter-Zeus vergleichbar, dem klassischen Gott des Donners und Blitzes. In Ägypten wurde er Ammon-Ra genannt. Er wurde oft mit dem Kopf eines Widders symbolisiert. (Siehe *Widder*.)

Shankpana (Yoruba, Nigeria). Shankpana oder Sankpana ist einer der Namen des Gottes der Pocken und vielleicht auch anderer Epidemien.
Jene, die es überrascht, daß in einer Mythologie eine Krankheitsgottheit enthalten ist, sollten sich daran erinnern, daß Apollo, Sohn des Zeus, in Homers *Ilias* auch der Gott der Pest war.
Shankpana war der Sohn des Shango (q. v.), des Donnergottes. Sein Tabu ist die Sesampflanze, *nyamati* (Hausa *sure*), die in keinem Haus seiner Anhänger gefunden werden darf. Andernfalls wird Shankpana Krankheiten schicken.
Alle von Pocken Befallenen können zu Shankpanas Tempel gehen, in dem die Priester sie waschen und ihre Haut mit einer geheimen Medizin einreiben.
Der besondere Festtag des Gottes findet im September statt. An diesem Tag werden ihm Ziegen, Hühner, Palmöl und Bananen geopfert. Seine Anhänger berühren kein Pferdefleisch und heiraten niemals exogamisch.
Es heißt, daß Shankpana früher ein Kriegsgott war, der vor Jahrhunderten aus dem Norden oder Nordwesten kommend in das Yorubaland eindrang und es eroberte. Diese Legende kann eine graphische Beschreibung der ersten Pockenepidemie sein, die sich durch das Land südwärts ausbreitete.
Einmal gebar eine Frau, eine Anbeterin Oruns, in der Stadt Oru ein Kind mit einem Halstumor, das bald darauf starb.
Sie bekam ein zweites und drittes Kind, die an derselben Krankheit litten und ebenfalls starben.
Der Vater suchte einen Wahrsager (q. v.) auf, der ihn an die Priester des Shankpana im Tempel verwies, in dem sich die ein Zinnschwert haltende Osoko-Statue aus Kaurimuscheln befand.
Das Orakel von Osoko besteht aus 50 in Hälften geschnittenen Kaurimuscheln. Diese werden auf eine bestimmte Weise geworfen, und je nach dem, wie sie fallen, kann der Priester das Wesen der Krankheit und ihre Heilungsmöglichkeiten ermitteln.

Der Priester sprach: ›In Zukunft mußt du die Opfer, die du bis jetzt Orun dargebracht hast, Shankpana darbringen. Beide sind der gleiche Gott.‹

Shilluk (Mythen, Sudan). Die Shilluk sind das nördlichste nilotische Volk und leben am westlichen Nilufer.

Wie die verwandten Nuer (q. v.) glauben sie an den Einen Gott, Jwok, der die Welt, die Pflanzen, die Tiere und die Menschen schuf. Aus einer Überlieferung geht hervor, daß Gott drei Arten von Menschen schuf, schwarze, weiße und braune, weil er verschiedene Erdsorten benutzte.

Der weiße Mann (*Turuk*, ›Turk›) wurde aus weißem Lehm geformt, der braune Mann, d. h. der sudanische Araber, aus Wüstensand und der schwarze Mann (die Shilluk nennen sich selbst Chol, was ursprünglich ›schwarz‹ bedeutete) aus fruchtbarem Flußlehm.

Eines Tages, als Gott vom Himmel zurückkam, rief er seine drei Männer, aber zwei von ihnen versteckten sich.

Nur der weiße Mann gehorchte und kam, um Gott zu grüßen, so daß Gott ihm viele Gefälligkeiten erwies. Darum sind die Weißen reich.

Gott besitzt zwei Laib Brot (die wir als Pfannkuchen bezeichnen würden, sie sind flach und scheibenförmig), d. h. Himmel und Erde (wie es im Rätsel heißt). Das dritte Element in der Kosmologie der Shilluk ist der Nil, ihre einzige Wasserquelle, aus der sie Fische fangen können.

In ihrem Schöpfungsmythos wird das Land, in dem sie zuerst lebten, als ›Landzunge‹ bezeichnet, d. h. die Quelle des Nils, ›wo es einen großen See gab‹, welcher der Albertsee gewesen sein kann, der fokale Grenzpunkt zwischen den Alur (q. v.), den Acholi (q. v.) und den Nyoro. Jedes von diesen Völkern nahm eine andere Wanderungsroute von Wi-kwach, ›Leopardenkopf‹, aus, wo der Nil aus dem Albertsee auftaucht.

Gott sandte Omara, den ersten Mann, vom Himmel zur Erde. Dieser heiratete die Kuhgöttin Diang, die einen Sohn, Okwa, gebar, der wiederum die Krokodilgöttin Nyakaya heiratete. Sie gebar einen Sohn namens Nyikang, welcher der erste Shilluk-König war.

Die Shilluk bringen der Göttin Nyakaya im Nil noch immer Opfer dar. Demzufolge stammt das Königshaus der Nation Shilluk von den drei Elementen ihrer Welt ab: Himmel (Mann), Erde (Kuh) und Wasser (Krokodil).

Simbabwe Siehe *Göttin; Nganga; Nosenga; Sonnenvögel.*

Sitondo (Barotseland, Sambia) Ein *sitondo*, Plural *basitondo*, ist ein Regenmacher, der für die Häuptlinge oder andere Autoritäten des Dorfes arbeitet.

Könige benötigen ihn nicht, denn im Barotseland glaubte man, daß die Könige Halbgötter seien, die ihre Untertanen und ihre Herden vor Regenstürmen, Blitz und Donner schützen konnten.

Der *sitondo* wird auch *ngaka wa pula*, ›Regendoktor‹, genannt, weil er oft gebeten wird, keinen Regen zu machen, sondern ihn aufzuhalten, denn im Barotseland verursacht der Regen oft schwere Schäden und Überschwemmungen.

Daraus folgt, daß er in der Lage ist, den Regen zurückzuhalten, falls es nötig ist, oder Fluten zu verursachen, wenn er es wünscht, so daß er dem Volk tiefe Ehrfurcht einflößt.

Ebenso wird das Wort *sitondo* für den *ngaka wa litau*, ›Löwendoktor‹, verwandt, für den *ngaka wa likwena*, ›Krokodildoktor‹, für den Hyänendoktor und für andere Fachleute, die Amulette (q. v.) herstellen und verkaufen, mit denen ihre Kunden vor Angriffen dieser wilden Tiere beschützt werden.

Man glaubt, daß sie in gewisser Weise mit den Tieren identisch sind, denn wie sollte ein Mann in der Lage sein, einen Löwen in Schach zu halten, wenn er den Löwen nicht in dessen Sprache anreden kann? Also kann er einem Löwen befehlen, für ihn seine Feinde zu verschlingen!

Demgemäß ist der *sitondo* auch in der Lage, seine Gegner mit Donner und Blitz heimzusuchen, wann immer es sein Wunsch ist. Aber er kann auch gebeten werden, durch Blitze verursachte Verletzungen wie beispielsweise Verbrennungen zu behandeln.

Er ist also ein echter Doktor, aber gleichzeitig auch ein potentieller Zauberer, der über die Kraft verfügt, seine Feinde mit einem *siposo*, einem Feuergeschoß, zu töten, oder mit einer unsichtbaren Kugel aus einer *kaliloze*, einem magischen Gewehr oder einer Zauberpistole.

Der *sitondo* gräbt die Eier des Blitzvogels aus und verwendet sie, um Heilmittel gegen durch Blitz und Donner verursachte Krankheiten herzustellen. Der Vogel des Himmels legt seine Eier dort in den Boden, wo der Blitz einschlägt.

Ein *sitondo*, auch bekannt als der ›Hirte der Wolken‹, singt zu den Wolken, um sie zusammenzubringen und zu überreden, als Regen niederzugehen. Wenn die Felder durchnäßt sind, verstreut er sie. (Siehe auch *Regenmachen.*)

Songhai (*Schöpfungsmythos I*, Niger). Die Songhai oder Sonrai leben im Nigertal etwa nordwestlich von der nigerianischen Grenze, wo sie einst das große Reich Gao gründeten, das seine Blüte im dreizehnten und vierzehnten Jahrhundert erlebte.

Die Zerma sprechen einen Dialekt des Songhai. Obwohl sie vom Islam beeinflußt wurden, werden ihre lebendigen Mythen über die alten Götter noch immer mündlich überliefert.

So erzählen sie: ›Am Anfang gab es die Erde. Darin war Isa, die Niger-Mutter, die nach dem Lebo-tiki (was wörtlich ›das Ende des Landes‹ bedeutet) hin im Ozean mündete, der das ganze Land umgab.

Über uns befindet sich eine verkehrt liegende steinernde Wanne (ein flacher, oben offener Korb, der zum Schwingen des Getreides verwendet wird), die den schieferblauen Himmel bildet, von dem manchmal Kieselsteine herabfallen. Das sind Steinäxte, die Dongo, der Donnergott, heruntergeworfen hat, der eine Axt mit einer Glocke schwingt und dabei ein Geräusch verursacht, das wir als Donner wahrnehmen.

Dongo hat seine Schmiede im Himmel, wo er den Blitz herstellt. Wann immer eine Person vom Blitz erschlagen wird, machen sich Leute auf die Suche nach der Axt, die ihn getroffen hat.‹

Sie finden immer eine der zahlreichen polierten Steinhandäxte, die von den neolithischen Völkern zurückgelassen wurden.

Der Regen stammt von der Wassergöttin, Hara-Ke, d. h. der Herrin des Wassers, die von Goru und Godi, zwei Drachen, unterstützt wird, die in zwei Nebenflüssen des Nigers leben.

Das Königreich der Göttin Hara-Ke befindet sich unter dem Wasser und wird von zahlreichen Genien und Geistern der Toten bewohnt, einschließlich der Ertrunkenen, die in schönen Städten und Palästen am Grund des Niger hausen.

Andere Geister leben in den Büschen der weiten Savanne. Das sind die Ganji-Bi, ›schwarze Geister‹, die den höheren Luftgeistern namens Hole-Koara oder ›weißen Geistern‹ gegenübergestellt sind.

Die Songhai kannten Gott bereits vor dem Auftauchen des Islams. Sie nannten ihn Irke, ›unseren Herrn‹, und Kutiumo, den Einen, der alles weiß. Er wird auch der Betrüger, Zambanta, genannt, wie Hermes und der sumerische Gott Ea. Der Grund für diesen merkwürdigen Beinamen ist, daß die Götter die Unsterblichkeit für sich in Anspruch nahmen, während sie uns sterblich machten.

Schöpfungsmythos II (Niger). Der folgende Bericht über die Schöpfungsgeschichte der Songhai ist eindeutig vom Islam und von biblischen Elementen beeinflußt.

Nachdem Gott das Universum geschaffen hatte, schuf er Adama und Hawa, d. h. Adam und Eva. Gott sagte ihnen, er würde ihnen Kinder geben, aber sie sollten sie für ihn großziehen. In den folgenden Jahren bekamen sie vierzig Kinder (dies stimmt mit der Überlieferung des Islams überein), aber sie waren ungehorsam und versuchten, 20 Kinder zu verstecken.

Wütend erschien Gott Adama und Hawa und sagte: ›Ich weiß alles. Als Strafe werde ich zwischen euch und euren Kindern eine Mauer errichten, so daß ihr sie niemals wiedersehen werdet. Die 20 Kinder, die ihr versteckt habt, werden meine Kinder sein.‹

Diese 20 unsichtbaren Kinder wurden die Holé, die höheren Geister, die den Ganji gegenübergestellt sind.

Diese Holé-Geister verursachen Besessenheit und Epilepsie. Sie werden auch in den Wirbelstürmen gesehen, einem vertrauten Phänomen in der Wüste. Einige plötzlich aufkommende Stürme werden von den Geistern der Frauen verursacht, die bei der Entbindung gestorben sind.

Die Fischer am Fluß sehen manchmal einen Holé, der am Ufer sitzt und wie ein schönes, hellhäutiges Mädchen aussieht.

Einer der Holé-Geister heißt Faran Maka, ein Riese, der im Fluß fischt, indem er seinen Bart als Netz benutzt. Er wird von jeher als der große Geschichtenerzähler angeführt.

Die von Holé-Geistern besessenen Personen werden *Holé-tam*, ›Sklaven der Holé‹ oder *Holé-bari*, ›Holés Rösser‹ genannt.

Faran Maka wurde der Ahne einer der Songhai-Clans, der Faran-Fischer. Er lebt auf der Insel Toru, ›Magisch‹, wo er jeden Tag ein Flußpferd essen muß, weil er sonst verhungern würde. Wenn er sich die Zähne putzen will, reißt er einen baobab-Baum mit den Wurzeln aus.

Eines Tages wollte Faran Maka in seinem Haus einen Boden legen. Also trug er Lehm von einem Termitenhügel ab. Im Innern fand er ein schönes Mädchen und verliebte sich in dieses. Sie hatten zwei Kinder, Weikare und Wango. Später ging sie zurück, um im Fluß zu leben.

Der Mythos von Musa Jinni (Mali). Dieser Mythos aus der Gegend um Timbuktu wird immer noch in epischer Form von den Songhai-Barden gesungen.

Musa Nyame oder Musa Jinni, was Musa, Sohn eines Dschinns, eines Geistes, bedeutet, ist der große Held des Epos, vergleichbar mit Herkules oder Beowulf in europäischen Mythen.

Ein junges Mädchen befindet sich auf einer langen Reise. Eines Tages ist es müde und setzt sich unter einen Baum, was sehr töricht ist, und schläft ein.

Auf dem Baum lebt ein Dschinn, der herunterkommt und sich mit dem Mädchen vergnügt, so daß es empfängt und einen Jungen gebärt, den es Musa nennt, d. h. Moses, dessen Vater ebenfalls unbekannt war. Er wird also bekannt als Musa Jinni, Moses Geistersohn.

Später jedoch begegnet Musa seinem Vater, der ihm all die magischen Kenntnisse, über die die Dschinnen verfügen, vermittelt, ein Wissen, das beängstigend und zugleich beneidenswert ist!

An einem verhängnisvollen Tag taucht der Hira auf, ein gewaltiges Ungeheuer. Er ist so hungrig, daß er ganze Dörfer ißt und so das ganze Land verschlingt.

Musa muß ihn töten. Er wird von seiner Verlobten begleitet, die wie er in der Magie sehr bewandert und auch genauso mutig ist. Gemeinsam gelingt es ihnen, das Ungeheuer zu töten.

Aber für Musa ist es sehr viel schwerer, seine Verlobte zu erobern. Er versucht, sie mit magischen Ketten zu fesseln, aber sie zerbricht sie. Als er schließlich eine Kette herstellt, die sie nicht mehr zerbrechen kann, willigt sie ein, ihn zu heiraten.

Dann taucht ein zweiter Hira auf, der offenbar eine Art Riesenelefant ist. Es hat den Anschein, daß auch Musas Verlobte im Geheimen ein Elefant ist.

Sie geht fort, verwandelt sich in einen Elefant, legt sich an einen Teich und stellt sich schlafend. Als der große männliche Hira zum Trinken an den Teich kommt, beginnt er sie zu lecken, und dabei reißt sie ihm flink vier Schwanzhaare aus.

Am nächsten Tag braucht Musa, der diese Haare von seiner treuen Elefantenbraut erhalten hat, sie nur dem großen Hira zu zeigen, und er legt sich hin, bereit, getötet zu werden. So gewaltig ist die Magie der eigenen Haare eines Ungeheuers. (Wegen weiblicher Elefanten, die Menschenmänner heiraten, siehe unter *Elefant*.)

Sonne Die Kamba in Kenia erzählen die Geschichte eines Mannes, der den Ort sehen wollte, an dem jeden Morgen die Sonne aufgeht.

Er reiste gen Osten, bis er einen breiten Fluß erreichte. Er schwamm lange Zeit voller Furcht, von Krokodilen gefressen zu werden. Schließlich erreichte er die andere Seite und ging weiter, bis er auf einen zweiten Fluß stieß, der noch breiter war als der erste. Er sprang ins Wasser, und nach einer langen Zeit setzte ihn die starke Strömung am gegenüberliegenden Ufer ab.

Vor ihm erstreckte sich ein Hügel, dessen Spitze in Flammen zu stehen schien. Es war ein Berg, der viel höher war, als er gedacht hatte, aber schließlich erreichte er den Gipfel. Dort sah er einen riesigen Palast, der ganz aus Gold war und so stark glänzte, daß man mit den Augen zwinkern mußte.

Da seine Reise länger gedauert hatte, als er angenommen hatte, war die Sonne bereits aufgegangen und stand schon hoch am Himmel. Aber die Frau der Sonne war da. Sie begrüßte ihn freundlich und reichte ihm Erfrischungen.

Schließlich sah er etwas Rotes auf sie zukommen, das immer größer und größer wurde. Es war die Sonne, die von ihrem Arbeitstag am Himmel nach Hause kam.

Sie grüßte höflich ihren Gast und

Bronzeanhänger, Sonnendarstellung mit menschlichem Antlitz (Burkina Faso).

lud ihn zum Abendessen ein. Nach dem Mahl führte die Sonne den Gast durch ihren Palast. Die Kuppeln waren aus Kupfer und die Gewölbe aus Wolkenperlen.

Am nächsten Morgen stand der Gast vor Sonnenaufgang auf, so daß er das eigentliche Bett sehen konnte, von dem sich die Sonne erhob. Das war ihm erlaubt, und er sah die Sonne sich erheben und in den hellen Morgenhimmel aufsteigen.

Frau Sonne gab ihrem Gast einen Laib frisch gebackenes Sonnenbrot. Dann sagte sie: ›Schließe deine Augen!‹, und als er sie wieder öffnete, sah er sein eigenes Haus und seine Familie, die gerade herauskam. Gemeinsam aßen sie das Sonnenbrot, und seit diesem Tag wurden sie nie mehr krank. Je mehr sie teilten, um so mehr war vorhanden.

Der Sonnenkult ist in Afrika nicht weit verbreitet, obwohl das Wort Iruva, Izuva, Lyuba (=Swahili *jua*) für Gott in verschiedenen Sprachen in Kongo, Kamerun und Tanzania ›Sonne‹ bedeutet.

Die Jagga (Wachaga) im nordöstlichen Tanzania begrüßen die aufgehende Sonne mit einem Gebet.

Die Duala in Kamerun beten zum Sonnengott Loba nach Sonnenuntergang.

Auf der Insel Sao Tomé bedeutete der Name Lube, ›Gott‹, ursprünglich auch ›Sonne‹. Die Inselbewohner sprechen Bubi, eine Bantusprache.

Die Nyamwezi in Tanzania können sich auf Gott mit Kazyoba, einem alten Wort für ›Sonne‹, beziehen. Bei den Bantu sind lediglich Überreste des Sonnenkultes zu finden.

Bei den Yoruba wird Orun als Sonnengott angebetet, aber offenbar ist diese Verehrung seit langem im Niedergang begriffen.

Im Norden des Yorubalandes wird erzählt, daß eines Nachts die jungen Jäger ein Wild verfolgten, bis sie auf eine Lichtung stießen, auf der sie ein wunderbares Licht sahen, das heller leuchtete als jedes Feuer.

Sie liefen weg und befragten den Wahrsager in ihrer Stadt. Er sprach: ›Vor langer Zeit brachten eure Ahnen der Sonne regelmäßig Opfer dar. Obwohl ihr diese Pflicht vernachlässigt habt, seid ihr immer noch Omo Orun, ›Kinder der Sonne‹, daß heißt, Nachfahren des Sonnengottes.‹ Dann erklärte er ihnen, was sie tun müssen, wie man den Sonnengott anbetet, welche Tabus sie beachten und wie sie ihr Leben führen sollten.

Wegen des Sonnenmythos bei den Mongo-Nkundo-Völkern siehe *Falke; Mokele.*

Der Yoruba-Mythos scheint außerdem das Echo eines älteren Mythos zu sein, in dem Dunkelheit herrschte, bis die Sonne entdeckt wurde.

Wegen des Mythos über den Sonnenwidder in Namibia siehe unter *Widder.*

Sowohl die Khoi (q. v.) als auch die Buschmänner haben einen Mythos, der mit der urzeitlichen Dunkelheit beginnt.

Sonnenvögel (Simbabwe). Die Sonnenvögel sind zwei goldene Vögel, die vor einem Jahrhundert in den Ruinen in Simbabwe von einem der ersten Forscher gefunden wurden. Wahrscheinlich wurden sie in den Resten eines Gebäudes entdeckt, das der Sonnentempel in der uralten Bantu-Religion des Volkes Shona in Simbabwe gewesen sein könnte.

Diese zwei Vögel bilden ein Paar und stellen offenbar zwei Schwalben dar, deren hoher und schneller Flug von vielen Dichtern der alten Bantu-Überlieferung gepriesen wurde, während die Geschichtenerzähler berichten, daß sie sogar noch besser fliegen können als der Adler.

Die Schwalben sind bekanntlich Zugvögel. Etwa Anfang Oktober treffen sie aus Europa kommend in Südafrika ein, wenn der Frühling am schönsten ist und Tausende von Blumen in Blüte stehen. Die Sonne ist auf dem Weg nach oben.

Gemäß des Mythos der Shona gehörten die Sonnenvögel ursprünglich der Göttin Dzivaguru, der Göttin der Erde, der dunklen Nacht und der Regenwolken, der Teiche und Ströme. Die Regenzeit beginnt gewöhnlich ebenfalls im Oktober oder etwas später, wenn die Götter verstimmt sind.

Ohne Sonnenschein können wir nicht leben, aber auch nicht ohne den Regen, aber beides können wir nicht gleichzeitig haben, denn normalerweise regnet es nicht, wenn die Sonne scheint.

In der wohl ältesten Fassung der Bantu-Religion, d. h. der Religion der Völker, die Bantusprachen sprechen, herrschte die große Göttin Dzivaguru, deren Name ›Große Sonne‹ zu bedeuten scheint, sowohl über den Himmel als auch über die Erde.

Die Bantu-Religionen haben viele Mythen, in denen der erste Mann und die erste Frau auf der Erde in Dunkelheit lebten, weil die Sonne noch nicht entdeckt worden war. Die Sonne, die Urquelle des Lichtes, muß erobert werden, damit die Menschen Licht haben, um sich ernähren zu können.

Das Geheimnis der Sonne liegt darin, daß ihr Licht selbst in den dunkelsten Raum eindringt, so wie eine Schwalbe durch ein Haus fliegen kann, bevor man sie zu fangen vermag.

Nosenga (q. v.) fing die Sonnenvögel in seiner Falle, und auf diese Weise brach der Tag an. (Siehe auch *Falke; Lonkundo*.)

Sodza Himmelsgott. Siehe *Ewe; Hua.*

Spinne Siehe *Anansi, die Spinne; Tule, der Spinnengott.*

Sudan Siehe *Dogir; Jok; Mangu; Nuer; Shilluk; Tule; Zande.*

Südafrika Siehe *Hlakanya; Mamlambo; Medizinmann; Nganga; Python; Regenkönigin; Tikoloshe; Tornado; Zombies; Zulu.*

Suk (Religion, westliches Kenia). Die Suk genossen früher einen großen Ruf als wilde Kämpfer, die ca. 1850 sogar die gefürchteten Massai-Samburu schlugen.

Die Suk bilden den ersten Zweig der Stammesfamilie Kalenjin, die ihr ursprüngliches Wohngebiet an den Hängen des Elgon-Berges verließen.

Früher nur Jäger, halten die Suk jetzt Rinder im Kerio-Tal und leben – wenn sie können – mit ihren Nachbarn in Frieden.

Sie glauben an Gott, den sie Tororut nennen und dem sie Tieropfer darbringen.

Gottes Sohn wird Ilat genannt. Er muß seinem Vater im Himmel Wasser holen. Wenn er es verschüttet, regnet es auf der Erde (*ilat* bedeutet ›Regen‹).

Tororuts Segen muß zumindest einmal im Jahr für die Ernte und das Vieh erfleht werden. Ein Ochse wird vom Priester, *tusin*, zum Schlachten ausgewählt. Er reibt das Blut auf die Brust der ausschließlich männlichen Teilnehmer.

In Zeiten der Dürre, der Hungersnot und der Epidemie sind ähnliche Rituale erforderlich, um Gott zu besänftigen.

Krankheiten der Einzelnen werden Oi, dem Krankheitsgeist, zugeschrieben, der ausgetrieben werden kann, indem das Haus des kranken Mannes geräumt wird, woraufhin der Priester den bösen Geist hinauswirft, da er sich nirgendwo mehr verstecken kann.

Tororut hat eine Frau, das Siebengestirn, und einen Bruder, Asis, den Sonnengott.

Tororuts Frau *Seta* hat drei Kinder, Ilat, ›Regen‹, Arawa, ›Mond‹, und Topoh, ›Abendstern‹. Das Erscheinen von Siebengestirn kennzeichnet den Beginn der Pflanzzeit.

Nach dem Tod kann sich der Geist eines Mannes in der Gestalt einer Schlange (q. v.) bewegen. Im Busch dürfen Schlangen getötet werden, aber wenn eine Schlange ein Haus betritt, muß man ihr Milch und Fleisch anbieten, da sie der Geist eines Ahnen ist, der für die Lebenden bei Gott Fürbitte einlegt, um Krankheit und anderes Unheil abzuwenden.

Alte Leute wurden nach ihrem Tod in ihrer Hütte beerdigt, woraufhin die Nachfahren wegzogen. Dieser Brauch stellte keine Härte dar, da diese Menschen ohnedies Nomaden waren.

Der Tod ›infiziert‹ ein Haus. Die Hinterbliebenen scheren sich die Köpfe kahl, aber bei Neumond ist die Trauerzeit beendet.

Sünde In afrikanischen Religionen ist die Sünde ein Verstoß gegen eines oder mehreren von drei Dingen:

1. Gegen eine Vereinbarung, ein Bündnis mit einer Gottheit oder einer Person. Der Yorubagott Orisha-nla erwartet von seinen Anhängern, daß sie sich des Palmweins und der Trunkenheit enthalten. Wer dieses Verbot verletzt, ist ein Sünder.
2. Gegen einen Brauch, eine traditionelle Sitte, ein Tabu oder ein Ritual. Eine Person, die die Zeremonien vernachlässigt, die ihr als Folge ihres gesellschaftlichen oder sakralen Status oblie-

gen, ist ein Sünder und wird von den Gottheiten heimgesucht.

3. Gegen die erwarteten Verhaltensweisen, die eine Person in einer gegebenen Gruppe (heranwachsender Mann, verheiratete Frau etc.) zeigen muß.

   Die Gesellschaft schreibt das Verhalten vor, das normalerweise in Form von Sprichwörtern dargelegt wird, die wiederholt werden, damit sich die moralischen Grundsätze einprägen.

   Die Ewe sagen: ›Gott hilft einem Zauberer nicht.‹

   Die Yoruba sagen: ›Wenn du in der Nacht stiehlst und der König der Erde dich nicht sieht, dann wird dich der König des Himmels sehen. Also hüte dich!‹

   Die Mongo sagen: ›Es ist besser, hungrig zu sein als zu stehlen.‹

   Die Nuer sagen: ›Eine Frau muß ihrem Mann gehorchen.‹

   Die Zulu sagen: ›Der Zauberer wird sich eines Tages selbst vergiften.‹

In Afrika stimmen viele Vorstellungen von der Sünde mit denen anderer Kontinente überein.

Diese Sünden schließen einige Sünden der Zehn Gebote ein: Ehebruch, Diebstahl, Mord, Ungehorsam den Eltern gegenüber, Unehrlichkeit, insbesondere Meineid, das Begehren nach dem Eigentum des Nachbarn oder nach dessen Frauen, und die mißbräuchliche Verwendung eines göttlichen Namens, d. h. in einem unwahren Eid. Afrikaner glauben (wie auch die meisten religiösen Menschen auf der Welt) stillschweigend daran, daß sie keine anderen Götter anbeten dürfen als die, die ihre Eltern sie anzubeten gelehrt haben. Daraus ergibt sich, daß sich acht der zehn Gebote in der Bibel auf Sünden beziehen, die in den traditionellen afrikanischen Religionen generell als solche betrachtet werden.

Sündenfall Die Geschichte des Sündenfalls ist in vielen Teilen Afrikas wohlbekannt.

Die Baganda aus Buganda erzählen, daß Kintu, der erste Mann, und Nambi, die erste Frau, nach ihrer Schöpfung vom Himmel zur Erde hinabreisten. Der Schöpfer hatte ihnen aufgetragen, daß sie nicht versuchen dürften, zurückzukehren, denn es würde somit ein großes Unglück geschehen.

Während ihrer langen Reise nach unten fiel der Frau, die ihr Huhn, ihrem wichtigsten Besitz, bei sich trug, um auf der immer noch brachliegenden Erde überleben zu können, plötzlich ein, daß sie die Hirse vergessen hatte, um ihr Tier zu füttern. Also stieg sie trotz wiederholter Warnungen ihres Mannes zurück. Nachdem dieser lange Zeit gewartet hatte, sah er sie schließlich am Horizont wieder erscheinen. Auf ihrem Kopf trug sie einen Korb voll Hirse.

Sie erreichten die Erde, und Kintu begann, eine Hütte zu bauen, in der sie sich niederließen. Die Frau fütterte ihre Henne mit dem Korn und pflanzte einige der himmlischen Samen in die Erde. doch am

Boden ihres Korbes fand sie eine Schlange.
Das war der Tod, der mit den beiden im Korb vom Himmel gekommen war. Seit dieser Zeit sterben die Menschen.
Die Yoruba erzählen, daß am Anfang der Himmel direkt über unseren Köpfen hing, so daß die Menschen ihn berühren konnten, aber es wurde ihnen gesagt, daß sie den schönen, klaren Himmel nur mit sauberen Händen anlangen dürften.
Eines Tages berührte eine Frau den Himmel mit schlammverschmierten Händen, und der Himmel zog sich mit allen Göttern, die in ihm lebten, an einen für die Menschen unerreichbaren Ort zurück, die seitdem sterben müssen. (Siehe auch *Schöpfung*; *Tod.*)

Sunjata (Mandinka, Gambia, Mali). Sunjata (Sonjara, Soundiata) war ein Prinz aus der Dynastie der Keita (Kaita, Keta) im alten Mali und wahrscheinlich sein Gründer.
Seine langen Feldzüge, um das Reich Mali zu gründen und seinen lebenslangen Feind, den alten König Sumanguru, zu besiegen, fanden wohl ca. 1235 statt. Die Folge von Sunjatas Eroberungen war, daß seine Hauptstadt Niani die reichste Stadt im westlichen Sudan wurde. Das Herzland des Königreiches Mali lag zwischen den Flüssen Senegal und Niger.
Die Heldentaten des Sunjata und seine zahlreichen mit Zauberkraft durchgeführten Kämpfe mit dem Tyrannen Sumanguru wurden das Thema einer umfangreichen epischen Überlieferung, die in allen Ländern bekannt ist, wo Mande und seine Dialekte gesprochen werden, hauptsächlich in Mali, Senegal und Gambia.
Sunjata war der Sohn des Fata Kung Makhang, dessen Wahrsager ihm riet, Sankarang Madiba Kontes Tochter Sukulung zu heiraten, was er auch tat.
Bald wurde sie schwanger, aber dieser Zustand hielt sieben Jahre an. Sunjata wurde schließlich geboren, aber er konnte erst mit sieben Jahren laufen.
Als er erwachsen war, zog er die Hose an, die für den König von Mande gedacht war. Kein anderer konnte sie tragen.
Als sein Vater starb, wurde Sunjata Jäger (sein Name bedeutet: Schleichender Löwe). Er war so großzügig, daß er sich einmal ein Stück von seinem Bein abschnitt, um seinem hungrigen Gefährten etwas zu essen zu geben.
Sunjata erfuhr, daß Sumanguru seine (Sunjatas) Brüder getötet und sich das Königreich widerrechtlich angeeignet hatte. Sumanguru sollte angeblich ein Dschinn sein, den man nicht wie einen Menschen töten konnte, sondern nur mit Hilfe von Magie.
Sunjatas Schwester Nyakhaleng Juma Suukho bot sich an, sich Sumanguru für eine Nacht hinzugeben, um das Geheimnis seines Lebensgeistes herauszufinden.
Sumanguru verliebte sich in sie und offenbarte ihr, daß sein Vater,

ein siebenköpfiger Dschinn, nur mit dem Sporn eines weißen Hahnes getötet werden konnte, der mit bestimmten Blättern und einem Zauberpulver auf einen Pfeil gelegt werden mußte.

Wenn der Dschinn, der Vater des Sumanguru, von diesem Pfeil getroffen würde, würde er sterben, und sein Sohn Sumanguru würde all seine magischen Kräfte verlieren. Dann würde er ein Palmbaum, ein Ameisenhügel, ein Wirbelsturm und schließlich ein Singvogel werden.

Juma weihte ihren Bruder Sunjata in das Geheimnis seines Feindes ein.

Er fand den Hahn, die Blätter und das Pulver. Er schoß den Pfeil ab, traf den Dschinn, der daraufhin starb.

Sunjatas Männer gingen in die Festung hinein, aber sie fanden keinen Mann.

Juma sagte: ›Er ist in diesem Palmbaum!‹ Sie fällten ihn, aber Juma rief: ›Dort, er ist in diesem Ameisenhügel!‹ Sie zerstörten ihn, aber plötzlich tobte ein Wirbelsturm und flog davon. Mit ihren Schwertern gingen sie in ihn hinein, aber es blieb nur noch ein Singvogel zurück.

Der flog in den Wald und verhöhnte sie. Aber Sunjata war jetzt König über alle Manding.

Swahili (Schöpfungsmythos, Kenia). Am Anfang gab es jahrhundertelang nur einen Gott. Als Er entschied, Licht zu schaffen, brach der erste Morgen heran. Licht verbreitete sich in allen Farben des Regenbogens bis zu den Horizonten des Nachthimmels, und der Herr fand Vergnügen an seiner Schönheit.

Aus diesem Licht erschuf Er die Seelen aller Menschen, die in der Zukunft leben würden, denn Gott wußte bereits alles, was noch nicht eingetreten war.

Zuerst wurden die Seelen der Propheten geschaffen, dann die Seelen der Heiligen und der heiligen Männer, der gläubigen und treuen Anhänger des Einen Gottes, die nur für Ihn leben würden. Ihre Seelen glänzen auf ewig in der Dunkelheit.

Nach ihnen schuf der Herr die unzähligen Seelen der gewöhnlichen Menschen gleich dem Sternenstaub am Himmel, dem silbernen Fluß der Nacht.

Auch die Engel wurden aus Licht erschaffen, so daß sie niemals lügen können, denn ihre strahlenden Körper sind durchsichtig, so daß sie nur Reinheit enthalten und keinen anderen Wunsch haben, als Gott anzubeten und den Menschen zu helfen.

Nach dem Licht schuf Gott sieben bedeutende Dinge: das Firmament, den Thron, den Federhalter, das Buch, die Trompete, das Paradies und das Höllenfeuer.

Zuerst schuf er das Firmament, Arishi, das sich wie ein Zelt oder Pavillon über den riesigen und unveränderlichen Thron, Kurusi, auf dem der Herr wohnt, erstreckt.

Als nächstes schuf Gott den Federhalter, der vom Himmel zur Erde hinabreicht und Tag und Nacht das Schicksal und Los aller Männer und Frauen aufschreibt.

Dann das Buch, das gutbehütete Dokument, in dem alle Ereignisse, die je stattfinden werden, für alle künftigen Jahrhunderte niedergeschrieben werden, so daß immer, wenn ein Unglück eintritt, der fromme Mann sich nicht gegen Gott erhebt, sondern erklärt: Es steht geschrieben, es ist Sein Wille!

Danach schuf er die Trompete des Jüngsten Tages, die das Ende der Welt und Gottes Jüngstes Gericht über alle Seelen, die Er geschaffen hat, verkünden wird.

Dann schuf Gott das Paradies, den Garten der Freude, wo die guten und gehorsamen Seelen in ewiger Glückseligkeit leben und Gott und sich gegenseitig lieben werden.

Dann schuf Gott das große Feuer der Hölle, Jahannamu oder Gehennom, wo die Bösen in ewiger Qual leben und bewußt leiden werden.

Unter Seinem Thron schuf Gott einen riesengroßen Baum, die Zeder des Endes. Auch über das Wesen dieses Baumes herrscht bei den Gelehrten Unstimmigkeit.

An ihm hängen Millionen von Blättern, einige frisch und grün, andere alt und welk: unsere Leben. Auf jedes Blatt hat Gott einen Namen geschrieben, denn Er kennt jeden von uns mit Namen.

Wenn Gott es will, fällt ein Blatt herunter, aber bevor es die Erde erreicht, erscheint ein Engel, liest den Namen auf dem Blatt und informiert den Todesengel. Der Todesengel, in Swahili *Nduli Mtwaaroho*, der Nehmer der Seelen, genannt, steigt unverzüglich auf die Erde herab, findet den Träger des Namens, wo immer sich dieser versteckt hält und vor dem Nahen des unvermeidlichen Todes zittert, und verkündet: ›Deine Stunde ist gekommen, deine Zeit ist abgelaufen.‹ Der Tod wird dann umgehend Körper und Seele trennen, denn er duldet keinen Aufschub.

Schließlich schuf Gott die Erde und die Sonne, die über ihr aufgeht. Die Erde war ein riesiger Ozean, und die warmen Sonnenstrahlen ließen den Nebel aufsteigen und sich zu farbigen Wolken verdichten, die von einem Ende des Himmels zum anderen zogen.

Dann befahl Gott den Kontinenten, aus dem Ozean emporzukommen. Sie traten zum Vorschein: Arabien, Ajamia (= Iran), Indien und die Swahiliküste, die die Weißen Afrika und die Araber Biladu-z-Zanji, das Zanji-Land, nennen. Dort gibt es Sandstrände, weite Ebenen und hochragende Gebirge, die die Wolken durchdringen. Dann rief Er die Inseln herbei, und diese erhoben sich ruhig inmitten der schäumenden Wellen, umgeben von Korallenfelsen.

Als Gott das öde Land begutachtete, ließ Er die grüne Pflanzenwelt sprießen. Hohe Bäume erhoben sich und bildeten Wälder und bedeckten die steilen Bergwände. Wogen von gefiederten Gräsern schmückten die Hügel, Reihen von

raschelnden Palmbäumen neigten sich an der Seeküste entlang.
Dann ließ Gott die Sonne im Westen untergehen, malte den Himmel rot und golden an und entfernte das Licht aus der Welt. Er hing zahlreiche helle Lampen am Himmel auf, die Er Sterne nannte, und ließ jeden von ihnen seine Bahn ziehen, die Er ihnen zuwies. Nur Er allein weiß, wie viele Sterne es gibt und wohin sie gehen. Für Gott ist alles einfach, denn der unergründete Himmel ist weit unter Seiner Gegenwart.
Dann schuf Gott den riesigen Hahn mit den vielfarbigen Federn. Er steht am Himmel und kräht jeden Morgen vor der Dämmerung, so daß die Hähne auf der Erde ihn hören können. Auch sie beginnen zu krähen, und die Menschen wissen dann, daß es Zeit ist, aufzustehen und den Herrn zu ehren.
Nach dem Krähen des Hahnes ging die Sonne auf, und der Tag begann auf der Erde, die wie ein flacher Pfannkuchen aussah und im Welt-Ozean trieb.
Jetzt schuf Gott die Tiere, die er in vier Gruppen einteilte: jene, die schwimmen, deren König der Wal ist; jene, die kriechen, deren König die Python ist; jene, die fliegen, deren König der Adler ist; und jene, die sich auf vier Beinen bewegen, deren König der Löwe ist.
Gleichermaßen gibt es vier Gruppen von Geschöpfen, die mit Intelligenz versehen sind: die Engel, die aus Licht geschaffen wurden; die Dschinne oder Windgeister aus dem Element Luft; die Satane oder bösen Geister aus Feuer; und schließlich die Menschen aus Erde.
Gott weiß, was all seine Geschöpfe essen, und stellt sicher, daß jedes seine Nahrung erhält.
Alle Seine Geschöpfe werden geboren und müssen darum auch sterben, denn niemand lebt ewig außer Gott selbst.
Er ernährt ein Geschöpf mit dem anderen. Demgemäß ist es richtig, daß wir essen, was Gott uns als Nahrung bestimmt hat: die Tiere, die Er Adam zu zähmen oder zu jagen gelehrt hatte.
Die flache Erde mit dem sie umgebenden Welt-Ozean ist wie eine gefüllte Untertasse, die Gott auf die vier Hörner eines Stieres (einige sagen, es sei eine Kuh, aber nur Gott allein weiß es) gestellt hat. Dieser Stier steht auf dem Rücken eines großen Fisches, der in einem anderen Ozean schwimmt, dessen Tiefe ein Mensch nie ergründet hat.

Swazi (Swaziland). Die Swazi oder Swati glauben an einen Gott im Himmel, Mkulumncandi, Der Große Erste; und seinen Boten, Mlentengamunye, Ein-Bein. Aber beide werden von ihnen nicht angebetet.
Auch die Sonne ist ein Gott, und seine Frau, der Mond, folgt ihm jeden Monat nach einer Zeit der Unsichtbarkeit. Das geschieht dreizehnmal in jedem Sonnenjahr. Es wird geglaubt, daß der Swazi-König von der Sonne abstammt, so daß seine Familie die Mlangeni,

die Menschen der Sonne, genannt wird.

Einmal im Jahr, wenn Mais, Flaschenkürbis und Gartenkürbis reif sind und der Mond voll ist, wird das Große Incwala gefeiert, ein bedeutendes Fest, das sechs Tage dauert, währenddessen dem König neue Kraft und Energie verliehen wird, um dem neuen Jahr gegenüberzutreten. Am letzten Festtag sollte Regen fallen, um das Feuer zu löschen, in dem der König Gegenstände verbrennen muß, die das vergangene Jahr symbolisieren.

Die Ahnen, *emadloti*, haben angeblich große Macht inne. Sie können Träume senden, und sie beschäftigen sich mit der Gesundheit und dem Wohlstand ihrer Nachkommen.

Wenn ein Angehöriger mit der Familie einen Streit anfängt oder seine Pflichten seinen Verwandten gegenüber vernachlässigt, können ihm die Ahnen böse Träume, Armut oder Krankheit schicken.

Für Verbrechen wie Inzest zwischen den nächsten Angehörigen oder Mord an einem engen Verwandten können sie als Strafe den ›Biß der Toten‹ auferlegen.

Die Ahnen einer Person väterlicherseits wachen über die Einhaltung seiner moralischen Pflichten. Die Ahnen mütterlicherseits versuchen, ihre Nachkommen auf der Erde vor Schäden zu bewahren.

Ahnen können ihren Nachkommen während des Tages in der Gestalt von Schlangen erscheinen. Die große afrikanische Mamba ist die Manifestation des Geistes eines toten Königs.

Wegen der Deutung solcher Omen müssen die Swazi die Wahrsager, *tangoma*, aufsuchen.

Es gibt keine geweihten Priester. Jedes Familienoberhaupt muß die guten Beziehungen mit den Ahnen zugunsten seiner Söhne aufrechterhalten, und nach seinem Tod übernimmt sein ältester Sohn diese Aufgabe. Auch Mutter-Ahnen werden regelmäßig angerufen, da Mütter in der Gesellschaft einen hohen Status genießen. Der König ruft seine Ahnen zugunsten des Volkes an.

T

Tabak (Kamba, Kenia). Eines Morgens fand ein Mann Stachelschweinstacheln auf seinem Feld. Daraus folgerte er, daß ein Stachelschwein gekommen war und seinen Mais gefressen hatte.
In der nächsten Nacht versteckte er sich, und tatsächlich sah er ein Stachelschwein. Er traf es zwar mit seinem Speer, aber es konnte mitsamt dem Speer entkommen. Er verfolgte das Schwein, bis es in einem Loch im Boden verschwand. Er stieg in das Loch hinunter und fand sich in einem langen Tunnel wieder. Dieser schien kein Ende zu nehmen, aber der Mann gab nicht auf und ging zwei Tage lang, bis ihn der Tunnel in eine üppige Landschaft führte.
Plötzlich sah der Bauer seinen Vater, der seit Jahren tot war. Sie begrüßten sich, und der Sohn fragte den Geist seines Vaters, ob er seinen Speer gesehen habe (der einst das Eigentum seines Vaters gewesen war).
Der Vater antwortete: ›Das Stachelschwein, das du getroffen hast, war deine Mutter.‹
›Wo ist sie?‹
›Dort drüben im Dorf. Du kannst hingehen und sie begrüßen.‹
Der Bauer ging weiter und betrat die erste Hütte des Dorfes. Dort sah er seinen Speer in einer Ecke, und dort war der Geist seiner Mutter, der auf ihrem Stuhl saß.
Sie erkannte ihn wieder und fragte ihn, wie es ihm ging.
Er fragte, wie es ihr ginge, und sie sagte: ›In der vergangenen Nacht wurde ich von diesem Speer getroffen.‹
Der Sohn fragte sie, was er ihr schenken könnte, um es wiedergutzumachen. Er entschuldigte sich auch und sagte: ›Ich habe nicht gewußt, daß das Stachelschwein meine Mutter war. Bitte verzeih mir.‹
Sie sagte: ›Leg einen Stein ins Feuer.‹
Er gehorchte, und als der Stein heiß war, sah er plötzlich seinen besten und fettesten Widder in der Unterwelt erscheinen, die einen zweitägigen Marsch von seinem Haus entfernt lag.
Niemand kann erklären, wie Dinge in der Geisterwelt geschehen.
Der Widder diente dem Geist seiner Mutter als Opfer, und der Sohn erhielt jetzt seinen Speer zurück.
Als Abschiedsgeschenk reichte seine Mutter ihm eine Dose und einen Beutel mit Samen. ›Diese Dose enthält Schnupftabak‹, erklärte sie, ›den die Leute gerne schnupfen werden. Er ist aus den getrockneten Blättern einer Pflanze, von der dies die Samen sind. Säe sie aus und zerstoße die getrockneten Blätter zu Pulver, das du für viel Geld verkaufen kannst. Es wird dich reich machen. Diese Pflanze wird Tabak genannt. Schließe deine Augen.‹
Als er seine Augen wieder öffnete, war er auf der Erde.

Tabu Das Wort Tabu leitet sich aus dem polynesischen *tapu* ab, das ›unberührbar‹ bedeutet.

Wenn zum Beispiel jemand einem König gegenüber das falsche Wort gebrauchte, wurde er *tapu*, jemand, den man aus dem Wege ging und der für immer ins Exil gehen mußte. Der Grund dafür war nicht, weil der König beleidigt war oder weil er zu grob oder zu beschränkt war, um geduldet zu werden, sondern weil ihm Unglück zugeschrieben wurde. Er war mit Gefahr infiziert, und das konnte nicht ›verziehen‹ werden.

Das Swahiliwort dafür ist *kisirani*, eine Person, die durch ihre bloße Anwesenheit Unglück im Haus verbreitet, als hätte sie Krankheitserreger.

Niemand trägt Schuld daran, abgesehen von dem unsichtbaren schwarzen Dämon, dessen Anwesenheit nur vermutet werden kann und der auf dem Nacken der Unglück bringenden Person sitzt.

Einige Könige ließen die Überbringer schlechter Nachrichten hinrichten, weil Unglück an ihnen haftete, wie die Boten selbst wußten, und darum erklärten sie sich einverstanden, getötet zu werden, denn wer kämpft gegen sein Schicksal an?

Das Kikuyu-Wort für Tabu lautet *thahu* und wird im Benson's Wörterbuch wie folgt erklärt: ›Zeremonielle Unreinheit, hervorgerufen durch Verletzung der Stammesregeln; Zustand psychosomatischer Erkrankung, der auf das Brechen eines Tabus zurückzuführen ist oder auf ein Mißgeschick einer Person, das die Verstimmung der Ahnengeister zur Folge hat. Freiheit aus dieser sich zugezogenen Unreinheit kann nur durch zeremonielle Reinigung erreicht werden, im Falle von Tieren durch Schlachtung oder durch die Zerstörung und den Wiederaufbau eines Hauses.‹

Gemäß der Völker Chuka und Mwimbe am Kenya-Berg wird *thahu*, rituelle Unreinheit, durch eine der sieben folgenden Fälle hervorgerufen:

1. Das Berühren einer Leiche, z. B. durch das Tätigsein als Leichenbestatter für die Familie. Wenn jemand stirbt, muß jemand die Leiche ›hinauswerfen‹, d. h. aus dem Haus und in den Busch tragen, wo sie zurückgelassen wird.
   Also wird jemand durch eine gute Tat für seine Familie tabu.
   Ebenso wird ein Mann, der Mord oder Totschlag begeht, für die anderen tabu oder *thahu*, was zeigt, daß Unreinheit nichts mit moralischen oder hygienischen Aspekten zu tun hat, sondern daß sie einfach durch die Berührung mit dem Tod ohne Rücksicht auf Krankheit oder Absicht verursacht wird.
2. Das Töten einer Hyäne oder eines anderen ›Namentieres‹, d. h. eines Clantotems.
3. Der Beischlaf mit einer Frau während ihrer Menstruation.
4. Wenn ein Kind auf das Ehebett springt oder wenn das Bett von

allein entzweibricht, befindet sich der Besitzer in einem Zustand des *thahu*, der Unreinheit.
5. Wenn eine Hyäne ihren Kot außerhalb des Hauses zurückläßt.
6. Wenn eine Frau über die Beine ihres Mannes gestiegen ist.
7. Wenn ein Baum auf einen Mann gestürzt ist, oder wenn seine Hütte eingefallen ist.

In all diesen Fällen wird der Medizinmann, *mundu mugo*, gerufen, und die betroffene Person muß sich einer Reihe von komplizierten Riten unterziehen, damit die ›Verunreinigung‹ beseitigt wird.

Solange das nicht geschehen ist, weigert sich die Gesellschaft, diese Person mitten unter ihnen zu dulden. Sie muß sich freinehmen, um den ›Doktor‹ aufzusuchen, damit die ›Ansteckung‹ beseitigt wird.

Die meisten dieser Vorfälle, die einen Zustand des Tabuseins verursachen, sind mit dem Tod verknüpft.

Die Hyäne zum Beispiel frißt die Körper der Toten.

Der Zusammenbruch eines Hauses oder Bettes wird von jedermann als Unglück angesehen.

Die Fälle, in denen das Kind auf das Bett springt oder die Ehefrau über die Beine ihres Ehemanns geht, stehen zweifellos symbolisch für die Angst vor der Unfruchtbarkeit.

Tabus können sich auch auf Dinge beziehen, die nicht berührt werden dürfen.

In islamischen Gesellschaften ist es *haramu* (tabu, verboten), Schweinefleisch und Wein anzurühren. Das ist keine Gesundheitsregel, da die Anwendung von Alkohol zum Desinfizieren einer Wunde gleichermaßen unstatthaft ist.

Fleisch muß *halali* (=koscher) sein.

Jede Person, die zu einem Clan mit einem Totem (›Clanname‹) gehört, darf das jeweilige Tier nicht essen. Jemandem namens *Nyati* (›Büffel‹) ist es also verboten, Büffel zu jagen und zu essen.

Talismane Ein Talisman ist ein Gegenstand, der seinen Besitzer beschützt und ihm Stärke, gute Gesundheit und magische Kraft verleiht.

Der Ursprung des Wortes Talisman ist das griechische *telesmena*, wörtlich ›Vollendung‹, d. h. des Rituals, das notwendig war, um den Talisman zum Funktionieren zu bringen.

Aus diesem Wort machten die Araber *tilism*, aus dem das Swahili-Wort *tilisimu* abgeleitet wurde, obwohl das gebräuchliche Substantiv *dawa*, ›Medizin‹, heißt (q.v.; siehe auch *Amulette; Fingo*).

Amulette sind passive Gegenstände, d. h. sie schützen ihren Besitzer lediglich vor Unheil, während ein Talisman demjenigen Schaden zufügen kann, der den Träger angreift, indem er das Unheil auf ihn ›zurückwirft, insbesondere wenn es sich um einen magischen Angriff eines Zauberers oder einer Hexe handelt.

In Afrika haben getrocknete Grillen und Echsenschwänze magische Kraft und werden von den Fetisch- und Amuletthersteller oft verwandt.

Das Haar eines Elefanten wird als sehr mächtiger Talisman angesehen, weil Elefanten über einen starken Geist verfügen.

In Zentralafrika wird dieses Haar vom Schwanz des Elefanten genommen und von Frauen, die sich Söhne wünschen, wie ein Fingerring getragen.

In Uganda tragen einige Frauen Giraffenschwänze, die an ihren Gürteln wie Schwänze an ihrem Hinterteil hängen und die sie auf dem Weg zum Markt hin und her bewegen. Dies macht sie unwiderstehlich, und sie ziehen garantiert einen Liebhaber an.

In Nordafrika glaubt man, daß die Hand von Fatima der wirksamste Schutztalisman vor dem Bösen Blick (q. v.) ist. Es sind Metallplatten, in die das Zeichen eines Himmelskörpers graviert sind, z. B. die Sonne (Gold), der Mond (Silber), Mars (Kupfer) und Jupiter (Eisen), und die den Träger vor Unheil schützen.

In Ostafrika schreiben die Mallams vorzugsweise freitags, Abschnitte aus dem Koran auf Fetzen aus Papier, die sie in Stoff wickeln und für viel Geld verkaufen. Das Ganze wird Kindern um den Hals gehängt.

Es gibt auch sehr kunstvoll gearbeitete Silberkästchen, die ganze Kapitel enthalten, *hirizi*.

Eine andere Art Talisman ist der sogenannte ›Charm‹, ein magischer Gegenstand mit einer Kraft, die um eine Stufe stärker ist als die eines Amulettes (q. v.). Während Amulette lediglich den Träger vor bösen Einflüssen schützen, übt diese Art Talisman (so wurde uns erklärt) einen positiven oder negativen Einfluß auf die Person oder das Tier aus, die das Ziel dieses Einflusses darstellen. Selbst in Gegenden, in denen afrikanische Religionen gänzlich durch das Christentum oder den Islam ersetzt wurden, werden ›Charms‹ immer noch gebraucht. Das Hausa-Wort *laya* kommt wahrscheinlich von *al-aya* ›ein Wunder, ein Vers aus dem Koran‹. Solche werden in West- und Ostafrika am häufigsten für die Herstellung von ›Charms‹ verwendet. Auf Swahili wird er *azima* genannt. *Hirizi* ist das gebräuchliche Wort für beschützende Amulette; *tego* ist ein besonderer Talisman, der eine Ehefrau davon abhält, Ehebruch zu begehen (siehe *Uchawi*).

In Tansania stahl einmal ein Dieb einem Mann die Uhr. Unglücklicherweise war dieser Mann ein Magier, der ein *kibabi* machen konnte, einen besonderen Zauber, der auf Diebe wirkt. Die Folge war (wie mir erzählt wurde), daß die Uhr den Dieb am Handgelenk verletzte, so daß er sie, zitternd vor Angst vor Vergeltungsmaßnahmen, zurückbrachte.

In Zaïre gibt es einen besonderen Spiegel, der es dem Besitzer ermöglicht, die Geister zu sehen (siehe *Tebo*). *Nkondi* ist das Kigongo-Wort für einen ›Charm‹, der gestohlenes Eigentum zu seinem Besitzer zurückbringt. *Kapiangu* ist ein besonderer ›Charm‹ (siehe *Nkisi*) im westlichen Zaïre, der Diebe solange verfolgt, bis sie tot umfallen. Diese Art von Talisman gehört bereits in die Klasse der Fetische (q. v.). Für Männer und Frauen gibt es in Afrika zahlreiche Liebeszauber. Einige sind Aphrodisiaka, d. h. sie müssen gegessen oder getrunken werden und werden häufig aus den außergewöhnlichsten Zutaten hergestellt. Bei einigen handelt es sich um geschriebene Talismane in arabischer Schrift, die an dem Platz versteckt werden, wo der Geliebte wahrscheinlich sitzen oder schlafen wird.

Tanit (Göttin, Tunesien). Die alte Göttin Tanit kann wohl Berberursprungs sein. Ihr Kult war in Nordafrika bereits weitverbreitet, bevor die Phönizier kamen und ihr Nordafrikanisches Reich gründeten.

Sie setzten Tanit bald mit Astarte gleich, der biblischen Ashtaroth (Richter 2:13-17), der Gattin des Baalim (1. Samuel 7:3-4). Baalim war der phönizische Baal, dem in Nordafrika noch lange nach dem Aufkommen des Christentums weitverbreitete Verehrung zuteil wurde.

Der Widder-Gott Baal-Hammon wurde mit dem ägyptischen Ammon-Ra, dem hellenischen Ammon-Zeus oder Ammon Jupiter gleichgesetzt, der von den Ammonitern im heutigen Amman in Jordanien angebetet wurde.

Wahrscheinlich setzten die Griechen und Römer aus diesem Grund Tanit mit Hera-Juno, Jupiters Gattin, gleich, der Göttin der Ehe, des Hauses und der Familie.

Jedoch wird Ashtareth (1. Könige 11:4-8) oder Astarte gewöhnlich mit Venus-Aphrodite, der Göttin der Liebe, auch der geschlechtlichen, gleichgesetzt.

Astar-te bedeutet Stern, insbesondere Venus, und eines der Symbole der Tanit scheint die Mondsichel zu sein, die gebräuchliche Darstellung des Planet Venus, in Hausa Matar-Wata, ›die Gattin des Mondes‹, genannt. Die Sichelform der Venus kann von einigen scharfsichtigen Menschen gesehen werden.

Die Symbole der Göttin Tanit, die an den archäologischen Plätzen Nordafrikas gefunden wurden, deuten darauf hin, daß sie mit Aphrodite-Venus identisch war.

Die Taube (q. v.) als ein Symbol der Liebe findet in Ägypten noch immer Verwendung.

Ein Swahili-Sprichwort heißt: Zwei Tauben ernähren sich gegenseitig, wenn sie sich lieben.

Der Palmbaum als das Symbol der Jugend, Schönheit und Fruchtbarkeit ist das zweite Emblem der Venus.

Der Granatapfel ist ein wohlbekanntes Symbol der sinnlichen Liebe und Befruchtung. Ein Swahili-Lied handelt von seinem Symbolismus.

Das vierte Symbol ist der Fisch. Als Herrscherin über das Tierkreiszeichen Fisch ist Venus die Göttin der Fischer, der Stella Maris oder der Leitstern der phönizischen Seefahrer.

Tanzania Siehe *Bena; Majimaji; Besessenheit; Zauberei; Zara*mo.

Taube.

Tauben sind in Afrika weitverbreitet. Sie werden in ungefähr ein halbes Dutzend Arten unterteilt, einschließlich der mediteranen Ringeltaube (*Streptopelia decaocto*) und der orientalischen Haustaube (*Str. risoria*) Nordafrikas. Die letztgenannte ist auch in Ostafrika, besonders in Kenia, heimisch, wo sie wie im alten Griechenland ein Symbol der gegenseitigen Liebe darstellt.

Bei den Swahili taucht in Liebesliedern oft ein Taubenpaar auf, das sich gegenseitig hilft und alles miteinander teilt.

Für das Volk Yoruba ist die Taube ein sehr wichtiger Vogel, der bei den rituellen Opferungen Ehre und Wohlstand symbolisiert.

In einem Mythos der Yoruba heißt es, daß die Taube ursprünglich ein Waldvogel war, dessen Klagen, keine Kinder zu haben, überall gehört wurden. Also erschien Eji Ogbe, der König der Odu-Gottheiten, hatte Mitleid mit der Taube und versprach ihr Kinder, wenn sie seinen Rat befolgen würde.

Die Taube gehorchte ihm und baute ihr Nest gleich neben seinem Haus. Eji Ogbe bestimmte, daß sie immer zwei Jungen auf einmal bekommen würde, und folglich wurde sie die Mutter von Zwillingen.

Es folgt ein Abschnitt aus dem Lied der Taube, *Eshe Eyele* auf Yoruba, eine herrliche Hymne an die Natur: ›Sie weinte im Busch, die Taube Eyele;/ Ihr Nest war ohne Babytauben, denn sie war kinderlos./ Sie opferte zwei Hühner, zwei Eier und zwei Bananen;/ als sie bald darauf zwei Babyvögel bekam, dankte sie Gott, der ihr sie geschenkt hatte.‹

Taufe Bei den Zionisten spielt die Taufe eine zentrale Rolle. Vorzugsweise findet sie im Indischen Ozean statt, weil der Ozean den mächtigsten Geist (oder ist es der größte Gott?) aller südafrikanischen Gewässer besitzt – der Atlantik ist von den religiösen Zentren in Natal und the Rand zu weit entfernt. Aus allen Teilen Transvaals und Natals kommen die Gläubigen sonntags bei Sonnenaufgang in Bussen angefahren. Zuerst bilden sie einen Kreis, und mit Kerzen in den Händen singen und tanzen sie, während sie Gott preisen. Dann entkleiden sie sich und werden einzeln von dem Prediger zur Taufe durch Eintauchen in das Meer aufgefordert, damit der Meeresgott ihre Sünden und die bösen Geister beseitigen kann, die von ihnen vielleicht Besitz ergriffen haben. Der Prediger schlägt die Taufanwärter, während sie untertauchen, in der Hoffnung, daß er die bösen Geister aus ihren Körpern austreiben könne. Die ganze Zeit über predigt er redegewandt weiter. Schließlich taucht er sogar selbst in die Brandung ein, um sich von allem Bösen zu reinigen. Er predigt immer noch, aber jetzt scheint er sich in Trance zu befinden und es ist, als ob die Gottheit durch seinen Mund sprechen würde. Offenbar hat die Taufe hier eine neue Bedeutung gewonnen. Es handelt sich nicht um eine einmalige Tod-Wiedergeburt in die neue Gemeinschaft Christi. In Südafrika ist die Taufe zu einer regelmäßig notwendigen Reinigungszeremonie geworden, um die Gläubigen von Sünde und von Teufeln zu erlösen.

Tebo (Kongo, Angola-Zaïre). *Tebo*, Plural *matebo*, ist eine Art böser Geist bei den Bakongo im westlichen Zaïre und den benachbarten Gegenden.

Sie erzählen die folgende Geschichte:

Ein Mann hatte viele Ziegen und Schweine. In einem Unglücksjahr brach eine Krankheit aus, an der seine Schweine starben. Im gleichen Jahr trugen Leoparden seine Ziegen fort. Sein Hof war nun leer und still!

Danach hörte er das Blöken und Grunzen nur noch im Hof seines Nachbarn, und sein Herz wurde schwarz vor Neid.

Ein *kindoki*, ein böser Geist, war König über sein Ohr geworden, so daß er nichts anderes mehr hörte. Er grübelte über den Reichtum seines Nachbarn und verweigerte jede Nahrung.

Schließlich nahm er sein Gewehr und ging in den Wald, wo er einen Leoparden aufspürte. Nach vielen Stunden stellte er ihm einen Hinterhalt und schoß ihn nieder. Er schnitt ihm den Bauch auf und nahm die Galle heraus. Diese schmierte er an den Rand eines Kruges und lud seinen Nachbarn zu einem Krug Bier ein.

Bald darauf wurde sein Nachbar krank und starb an Magenschmerzen. Seine Frau suchte den Wahr-

Tebo-Maske (Angola).

sager (q. v.) auf, der ihr offenbarte, daß der neidische Nachbar der Missetäter war.
Er wurde der Giftprüfung unterzogen: In einen Käfig gesperrt wurde er gezwungen, *nkasa*, die giftige Rinde eines Baumes, zu trinken. Er starb, aber die Ahnen des Clans verweigerten seiner Seele den Zutritt zu ihrer Totenstadt.
So wurde die Seele des Zauberers ein *tebo*.
Tebos, häßliche Zwerge, deren Haut aschfarben und runzelig wie bei Warzenschweinen ist, wandern um ihre alten Häuser herum und jagen den Dorfbewohnern Angst ein, wann immer sie sichtbar sind.
Wenn man einem *tebo* auf einem einsamen Weg im Wald begegnet, ist es bereits zu spät.
Der *tebo* wird auf sein Opfer springen, ihn totprügeln und in seine Höhle zerren, wo er ihn verschlingt.
Tebos stehlen auch Schweine und Ziegen aus dem Dorf, was sie ungesehen tun können. Nur einige *ngangas* (Medizinmänner) besitzen ein *nkisi* (q. v.), mit dem sie einen *tebo* in der Dunkelheit erkennen können, selbst wenn er die Gestalt eines Leoparden oder Geiers angenommen hat und auf einem Baum sitzt.
Einige Zauberer versklaven *tebos* mit starken *nkisis* und können sie zwingen, ihre Morde für sie unsichtbar und unverdächtigt durchzuführen.

Tempel In der Neuzeit wird ein Tempel als ein Platz für Meditation (›Tempel der Weisheit‹), Einsichten, Gebete und die Anbetung angesehen.
Doch die ursprüngliche Funktion eines Tempels bestand sowohl in Europa als auch in Asien darin, die Gottheit zu beherbergen.
Normalerweise war den Anbetern nicht einmal der Zutritt zu dem Tempel erlaubt, und nur der oberste Priester war befugt, allein das innere Heiligtum zu betreten.
Der Tempel dient in erster Linie als das Haus Gottes. Die Gläubigen bleiben draußen und warten geduldig, bis sie an der Reihe sind und ihre Opfer angenommen werden und, wie in Buganda und Ghana, die Gottheit ein Orakel als Antwort auf ihre dringlichen Fragen gibt (siehe *Orakel; Opfer*).
Das Medium (q. v.), die Person, die von der Gottheit besessen ist (siehe *Besessenheit*) und somit die göttlichen Worte ausspricht, lebt im Tempel oder ist an besonderen Tagen dort anwesend.
Viele afrikanischen Völker haben keine Tempel, sondern Schreine, d. h. kleine Bauten, wo die Gläubigen, gewöhnlich die Nachkommen des Geistes, der in dem Schrein lebt oder darunter begraben liegt, Nahrung, Bier und andere Opfergaben hinstellen.
Die Gläubigen hoffen, die mächtigen Geister günstig zu stimmen und zu besänftigen.
Diese Schreine werden im französischsprechenden Afrika *maisonettes d‹esprits* (siehe auch *Geister*) genannt.

Magische Figur; Bakongo (Zaïre).

Die Bakongo begraben ihren Häuptling in seinem Haus, dann ziehen sie weiter und bauen sich ein neues Dorf auf. Das Haus des Häuptlings, *Mbansa*, wird der Ort, an dem sein Geist angebetet wird, sein Tempel. Andere wichtige Persönlichkeiten werden im Laufe der Zeit um ihn herum begraben.
Wie in Altägypten stellen einige afrikanischen Völker Statuen ihrer Ahnen oder anderer Gottheiten in ihren Tempeln auf. Diese Statuen oder Statuetten, die normalerweise aus Holz, manchmal aus Bronze und sehr selten aus Stein sind, stellen die Gottheit dar. In der Regel glaubt man, daß der göttliche Geist oder zumindest ein Teil von ihm in der Plastik lebt.

Teso (Religion, Uganda). Die wichtigste Zeremonie im Teso-Land ist das Ritual des Regenmachens (q. v.), wofür sich die Ältesten und das Volk in der Nähe eines bestimmten Felsens versammelten und eine Kuh schlachteten. Das Fleisch wurde an Ort und Stelle gegessen, während der Medizinmann (q. v.) geweihtes Wasser auf die Teilnehmer sprengte, die danach bis zum Ende des Tages tanzten und sangen. Bald darauf setzte der Regen ein.
Wenn ein wichtiges Mitglied der Gesellschaft starb, wurden ein Schaf und eine Kuh geschlachtet. Das Schafsfell wickelte man um den Kopf des toten Mannes und die Kuhhaut um seinen Körper. Er wurde in seiner Hütte, in der er gelebt hatte, begraben.
Seine Frauen konnten nach Hause gehen oder als die Frauen seines Erben, normalerweise seines ältesten Sohnes, dort bleiben.
Nahrung und Bier als Opfergaben werden oft auf die Gräber der Ältesten gelegt, denn sonst könnten sie beleidigt sein und Schäden wie Krankheit oder Mißernten verursachen.
Der Himmelsgott wird Apap oder Akuj genannt. Er ist der Gute Schöpfer.
Es gibt auch einen bösen Gott, den gefürchteten Edeke, den Gott des Unheils, zu dem das Volk betete, wenn es von Krankheiten, Schädlingsbefall oder einer langanhaltenden Dürre heimgesucht wurde. Es werden ihm immer noch Opfer

dargebracht, um ihn zu besänftigen, obwohl die meisten Teso inzwischen Christen sind.
Der weiter oben erwähnte ›Medizinmann‹ wird *emuron* genannt. Er verfügt über magische Kräfte, die er für gute Zwecke einsetzt. Er kann die Zukunft voraussagen und Krankheiten diagnostizieren, die Kranken heilen und Regen machen. Er verkauft Talismane und Liebestränke.
Der *emuron* wird oft gerufen, um das Werk der bösen *echudan*, der Zauberer, rückgängig zu machen.
Von kränklichen Kindern glaubt man, daß sie mit überragenden Kräften ausgestattet seien, die sie für den Beruf des *emuron* geeignet machen.
Emurons sind normalerweise Frauen, die in Rindentücher und Kaurimuscheln gekleidet sind. Nur sie können mit dem *ajokit* reden, dem Geist eines Patienten, der allein ihnen die Krankheitsursache mitteilen kann: ein böser Geist in der Gestalt einer Schlange oder eines Insektes, der im Magen des Patienten sitzt und ausgetrieben werden muß.
Teufel Uns wurde erzählt, daß Teufel in allen afrikanischen Ländern zu finden seien. Wegen ähnlicher Geschöpfe siehe *Dämonen; Geister; Dschinns* und *Shaitans*.
Die Teufel im westafrikanischen Wald sind vielleicht mit den nordafrikanischen ghouls (q. v.) und ifrits (q. v.) vergleichbar, obwohl kein Geschichtenerzähler in der Lage ist, klare und ausführliche Beschreibungen von den vielen seltsamen Kreaturen zu geben, die ihre lebhafte Phantasie bevölkern.
Auch in Liberia, Sierra Leone und Ghana existieren viele Berichte über die Waldteufel. Einige von ihnen besagen, daß diese zwar nur ein Auge, ein Bein, einen Arm und ein großes Ohr haben, aber dennoch sehr schnell laufen können. Andere wiederum meinen, daß die Waldteufel eher Ähnlichkeit mit Schimpansen haben (q. v.).
Einst holzte ein Mann aus dem Volk der Gola in Liberia einen verbotenen Wald ab und baute Reis an. Als dieser reif war, bemerkte der Mann, daß irgend jemand den Reis gegessen hatte; er entschied, die Nacht auf dem Feld zu verbringen. Plötzlich sah er einen Teufel, dann einen zweiten mit zwei Köpfen, einen dritten mit drei Köpfen und so weiter. Der zehnte Teufel hatte zehn Köpfe. Jeder Kopf trug einen Korb. Sie sammelten schnell den ganzen Reis auf und legten ihn in ihre Körbe. In der Zwischenzeit hatte der Mann überall um die Teufel herum Feuer gelegt, so daß sie alle in den Flammen umkamen. Aus diesem Grund verbrennen die Menschen den Wald.
Im Land Gola lebte einmal ein schönes Mädchen, das alle seine Freier abwies. Ein Waldteufel verkleidete sich daraufhin als gutaussehender junger Mann und ging zum Dorf des Mädchens. Diesem gefiel er auf Anhieb, und es sagte zu seiner Mutter: ›Er wird mein

Ehemann werden. Ich werde mit ihm in seine Stadt gehen.‹

Trotz der Warnungen seiner Mutter ging das Mädchen mit seinem Teufel-Ehemann fort, bis sie dessen Stadt erreichten. Dort sah es, daß alle Männer nur ein Auge und ein Bein hatten. Auch sein Ehemann hatte die teuflische Gestalt wieder angenommen.

Das Mädchen brach in Tränen aus, aber der Teufel knurrte es an: ›Hör auf zu weinen, sonst töte ich dich!‹ Schließlich kam der Bruder des Mädchens, bannte mit Hilfe von Magie die einzige Hand des Teufels an einen Fels und brachte seine Schwester nach Hause.

Tiere spielen in den Erzählungen, der Religion und der Mythologie Afrikas eine große Rolle. Schon in jungen Jahren hören afrikanische Kinder Fabeln (d. h. Geschichten, die mit einer Lehre verbunden sind), in denen als Hauptfiguren der Hase (Bre'r Hase), die Schildkröte, das Eichhörnchen, der Schakal (q. v.), die Hyäne (q. v.), der Löwe (q. v.), der Leopard (q. v.), der Elefant (q. v.), das Krokodil (q. v.), die Spinne (siehe *Anansi die Spinne*), der Igel und viele andere Tiere vorkommen.

Da immens viele Tiere, Vögel, Reptilien und Insekten die afrikanischen Mythen bevölkern, muß sich der Forscher afrikanischer Geschichten in der Zoologie gut auskennen. Afrikanische Geschichtenerzähler haben ein tiefes Wissen von Tieren, und vieles, was sie in ihre Erzählungen einflechten, beruht auf empirischer Beobachtung. Andererseits werden in vielen Geschichten Tiere anthropomorph dargestellt und besitzen einen menschlichen Geist. In vielen Mythen heiraten Tiere Menschen und zeugen mit ihnen Kinder, die menschliche und tierische Eigenschaften zugleich haben und folglich auf die Jagd gehen oder an saftigen Knochen nagen. Tiere sprechen viele Sprachen, die außer König Solomon kaum jemand zu verstehen in der Lage war.

Tierkreiszeichen Siehe *Astrologie*.

Tikoloshe (Xhosa, Transkei). Ein *tikoloshe* ist ein haariges Ungeheuer, das nicht größer als ein Pavian ist und in der gleichen merkwürdigen Weise läuft. Es hat lange Arme und ein häßliches Gesicht.

Obwohl es früher nur in den Flüssen der Transkei lebte, wurde es mittlerweile auch in Natal und sogar in der Stadt Johannesburg gesehen.

Es kann sich eine Zeitlang unsichtbar machen oder wie ein Menschenkind aussehen, denn es verfügt über magische Kräfte und ist sehr bösartig.

Die folgende Geschichte wurde mir als wahre Begebenheit erzählt. Eines Tages sah eine Frau einen *tikoloshe*, als sie ihre Wasserkrüge am Flußufer füllte. Er kam aus der Tiefe zum Vorschein und starrte sie an, während er stromabwärts trieb. Dann schwamm er ans Ufer und sprang aus dem Wasser. Er schüt-

telte sich wie ein Hund und ging auf die Frau zu, die floh und ihr Bündel Brennholz zurückließ.
Der *tikoloshe* hob das Bündel auf und hüpfte ihr hinterher. Mühelos hielt er Schritt mit ihr, bis sie zu Hause war. Er war so schnell, daß sie ihm nicht die Tür vor der Nase zuschlagen konnte. Also schlüpfte er hinein, sprang auf ihren Rücken und begann, sich mit ihr zu vereinen, denn *tikoloshes* sind so lüstern wie Satyre.
In diesem Augenblick kehrte ihr Ehemann mit seinem Speer und Bogen von der Jagd heim. Sofort stieß er dem *tikoloshe* den Speer in den Rücken, zumindest dachte er es, aber der war so schnell und flink, daß er in die Dachsparren hinaufsprang und sich auf einen Dachbalken setzte. Der Speer bohrte sich tief in den Rücken der Frau, und so wurde ihr Mann zum Mörder: seine Frau starb.
Während der Mann dastand und auf ihre blutende Leiche starrte, sprang der *tikoloshe* von seinem Sitz herunter auf den Rücken des Mannes und schloß seine langen schwarzen Finger um dessen Hals. Er zwang ihn, das Haus zu verlassen und in die Stadt zu gehen.
Daraufhin wurde eine Reihe von Morden verübt, die die Polizei verwirrte. Die meisten Opfer waren Frauen, die vergewaltigt wurden, bevor sie erwürgt wurden. Aber andere waren reiche Männer, deren Geld gestohlen worden war.
Niemand hatte den Mörder gesehen, obwohl ein Mann am hellichten Tage getötet wurde. Es war der Ehemann der Frau gewesen.

Tiv (Religion, Nigeria). Die Tiv leben im mittleren Nigeria. Ihre Sprache ist sehr vielschichtig und zudem logisch aufgebaut. Sie zählen über eine Million Angehörige.
Für die Tiv ist der Himmel etwas Abstraktes oder vielmehr eine weit entfernte Kraft. Es heißt bei ihnen: ›*Aondo ta iyange*‹, jeder Morgen, was bedeutet: Aondo, der Himmel, schickt die Sonne, d. h. die Sonne geht auf.
In ähnlicher Weise sagen sie: ›Aondo brüllt‹, wenn es donnert, oder ›Aondo kommt mit einem Sturm‹, wenn schlechtes Wetter im Anzug ist.
Für viele bedeutet Aondo jetzt der Schöpfer. Es heißt: ›Aondo schuf die Erde‹, Tar, einschließlich allem, was sich auf ihr und in ihr befindet.
Tar wird als ein Mann dargestellt, der mit seinem Kopf nach Osten hin liegt, ähnlich dem altägyptischen Gott Geb, der sich als die Erde niederlegt.
Im äußersten Osten des Tiv-Landes liegt ein großer, kahler, runder Fels namens Swem, der, wie es heißt, den Ursprungsort der Tiv und somit den Mittelpunkt der Strahlung von Tsav, Lebensenergie, bildet.
Der jahreszeitliche Zug der Vögel zu dieser felsigen Gegend wird von den Tiv als die Mbatsav, die Geister der Ahnen, angesehen, die die Vögel als ihre Fahrzeuge verwenden und zu der Quelle der Lebensener-

gie fliegen, um dort ihre spirituellen Kräfte aufzuladen.
Sie können die Häuser ihrer Nachfahren nachts in der Gestalt von Eulen besuchen und tagsüber als eine Kuh, ein wildes Tier oder eine Schlange.
Chamäleons, Echsen und Frösche können Botschaften von ihnen bringen.
Die Geister der Toten sind gefürchtet. Sie halten sich in der Nähe ihrer früheren Häuser auf. In den Sümpfen können die Geister als Leuchtkäfer gesehen werden.
Anyam, der Leopard, das mächtigste Nachttier, ist besonders gefürchtet und wird selten erwähnt.
Wenn die Hirse eines Mannes von Affen gefressen wird, bezeichnet er diese auch als Geister.
Der Por *(poro)* war ein Behälter oder Korb, in den die Schädel der Ahnen geladen wurden. Das normale Volk durfte nicht darauf sehen.
Dieser Por war von Zeremonien umgeben. Wenn ein Clanoberhaupt starb, wurde sein Schädel in einer kunstvollen Zeremonie dem Por hinzugefügt.

Tod In allen afrikanischen Kulturen tauchen immer wieder drei bedeutende Fragen auf: Wie kam der Tod in die Welt? Warum stirbt der Mensch? Und die wichtigste Frage: Was geschieht nach dem Tode?
Bei den Völkern südlich der Sahara scheint über die Antworten auf diese quälenden Fragen allgemeine Übereinstimmung zu herrschen.
Erstens war der Tod nicht Teil der ursprünglichen Schöpfung, sondern kam erst später in die Welt, als die Menschen bereits lebten. Normalerweise galt er als Folge eines Irrtums, einer durcheinandergebrachten Botschaft, einer zu langsamen Überbringung, eines Mißgeschicks, eines nicht wiedergutzumachenden, unheilvollen Fehlers.
Zweitens akzeptieren die meisten Menschen den Tod im hohen Alter als normalen, unvermeidlichen Abschluß eines arbeitsamen, langen Lebens. Ein Mann oder eine Frau, die in dieser Welt Enkel hinterlassen, findet sich normalerweise mit dem Tod ab, wenn durch die Plagen des hohen Alters das Leben allmählich weniger angenehm oder nicht mehr lohnenswert erscheint.
Angesichts der Säuglingssterblichkeit, die in den meisten Teilen Afrikas immer noch sehr hoch ist, wissen alle, daß für das Leben ein Preis zu zahlen ist: einer muß sterben, damit seine Geschwister leben können. Aber sobald in einer Familie mehrere Kinder sterben, ist es an der Zeit, einen vertrauenswürdigen Wahrsager aufzusuchen.
Wenn Menschen im mittleren Alter sterben, oder noch schlimmer, in der Blüte ihrer Jugend, ist das Grund zu ernster Sorge, da nämlich die Beziehungen zwischen dieser Welt und der jenseitigen offenbar nicht in Ordnung sind.
Wie überall in der Welt machen sich die Afrikaner ständig Gedan-

ken über die Gesundheit, entweder über ihre eigene oder die ihrer Kinder. Der Glaube, daß schlechte Gesundheit und Sterblichkeit nicht durch natürliche Faktoren verursacht werden, sondern durch spirituelle Kräfte, ist in ganz Afrika verbreitet. Ein früher Tod wird von Geistern oder Gott hervorgerufen.
Drittens herrscht überall in Afrika die Auffassung vor, daß der Tod nicht das Ende der Existenz ist, sondern einen Übergang zum spirituellen Leben darstellt. (Siehe auch unter *Ahnen, Wiedergeburt, Reinkarnation*).
Der Ursprung des Todes Vor langer Zeit waren die Menschen nicht sterblich – zumindest nicht alle. Eine Geschichte der Baluba handelt von einer alten Frau, die zu ihrer Enkelin sagt: ›Stör mich heute nicht, denn ich muß meine Haut abstreifen.‹ Entweder verstand das kleine Mädchen nicht, was die Großmutter ihm gesagt hatte, oder es vergaß es wieder im Laufe des Tages. Auf jeden Fall wollte es etwas fragen und öffnete die Tür zum Zimmer der alten Frau, die gerade ihre Haut abstreifte, eine geheime Tätigkeit, bei der man nicht gestört werden darf. Eine solche Überlieferung findet sich auch bei den Chaga und anderen Völkern.
Im südlichen Afrika wird das Problem des Todes am häufigsten mit dem Mythos der Unsterblichkeit des Mondes assoziiert, welcher zurückkehrt, nachdem er zwei Wochen lang allmählich ›gestorben‹ war.
Die Mondgöttin, die bei einigen der ältesten Völker im südlichen Afrika wohl die wichtigste Gottheit war, entschied für die Menschen zwischen Leben und Tod. Sie versprach ihnen, daß sie alle nach dem Tode wiederbelebt werden und auferstehen würden.
Eine solche Botschaft mußte zur Erde gebracht werden. Normalerweise wird in den Geschichten das Chamäleon (q. v.) genannt, das mit dieser Aufgabe beauftragt wird, jedoch ist es in der Version der Dama in Namibia die Gottesanbeterin. Das Chamäleon (oder die Gottesanbeterin) braucht eine übermäßig lange Zeit, um die Erde zu erreichen. Mittlerweile wird der schnelle Hase mit der gleichen Botschaft losgeschickt. Der Hase überholt den langsameren Boten, bringt aber den Inhalt der Botschaft durcheinander.
Götter können eine Botschaft weder berichtigen noch widerrufen, sobald sie einmal übermittelt worden ist. Das ausgesprochene Wort kann nicht zurückgenommen werden. Menschen müssen also sterben, weil die Botschaft des Mondes verfälscht wurde. Diese Geschichte ist mehr als ein ernster Mythos; sie stellt auch eine Fabel dar, mit der den jungen Afrikanern eine praktische Lehre über den Umgang mit Erledigungen mitgeteilt werden soll: Wenn man eine wichtige Nachricht übermitteln muß, ist sicherzustellen, daß sie rechtzeitig und im Wortlaut korrekt ankommt, mit anderen Worten: Such dir deine

Leute nach Schnelligkeit und Intelligenz aus. Afrikanische Geschichtenerzähler sind demzufolge eher Lehrer als Mythenerfinder.
Die Kono in Guinea erzählen, daß der Tod in die Welt kam, um Alatangana zu bestrafen, der mit der Tochter des Sa, des Erdgottes, geflohen war, ohne den Brautpreis zu bezahlen. Wieder steht hinter der Geschichte eher eine moralische als eine kosmologische Absicht.
Die Ursache des Todes im Alltagsleben – die Sterblichkeit in der Familie also – ist ein Problem von entscheidender Bedeutung, um das herum jedes Volk oder jeder Stamm in Afrika seine eigene Philosophie aufgebaut hat. Da in Afrika die Sterblichkeit als Folge von Krankheit und von körperlichen Beschwerden immer noch sehr hoch ist, besteht eine ständige Furcht vor Omen und Symptomen, die auf Gesundheitsprobleme hinweisen können. (Siehe *Amulette; Talismane; Diagnose; Unglück* und *Krankheit*).
Fast überall in Afrika wird der vorzeitige Tod auf böse Magie zurückgeführt: entweder auf böse Geister, niederträchtige Menschen oder andere Urheber von Unglück (siehe *Muloyi; Uchawi; Zauberer; Hexen*).
Die islamisierten Völker in Nordafrika finden sich damit ab, daß Gott gibt und nimmt, was und wann immer er will. Aber südlich des Äquators herrscht eine dem widersprechende Einstellung des ›Warum ich?‹ vor, so daß die Menschen hier ihre Krankheiten, Mißernten und Dürrekatastrophen dem Einfluß von Hexerei zuschreiben.
Angesichts solcher Probleme wird der Wahrsager (q. v.) herangezogen. Säuglingssterblichkeit ist die weitverbreitetste Todesursache in Afrika. Was Afrikaner, besonders Frauen, sich in ihrem Leben am meisten wünschen, sind Kinder. Daher ist es verständlich, daß die Gesundheit ihrer Kinder in ihren Gedanken an erster Stelle steht und mehr Gefühle erregt als alles andere. Die daraus resultierende, alles durchdringende Angst veschafft dem *nganga* (q. v.), dem Schamanen (q. v.), den Herstellern von Talismanen (q. v.), Amuletten (q. v.) und Fetischen (q. v.), den Medizinmännern (q. v.) und den Heilkundigen (q. v.) Arbeit.
Was geschieht nach dem Tode? Alle Völker Afrikas scheinen der Meinung zu sein, daß der Tod nicht das Ende der Existenz darstellt, nicht einmal des irdischen Seins. Er bildet einfach den Augenblick, in dem einem Menschen der physische Körper nicht mehr frei zur Verfügung steht, so daß das, was von ihm übrigbleibt, unsichtbar wird – ausgenommen als Geist, der sich in den Träumen anderer oder im Körper eines anderen, d. h. eines Mediums (q. v.) oder eines Tieres (siehe *Hyäne, Löwe, Schlange*), eines Baums, einer Pflanze, eines Flusses oder eines Windes findet.
Ein Zombie (q. v.) befindet sich in einem merkwürdigen Übergangsstadium zwischen Leben und Tod,

einem Zustand, in dem man sich von der Welt losgesagt hat, während man gleichzeitig beweglich bleibt; ein solcher ist einer, der zuerst begraben, dann wieder ausgegraben wird und mit einem Körper versehen einer Arbeit nachgeht.

Afrikanische Völker haben unterschiedliche Bräuche, den Körper eines Toten zu behandeln, je nachdem, wer der Verstorbene war, ob alt oder jung, Mann oder Frau, Kind, Häuptling oder Hexe.

Die meisten Völker glauben, daß die Geister der Toten in der Nähe des Ortes bleiben, an dem sie begraben oder zurückgelassen wurden, so daß einige Geister im Wald, andere in Flüssen und wieder andere im Körper der Hyänen, die die Leichen gefressen haben, verweilen. Veschiedene Personen in Ostafrika haben mir versichert, daß die Geister, die Licht ausstrahlen, durch die glänzenden Augen der Hyänen hindurch gesehen werden können.

Es sollte uns nicht überraschen, daß Verstorbene, die geliebt wurden, häufig direkt unter dem Boden des Hauses begraben werden, damit die Seele, die voller Liebe ist, weiterhin ihren Segen durch ihre spirituelle Anwesenheit ausströmen und dadurch den Lebenden, die alle ihre Nachkommen sind, nützen kann. In einer Ecke des Hauses oder im Garten befindet sich deshalb oft ein bescheidener Schrein, an dem die Nachkommen den Verstorbenen Opfergaben in Gestalt von Nahrung und Getränken darbringen und beten, auf daß der Geist glücklich bleibe. Die Ahnen (q. v.) beeinflussen das Leben ihrer Nachkommen viele Generationen lang und nur immer zu ihrem Besten, sofern diese ihre Riten nicht vernachlässigen. (Siehe auch *Begräbnis*.)

Mongo (Zaïre). In der ausführlichen Mythologie der Mongo-Nkundo-sprechenden Völker im mittleren Zaïre ist Itonde (q. v.) der Gott des Todes, der Dunkelheit und des Giftorakels. Die Ratten, von denen es in den stehenden Teichen und Sümpfen im Kongobecken nur so wimmelt, sind seine tägliche Nahrung.

Wenn ein Mann im Wald einen Jugendlichen mit feurigen Augen sieht, die in der Dunkelheit funkeln, wird er in derselben Nacht dem Tod nicht entgehen.

In der ewigen Halbdunkelheit des Großen Waldes ist Itonde der Gott der Jäger. Er tötet das Wild, und darum müssen ihm Opfergaben dargebracht werden. Aus diesem Grund wird er auch Ilele-a-Ngonda, Ilele von den Lianen, genannt, denn er lehrte die Jäger, Fallen aus Lianen zu bauen, in denen die Tiere sterben.

Itonde besitzt ein *elefo*, eine magische Glocke, in die geheimnisvolle Buchstaben eingraviert sind, welche wahrscheinlich die Tierkreiszeichen darstellen, so daß die Glocke das Universum selbst symbolisiert. Mit ihr kann Itonde die Zukunft voraussagen und weiß

folglich, wer in naher Zukunft sterben wird. Wie die Zauberer tanzt Itonde mit seiner Glocke, durch deren Klang Menschen sterben können.
Itonde ist auch der Gott der Kupferschmiede, die ihm dienen. Wenn er den in der Nacht fliegenden Fledermäusen und anderen geflügelten Säugetieren, den Geistern der Ahnen, sein Lied singt, schmilzt das Kupfer und fängt rot zu glühen an, so daß es zu Fußringen geschmiedet werden kann.
Der Sonnenuntergang ist das Vorzeichen der Dunkelheit und der Nacht. Er hat die Farbe von Kupfer, mit dem er in Verbindung gebracht wird.
Bei einer seiner vielen Jagden erblickte Itonde ein Licht im Wald, eine Sonne, die zwischen den Bäumen brannte. Es war die Schlange des Sonnenuntergangs, der Kupferdrache Indombe, dessen Länge viele Männer umfaßt und der fast ein Meter breit ist.
Itonde wußte, daß er die Schlange vor Sonnenuntergang fangen mußte. Er baute schnell eine große Vogelfalle, mit der er sie erhaschte. Dann bekam er die Schlange zu fassen, doch sie verbrannte ihn schwer. Itonde läutete mit seiner Glocke und fühlte sich besser. Schließlich tötete er das Ungeheuer, dessen Geist im Fluß fortschwamm.
Meru (Kenia). Früher wurde der Leichnam eines Verstorbenen in den Busch getragen und dort zurückgelassen. Nur ein Mann, der lang genug gelebt hatte, um Großvater zu werden, erhielt eine richtige Beerdigung.
Man glaubt, daß die Geister von charakterstarken Menschen nach dem Tode weiterleben; sie werden *nkoma* (Swahili *koma*) genannt.
Ein Sterbefall in der Familie infiziert die Überlebenden mit einer Art Vergiftung, die *rukuo* heißt. Der Mann, der den Leichnam in den Busch trägt, muß sich einem rituellen Geschlechtsverkehr und einer Rasur unterziehen, um die Vergiftung zu beseitigen.
Es wird angenommen, daß im Leben nach dem Tode die Geister essen und trinken, Rinder besitzen und ihre Felder anbauen. Normalerweise sind sie glücklich, doch wenn sie unzufrieden sind, wollen sie sich den Lebenden zeigen, die ihnen Opfergaben darbringen werden.
Togo Siehe *Ewe*.
Tornado (Südafrika). Der Tornado, ein furchtbarer Wirbelsturm, wurde in vielen Teilen Afrikas, wo er auftrat, als Gott angesehen.
In Südafrika wird er in der Gestalt einer langen Schlange dargestellt, weil er wie eine Schlange aussieht, die vom Himmel bis auf die Erde hinunterreicht.
Der Zuluname für diese Gottheit ist Inkanyamba, und viele Zulus haben sie gesehen.
Wer immer sein Haus auf dem Weg gebaut hat, den der Tornado nehmen wird, wird fliehen müssen, denn er zerstört alles, was ihm entgegensteht.

Er neigt dazu, so plötzlich zu verschwinden wie er aufgetaucht ist. Darum heißt es: Er versteckt sich in einem Teich, wenn er nicht aktiv ist. Von dort wird er oft den gleichen Weg nehmen, von Witbank nordwärts nach Hartebeespoort und weiter weg. Wenn er sich aus seinem Teich erhebt, wächst er zu einer Schlange von enormer Größe heran und schrumpft wieder zusammen, sobald er heruntersteigt.

Einmal wurde ein Mann von der Inkanyamba gefangen, denn gemäß einiger weiser Zulus ist sie weiblich, eine Göttin des Wassers, des Hagels und des Sturms. Sie hob ihn auf und trug ihn durch die Luft viele Meilen entfernt zu ihrem Teich, wo sie sich mit ihrer Beute versteckte.

Polizeiliche Suchaktionen erwiesen sich als erfolglos. Der Mann blieb vermißt, bis einer vom Stamm Nyanga sich anbot, ihn zu finden.

Er tauchte in einen bestimmten Teich und überredete den Mann, der jetzt darin lebte, mit ihm auf die Welt der Erdbewohner zurückzukehren. Schließlich tauchten beide Männer aus dem Wasser auf.

Der vermißte Mann war unter Wasser so weiß wie ein Fisch geworden und trug langes Haar, das wie Seegras aussah, und einen langen weißen Bart. Er schien stark und gesund zu sein, aber er lehnte die normale menschliche Nahrung ab, sondern aß nur Meeresfrüchte, Krabben und Kröten.

Kurz darauf kehrte die Inkanyamba in ihren Teich zurück, vermißte den alten Mann und machte sich auf die Suche nach ihm. Dies verursachte einen solch schrecklichen Sturm, daß die Behörden den alten Mann baten, sich Inkanyamba zu stellen. Das tat er bereitwillig, da ihm das Leben auf der Erde nicht mehr gefiel und er es vorzog, mit der Wassergöttin zu leben.

Totemismus Dieses Wort wird manchmal verwandt, als wäre es eine Religion wie der Hinduismus oder Buddhismus.

Jedoch kann der Totemismus nur ein Teil einer Religion sein, ein

Krokodil-Tanzaufsatz (Burkina Faso).

Segment von der Gesamtheit eines Glaubenssystems.
Der Totemismus ist der Glaube (d. h. er wird als eine Selbstverständlichkeit angenommen), daß eine besondere, übernatürliche Beziehung zwischen einem Menschen und einem anderen Wesen besteht, gewöhnlich einem Tier, manchmal einer Pflanze oder einem anderen Naturphänomen wie einem Fluß oder einem Blitz, die ebenfalls leben oder Geist-Wesen sind.
Die Kraft und Macht des Totemwesens fließt in das menschliche Wesen, das von ihm beschützt wird, so daß das Leben des Menschen eng mit diesem Totem verknüpft ist, ohne das er nicht gedeihen kann.
Jeder wird von seinem Totem wie ein Schatten die ganze Zeit über begleitet, und wenn er gegen die Gesetze seines Totem-Tabus verstößt, wird es ihn bestrafen. Wenn es ein Leopard ist, wird es Pickel verursachen; ist es eine Schlange, wird es zu Wahnsinn führen; wenn es eine Schildkröte ist, wird es eine Entzündung hervorrufen; als Banane verursacht es Fieber etc.
Niemand darf sein Totemtier oder seine Totempflanze essen. Ein Totem wird vom Vater weitervererbt, der sogar nach seinem Tode seine Kinder durch das Tier beschützt.
Viele Wissenschaftler haben das ›primitive‹ und ›Stammes-Denken‹ untersucht, welches das Vorhandensein des Totemismus in Afrika erklärt.
Ein Totem gehört zu einem Clan, d. h. einer Gruppe von Menschen, die durch einen gemeinsamen Ahnen miteinander verwandt sind, und dieser Ahn hat oft den Namen eines Tieres, manchmal eines Baumes oder einer Pflanze.
Moderne afrikanische Nationen haben ihre Embleme, wie die tanzanische Giraffe, den Elefant von Natal, den zaïrischen Leopard oder den äthiopischen Löwen.
Dennoch ist ein Totem für die Mitglieder eines Clans etwas viel Vertrauteres als ein Nationalsymbol.
Camara Laye berichtet, daß er mit seinen Brüdern und Cousins im Fluß schwimmen konnte, weil ihr Totem das Krokodil war, und die Krokodile ihnen darum keinen Schaden zufügten. Waren sie nicht selbst die Cousins der Krokodile?
Besondere Mythen erklären, wie ein bestimmter Clan von einem Tier abstammte, eine Vorstellung, die dem westlichen Denken fremd erscheint, weil der Westen die Verbundenheit mit der Natur verloren hat, die Vertrautheit mit der Quelle des Lebens selbst.
Eine Menschenfrau, die ein unabhängiges Leben führte, wurde regelmäßig von einem Löwen besucht, der ihr aber kein Leid antat. Im Gegenteil; er brachte ihr Fleisch. Als sie einen Sohn bekam, nahm der Löwe den Jungen mit und brachte ihm alles bei, was man im Busch wissen mußte, und so wurde er ein Jäger, der Ahne des Löwenclans.
Sehr ähnliche Geschichten werden

von vielen anderen Tieren erzählt, welche zu Clanahnen (siehe z. B. *Büffel; Elefant*) wurden.
Die körperliche Beziehung mit Tieren beiderlei Geschlechts ist modernen Menschen zuwider, während sie in der afrikanischen Mythologie völlig vertraut ist.
In den afrikanischen Dschungelgeschichten sind die großen Tiere verstandesmäßig und besonders, was die magischen Künste anbelangt, eindeutig überlegen. Daher ist es für einen Mann keineswegs erniedrigend, wenn er seine Tochter mit einem Tier verheiratet, wie es häufig in den Geschichten vorkommt.
Gewöhnlich sind Tiergatten genauso gut wie Menschen, wenn nicht sogar noch besser. Auch Tiergattinnen sind ihren menschlichen Männern treu ergeben, bis der Wunsch, nach Hause in den Wald zurückzukehren, zu stark wird, aber solches widerfährt auch Menschenfrauen.
Häufig nehmen Mythologen an, daß diese Geschichten das Vorhandensein des Clantotems erklären, aber dieses wird nicht immer in Geschichten dargestellt.
Auf jeden Fall ist das ›Totem‹ eines Clans oft eine Pflanze (wie die Rosen der Angehörigen des Hauses Lancaster und York) oder sogar ein Gegenstand wie ein Speer oder ein Messer, wo es folglich keine ›Nachkommenschaft‹ gibt.

Träume In Afrika sind Träume von enormer Wichtigkeit, selbst im islamischen Afrika, wo sie bekanntlich die Geschichte verändert haben.
Viele Völker glauben, daß die Seele im Traum die Geisterwelt besucht, die sich vielleicht in der Erde, unter den Gewässern oder im Himmel befindet.
Im Traum können die Geister der Ahnen, der Heiligen und anderer Personen erscheinen und dem Träumer eine Botschaft überbringen. Wenn sie nicht für ihn bestimmt ist, wird er sie der Person ausrichten müssen, an die sie gerichtet ist.
Alpträume können von bösen Geistern (siehe *Eloko; Inkubus; Tikoloshe*) verursacht werden oder durch eine Vorahnung des Unheils. In solchen Fällen spült in Burundi der Träumer seinen Mund mit einem Wurzeltrank aus, der *musendabazimu* ›Geistervertreiber‹ heißt, spuckt ihn auf das Feuer und sagt: ›Ich lösche meine Träume aus.‹
Einige Völker verfügen über ein ausgefeiltes System der Traumdeutung. So bedeutet in Burundi z. B. ein Traum, in dem jemand Fleisch oder Knochenmark ißt, daß ein Familienmitglied bald sterben und beerdigt werden wird.
Einige Hausa glauben, daß im Traum die Seele des Menschen den Körper verläßt. Aber sobald jemand den Körper berührt, eilt die Seele, die die gleiche Gestalt wie der Körper hat, aber unsichtbar ist *(ukurua)*, zurück, um in ihren Körper einzutreten; dann wacht der Träumende auf.

Wenn jemand träumt, daß er fällt, bedeutet das, daß ein *maye* (Zauberer) versucht hat, seine Seele zu fangen. Darum läuft diese schnell zu ihrem Körper zurück und springt mit dem Kopf zuerst in ihn hinein.

Für die Hausa bedeutet der sexuelle Traum eines Mannes, daß sein weiblicher *bori* (Schutzgeist) heimlich mit ihm schläft.

Träumt man von einem Mann, der allein dasitzt und offenbar von Passanten nicht beachtet wird, dann wird dieser bald sterben.

Die Hausas glauben, daß alle Träume irgendwann in der Zukunft wahr werden.

Nordafrikaner legen sich in der Nähe des Grabes eines Heiligen schlafen, in der Erwartung, daß dieser ihnen im Traum erscheint und sagt, was sie tun sollen.

Ahnen erscheinen oft im Traum, um Opfergaben zu fordern, die ihnen zustehen und die umgehend dargebracht werden müssen. Jesus und Mohammed sind in Träumen erschienen, um den heidnischen Träumer zu ihrem Glauben zu bekehren.

Trommeln sind bei weitem das gebräuchlichste Musikinstrument in Afrika. Selbst das kleinste Dorf hat mindestens eine Trommel, mit der die oft stattfindenden Tänze begleitet werden.

In vielen Bantu-Sprachen heißt das Wort für Trommel *ngoma*, was auch ›Tanz‹ bedeutet. Fast jeder Clan hat seinen eigenen Tanz, sein eigenes Lied und, um dieses zu begleiten, seine eigene Trommel.

Trommel; Senufo (Elfenbeinküste).

Ein vermögender Häuptling besitzt eine eigene Trommel, die nur er oder ein von ihm bestimmter Trommler berühren darf. Solche Trommeln werden verwendet, um Botschaften und Befehle mitten durch den Wald zu schicken; die meisten Trommeln sollten aber eigentlich als Gong bezeichnet werden.

In Alurland (Uganda) und Burundi wird die königliche Trommel die Stimme des Königs genannt. Im letztgenannten Land wird der König nicht inthronisiert, sondern auf die königliche Trommel gestellt.

In Buganda und Burundi durften die Königstrommeln nach dem Tod des Königs nicht mehr berührt werden. Sie wurden in einem besonderen Haus aufbewahrt.

Trommeln sind Geister oder tragen solche in sich. Der Name einer Trommel ist daher in ›Wirklichkeit› der Name des Geistes, der in ihr wohnt. Demgemäß ist das Swahili-Wort *tari* nicht nur der Name einer Trommel, sondern auch der Name des Tanzes, bei dem die Trommel geschlagen wird. Tari bedeutet aber auch den Namen des Geistes, der kommt und von den Tänzern Besitz ergreift.

In Zaïre ist Trommelherstellen ein ganz besonderer Beruf. Der Trommelhersteller muß in den Wald gehen, einen Baum auswählen und ein Ritual durchführen, um den Baumgeist um Vergebung zu bitten, daß er den Baum fällt. Danach muß er den Geist bitten, in dem Holz, aus dem er eine Trommel schnitzen wird, zu bleiben.

Ist die Trommel fertiggestellt und der große Augenblick gekommen, daß sie geschlagen wird, so ist *das* die Stimme des Geistes, *vorausgesetzt*, die Trommel gibt einen Ton von sich. Aus diesem Grund sind so viele Tabus und Vorsichtsmaßnahmen mit der Trommel verbunden. Sie ist ein Geist oder sie enthält einen Geist, der leicht verstimmt sein kann, wenn er von einer falschen Person ›berührt‹ wird.

Wird die Trommel bei einem Fest gespielt, und gehen die Tänzer völlig im Tanz auf, so ist das der Augenblick, in dem der Geist der Trommel selbst tanzt. Der Ausdruck ›der Geist bewegt sie‹ ist dann wörtlich zu nehmen.

Tschad Siehe *Büffel; Elefant*.

Tuareg Siehe *Twareg*.

Tule, der Spinnengott (Zande, Sudan-Zaïre). So wie die Spinne von der Krone eines hohen Baumes herabsteigt, stieg Tule vom sonnigen Himmel herab. Von ihrem Hinterleib heraus spann die kluge Spinne das Seil, mit dem sie zwischen Himmel und Erde reisen konnte.

Als Tule (auch Ture genannt) zum ersten Mal vom Himmel kam, trug er in seiner Tasche die Samen aller Pflanzen und Bäume mit sich, denn die Erde war immer noch eine leere Einöde.

Nachdem Tule die Samen in alle Länder verstreut hatte, stieg er empor, und als er die Mitte des Himmels erreicht hatte, begann er, seine Trommel zu spielen, wie es die Magier tun. Bald keimten alle Samen und ließen grüne Stengel, Sprosse, Schößlinge und Stiele hoch wachsen, die Blätter trieben und blühten. Aber leider war die Erde trocken, denn es gab nirgendwo Wasser.

Also machte sich Tule auf die Suche nach Wasser. Schließlich stieß er auf eine Hütte im Busch. Dort lebte eine alte Frau, die Yamswurzeln entdeckt und sie gepflanzt hatte. Dann hatte sie diese geschabt und gekocht. Sie waren gerade fertig, als Tule ankam. Er bat sie um Wasser, doch sie bestritt, welches zu haben.

Tule wußte, daß sie Wasser zum Kochen benutzt haben mußte. Also verwandelte er sich in eine Spinne und kroch den Türpfosten hoch.

Dort sah er, daß die Krüge der Frau mit Wasser gefüllt waren. Er nahm ein Schilfrohr von der Wand und saugte das Wasser aus den Krügen. Die Frau näherte sich ihm mit einem Messer, um ihn dafür zu bestrafen, daß er ihr Wasser stahl. Also brachte er den Krug zum Wanken. Er fiel um und zerbrach, und das Wasser floß über den Boden.
Dann nahm Tule seine Menschengestalt wieder an und sprach freundlich mit der alten Frau. Er versprach ihr, ihre Felder umzugraben, wenn sie ihm eine Mahlzeit kochen würde.
Sie bereitete ihm einen Teller voll Yamswurzeln zu, während er eine Hacke und eine Axt schuf, um die Bäume zu fällen und die Felder für die Bebauung zu hacken. Dann schleifte er Bogen und Pfeil, ging in den Busch und erlegte ein Perlhuhn, das er der alten Frau als Beigabe für das Mahl schenkte.
Die Frau war darüber so erfreut, daß sie ihm die reife Frucht des Zamba-lindi-Baums schenkte und ihm sagte, er solle sie auf den Boden an der Kreuzung werfen und sich dann umschauen.
Er tat das und sah eine schöne Frau, die er heiratete.
Tunesien Siehe *Tanit*.
Twareg (Die Herkunft der Twareg, Niger). In einer Gegend, die jetzt Wüstenland ist, lebte einmal ein Volk namens Gaawo, das von einer fremden Rasse angegriffen und besiegt wurde.
Als Tribut sollten sie ihren Siegern auf ewig jedes Jahr sieben Jungfrauen zahlen.
In einem Jahr entschieden die Gaawo-Ältesten, den Jungfrauen einen Weisen mitzugeben, da sie gehört hatten, daß es in der Wüste viele Dschinnen gäbe. Der Weise war ein Marabu, ein heiliger Mann von hohem Alter und großer Weisheit.
Vor dem Sonnenuntergang an ihrem ersten Reisetag wies er die Mädchen an, auf einem Hügel zu bleiben, wo er ein Auge auf sie haben konnte, während er das Tal erforschen wollte, bevor sie die Zelte aufschlagen würden.
Im Tal bewahrheiteten sich die Befürchtungen des Weisen: Spuren von Dschinnen, die von normalen Menschen nicht bemerkt werden.
Also ging er zum Hügel zurück, aber als er oben ankam, waren die Mädchen verschwunden. Sie hatten entschieden, das Tal mit seiner verlockenden Oase und den grünen Palmen zu erforschen. Sie schlugen ihr Zelt direkt am Wasserrand auf, was der Weise gerade hatte vermeiden wollen. Sie weigerten sich, weiterzuziehen, denn sie waren müde und wollten schlafen.
Sie schliefen so tief, daß sie nicht den Dschinn bemerkten, der sich wie ein schwacher Nebel aus dem Wasser erhob, in ihre unschuldigen Körper eintrat und in ihre Köpfe stieg.
Am nächsten Morgen erzählten sich die Mädchen kichernd ihre glücklichen Träume.
Der Weise erkannte, daß seine Vorsichtsmaßnahmen vergeblich ge-

wesen waren. Da er ein gelehrter Doktor war, konnte er sehen, daß die Mädchen bereits schwanger waren.
Ihm blieb nichts anderes übrig, als mit ihnen an der Oase bis zu der Geburt ihrer Babys zu bleiben. Also kümmerte er sich um sie, pflanzte Gemüse an und züchtete Kamele für ihren Lebensunterhalt.
Zur gegebenen Zeit wurden sieben gesunde Jungen geboren, die glücklich heranwuchsen. Der alte Gelehrte lehrte sie alle Künste und Fähigkeiten, die er kannte: Lesen und Schreiben, Bogenschießen, Kamelreiten, Holzarbeit, Lederarbeit und Anbau.
Sie wurden so geschickt im Kamelreiten und im Bogenschießen, daß sie das ganze Land der Zentralsahara zwischen Tunesien und Timbuktu eroberten.
Sie nannten sich selbst Iwillimedan, ›Schüler‹, oder Imagheghan, ›die Söhne des Maghegh‹, der Name ihres Vaters, des Dschinns, der ihnen von Zeit zu Zeit in der Wüste begegnete und sie seine Kunst, die Magie, lehrte.
Als sie volljährig wurden, traten sie in den Dienst der großen Stammeshäuptlinge der Sahara, kämpften und gewannen zahlreiche lokale Kriege und Schlachten.
Für ihren Mut und ihre treuen Dienste wurden sie von den Stammeshäuptlingen mit Frauen belohnt, die diese starken Krieger durch Heirat an ihre eigenen Clans binden wollten.
So wurde jeder der sieben Kriegersöhne des Maghegh der Ahne eines Clans, und der Tag kam, als die Imagheghan ein solch starker und großer Stamm wurden, daß sie sogar die Songhay und Zerma besiegten und sie nach Südwesten hin vertrieben.
Zweifellos lag es an dem mächtigen Beistand ihres Vaters Maghegh, der Männer wahnsinnig machen konnte, daß sie mit ihren Eroberungen, ihren unaufhörlichen Schlachten um Lebensraum und um die ständig zurückgehenden grünen Weiden für ihre Kamele erfolgreich waren. Er war es, der sich um sie von der Empfängnis bis zum hohen Alter kümmerte. Darum waren sie alle so gesund und stark.
Sie pflegten in der Nacht zu reisen, wenn die Wüstenluft kühl und angenehm war und die Sterne ihnen den Weg wiesen, worauf ihr bewanderter Lehrer sie hingewiesen hatte.
Aus diesem Grund nannten die Araber sie Twareg, das heißt Tawariq, Plural von Tariq, ›Reisender in der Nacht‹. Hierdurch konnten sie ihrem Gegner in der Dämmerung gegenübertreten, sozusagen aus dem Wüstensand zum Vorschein kommen.
Es heißt, daß sie einst ein Königreich in den Amahaggar-Bergen gegründet hätten, wo sie einmal von einer Königin regiert wurden, die unsterblich und von einer unwiderstehlichen Schönheit war, von ihrem Palast aber wurden nie Spuren gefunden.

U

Uchakijana Siehe *Hlakanyana.*

Uchawi (Ostafrika). Nicht weit von Mombasa entfernt lebte eine Missionarin im Ruhestand; eines Morgens sah sie in ihrem Garten eine Puppe aus offenbar menschlichen Haaren hängen. Sie rief die Diener, aber niemand kam. Alle waren geflohen.

Schließlich tat sie das Richtige: sie lud den lokalen Gelehrten Mwallim Musa ein, der kam und sprach: ›Das ist *uchawi*. Jemand wünscht sich, daß Sie krank werden, leiden und sterben. Aber Sie haben nichts zu befürchten: *uchawi haramu*, Zauberei ist von Gott verboten. Sie sind wohlbekannt für Ihre guten Taten, Ihre Barmherzigkeit und Ihr Mitgefühl (*huruma*) für das Volk. Gott sieht uns.‹

Der Zauberer, *mchawi*, ist ein bösartiger Mensch, der geheime Verbrechen mit besonderen Hilfsmitteln und *dawa* (Medizin, q.v.) einschließlich *sumu*, Gift, begeht, das er jemandem ins Bier oder ins Essen mischt.

Physiologisch gesehen sind diese Substanzen unwirksam. Ihre Wirkung liegt in der Angst, die sie auslösen, und diese Angst ist so stark, daß Leute, die sich bedroht fühlen, ihre Arbeit, ihre Familie und sogar ihr Krankenhausbett verlassen, um dem *uchawi* zu entkommen.

Zauberer können Männer oder Frauen sein, aber einige Leute sagen, daß es wohl häufiger Männer seien, weil Frauen mehr Mitleid als diese empfinden.

Zauberer entwickeln eine besondere Beziehung zu ihrem *dawa*, in dem eine geheime spirituelle Kraft lebt, so daß der *mchawi* seinen eigenen bösen Hilfsmitteln nicht mehr entgehen kann, sondern für immer Böses begehen muß, bis ein weiser *mganga* (Medizinmann) ein *tego*, eine Falle, d. h. einen Gegenzauber, bereitet, der dem Zauberer durch seine eigenen bösen Kräfte Schaden zufügt.

Die Kolonialbehörden pflegten die der Zauberei Angeklagten nicht vor Gericht zu stellen, sondern die Ankläger. Trotzdem haben sich viele Zauberer, die zum Häuptling vor Gericht gebracht wurden, zu den bösen Taten, derer sie angeklagt waren, bekannt.

Uganda Siehe *Alur; Ankole; Buganda; Bunyoro; Busoga; Monate*; *Teso.*

Ungeheuer und Oger Jede Nation in Afrika hat ihre eigenen Ungeheuer.

Ein Ungeheuer ist grundsätzlich ein Lebewesen von unnatürlicher Gestalt oder Größe. Riesen sind die gebräuchlichste Form von Ungeheuern, aber auch von Zwergen heißt es häufig, daß sie mit unnatürlich großen Körperteilen, z. B. übergroßen Köpfen, ausgestattet seien.

Einige Ungeheuer bestehen angeblich nur aus einem riesengroßen Mund auf zwei Beinen. Sie tun nichts anderes, als von einem Opfer zum nächsten zu laufen und zu schreien: ›Hunger! Hunger!‹ Der große Mund eines solchen Ungeheuers ist so entsetzlich anzusehen, daß Menschen vor Angst wie gelähmt sind, wenn sie ihn erblicken, und somit leicht zu fangen und zu verschlingen sind.

Die Zulu erzählen von einem Korb-Ungeheuer. Es sieht aus wie ein Korb, der auf dem Boden steht, bereit, um mit Dingen wie Fleischstücken während der Schlachtzeit gefüllt zu werden.

Eine Mutter legte ihr Baby in einen Korb, der praktischerweise gerade dort aufgestellt worden war, wo er verhindern sollte, daß das Kind in die Feuerstelle rollte. Zu ihrem Entsetzen wuchsen dem Korb auf einmal Beine. Er erhob sich und lief mit dem Baby darin fort. Sie sah es nie wieder.

Oger, also menschenfressende Ungeheuer, sind in der ganzen afrikanischen Mythologie zahlreich vertreten. Die meisten von ihnen verzehren nur selten Männer, da diese in Afrika normalerweise stark und bewaffnet, achtsam und ohne Angst sind. Oger sind Feiglinge, darum machen sie sich an Mädchen heran, die leicht einzuschüchtern sind, und was noch wichtiger ist, ihr Fleisch ist süßer und weicher. Kluge Figuren, wie die Schildkröte in Zaïre, können die Oger leicht überlisten, indem sie diese dazu bringen, Wasser in Sieben zu holen.

Im mittleren Zaïre stellen die *biloko* (Sing. *eloko*, q.v.) eine sehr variable Art von grauenerregender Wesen dar.

Einige sind Riesen mit Schnauzen so groß wie Krokodile, die geeignet sind, Menschenfleisch, insbesondere das von Frauen, zu genießen. Sie neigen dazu, sich auf ihre bevorzugte Nahrung zu spezialisieren. Einige saugen Augen aus, andere verschlingen nur die Leber und das Herz.

Andere *biloko* sind boshafte Zwerge mit Händen, die so kräftig sind wie die der Gorillas.

Die islamischen Völker sind in der Beschreibung von Ungeheuern und Ogern, für die sie viele Namen kennen, unübertroffen. (Siehe auch *Kannibalen; Ghoulas; Ghouls; Dschinne; Nundu; Shaitans; Tebo.*)

Unglück und Krankheit Im mittelalterlichen Europa glaubte man, daß ein ›ungesunder‹ Wind Krankheiten wie die Pest, aber auch andere Formen des Unglücks und des Pechs, bringt.

Auch in Afrika verbreitet ein ›böser Wind‹ (wörtlich in Swahili: *pepo mbaya* ›böse Winde, böse Geister‹) Unglück in Form von Krankheit, Säuglingssterblichkeit, Unfruchtbarkeit bei den Frauen der Familie, Krankheit bei Rindern und Ziegen, Schädlingsbefall des Getreides, Mißernte.

Böse ist, was dem Leben aller derer, die wir brauchen, schadet.

Zwar ist in Afrika bekannt, daß die meisten Krankheiten natürliche Ursachen haben, aber dennoch

bleibt die Frage unbeantwortet, warum nicht alle Menschen von der gleichen Krankheit oder von einem anderen Unglück befallen werden.
Warum sind einige Frauen unfruchtbar, während andere so viele Kinder haben?
Warum sterben einige Menschen in jungen Jahren?
Diese Fragen haben bei vielen zu folgendem Schluß geführt: das Unglück ist ein böser Geist. Er wählt mich aus.
Bazillen, Viren und andere natürliche Ursachen haben keine Absicht, keinen Willen.
Ein Geist dagegen ist ein unsichtbares Wesen mit einem Willen, er kann denken und sich sein Opfer erwählen. Er kann eine Methode aussuchen, um es zu vernichten oder zu quälen.
Ein solcher Geist kann eine lebende Person sein, gewöhnlich jemand, der einem wie ein Verwandter nahesteht, ein Toter, beispielsweise ein Ahne, der über ein Versehen wütend ist, oder ein außenstehender Geist, z. B. ein Flußgott, ein Blitz, ein Dornenbusch oder ein Löwenpaar.
Wir sagen immer noch: ›Wie vom Donner gerührt‹ oder ›mondsüchtig‹, Wendungen, die auf den Einfluß himmlischer Körper oder natürlicher Erscheinungen auf unser Schicksal hinweisen.
Aus diesem Grund suchen viele Afrikaner anstatt eines Arztes einen Wahrsager auf, der eine Krankheit diagnostizieren soll.

Seelenbehälter, Bidyogo (Guinea Bissau).

Unsterblichkeit Fast alle Völker in Afrika glauben, daß die menschliche Seele unsterblich ist.
Die Moslems glauben, daß Gott den Körper eines Kindes in der Gebärmutter aus Erde erschafft, die die Engel auf sein Geheiß aus einer bestimmten Gegend besorgen müssen.
Wenn das Kind geboren wird oder kurz zuvor, wie einige sagen, legt er die Seele in den Körper, so daß es lebt.
Jemand, dessen Ende bevorsteht, wird den unwiderstehlichen Wunsch verspüren, in seine Heimat zurückzukehren, weil von dort der Lehm stammt, aus dem Gott ihn schuf. Sein Fleisch will mit der eigenen Art wiedervereint sein.
Die Seele überlebt und bleibt in der Nähe des Körpers im Grab bis zum Jüngsten Gericht.

Wegen der Reinkarnation von Itonde als sein Sohn siehe *Itonde*.
Ein bedeutender Mann kann als Löwe oder Schlange zurückkehren (siehe unter diesen Stichwörtern).
Die Wafipa im westlichen Tansania erzählen, daß Gott eines Tages zur Erde stieg und nur von der Schlange begrüßt wurde, da alle anderen Kreaturen schliefen.
Gott belohnte die Schlange, indem er ihr jedes Jahr eine neue Haut schenkte, so daß sie sich immer verjüngt.
(Siehe auch *Chamäleon; Tod; Löwe; Schlange; Wiedergeburt; Reinkarnation.*)

V

Vampire Vampire sind böse Geister, die als Geister unsterblich sind, die aber die Körper von Menschen oder Tieren benutzen.
Menschen müssen ›rekrutiert‹ werden, damit die Vampire einen menschlichen Körper erhalten, in dem sie leben oder erscheinen können, wenn sie normale Leute besuchen, die alle potentielle Opfer sind.
Die Tierkörper, in denen die Vampire leben oder vielmehr erscheinen, sind die der Fledermäuse (q. v.), aber in Afrika erscheinen sie in den verschiedensten Tiergestalten, (siehe *Krokodil, Hyänenmensch; Leopard; Löwenmensch*).
Echte Vampirfledermäuse (Familie *Osmodontidae*) leben nur in Südamerika. Von den Fledermäusen aus der Familie Megadermatidae, die in der Alten Welt heimisch sind, wird fälschlicherweise geglaubt, daß sie das Blut der Opfer aussaugen.
Der Ursprung des Wortes Vampir wie auch der Mythos liegt in Europa, türkisch *ubyr*, ›Geist‹.
In Afrika – von Simbabwe bis Westafrika – ist der Glaube weitverbreitet, daß einige Personen (die geheimnisvoller Herkunft sein können) das Leben von menschlichen Opfern ›essen‹.
Auch der Mythos von Drakula, einem Mann, der gestorben ist, in einem Sarg lebt, aber aufsteht, um Menschenblut zu saugen, ist türkischen Ursprungs.
Sowohl in West-, Süd-, Zentral- als auch in Ostafrika gibt es vereinzelte Spuren von diesem Mythos. Einen solchen Mann kann man an seinem Leichengeruch oder seinen Fangzähnen erkennen.
Die Bammana in Mali erzählen, daß die Subaga Personen seien, die ihre Körper verlassen und in das Haus ihres Opfers fliegen können, wo sie sich geräuschlos auf seinem Körper niederlassen und ihm sein *ni*, ›Leben‹, nehmen.
Der erste Subaga war ein Mann namens Kenimbleni, der dem Zau-

Fledermaus.

berer Korongo drei geheime Pulver stahl.

Ein Pulver befähigte ihn, seine Haut wie eine Schlange zu wechseln und somit unsterblich zu werden. Mit dem zweiten Pulver konnte er in der Nacht wie eine Fledermaus fliegen und mit dem dritten die Sprache der Vögel sprechen.

Er mußte lernen, sich in einen Löwen und in einen Vogel mit roten Krallen zu verwandeln, worauf er sich mit dem Wind in die Luft erheben mußte.

Die Subaga rufen sich gegenseitig, indem sie auf Schädel trommeln, die mit menschlichen Häuten gespannt sind.

Vertrauter Ein Vertrauter ist ein dienstbarer Geist, der einem Zauberer zur Verfügung steht. In Europa ist dies z. B. jene schwarze Katze, die auf der Schulter einer Hexe sitzt.

Auch in Ägypten ist der Vertraute gewöhnlich eine Katze oder ein Hund. Edward Lane führt Scheich Khaleel El-Medabighee an, der vor 1860 in Kairo lebte. Er besaß eine schwarze Katze, welche die Haustüre öffnen und in fließendem Arabisch Fragen beantworten konnte. Einige Leute sollen als Vertraute Schlangen in ihrem Keller halten.

In Zimbabwe reiten die Hexen auf Hyänen, und in Zaïre besaß ein sehr böser Zauberer einen wilden Leoparden, der für ihn seine Feinde tötete.

Marain Jagu in Senegal besaß eine Kalebasse, in die er drei Hunde gezaubert hatte, die auf seinem Befehl heraussprangen und seinen Feind töteten. (Bezüglich Vertrauten in menschlicher Gestalt siehe auch unter *Zombies*. Bezüglich der Frau, die eine Schlange hält, siehe unter *Mamlambo*.)

Häufig geraten Vertraute außer Kontrolle, wie Tikoloshe (q. v.), der zu stark und zu böse war, um ohne starke Magie gebändigt werden zu können. Solche Geister genießen mutwilliges Töten und beherrschen oft ihre ehemaligen Meister. In diesen Geschichten wiederholt sich die Lektion des Zauberlehrlings: Beschwöre keinen Geist, den du nicht beherrschen kannst.

Die Lunda und Luvale im nordwestlichen Zambia erzählen von den *baloi* (Zauberern, siehe *Muloyi*), die in der Nacht eben erst begrabene Leichen aufrichten und sie mit einem *mwana-nkishi*, einem Fetisch-Geist (siehe *Nkisi*) aus einer Kalebasse wiederbeleben. Eine solchermaßen wandelnde Leiche tötet dann die Feinde ihres Meisters, und wenn sie festgenommen wird, stirbt sie wieder, so daß der Polizei die Schuld am Tod des Verhafteten zugeschrieben wird.

Tuyebela sind Geister in der Gestalt von Schakalen, Hyänen oder kleinen hölzernen Menschen, die so mächtig sind, daß sie von ihren Besitzern Menschenfleisch verlangen. Wenn diese sich weigern, werden sie einen ihrer Verwandten töten.

Eine *linkalankala*, ebenfalls in

Zambia, ist eine Schildkröte, die auf Befehl ihres Besitzers dessen Feinde tötet. Aber sie ist keine echte Schildkröte, sondern lediglich ein leerer Panzer mit einem an der Kopfstelle herausragenden Messer.

Vodu (Fon, Benin). Vodu oder *vodou*, aus dem die karibischen Völker *voodoo* ableiteten, ist das Wort für die Götter in der Sprache Fon in Dahomey, das jetzt Benin genannt wird. Fon ist mit Yoruba verwandt.

Das Volk Fon erzählt, daß es drei Gegenden für verschiedene *vodu* oder Götter gibt, den Himmel, die Erde und die Wolken dazwischen.

Der erste Gott, der Schöpfer, lebt weit entfernt im Himmel und wird nicht verehrt. Als ersten Schöpfungsakt schuf er Zwillingsgötter.

Der Gott Lisa ist der Sonnengott, der den Tag und die Hitze verursacht, wenn die Menschen hart arbeiten müssen. Er ist der Gott der Stärke und der Ausdauer.

Seine Schwester Mawu ist die Mondgöttin, die die Kühle der Nacht, Frieden, Freude, Fruchtbarkeit und sanfte Mutterschaft sowie Regen verursacht.

Age ist der Gott der Tiere in der Savanne und wird somit von den Jägern angebetet.

Loko ist der Gott der Bäume, des Waldes und wird demgemäß von den Kräuterheilkundigen angerufen, die die Rinde und die Wurzeln der Bäume für ihre Medizin benötigen.

Seine Schwester Ayaba ist die Göttin des Herdes, wo das Holz täglich verbrannt wird, damit Essen gekocht werden kann.

Legba ist der jüngste Sohn des Lisa und der Mawu. Er ist der Schicksalsgott.

Die zwei ältesten Kinder des Lisa und der Mawu waren Sagbata und seine Zwillingsschwester. Lisa und Mawu sandten beide zur Erde, damit sie dort leben und die Erde mit ihren Kindern bevölkern konnten.

Ihr jüngerer Bruder Sogbo wurde zu den Wolken geschickt, um Herrscher über Donner und Blitz und demgemäß der Gott des Feuers und des Regenwassers zu werden.

Trotz seiner gewaltigen Macht und seines riesigen Herrschaftsgebietes im Wolkenland war Sogbo neidisch auf seinen älteren Bruder, den Herrscher über die ganze Erde. Darum hielt er den Regen zurück, so daß auf der Erde nichts wachsen konnte und die Menschen Hunger litten.

Die Gebete der Menschen veranlaßten Mawu, Legba auf die Erde zu senden, denn er kennt alle Sprachen der Götter und auch der Menschen. Darum wird er oft als Bote und Botschafter geschickt.

Er brachte den Otutu, einen Singvogel, auf die Erde und sagte ihm, daß er sofort anfangen müsse zu singen, sobald ein Feuer ausbrechen würde. Bald darauf verursachte der wütende Sogbo mit seinem Blitz ein Feuer auf der Erde. Otutu begann zu singen, und Mawu, der von Legba informiert war, schickte schnell Regenschauer. So wurde die Erde gerettet.

Vögel Im alten Ägypten dachte man, daß die Seele nach dem Tode in der Gestalt eines Singvogels herumfliegen könnte. Dieser Glaube ist in Afrika immer noch weitverbreitet.

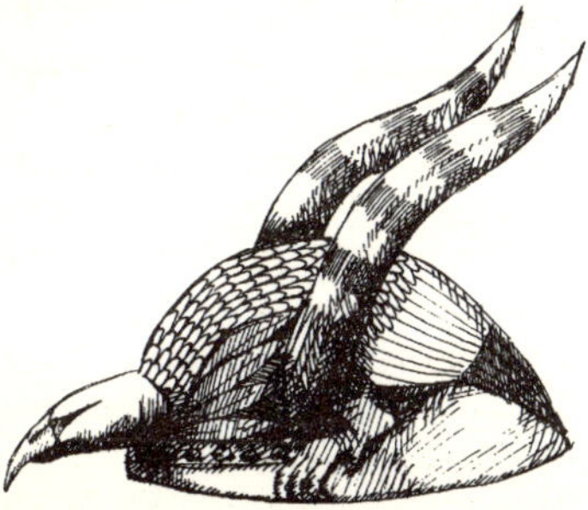

Adler-Maske (Tanzaufsatz); Mossi, Burkina Faso.

Viele Geschichten handeln von der guten jungen Ehefrau, die von einer Rivalin oder einer Feindin getötet oder behext wurde, aber zu ihrem Ehemann in Gestalt eines Singvogels zurückkehrt. Sie singt ihm ihre traurige Geschichte, bis seine Schwester oder Mutter ihm diese deutet. Während er außer Haus ist, fliegt der kleine liebevolle Vogel in seinem Haus wie eine Schwalbe herum, legt seine Federn ab und wird wieder eine Frau. Sie fegt den Boden, mahlt das Korn, kocht ihrem Ehemann das Essen und legt schließlich wieder ihr Federkleid an und fliegt fort. Sie ist in die Gewalt einer Hexe geraten, weil ihr Ehemann sie vernachlässigt hat. Er muß sie jetzt ›zurückerobern‹, indem er sie mit Liebe zurücklockt.

Manchmal ist die Ehefrau tagsüber ein Vogel, aber in der Nacht eine Frau, die mit ihrem Mann schläft (oder ist es ein Traum?), aber noch vor der Morgendämmerung fortfliegt. Ihr Sohn schlüpft dann aus einem Ei. Die Basotho erzählen, daß eine Taube einer Frau zwei Samen schenkte, die sie in einen Flaschenkürbis pflanzen sollte. Diesem Kürbis entsprangen gutaussehende Zwillinge.

Die Berber im Atlas erzählen, daß es einen Vogel gibt, der *sheerree (Strix nocturna)* heißt, in der Nacht *sheerree!* schreit und kommt, um junge Babys zu stillen, denn er hat Brüste: an der einen wird das Kind gesund, aber die andere wird seinen Tod verursachen.

Von einem anderen Vogel, dem Wendehals, *Ixeutica*, glaubt man, daß er sich in die Nähe von Ameisennestern hinlegt und sich totstellt. Mit Magie zieht er die Ameisen an und läßt sie in seinen Mund kriechen. Er legt ein *jynx* auf sie (vom griechischen Wort Vogel für diesen Vogel abgeleitet). Ein großer Vogel, der in der Berbersprache *amdda* genannt wird, wahrscheinlich ein Adler, paart sich mit einer Wölfin oder einer Füchsin in den Bergen. Das Ergebnis aus dieser Paarung ist ein Greif, ein Tier mit dem Kopf eines Adlers, aber dem Körper eines Wolfs oder Fuchses, das seine Mutter zerreißt, sobald es auf die Welt kommt. Andere sagen, daß es nur der Fuchs ist, der sich mit einem weiblichen Adler paart.

Vorherbestimmung (Edo, Bendel, Nigeria). In einer Stadt lebten zwei Brüder mit ihrer Mutter.

Der ältere war so arm, daß sein Tuch nicht um seine Taille paßte. Er hatte weder Diener noch Sklaven, und so mußte er sein eigenes Wasser und Brennholz tragen.

Der jüngere war so reich, daß er nicht einmal alle seine Sklaven kannte. Er hatte 40 Frauen, und wenn er essen wollte, brauchte jede Frau nur einen Teller mitzubringen. Wann immer er sprach, wurde ihm gehorcht. Sein Bruder wurde ignoriert, was immer er auch sagte.

Da ging der ältere eines Tages zu einem Wahrsager und bat ihn um eine Medizin, die den jüngeren töten würde.

Der Wahrsager gab ihm eine Kalebasse und sagte ihm, er solle etwas von ihrem Inhalt, einer Salbe, auf den Bauch einer schwangeren Frau streichen und sorgfältig beobachten, was geschehen würde.

Der ältere Bruder ging und wurde auf der Straße von einem Mann angehalten, der ihn bat, seiner schwangeren Frau zu helfen. Er betrat die Hütte, holte seine Kalebasse hervor, strich die Salbe auf ihren Bauch und sah zu seinem Erstaunen einen schwerbewaffneten Jungen, der mit einem Messer, Fallstricken, einer Axt und Pfeilen ausgerüstet war, was bedeutete, daß dem Jungen bestimmt war, ein Jäger zu werden. Einen Augenblick später wurde das Kind als normales nacktes Baby geboren.

Die Leute, die glaubten, daß der ältere Bruder ein Doktor sei, baten ihn, noch eine andere schwangere Frau aufzusuchen, der er auch die Salbe auf den Bauch auftrug. Zu seiner Überraschung sah er ein Mädchen, das wunderschöne Kleider trug. Er sagte den Leuten, was er sah, und einen Augenblick später wurde das Mädchen normal geboren.

Jetzt erkannte der ältere der beiden Brüder, daß Reichtum und Armut in der Welt vor der Geburt vorherbestimmt waren.

Er ging zu dem Wahrsager zurück und entschuldigte sich bei ihm für seine bösen Absichten. Der Wahrsager riet ihm, lieber mit seinem jüngeren Bruder Freundschaft zu schließen, als ihn zu beneiden.

Der ältere Bruder nahm eine Hakke, ging auf das Land des jüngeren, hackte die Erde und begann, Yamswurzeln für ihn zu pflanzen. So etwas hatte er noch nie getan.

Als der jüngere ihn sah, umarmte er ihn dankbar, nahm ihn mit nach Hause, gab ihm zu essen und zu trinken, lud Musiker ein und gab ein Fest, um ihre Freundschaft zu feiern. Von da an gab er seinem älteren Bruder, was immer dieser brauchte.

W

Wahrsager Während die Propheten (q. v.) dem Einen Gott dienen, der zu ihnen spricht oder seinen Engel zu ihnen schickt, hoffen die Wahrsager, das die Zukunft betreffende Wissen von jedem Geist oder jeder Gottheit zu erhalten.

Dem Propheten wird Offenbarung zuteil, ein unmittelbares Wissen, das sofort dem Volk mitgeteilt werden kann, während der Wahrsager von den Göttern nur Zeichen erhält, sogenannte Omen (q. v.), die er anschließend richtig interpretieren muß.

Ein Medium (q. v.) arbeitet gänzlich unbewußt, es wiederholt oder schreibt das mechanisch auf, was der Geist es zu übermitteln veranlaßt. Hierbei ist ein Priester oder Übersetzer (in Ghana ›Linguist‹ genannt) erforderlich, der die Worte des Mediums in menschliche Sprache überträgt.

Alle die genannten Sucher nach verborgenem Wissen haben eines gemeinsam: sie werden gebeten, Wissen zu offenbaren, das für gewöhnliche Menschen geheim (›okkult‹) ist; Wissen von der Zukunft oder der verborgenen Vergangenheit, von Ereignissen, die dem menschlichen Leben als äußerst wichtig gelten.

Gleichermaßen bedeutend sind Ereignisse, die in der Entfernung stattfinden, dort also, wo geliebte Personen hingegangen sind und von deren Verbleib und Wohlbefinden man nichts weiß.

Am wichtigsten aber ist die Frage, wie Unglücksfälle, z. B. Krankheit, Hungertod, Säuglingssterben, Unfruchtbarkeit, Überschwemmungen und Trockenzeiten, feindliche Invasionen und Überfälle zu vermeiden sind, und – falls diese bereits eingetreten sind – wie man solches Übel beseitigen kann.

Moderne Regierungen verfügen über Ministerien für Gesundheit, Verteidigung und Wetter, die Ratschläge und Warnungen bezüglich drohender Krankheiten und Katastrophen geben. In früheren Zeiten hatten die afrikanischen Könige Wahrsager, die ihnen die Ursachen von Unglücksfällen erklärten.

Normale Menschen suchen einen Wahrsager hauptsächlich wegen gesundheitlicher Probleme auf, sowie wegen Unfruchtbarkeit bei Frauen und bei Viehherden.

Dürre ist ein so großes Problem, daß sie zu einer Angelegenheit des lokalen Häuptlings oder des Oberhauptes eines Clans wird, der einen Regenmacher (q. v.) zur Erfüllung seiner Pflicht heranzieht.

Wahrsager müssen die Häuptlinge auch darin beraten, welche Zeit für die Jagd, die Saat, die Ernte, das Weiterziehen, das Fischen oder die Durchführung religiöser Rituale wie das Schlachten eines Tieres günstig ist.

In alten Zeiten mußten Wahrsager den Zeitpunkt festlegen, an dem der König seine Krieger gegen benachbarte Feinde in die Schlacht führen wollte. Viele Geschichten handeln von Herrschern, die die düsteren Voraussagen der Wahrsager mißachteten, in den Krieg zogen und in der Schlacht fielen.

Die Methoden der afrikanischen Wahrsager unterscheiden sich von Land zu Land. Einige von ihnen sind in Europa gänzlich unbekannt. Die Araber üben einen großen Einfluß auf die Wahrsagerei der Afrikaner aus, von der Traumdeutung bis zu Orakeln mit Buchstaben und Zahlen. Es sind mehr als sechzig Wahrsagemethoden bekannt, die in afrikanischen Ländern praktiziert werden.

Zu den gebräuchlichsten zählen:

- die Astromantie, das Wahrsagen durch die Sterne für die richtige Zeit der Saat etc.;
- die Vorhersehung, das Wahrsagen durch das Werfen von Gegenständen, normalerweise von Stäbchen;
- die Geomantie (q. v.), das Wahrsagen aus Linien im Sand, die von Nichteingeweihten gezeichnet wurden;
- die Hämatomantie, bei der das Blut beobachtet wird, das aus einem Opfer tröpfelt;
- die Ornithomantie, wobei der Flug und das Sich-Niederlassen der Vögel beobachtet wird.

Alle Methoden der Wahrsagerei beruhen auf Geisterglauben, weil die Annahme, daß ein Zeichen Wahrheit oder Lüge, Schuld oder Unschuld aufzeigen wird, den Glauben an eine bewußte, absichtliche, ehrliche, intelligente Willenskraft impliziert, die jene Gegenstände oder Substanzen verändern kann oder will, die verwendet werden, um die Wahrheit darzustellen oder den Willen der Gottheit auszudrücken.

Der Wahrsager der Swahili *(mwaguzi)* hat eine Wahrsagetafel, *bao* oder *loho*, durch die er mit Hilfe von arabischen Buchstaben und Zahlen wahrsagt. Er besitzt auch Bücher über Astrologie normalerweise in arabisch und Bücher über die Deutung von Träumen und anderen Zeichen oder Omen. Er wird darauf bestehen, daß seine Wahrsagerei mit Gottes Willen übereinstimmt.

Viele moslemische Gelehrte sind aber anderer Meinung. Sie behaupten, daß Gottes Wille nicht bekannt gegeben werden darf, bevor Gott von sich aus tut. Besonders unsere Todesstunde (*saa*) bleibt sein Geheimnis. Folglich ist jede Wahrsagerei im Grunde Diebstahl göttlicher Geheimnisse.

Wald Offenbar betrachten alle Völker Afrikas den Wald als den Wohnsitz von Geistern. Bei diesen handelt es sich um die unterschiedlichsten Typen, doch die meisten von ihnen sind böse.

Die Mongo-Nkundo-Völker in Mittel-Zaïre erzählen, daß der Wald von *biloko* (siehe *Eloko*) bewohnt wird, bösen Zwergen, die Menschenfleisch essen. Im Wald leben auch Oger (q. v.), abscheuliche Riesen, die Menschen verschlingen, nachdem sie ihnen die Glieder abgerissen haben.

Die Yoruba erzählen Geschichten über Walddämonen, die Männern in Gestalt schöner Mädchen und Mädchen in Gestalt gutaussehender Männer erscheinen.
Diese Geister heiraten Menschen und haben Kinder mit ihnen, die später Zauberer und Hexen werden, weil sie sich im Wald auskennen und die Zaubersubstanzen finden können, die sie für ihre schändlichen Praktiken benötigen. Sie werden auch Jäger in dem Wald, deren unglaubliches Jagdglück aus ihrer Blutsverwandtschaft mit den Walddämonen herrührt.
Für diesen Dienst müssen sie oft mit Menschenfleisch bezahlen, das die Dämonen besonders gerne mögen.
Einige Leute mit kummervollen Neigungen freunden sich mit den Tieren des Waldes an, beispielsweise dem Leoparden, dem Gorilla und der Waraneidechse und nehmen ihr Aussehen an.
Der Glaube, daß die Geister der Toten im Wald leben, ist weitverbreitet.

Wasser In Afrika ist Wasser kostbarer als jedes andere Element. Uns wurde gesagt, daß in fast jedem Teich und in fast jedem Bach ein Geist (siehe auch *Ifrit*) wohnt, während in den Flüssen und Seen viele Geister einschließlich derer der Toten und Ertrunkenen zu Hause sind.
Die Kpelle in Liberia haben berichtet, daß es in ihren Flüssen ein Wasservolk gäbe, Wesen mit Menschenköpfen und langem Haar, aber mit einem Fischschwanz als Unterleib.
Früh am Morgen sitzen sie auf den Felsen und sonnen sich. Wenn man eines dieser Wesen sieht, so heißt es, soll man um Geld bitten.
Der Wassergeist wird antworten: ›Wenn du Geld möchtest, werden wir dich zum König machen, aber du mußt uns jeden Monat einen weißen Widder, eine Bahn weißen Tuches und deine Frau, deine Mutter oder deine Tochter bringen. Nur wenn du uns die Frauen, die du am meisten liebst, bringst, können wir dich für den Rest deines Lebens reich machen.‹
Wenn ein Mann vom Wasser zurückkommt, seine alte Mutter bald darauf krank wird und stirbt und ihm dann das Geld durch die Finger rinnt, sagen die Leute: ›Er hat seine Mutter verschenkt, nur um reich zu werden.‹
Eine Frau, deren Totem ein großer Fisch war, lockte einmal einen solchen Fisch mit Reis an. Während dieser den Reis fraß, tötete der Mann ihn mit einem Messer. Sie kochten den Fisch und aßen ihn. Beide starben.
Es stimmt nicht, daß Fische nicht sprechen können. Sie sprechen nicht nur die Menschensprache, sondern können sogar singen und Menschen verzaubern.
Der Wassergott kann ein Krokodil (q. v.) sein. Es kann sich aber auch um eine Göttin handeln, das Flußpferd (q. v.), das schwangere Frauen beschützt.

Die Basotho erzählen die Geschichte einer schrecklichen Dürre, als der Fluß, der stets das Königreich ›genährt‹ hatte, völlig ausgetrocknet war.
Der König sandte Boten in das Gebirge, in dem der Fluß entsprang. Sie begegneten dem Flußgott, der ihnen sagte: ›Ich werde euch Wasser geben, wenn euer König mir seine Tochter bringt.‹
Widerwillig schickte der König seine einzige Tochter als Braut an den Teich in das Gebirge, in dem der Flußgott lebt. Dort wurde sie zurückgelassen, um dem Gott zu begegnen. Sie bekam viele Kinder von ihm, und es fehlte dem Land nie mehr an Wasser. (Siehe auch *Njuzu.*)
Widder Der altägyptische Sonnengott Ammon-Ra, den die Römer später mit Jupiter, ihrem höchsten Gott, gleichsetzten, wurde in der Gestalt eines Widders in Siwa im südwestlichen Ägypten verehrt, wo die Einheimischen noch heute Siwi, eine Berbersprache, sprechen.

Widder-Maske (Kamerun).

Die Assoziation der Sonne mit dem Widder ist besonders in der mittelalterlichen Astrologie wohlbekannt.
Die Swahili beginnen das Neue Jahr immer noch am 21. März, wenn die Sonne im Zeichen des Widders bzw. Aries steht, der in Altpersien als Mithra, der Sonnengott, verehrt wurde.
Der Neujahrstag wird in Swahili immer noch Nairuzi, vom persischen *Nau Ruz,* ›Neues Licht‹, genannt.
Schafe sind im tropischen Afrika selten, außer im Hochland Kenias, wo die Kikuyus sie halten.
Bei den Berbern singen die Schafscherer in ihren marokkanischen Bergen immer noch eine Hymne an die aufgehende Sonne, die sie ›Unser großer Widder‹ nennen. Unter der arabischen Tünche sind noch viele alte Mythen verborgen.
Die Hottentotten oder Khoi (q. v.) in Namibia haben einen Mythos über den Sonnenwidder, den sie Sore-Gus nennen.
Ein Mann namens Giri (Schakal) jagte einmal in der Wildnis, als er ein wildes Schaf sah. Es war ein großer Widder mit langer flaumiger Wolle, die in der Sonne golden glänzte, als ob sie Licht ausstrahlen würde.
Nach einer langen Verfolgung töte-

te er das Tier mit seinem letzten Pfeil.

Er schnitt etwas Fleisch heraus und ging nach Hause, aber er war so durstig, daß er Leute um Wasser bat. Doch immer, wenn er mit dem Wasser in Berührung kam, versiegte es.

Ein weiser alter Mann sagte: ›Du mußt den mächtigen Sonnenwidder getötet haben. Iß nicht sein Fleisch, denn du wirst daran sterben. Geh sofort zurück, wo du den Kadaver versteckt hast, und lege das Fleisch an seinen Platz zurück. Dann bete: ›Widder der Sonne, Widder der Sonne! Bitte erhebe dich! Werde wieder das, was du einst warst. Bitte lebe wieder wie zuvor!‹

Giri tat alles, was ihm gesagt wurde. Er legte das Fleisch in den Körper zurück und sang das Gebet. Zu seiner Erleichterung erhob sich der glänzende Widder und verschwand.

Daraufhin füllten sich die Teiche wieder mit Wasser.

Wiedergeburt Es ist nötig, zwischen Reinkarnation (q. v.), und Wiedergeburt zu unterscheiden.

Während mit Reinkarnation das Fortbestehen der gleichen Seele in einem neuen Körper gemeint ist, normalerweise dadurch, daß man von einer Frau als Baby geboren wird und somit kein Wissen von einer vorhergehenden Existenz hat, ist die Wiedergeburt die Wiederaufnahme unserer körperlichen Existenz, die vielleicht in einer anderen Gestalt erfolgt, bei der jedoch die Substanz, aus der wir geschaffen wurden, erhalten bleibt.

Afrikanische Völker glauben, daß einige Ahnen in deren Nachkommen wiedergeboren sind.

Folglich singt die Mutter zu ihrem neugeborenen Sohn: ›Wie sollen wir dich nennen, Kleiner? Bist du der Vater deines Vaters oder ein anderer? Wessen Geist ist in dir, mein Krieger? Wessen kleine Speerhand spannt sich um meine Brust? Deine Augen funkeln wie die eines Leoparden im Dickicht‹ (Pygmäen, Zaïre).

Die Toten brennen darauf, wiedergeboren zu werden, und während sie warten, singen sie: ›Mond, Mond, beleuchte unseren Weg, beleuchte den Heimweg. Beleuchte hell den Weg unserer Rückkehr, den Fluß, den wir überqueren müssen, damit wir in der Nacht reisen können, nach Hause zu unseren Lieben, wo eine Frau gebären wird.‹ (Ewe, Ghana).

Bei den Wolof in Senegal betete ein Mann zu seinem von ihm verehrten Totem-Ahnen: ›Wurzel unseres Lebens! Wurzelsaft, der das Leben unseres Stammes und all seiner Zweige befruchtet! Schenk mir ein wenig von deinem Löwenatem! Ich höre dich brüllen, Löwe meines Blutes, ich brauche deine Kraft, damit ich dem Stamm helfen kann zu wachsen.‹

Witch-doctor Über das englische Wort witch-doctor herrscht große Verwirrung, da es oft in einer Situation angewandt wird, wo es nicht zutrifft.

Eine Frau namens Mwaringiseni, die im Süden des Mashonalandes lebte, wurde im April 1961 von einem *nganga* beschuldigt, einer Schlange befohlen zu haben, ihren Bruder zu beißen.
Auf Grund des Gesetzes zur Abschaffung der Zauberkraft in Südrhodesien (1899) brachte sie den *nganga* wegen falscher Anschuldigung der Zauberkraft vor Gericht. Sie gewann den Prozeß.
Diese Art von *nganga* wurde als ein witch-doctor bezeichnet, aber er war nichts weiter als ein Wahrsager. Er warf seine Knochen oder *hakata*-Stäbe und behauptete, daraus gelesen zu haben, daß die Frau ihrem Vertrauten, einer Schlange, befohlen habe, ihren Bruder zu töten.
Das Wort witch-doctor wird auch in der Bedeutung von ›Heiler‹ verwandt, der magische Medizin benutzt oder sogar anderen mit Zauberei (q. v.) Schaden zufügt.
Das Wort wird nur in dem Fall richtig angewandt, wenn es eine Person bezeichnet, die Hexen heilt. Der Exorzist (siehe *Exorzismus*) heilt Patienten, die von einem bösen Geist besessen sind, und solche Patienten können tatsächlich dazu gebracht werden, Verbrechen zu begehen.
Der Mann, der von Jesus geheilt wurde, war in Ketten gelegt worden, damit er seine Mitmenschen nicht angriff (Lukas 8:29).
Jedoch sind nicht alle von bösen Geistern Besessenen Hexen. Darum verkörpern die meisten Perso-

Schlange.

nen, die als witch-doctors bezeichnet werden, nichts weiter als Hexenaufspürer, oder, wie man in Südafrika sagt, ›Hexenriecher‹, denn eine Hexe riecht nach Tod und magischem Gift.
Nur sehr wenige ›wahre‹ Hexen sind heilbar, da es sich bei ihnen um eine angeborene oder ererbte Neigung handelt, eine Hexe zu sein, die mit schwarzer Magie Unglück verursacht.
Der Zande *binza* oder *ira avure* ist ein ›echter‹ witch-doctor, da er weiß, welche Bäume und Pflanzen die Medizin hervorbringen, die ihm, nachdem er sie gegessen hat, die Fähigkeit verleihen, mit seinen eigenen Augen Zauberkraft zu sehen und sie von ihren potentiellen Opfern zu vertreiben. Dabei geht er mit Gesang und Tanz vor und holt schließlich den Zauberkraft-Gegenstand aus dem Körper der angeblichen Hexe heraus.
Wizards/Zauberer Wizards sind Männer, die mehr wissen als andere und über ungewöhnliche Fähig-

keiten verfügen, das Unglaubliche zu vollbringen.
Zu ihnen zählen die Wahrsager/ sooth-sayers/(aus dem altenglischen *sooth*, aus dem schwedischen *sant* ›Wahrheit‹), die Sprecher der Wahrheit, die sich normalerweise auf die Zukunft beziehen. Solche Männer werden jetzt Wahrsager genannt.
Wahrsager sind in Europa und im Orient, z. B. Ägypten, häufiger Frauen. In Ostafrika waren es immer Inder, die eine zahlreiche Kundschaft hatten. Auch in Südafrika sind Wahrsager (q. v.) bei allen Rassen sehr beliebt.
Wizards (das Wort leitet sich aus ›weise‹ ab) werden normalerweise nicht als bösartig dargestellt, sondern lediglich als außergewöhnlich geübt in den magischen Künsten.
Nur ein wizard ist in der Lage, eine Falle zu bauen, mit der ein böser Geist gefangen werden kann.
Die Falle sieht wie ein Käfig aus: unter den Hebel, der die Tür verschließt, wird im Innern ein wenig Menschenblut gesprenkelt. Ein Stück Menschenfleisch ist sogar noch besser.
Der wizard kennt die Zaubersprüche, mit denen der Kobold oder *tebo* (q. v.) angelockt werden kann, sich in die Falle zu wagen. Am nächsten Morgen wird er da sein und hungrig und wütend dreinschauen. Sein Aussehen ist das eines verhutzelten Kindes oder eines alten Affen. Er kann aber auch wie eine große Fledermaus mit großen schwarzen Flügeln und scharfen Zähnen auftreten.
Dic einzige Möglichkeit, sich seiner zu entledigen, ist das Feuer. Es muß sichergestellt werden, daß jeder Teil seines Körpers verbrannt wird, denn daraus würde ein neuer Teufel wachsen, der die Menschen quält, indem er auf ihrem Nacken sitzt und ihr Blut saugt.
Der wizard kann auch seine Freunde vor Ogern (q. v.) (Swahili *walawatu*) retten, indem er eine Flugmaschine baut (Swahili *kiruka*), die wie ein Korb aus Katzenfell aussieht und in der ohne weiteres ein Dutzend Personen Platz haben. Sie fliegt gerade ein wenig schneller als die Oger (auch *mazimwi* genannt) laufen, und ein wenig höher, als sie springen können, aber wenn man ein Wort spricht, während man sich in der Flugmaschine befindet, fällt man aus ihr heraus und wird mit Sicherheit von den Ogern gefressen.
Eines der Wunder, die ein fähiger wizard bauen kann, ist eine Tür, durch die man gehen und seine toten Eltern in der anderen Welt besuchen kann.

Wute (Ursprung des Todes, Kamerun). Eines Tages rief Gott seinen besonderen Boten, das Chamäleon (q. v.), zu sich und sagte zu ihm: ›Geh zu den Völkern auf der Erde und überbringe ihnen die guten Neuigkeiten: Sie müssen zwar sterben wie alle Tiere, aber später werden sie wieder von den Toten auferstehen. Jetzt geh schnell!‹
Das Chamäleon reiste hinunter zur

Erde, aber Chamäleons treten immer sehr vorsichtig auf die nach unten führenden Zweige, und sie haben die Angewohnheit, häufig eine Rast einzulegen, nachzudenken und sich umzuschauen.
Also brauchte das Chamäleon 14 Tage, um von der Stadt Gottes nach der Stadt der Menschen zu reisen.
In der Zwischenzeit hatte die Schlange (q. v.) von Gottes Bevorzugung den Menschen gegenüber gehört und sich entschlossen, diese zu prellen.
Sie ging in die Stadt der Menschen und verkündete: ›Gott hat mich zu euch mit der folgenden Botschaft geschickt. Alle Menschen, die gestorben sind, werden für immer in ihren Gräbern bleiben. Sie werden niemals zurückkommen. Der Tod wird sie für immer bei sich behalten.‹
Der Tod hörte die Worte der Schlange und freute sich, denn der Tod ist ein gieriges Wesen, das immer möglichst viele Menschen als seine Beute begehrt.
Als das Chamäleon schließlich ankam, rief es die Stadtbevölkerung zusammen und verkündete feierlich, was Gott ihm aufgetragen hatte: ›Die Menschen werden nach dem Tode auferstehen.‹
Doch die Menschen nannten es einen Lügner: ›Wir glauben, was uns die Schlange gesagt hat, denn sie war zuerst hier.‹
Das Chamäleon erwiderte: ›Unmöglich, ich bin Gottes wahrer Bote.‹
Die Menschen riefen dann die Schlange aus ihrem Loch in der Erde und fragten sie, wer ihr gesagt habe, daß die Menschen für immer sterben würden.
›Gott hat mir das gesagt‹, log die Schlange ohne Skrupel.
Da bot das Chamäleon ihr die Stirn: ›Laß uns gemeinsam in die Stadt Gottes gehen, damit er entscheiden kann, wer recht hat.‹
Also machten sie sich auf den Weg und erschienen gemeinsam vor Gott.
Gott hörte sich beide Parteien an und sprach: ›Die Schlange hat gelogen. Ich habe ihr niemals eine Botschaft gegeben. Trotzdem muß die Botschaft, die den Menschen zuerst überbracht wurde, bestehen bleiben. Sie kann nicht ungeschehen gemacht werden. Der Tod hat bereits begonnen, viele Menschen zu töten, da er die Botschaft mitangehört hat. Als Strafe, Schlange, wirst du von jetzt an für immer von den Menschen gehaßt werden, und sie werden dich töten, sobald sie dich sehen.‹
So geschah es, daß Menschen sterben und niemals auferstehen. (Siehe auch *Tod.*)

Xhosa Volk und Sprache in der Transkei. Siehe *Mizimu; Schamane; Tikoloshe.*

Tanzaufsatz; Yoruba (Nigeria).

Yemoja Siehe *Göttinnen.*

Yoruba (Wie Yorubaland erschaffen wurde, Nigeria). Am Anfang gab es nur Olorun (q. v.), den Himmelsgott an seinem himmlischen Wohnort.

Unten auf Erden gab es nur Wasser, und dort regierte Oloruns Bruder Olokun (q. v.), Herrscher über das Meer und die Lagunen, dem griechischen Okeanos gleich.

Olorun herrschte über die Sonne, Orun (q. v.), aber es gab noch keine Erde.

Dann schickte Olorun seinen Sohn Obatala (q. v.) nach unten mit einer großen Kugel, der Erde, die er in das Meer legte, wo sie in große Brocken aufbrach und Gebirge und Inseln bildete.

Das erste lebende Geschöpf, das dort wuchs, war Agbon, der Palmbaum, aus dem Obatala Palmwein herstellte. Er trank ihn und schlief ein.

Entrüstet darüber schickte Obatala seine Tochter Oduduwa (q. v.), Göttin der Erde, hinunter, damit sie die Dinge in Ordnung brächte.

Sie wurde von Aje, der Göttin des Reichtums und Geldes, begleitet, die gleich der römischen Juno Moneta, der Göttin des Geldes, die Gestalt eines Truthahns hatte.

Unverzüglich machte sich der Truthahn daran, die Erde in alle Richtungen zu scharren, wie es sich für ein gutes Huhn gehört. Zu diesem Zweck hatte er fünf Zehen an jedem Fuß. So wurde die Erde ausgedehnt und bewohnbar.

Das Wasser floß durch ein Loch ab, durch welches man noch heute Wasser holen kann.

Olorun gab Oduduwa einen Korb voll *oka*, Korn oder Hirse, die sie zusammen mit anderen Samen auf der neuen Erde ausstreute. Bald wuchsen Pflanzen und Bäume in grüner Fülle aus dem Boden.

Schließlich stieg Olodumare, der Schöpfer, der oft mit Olorun gleichgesetzt wird, zur Erde herab und ließ sich nahe des alten Palmbaums nieder, wo jetzt die alte Stadt Ife liegt, das Zentrum der Erde.

Er versammelte alle 16 Götter um

sich herum und hielt den ersten großen Rat der Götter auf Erden ab: Obatala oder Oshala, Ogun, Eshu, Shango.

Jeder dieser Götter wurde der Ahn eines Clans, deren Nachkommen einen der 16 Vororte um das Zentrum herum bauten, das von dem Hochgott selbst regiert wird.

Folglich ist die Stadt Ife-Ife (auch Ila-Ife oder Ilife genannt) die Stadt der 17 Gottheiten.

Aufgrund zahlreicher Streitigkeiten unter den Stadtbewohnern und sogar Bürgerkriege unterscheidet sich die Zusammensetzung der Clans in der Stadt völlig von derjenigen, die zu Anfang ihrer langen Geschichte bestanden hatte.

Diese Geschichte von Unruhen erklärt auch, warum die Namen der Götter und Göttinnen der Yorubaclane sich nicht in allen Überlieferungen gleichen. Während einige offenbar miteinander gleichgesetzt wurden, wurden andere wohl geteilt.

Das gleiche Phänomen kann in den großen Mythologien des alten Roms, Griechenlands und Indiens beobachtet werden.

Demgemäß wird Obatala auch als Orishanla bezeichnet, was eine Kollektivbezeichnung für die Götter ist, die zusammen nach Ilife herabgestiegen sind. Weiterhin ist er als Olufa bekannt, ein Name, der von den Moslems auch für Gott angewandt wird.

Obatala und seine Schwestergattin (nur die Götter dürfen ihre Schwestern heiraten, so wie es im klassischen Griechenland der Fall war) Oduduwa leben immer noch in der Erde unter Ilife, wo sie als zwei Steinbildnisse verehrt werden.

In einer anderen Überlieferung können die Götter sogar verschiedene Geschlechter haben.

Zum Beispiel heißt es in einer Version des Schöpfungsmythos, daß Oduduwa Obatalas (hier Oshala genannt) Bruder ist, der Aje heiratet und mit ihr einen Sohn, Orany-an, hat.

Die folgenden Yorubagottheiten wurden in diesem Werk in gesonderten Abschnitten beschrieben: Eshu, Obatala, Oduduwa, Ogun, der Gott des Eisens, Oko (Landwirtschaft), Olodumare, Olokun, Orunmila, Orishanla, Osun, Shango und Shankpana.

Es wurde verschiedenen Überlieferungen gefolgt, weil sich die Mythen von der gleichen Gottheit in verschiedenen Teilen des Yorubalandes zuweilen völlig voneinander unterscheiden. (Siehe auch *Tauben; Erde; Eshu; Göttinnen; Ifa.*)

Z

Zaïre Siehe *Alur; Bakongo; Bangala; Schimpanse; Tod (Mongo); Eloko; Falke; Itonde; Kindoki; Kuba; Lianja; Lonkundo; Mongo-Nkundo; Muloyi; Mwindo; Regenbogen; Zauberei.*

Zande (Geister und Omen, Sudan, Zaïre). Die Zande (Pl. Azande) leben ungefähr an der Wasserscheide zwischen dem Nil und dem Oubangui (Ubangi) und somit im Grenzgebiet zwischen dem Sudan, Zaïre und der Zentralafrikanischen Republik.

Figur mit einer Zauber- und Schutzfunktion; Zande (Zaïre).

Die alten Hügel des Zandelandes sehen wegen ihrer vielen Höhlen wie wurmstichig aus; zahlreiche Bäche entspringen dort. Und in diesen düsteren, von knorrigen Wurzeln verdunkelten Höhlen leben die Götter und Geister der Toten.

Die Medizinmänner müssen dort hingehen, um die Pflanzen und Wurzeln für ihre Medizin zu suchen, welche die Geister ihnen zeigen werden, falls sie die ihnen gebührenden Geschenke erhalten.

Andernfalls wird man die Geister jammern hören, wenn die Pflanzen herausgerissen werden. Sie können auch eine große Schlange schikken, die die Eindringlinge angreift. Nur die Medizinmänner wagen sich, diese Höhlen zu betreten, weil sie sich mit ihrer starken Magie selbst schützen können.

Von allen wilden Tieren in den Mythen der Azande wird die Adandara, eine Art von Wildkatze, die nachts im Busch jagt, am meisten gefürchtet.

Es heißt, daß nicht nur ihre Augen, sondern ihr ganzes Fell in der Nacht glänzt, weil sie ein Zauberkraft-Tier ist.

Adandaras haben sexuelle Beziehungen mit Menschenfrauen, die dann Katzen gebären, die sie wie kleine Babys stillen.

Es wird als ein schlechtes Omen angesehen, wenn jemand eine solche Katze in der Nacht sieht oder ihre schrillen Schreie hört.

Nur Hexen begegnen ihnen und geben sich ihnen körperlich hin. Ein Mittel gegen Nebenwirkungen ist, die magischen Pfeife zu blasen. Wenn jemand einen Leguan oder eine Schildkröte (q. v.) sieht, wird einer seiner Verwandten sterben. Das gleiche gilt, wenn man ein Chamäleon (q. v.) oder einen Schimpansen (q. v.) sieht.

Fledermäuse (q. v.) beherbergen die Seelen von Hexen. Wenn ein Mann über eine starke Magie verfügt, kann er die Fledermäuse dazu bringen, herunterzufallen, wenn sie sein Korn stehlen.
Geister können freundlich *(atoro)* sein, wenn es tote Ahnen sind, aber die Geister von Hexen *(agirisa)* sind bösartig. Sie können im Busch einen Zauber auf einen Reisenden werfen, so daß er den Verstand verliert.
Wenn ein Mann eine Eule schreien hört, weiß er, daß eine Hexe in der Nähe ist, und bläst seine magische Pfeife.
Hört man einen Schakal heulen, gilt das als ein Omen des Todes. (Siehe auch *Tule*.)

Figur mit beweglichen Gliedern; Zaramo (Tanzania).

Zaramo (Gott, Schöpfung, Hexen, Tanzania). Gott wird in Zaramo (oder Zaramu) Kyumbe genannt. Man ist sich nicht sicher, ob Gott den Himmel und die Erde schuf, oder ob sie bereits vorhanden waren.
Aber man glaubt, daß Gott am Anfang alle Tiere ohne Schwänze schuf. Nachdem Gott die Beine vorbereitet hatte, rief er alle Tiere zurück, um ihnen ihre Schwänze anzupassen und sie zu befestigen.
Doch die Schlange war zu faul, zu stolz und zu gierig, um zu kommen, da sie damit beschäftigt war, einen Frosch zu verschlingen, der nicht wegspringen konnte, weil er noch keine Beine hatte.
Als sein Bruder ankam, gab Gott ihm starke Beine, damit er ins Wasser hüpfen und sich so vor der Schlange retten konnte.
Der Tausendfüßler erschien als letztes Tier, denn ohne Beine rollte er sich nur zusammen und wieder auf und kam überhaupt nicht weiter. Gott gab ihm alle übriggebliebenen kleinen Beine, insgesamt tausend.
Als die Schlange schließlich erschien, waren alle Beine weg. Darum beneidet die Schlange die anderen Tiere um ihre Gliedmaßen und haßt sie.
Die Schlange war ungehorsam, sie sündigte gegen Gott wegen ihrer Langsamkeit.
Alle anderen Tiere waren stets friedlich.
Selbst der Löwe griff nie Menschen an, bis er eines Tages von

einer Hornisse gestochen wurde, die die Tiere gern wütend macht. Wild vor Schmerz griff der Löwe einen Mann an und verschlang ihn. Sein Bruder tötete später den Löwen.

Gott ist unsichtbar und so mächtig, sagen die Zaramo, daß kein *dawa* (Talisman) etwas gegen ihn auszurichten vermag. Wenn er ruft, müssen wir alle gehen.

Gott führt die toten Geister nach Kolelo, einer großen Höhle in den Bergen. Im Innern dieser Höhle befindet sich ein Teich, in dem die Frauen baden, um zu empfangen. Männer gehen dorthin, um ein Schaf zu schlachten und zu dem Geist von Kolelo um Regen zu beten. Unterirdische Bäche können dort gehört werden.

Wegen bestimmter Vergehen werden Angeklagte in diese Höhle gebracht, und die Stimme des Kolelo wird sie schuldig sprechen, falls sie bis dahin nicht so entsetzt sind, daß sie freiwillig gestehen.

Hexen wurden mit einer von neun Prüfungen auf die Probe gestellt. Sie mußten kochendes Wasser trinken oder siebenmal einen Fuß auf glühendheißes Eisen stellen. Wenn sie Verbrennungen erlitten, wurden sie für schuldig befunden.

Zauber Einen Zauber auf jemanden zu werfen bedeutet, den Willen dieser Person zu lähmen sowie ihre Kraft zu denken und unabhängig zu handeln.

Ein Zauber ist ein Energiestrahl, der auf eine Person oder ein Tier gerichtet wird und mit dem das Opfer in die Lage gebracht wird, sich nur in die Richtung bewegen zu können, die der mächtigere Geist bestimmt. Dieser ist normalerweise der Doktor.

In wissenschaftsorientierten Gesellschaften kann der Arzt seine Patienten in Hypnose versetzen, was die wissenschaftliche Form des Zauberwerfens ist.

In Afrika besitzt der erfahrene Jäger magische Kenntnisse, mit denen er einen Zauber auf das Tier werfen kann, das er erlegen will. Mit dieser Hilfe läuft es in seine Netze oder Fallen oder zeigt sich im offenen Feld, wo er es erschießen kann.

Aber die bekannteste Zauberart ist der Liebeszauber, das Mittel, durch das jemand eine Person des anderen Geschlechts dazu bringen kann, sich in ihn und in keinen anderen zu verlieben.

Eine Somali-Frau suchte einen Doktor auf und sagte ihm, sie wollte, daß ihr Mann keine andere Frau liebe. Der Doktor erwiderte, daß er dafür drei Haare von den Augenbrauen eines Löwen benötige.

Die Frau kam mit den Haaren zurück, und der Doktor sagte ihr: ›Wenn du einen Zauber auf einen Löwen werfen kannst, daß er nicht aufwacht, wenn du ihm seine Augenbrauen wegschneidest, dann kannst du wohl genauso mühelos einen Zauber auf deinen Mann werfen.‹

In Nigeria warf eine Geschäftsfrau einen Zauber auf einen jungen

Mann, so daß er ihr ergeben diente, bis er sich schließlich ertränkte.
Bei den Hausa sind zahlreiche Methoden bekannt, um einen Liebeszauber auf jemanden des anderen Geschlechts zu werfen. Die wirkungsvollsten sind jene, die Teile vom Körper der Zielperson wie Haare oder Nägel enthalten.
Das Stehlen eines Kleidungsstükkes der geliebten Person, das dann mit Magie behandelt wird, ist eine im südlichen Afrika angewandte Methode.
Selbst eine Leiche kann verzaubert werden (siehe *Zombies*). Geister, die als Vögel oder Echsen erscheinen, können einen Zauber auf Menschen werfen, indem sie ihnen etwas vorsingen oder sie wie Schlangen anstarren. (Siehe auch *Magie*.)

Zauberfigur; Ibibio (Nigeria).

Zauberei Ein Zauberer ist mächtiger als eine Hexe (q. v.).
Eine Hexe wird mit Hexenkraft, ähnlich einer angeborenen Erkrankung oder einer Abweichung, geboren.
Demgegenüber muß ein Zauberer schwarze Magie nicht auszuüben. Er beschäftigt sich damit aus einer Vorliebe, Böses zu tun, und weil er Menschen haßt – oft seine eigenen Leute – die er opfert, um seinen verruchten Beruf zu erlernen.
Die Absicht des Zauberers besteht darin, Macht über seine Mitmenschen auszuüben und Reichtum zu besitzen, je mehr, desto besser. Seine Methoden sind das unbarmherzige Morden von jedem, der ihm im Wege steht, und das Verbreiten von Krankheit und Unfruchtbarkeit.
Die Werkzeuge des Zauberers sind die Geister, die er beherrschen kann. Er kann Menschen versklaven, indem er sie sterben läßt, sie dann wiederbelebt und dazu bringt, für ihn zu arbeiten (siehe *Zombies*). Oft sieht man ihn nachts auf den Friedhöfen, wo er frisch begrabene Leichen ausgräbt, Menschen, die eines geheimnisvollen Todes gestorben sind, weil er sie zuvor krank gemacht hatte.
Mit seiner schwarzen Magie und mit Kräutern aus dem Wald kann er die Leichen zum Laufen bringen. Er schneidet ihnen die Zungen auf, damit sie nicht über ihn zu den Leuten reden, die ihnen begegnen, obwohl diese gewöhnlich, starr vor Schreck und wie angenagelt, kein Wort herausbringen.

Der Zauberer sucht die Friedhöfe nicht nur wegen vollständiger Leichen auf, sondern auch wegen Körperteilen: Schädel, Hände, Herzen, Lebern und andere Organe sind nützlich für sein verwerfliches Treiben. Er stellt Fetische (q.v.; siehe auch *Fingo; Kindoki; Ndoki; Nki*si) her, d. h. Statuen, die wirklich leben, sobald der Zauberer einen seiner Dienstgeister gezwungen hat, in sie einzutreten und in ihnen zu bleiben.

Diese Statuen können durch die Luft fliegen und das ausgewählte Opfer des Zauberers angreifen, während die Identität des Zauberers ein Geheimnis bleibt.

Es ist unnötig, hinzuzufügen, daß das Opfer vor Angst stirbt, wenn es ein solches hölzernes Ungeheuer auf sich zukommen sieht, noch bevor dieses es erreicht hat.

Trotzdem sind Zauberer sehr beliebt, denn für ihre Dienste besteht eine große Nachfrage.

Die Nande (q. v.) in Zaïre glauben, daß unter ihnen die *avali*, Singular *omuli*, wörtlich ›die, die essen‹, leben. Eine *omuli* ist eine Frau oder ein Mädchen, die die Seele, *kirimu*, einer anderen Person ›ißt‹, die anschließend an ›Verzehrung‹ stirbt.

Eine junge Frau, deren Schwester von einer *omuli* ›gegessen‹ wurde, fragte eine sehr mächtige *omuli* um Rat, weil sie den Bruder der Frau, die ihre Schwester gegessen hatte, ›essen‹ und so Rache nehmen wollte.

Mitten in der Nacht ging sie, daß heißt ihr *kirimu*, ›Geist‹, in den Wald, wo sie sechs *avali* begegnete, die die Absicht ihres Besuches spürten und sie einluden, sich ihnen anzuschließen: ›Möchtest du so wie wir werden? Vergiß die Bedingung nicht: Du mußt uns einen *kirimu* zum Essen mitbringen.‹

Die junge Frau kannte die Bedingung und ging zu dem jungen Mann, der schlief. Mit ihrer geheimen Kraft der *omuli* ›nahm‹ sie sein *kirimu* und brachte ihn der Versammlung, damit er von allen verzehrt werden konnte.

Die *avali* erkennen sich untereinander wieder, dennoch sind sie sich ihrer Kräfte nicht bewußt. Was ihnen jedoch bewußt ist, ist ihr Haß und der Wunsch nach Rache an anderen.

Der junge Mann, dessen *kirimu* ›genommen‹ wurde, starb in derselben Nacht.

Viele Frauen, die dieser Hexenkraft beschuldigt werden, gestehen, daß sie die Geister anderer ›genommen‹ und ›gegessen‹ haben.

Merkwürdigerweise sind es gerade die hübschen Mädchen mit einem sanften Charakter, die eher dieser Hexenkraft beschuldigt werden. Von den anderen Dorfbewohnern unter Druck gesetzt, gibt ein solches Mädchen vielleicht sogar eine überzeugende Beschreibung von dem Festmahl, das sie und ihre Versammlung mitten in der Nacht hatten.

Ein Mädchen soll angeblich Selbstmord begangen haben, weil

es an die Wahrheit der Anschuldigungen geglaubt hatte.
Eine *omuli* wird als eine solche nicht geboren, obwohl sie wahrscheinlich von Geburt an eine Neigung zu diesem verruchten Treiben hat. Sie kann in einem gewissen Stadium ihres Erwachsenenlebens eine *omuli* werden, aber sie kann auch später ihren Neigungen, Geister zu essen, entsagen, und sogar die anderen Mitglieder der Versammlung denunzieren, wenn sie bekehrt ist.
Tanzanische Küste. ›Wenn ein Mann reich ist, eine gute Frau, viele Kinder, ein geräumiges Haus und schöne Kleidung hat, kommen seine Nachbarn zusammen und sagen: ›Dieser Mann prahlt mit seinem Geld. Laßt uns ihn krank machen, damit er sein Geld ausgeben muß, um wieder gesund zu werden.‹
Sie gehen also zu einem Zauberer und bezahlen ihn dafür, daß er den reichen Mann krank macht.
Der Zauberer geht dann mit seinen Lehrlingen mitten in der Nacht auf den Friedhof, öffnet das Grab einer Person, die gerade erst beerdigt wurde, holt die Leiche heraus und bringt sie in den Wald.
Dort schneidet sich jedes Mitglied der Versammlung ein Stück Fleisch für seine eigene Verwendung von der Leiche ab. Dieses Fleisch wird mit geheimen Kräutern verbrannt, und die Asche wird zusammengekratzt und an einem sicheren Platz aufbewahrt.
Jetzt muß der Zauberer warten, bis der reiche Mann auf den Boden spuckt. Sobald es dunkel wird, kommt der Zauberer und kratzt den Sand mit der Spucke seines Opfers zusammen, vermischt das Ganze mit der Asche und streut den daraus entstandenen Puder auf den Weg, auf dem der reiche Mann täglich zur Arbeit geht, wenn möglich, in der Nähe eines baobab-Baumes (q. v.). So wird das Opfer erkranken, sobald es auf diesen Weg gegangen ist.
Dann geht die Frau zu den bösen Nachbarn und fleht sie an: ›Bitte hebt den Zauber wieder auf.‹ Diese verweisen sie an den Zauberer, ohne natürlich zu sagen, daß einer von ihnen damit etwas zu tun hatte. Niemand weiß, wer der Zauberer ist. Im öffentlichen Leben ist er ein wohlbekannter und angesehener Doktor, ein *mganga*. Der Doktor sagt dem Patienten: ›Geh an dem baobab-Baum vorbei, der an dem Weg wächst.‹
Der Patient geht und stürzt wegen des starken Puders unter dem Baum. Das ist der ›Beweis‹, den der Doktor braucht. Er läßt den Patienten zu seinem Haus tragen, in dem er dem kranken Mann sagt, er solle über seinen Rücken sein Haus betreten, während der Doktor auf der Schwelle liegt, um das Böse zu beseitigen.
Dann macht der Doktor mit einem Rasiermesser 30 Einschnitte in die Haut des Patienten und reibt ›Medizin‹ in die Wunden. Er organisiert einen Tanz, *ngoma*, der einige Tage dauern wird, bis am letzten

Tag der böse Geist sich nach vielen Ritualen aus dem Bauch des Patienten oder dem jeweiligen kranken Körperteil erhebt und verschwindet.

Zauberkraft In Afrika unterscheidet man zwischen zwei Arten von Zauberkraft: der bewußten und der unbewußten.

Eine Hexe (Swahili *muroji*) kann eine alte Frau sein, die durch ihre bloße Anwesenheit ein Kind krank macht. Sie tut überhaupt nichts, obwohl sie später beschuldigt werden kann, den bösen Blick (q. v.) auf das Kind geworfen zu haben, angeblich weil sie eifersüchtig ist, da sie selbst keine überlebenden Kinder hat.

In Ostafrika gibt es auch die *kisirani*, eine Person – es kann ein Junge sein – die durch ihre bloße Anwesenheit Unglück verursacht. Beispielsweise zerbricht kostbare Töpferware bei ihrem Eintreten in das Zimmer.

In diesem Fall kann die Zauberkraft nicht wirklich als eine Kunst bezeichnet werden. Sie ist einfach ein unheilvoller Einfluß, die Folge davon, mit Unglück geboren zu sein, was ansteckend ist wie die Ausstrahlung des Todes.

Als eine bewußt ausgeübte Kunst ist die Zauberkraft nicht von der Zauberei (q. v.) (siehe auch *Muloyi; Hexenmeister*) zu unterscheiden, der sündigen Kunst, Schaden mit Hilfe von magischen Hilfsmitteln und/oder bösen Geistern (siehe *Nkisi*) oder Sklaven (siehe *Zombies*) zu verursachen.

Ein Zauberer in Zaïre pflegte jeden Tag einen *nkisi* auf den Weg, den eine Frau nahm, zu legen, bis sie aus Angst und Verzweiflung starb.

Eine wichtige Form der Zauberkraft ist die Fähigkeit, sich in ein Tier zu verwandeln. Eine Hexe verwandelt sich unbewußt in der Nacht. Er oder sie kann sogar unfähig sein, das zu verhindern wie Dr. Jekyll. (Siehe *Krokodil; Hyänenmenschen, Löwenmenschen; Wolf.*)

Die Nachthexen (q. v.) sind tagsüber unsichtbar, aber nachts kann man sie fliegen sehen, wobei Feuer aus ihrem Hinterteil kommt. Sie verschlingen in der Nacht Menschenkörper, tot oder lebendig.

Der Zauberer kann nicht nur sich selbst in ein Tier verwandeln, sondern auch andere, falls sie ihm nicht gehorchen und um sie zu besitzen und zu benutzen.

Die traurige Geschichte des müden Esels, der einst eine schöne Frau war und immer noch die Menschensprache beherrscht, ist wohlbekannt.

Die gebräuchlichste Form der Zauberkraft ist das Brauen von Gift, das heimlich in die Nahrung des Opfers gemischt wird. Das Opfer stirbt, und sein Geist wird ein Sklave. (Siehe auch *Mangu; Muloyi; Uchawi; Hexenmeister; Hexen.*)

Zentralafrikanische Republik Siehe *Mangu; Ngband; Tule; Zande.*

Zigula (Religion, Tansania). Die Zigula haben die gleichen Worte für ›Hochgott‹ wie einige ihrer

Nachbarn, nämlich *chohile* oder *mlungu*.

Das Ritual dreht sich um die Besänftigung *(mviko)* der Geister der Toten, *wazimu*, die in *uzimu*, dem Land der Toten, leben, denn sie werden Unruhe unter den Lebenden stiften, wenn sie sich beleidigt fühlen oder vernachlässigt werden. Sowohl mütterliche als auch väterliche Ahnen werden an den Schreinen im Busch, wo sich zwei Wege kreuzen, angebetet.

Darüber hinaus gibt es die Geister des Waldes und der Hügel, beispielsweise Kinyamkera, ein böser Geist mit nur einem Bein, einem Arm, einem Auge und einem Fuß, der Unglück herbeiführt.

Weiterhin glauben die Zigula an Hexen (q. v.), Personen, die sich in Tiere verwandeln können. Wenn eine Hexe von einem Wahrsager aufgespürt wird, muß sie sich einer Prüfung *(mvaha)* unterziehen. So darf sie sich nicht an kochendheißem Wasser verbrennen oder dann, wenn sie an glühendheißem Eisen leckt.

Wenn die Hexe bei diesen Prüfungen Verbrennungen erlitt, wurde sie für schuldig befunden und lebendig verbrannt.

Ein Magier, *mgonzi*, beherrscht die Kunst der Wahrsagerei *(mviramoro)* und der Bereitung von Medizin und Talismanen, die Unbefugte mit bösen Absichten von Feldern, Gärten und Häusern abwehren oder ihre Träger vor dem Bösen Blick (q. v.), Diebstahl und Unfruchtbarkeit schützen. Andere Talismane wirken als Liebeszauber und bringen die jeweilige Person dazu, sich in den Träger des Talismans zu verlieben.

Komplizierte Zeremonien mit Tanz und Gesang werden vollzogen, um eine Person zu heilen, die von einem Geist besessen ist.

Zion Der Ursprung der neuen Kirchen von Zion in Südafrika war die Christian Catholic Church in Zion, die 1896 in Chicago von John Alexander Dowie gegründet wurde, der angeblich ein Gesundbeter war und Jesus nachfolgte, seine neuen Bekehrten taufte und von Petrus‹ Worten in der Apostelgeschichte 10:37-8 erleuchtet wurde. Bereits 1897 verließ ein Revd. J. Buchler seine Congregational Church in Johannesburg und begann, auf der Grundlage der Christian Catholic Church als Geistlicher zu wirken, indem er ›durch dreieiniges Eintauchen taufte, predigte, daß Gott Gebete hört und die Kranken durch Handauflegen heilt, wenn wir daran glauben‹ (siehe *Taufe*).

Buchler und seine frühesten Mitarbeiter Roux und Mahon waren Afrikaander, die zu dem farbigen Volk in Afrikaans und zu dem schwarzen Volk in Zulu und Sotho predigten und sie bestürmten, körperlich und geistig rein zu sein, zu beten und hart zu arbeiten.

Schon bald hatten sie eine große Anhängerschaft, die sich 1904 auf 5.000 Mitglieder belief und sich schnell zu einer Kirchengemeinde von schwarzen Menschen voll

Hoffnung und Selbstvertrauen entwickelte.

Der Namc Zion gründete sich auf Psalm 68:31: ›Mohrenland [d. i. Äthiopien] wird seine Hände ausstrecken zu Gott.‹ Unter ›Äthiopien‹ verstand man ganz Afrika.

Zion war der Berg, wo David die Arche Gottes in der Stadt Davids (2. Samuel 5:9, 6:12) zum Halt brachte.

Auf dem Berg Zion sah Johannes in seiner Vision das Lamm und die Heiligen (Offenbarung 14:1).

Schließlich versprach Paulus den Christen: ›Ihr seid gekommen zu dem Berge Zion und zu der Stadt des lebendigen Gottes, dem himmlischen Jerusalem, und den vielen tausend Engeln und zu der Versammlung und Gemeinde der Erstgeborenen... zu Gott... und zu den Geistern der vollendeten Gerechten (Hebräer 12:22).

Die Zionisten erwähnen auch das ›Banner von Zion‹, wahrscheinlich bezugnehmend auf Jesaja 11:10-12.

Die Zionisten nennen sich selbst in Zulu Amazioni und in Sotho Bazioni.

Heute gibt es weit über hunderttausend Kirchen von Zion, die in 4.280 Gemeinden mit weit über vier Millionen Mitgliedern organisiert sind.

Viele Gläubige wurden im Indischen Ozean in der Nähe von Durban getauft. Alle glauben an die Heilung durch den Glauben an Jesus und die Austreibung von Teufeln in seinem Namen.

Zombies (Bantu). In vielen Teilen Afrikas hört man von Zombies. Das Wort *zombie* kommt aus dem Kongo *zumbi* oder *zombi*, ›Fetisch, versklavter Geist.‹

Ein Zauberer, d. h. ein böser Mensch mit starkem Willen, magischer Kraft und magischem Wissen, kann die Geister von lebenden oder toten Geschöpfen, ob Mensch oder Tier, ›fangen‹ und sie dazu bringen, für ihn zu arbeiten.

Mit seiner magischen Kraft hat er die Geister in seiner Gewalt, so daß er sie sogar in einer Statue gefangenhalten kann, um andere so zu ängstigen, daß sie sich ihm unterwerfen. (Siehe dazu *Fetisch; Götze; Nkisi.*)

Heutzutage wird mit dem Wort Zombie nur auf Menschen Bezug genommen, die ihren Körper behalten und noch am Leben sind, aber ihre Seele und ihren Charakter verloren haben, so daß sie nicht mehr zwischen Gut und Böse unterscheiden können: sie gehorchen einfach.

In Natal wurde mir die folgende Geschichte als wahre Begebenheit erzählt:

Sipo und Vamba waren zwei Brüder, die zusammenlebten. Eines Tages wurde Vamba krank – er ›ging *zombe*‹, wie es in Zulu heißt: er schlotterte wie ein alter Mann, und bald darauf starb er.

Sipo begrub ihn zwar, aber ihm fiel auf, daß Vambas Körper noch immer weich war.

Er war durch die magische Kraft eines in der Ferne wirkenden Zauberers gestorben. Am nächsten Morgen war das Grab offen und die Leiche verschwunden. Das war der Beweis für Zauberei.

Fest entschlossen, seinen Bruder zu retten, suchte Sipo alle Dörfer im Distrikt auf und fragte die Bewohner, ob sie von einem mächtigen Zauberer gehört hätten.

Schließlich antwortete ihm jemand flüsternd und zeigte mit zitternder Hand in die Richtung nach den Bergen.

Sipo wanderte mit unerbittlicher Hartnäckigkeit weiter, bis er einen großen Bauernhof fand, der einem Zauberer gehörte.

Bei Einbruch der Dämmerung bot sich ihm ein seltsamer Anblick: eine Armee von stummen Arbeitern schlurfte auf die Felder und begann zu arbeiten. Sie hackten, ohne zu singen, wie es bei den afrikanischen Landarbeitern üblich ist.

Plötzlich erkannte Sipo unter ihnen seinen Bruder wieder, obwohl Vambas Gesicht grau aussah und seine Augen traurig dreinblickten. Er konnte auch nicht sprechen, weil seine Zunge aufgeschnitten worden war.

Sipo nahm seinen Bruder in die Arme (er war sehr leicht) und brachte ihn nach Hause, aber Vamba starb kurz darauf. Dieses Mal wurde er steif.

Zulu (Schöpfungsmythos, Natal). Das Volk Zulu, das in Natal lebt, hatte eine wohldurchdachte Kosmologie. Sein Schöpfungsmythos wurde von Dr. Wilhelm Bleek, Bibliothekar in Kapstadt, während seiner Forschungsreise im Zululand 1855-6 aufgezeichnet. Heute sind diese Mythen ausgestorben.

Zwerge Zwerge sind Wesen, die wie Menschen aussehen, aber nur halb so groß sind wie Erwachsene. Man beachte, daß Zwerge keine Pygmäen sind. Diese (Swahili *watwa*) sind kleine Menschen, aber Zwerge (Swahili *mbilikimo*) sind gar keine Menschen, sondern entweder Halbaffen oder Geister in schrecklicher Verkleidung.

Im mittleren Zaïre stellen die Zwerge des Waldes besonders bösartige Kannibalen dar (siehe *Eloko*).

In Ostafrika sind sie fachkundige Magier. Wenn man sich mit einem von ihnen in der Wildnis unterhält, spricht er weiter, während er sich allmählich auflöst, und plötzlich stellt man fest, daß man mit den Büschen spricht.

In Südafrika gibt es einen Zwerg namens Ucakijana oder Uhlakanyana mit der Intelligenz eines Erwachsenen und einem grausamen Charakter. Er wurde von einer menschlichen Mutter geboren. Kaum ist dies geschehen, steht er auf, durchtrennt die Nabelschnur mit dem besten Messer seines Vaters, geht zu dem Platz, an dem dieser das Rind- und Hammelfleisch aufbewahrt, und stiehlt den gesamten Vorrat. Er spielt jedem Streiche, und wenn man meint, ihn erwischt zu haben, verschwindet er einfach. Er hat starke Ähnlichkeit mit den englischen Wechselbälgen und den irischen Kobolden von

ehedem – Kindern, die in Hebammengeschichten aussehen wie verhutzelte alte Männer.
Im alten Ägypten war der Gott Bes ein häßlicher Zwerg, um dessen Schutz Frauen, die in Wehen lagen und sich vor den bösen Geistern fürchteten, flehten.
Die Bammana in Mali erzählen, daß im Busch Geister leben, die wie Zwerge aussehen, nicht einmal einen Meter groß sind und Wokulo genannt werden.
Sie haben einen großen Kopf, der von vollem Haar umgeben wird. Meistens sind sie jedoch unsichtbar – was ihnen hilft, aus den Küchen der Menschen Eßbares zu stehlen. Ein Wokulo hat scharfe Augen, mit denen er durch Wände

Ibedji – Zwillingsfigurenpaar; Yoruba (Nigeria).

und Bäume hindurchzusehen vermag. Sie sind so stark, daß sie leicht jeden Mann zu Boden werfen können. Die Füße der Wokulos sind nach hinten gerichtet, und darum finden sie die meisten Menschen, die ihren Spuren folgen, nie. Die Wokulos sind sehr langlebig, aber nicht glücklich, da sie die Sklaven des Teufels Dume sind.

Zwillinge Wie im alten Europa wurde auch in Afrika die Geburt von Zwillingen mit den gemischten Gefühlen der Freude und Angst begrüßt.
Laut Chinua Achebe pflegten in Nigeria einige Völker Zwillinge im Busch zurückzulassen.
Einige sagten, daß Zwillinge Unglück brächten. Möglicherweise wurden Zwillinge als eine zu große Bürde für die arme Mutter angesehen. Oft wurde geglaubt, daß ein Zwilling das Kind eines Gottes oder eines Teufels sei und nur der andere das Kind des Vaters.
In Uganda jedoch ist die Begrüßung: ›Willkommen, O Mutter von Zwillingen‹ eine große Ehrung, wenn sie einem Gast gesagt wird.
In Bantu-Afrika heißt es bei einigen Völkern: ›Wenn Zwillinge von verschiedenem Geschlecht sind, dürfen sie heiraten, sie haben zusammen im Leib geschlafen.‹
Die Gola in Liberia erzählen, daß eines Tages, als ein schrecklicher Krieg das Land ›aß‹, ein Zwillingspaar ihn fing, weil Zwillinge über Magie verfügen. Unglücklicherweise ließen sie den Krieg auf einen Felsen fallen, so daß der in

hundert Stücke zerbrach, und jedes Stück wurde ein neuer Krieg, so schrecklich und verheerend wie der erste Krieg.
Einmal machte sich ein Zwillingspaar auf, eine Stadt zu bauen, jeder Zwilling in einem anderen Land. Eine Stadt erblühte, denn der Zwilling, der ihr Häuptling war, war gütig und freundlich. Der andere Zwilling war hart und grausam zu seinem Volk, so daß es ihn tötete.
Bei den Kpelle in Liberia sind Zwillinge gefürchtet, weil sie über magische Kräfte verfügen, die noch stärker sind als die eines jeden Medizinmannes, und weil sie mit einem magischen Horn geboren wurden, das ihnen den Weg durch das Leben zeigt und sie vor Waldteufel schützt.
Zwillinge können mit der Sonne und dem Mond verglichen werden, den Zwillingskindern des Himmels. Vielleicht wird Zwillingen aus diesem Grund mehr erlaubt als anderen Kindern.
Sie haben die Neigung, unartige Streiche auszuüben, wie das Zerbrechen der Töpfe und Teller ihrer Mutter. Aber dann fangen sie mit ihrer Magie ein großes Tier, und alles ist vergessen. (Siehe auch unter *Ngbandi*.)

BIBLIOGRAPHIE

U. Beier, *A Year of Sacred Festivals in One Yoruba Town*, Lagos, 1959.
W. H. Bleek, *Zulu Legends*, ed. J. A. Engelbrecht, pub. J. L. van Schaik, Pretoria, 1952.
M. Bloch, *Placing the Dead, Tombs, Ancestral Villages and Kinship Organization in Madagascar*, Seminar Press, London, 1971.
H. Callaway, *The Religious System of the Amazulu*, 1888, reprinted London, 1971.
E. Casalis, *Les Bassoutos*, Paris, 1859.
H. Cory, *African Figurines*, London, Faber & Faber.
J. B. Danquah, *The African Doctrine of God*, K. Dickson, London, 1908.
M. Deren, *The Voodoo Gods*, Thames & Hudson, 1953.
R. M. Downs, *Tiv Religion*, Ibadan University Press, 1971.
E. E. Evans Pritchard. *Nuer Religion*, Clarendon, Oxford, 1962.
–, *Witchcraft, Oracles and Magic among the Azande,* Clarendon, Oxford, 1963.
D. Forde (ed.) *African Worlds, Studies in the Cosmological Ideas and Social Values of African Peoples*, OUP, 1966.
M. Fortes and G. Dieterlen (eds.) *African Systems of Thought*, OUP, London, 1965.
M. Gelfand, *Shona Religion*, Juta & Co., Cape Town, 1962.
–, *Witch Doctor*, Harvill Press, London, 1964.
–, *The African Witch*, E. and S. Livingstone, Edinburgh, 1967.
M. Griaule, *Conversations with Ogotemméli, An Introduction to Dogon Religious Ideas*, OUP, 1972.
P. Hadfield, *Traits of Divine Kingship in Africa*, Watts & Co., London, 1938.
C. W. Hobley, *Bantu Beliefs and Magic*, Witherby, London, 1938.
J. H. Jahn, *Muntu*, Faber & Faber, London, 1961.
Journal of Religion in Afrika, (ed.) A. F. Walls, University of Aberdeen (pub.) E. J. Brill, Leiden, Holland.
C. G. Jung, *Man and His Symbols*, Aldus Books, London, 1964.
H. A. Junod, *The Life of a South African Tribe*, 1959.
M. Kilson, *Kpele Lala, Ga Religious Songs and Symbols*, Harward University Press, Cambridge, Mass., 1971.
N. Q. King, *Religions of Africa*, Harper & Row, New York, 1970.
J. Knappert, *Myths and Legends of the Swahili*, Heinemann, London, 1970.
–, *Myths and Legends of the Congo*, Heinemann, London, 1971.
–, *Bantu Myths and Other Tales*, E. J. Brill, London, 1977.
–, ›Central and Southern Africa‹, in *Mythology* ed. R. Cavendish, Orbis, London, 1980.
E. J. and J. D. Krige, *The Realm of the Rain Queen*, London, 1943.
I. M. Lewis, *Ecstatic Religion*, Penguin, 1971.
G. Lindblom, *The Akamba in British East Africa*, Uppsala, 1920.
L. Mair, *Witchcraft*, World University Library, London, 1969.
E. L. R. Meyerowitz, *The Sacred State of Akan*, Faber & Faber, London, n.d.

J. Middleton, *Lugbara Religion*, OUP, 1960.
E. G. Parrinder, *Religion in an African City*, Oxford, 1953.
–, *West African Religion*, London, 1961.
–, *African Mythology*, Paul Hamlyn, London, 1967.
–, *African Traditional Religion*, Hutchinson, London, 1954.
–, *Witchcraft, European and African*, London, Faber & Faber, 1963.
R. S. Rattray, *Religion and Art in Ashanti*, Oxford, 1927.
J. Roscoe, *The Baganda*, London, 1965.
A. W. Southall, *Alur Society*, Heffer, Cambridge, 1953.
L. W. Swantz, *The Zaramo of Tanzania*, Distributed by Nordic Tanganyika Profect, P.O. Box 2530, Dar es Salaam.
P. Tempels, *Bantu Philosophy*, Paris, *Presence Africaine*, 1959.
H. W. Turner, *Living Tribal Religions*, London, Ward Lock Educational, 1977.
V. W. Turner, *The Forest of Symbols*, Cornell University Press, Ithaca, NY, 1967.
A. Werner, *Myths and Legends of the Bantu*, Harrap, London, 1933.
J. Williams, *Africa's God*, I-III, Boston College Press, Mass., 1936-8.
W. C. Willoughby, *The Soul of the Bantu*, London Student Christian Movement, 1928.
–, *Nature Worship and Taboo*, Hartford Seminary Press, Hartford, Conn., 1932.

BILDNACHWEIS

Folgende Abbildungen wurden aus Schädler, Karl-Ferdinand, Afrikanische Kunst, München 1980, entnommen: Seite 52, 53, 62, 69, 92, 104, 119, 120, 126, 129, 130, 133, 141, 143, 146, 164, 171, 176, 183, 191, 193, 198 (2), 199, 208, 217, 219, 232, 237, 241 (unten), 247, 253, 255, 257, 270, 278, 284, 287, 296, 332, 338, 353, 355, 356, 365.